kompaktwissen

NOTTER / OBENAUS / RUF

Ihre Rechte als Arbeitnehmer

Bewerbung · Arbeitsvertrag
Lohn und Gehalt
Arbeitszeit · Krankheit · Urlaub
Arbeitsgerichtsverfahren
Kündigungsschutz
Tarifverträge
Abfindung · Zeugnis

Originalausgabe

Wilhelm Heyne Verlag
München

HEYNE KOMPAKTWISSEN
Nr. 22/211

Herausgeber der Reihe »kompaktwissen«:
Dr. Uwe Schreiber

Copyright © 1988 by Wilhelm Heyne Verlag GmbH & Co. KG, München
Printed in Germany
Umschlaggestaltung: Atelier Ingrid Schütz, München
Herstellung: Dieter Lidl
Satz: Fotosatz Völkl, Germering
Druck und Bindung: Ebner Ulm

ISBN 3-453-02643-8

Inhaltsübersicht

Inhaltsverzeichnis		7
Einleitung		31
Kapitel 1	Vor Abschluß des Arbeitsvertrags .... (Bearbeiter: Dr. W. Obenaus)	33
Kapitel 2	Die Regeln für das Arbeitsverhältnis .. (Bearbeiter: Dr. W. Obenaus)	51
Kapitel 3	Der Arbeitsvertrag .... (Bearbeiter: Dr. W. Obenaus)	71
Kapitel 4	Das Weisungsrecht des Arbeitgebers (Direktionsrecht) .... (Bearbeiter: Dr. W. Obenaus)	88
Kapitel 5	Die Arbeitszeit .... (Bearbeiter: Dr. W. Obenaus)	115
Kapitel 6	Die Arbeitsvergütung .... (Bearbeiter: Dr. N. Notter)	132
Kapitel 7	Lohn ohne Arbeit .... (Bearbeiter: Dr. N. Notter)	144
Kapitel 8	Die Sicherung des Lohns .... (Bearbeiter: Dr. N. Notter)	152
Kapitel 9	Der Anspruch auf Urlaub .... (Bearbeiter: Dr. N. Notter)	160
Kapitel 10	Die betriebliche Altersversorgung ..... (Bearbeiter: Dr. N. Notter)	165
Kapitel 11	Auslagen für den Arbeitgeber .... (Bearbeiter: Dr. W. Obenaus)	168
Kapitel 12	Arbeitnehmerrechte im betrieblichen Alltag .... (Bearbeiter: W. Ruf)	176
Kapitel 13	Die Haftung des Arbeitnehmers ...... (Bearbeiter: Dr. W. Obenaus)	225
Kapitel 14	Die Abmahnung .... (Bearbeiter: Dr. N. Notter)	240

Kapitel 15	Die Beendigung des Arbeits-verhältnisses 244
	(Bearbeiter: Dr. N. Notter)
Kapitel 16	Zeugnis und Arbeitspapiere 296
	(Bearbeiter: W. Ruf)
Kapitel 17	Die Verfolgung Ihrer Rechte 318
	(Bearbeiter: W. Ruf)
Anhang:	Gesetzestexte 357
	Register 403

Inhaltsverzeichnis

Einleitung 31

Kapitel 1: Vor Abschluß des Arbeitsvertrags

1. Vorstellungstermin 33
Unter welchen Voraussetzungen habe ich einen Anspruch auf
Freizeit zur Stellensuche? 33
Wann darf ich gehen? 34
Wie lange habe ich Ausgang? 35
Wie setze ich meinen Freizeitanspruch durch? 35
Wer bezahlt mir die ausgefallene Arbeitszeit? 36

2. Vorstellungskosten 37
In welchem Umfang kann ich Ersatz meiner Vorstellungskosten verlangen, wenn mich der Arbeitgeber zur
Vorstellung auffordert? 37
Welche Auslagen werden als notwendig anerkannt? 38
Werden mir Vorstellungskosten auch dann ersetzt, wenn ich
unaufgefordert zu einem Vorstellungsgespräch erscheine? ... 39

3. Einstellungsgespräch und Einstellungsverfahren .. 40
Einstellungsfragebogen 40
Was passiert, wenn ich einzelne Fragen nicht oder falsch
beantworte? 41
Welche Fragen muß ich beantworten und welche nicht? 41
Übersicht zum Fragerecht des Arbeitgebers: 41
Auf welche Punkte und Tatsachen muß ich im
Einstellungsgespräch von mir aus ungefragt hinweisen? 44
Einstellungsuntersuchung 45
Muß ich einer Einstellungsuntersuchung zustimmen, und
wonach darf mich der Arzt fragen? 45
Graphologische Gutachten und psychologische Eignungstests . 45
Wann darf der Arbeitgeber ein graphologisches Gutachten
von meinen handschriftlichen Unterlagen anfertigen lassen? .. 45
Darf der Arbeitgeber im Rahmen des Einstellungsverfahrens
psychologische Eignungstests durchführen und hierbei
sogenannte biographische Fragebogen einsetzen? 46

4. Abbruch und Scheitern der Einstellungsverhandlungen ... 47

Was ist, wenn der Arbeitgeber absagt? ... 47
Was ist, wenn ich als Arbeitnehmer kurzfristig absagen muß? ... 48
Was geschieht mit meinen Bewerbungsunterlagen, wenn die Bewerbung erfolglos bleibt oder ich absage? ... 49
Wie kann ich sichergehen, daß meine Unterlagen oder Daten nicht aufgehoben bzw. gespeichert werden? ... 50

Kapitel 2: Die Regeln für das Arbeitsverhältnis

1. Der Arbeitsvertrag ... 51

Was ist ein Arbeitsvertrag? ... 52
Wer bestimmt die im Arbeitsvertrag stehenden Spielregeln? ... 52

2. Gesetze ... 53

Gibt es bei uns ein Arbeitsgesetzbuch? ... 54
Wo finde ich die für mein Arbeitsverhältnis wichtigen Gesetze? ... 54

3. Tarifverträge ... 55

Was sind Tarifverträge? ... 55
Wer legt diese Regeln fest? ... 56
Für wen gelten die in den Tarifverträgen festgehaltenen Regeln? ... 57
Wie kann ich mir einen Tarifvertrag besorgen? ... 58
Wie kann ich in Erfahrung bringen, ob der für meinen Betrieb maßgebliche Tarifvertrag allgemeinverbindlich ist? ... 59

4. Betriebsvereinbarungen ... 59

Was ist eine Betriebsvereinbarung? ... 59
Welche Fragen sind normalerweise Gegenstand einer Betriebsvereinbarung? ... 60

5. Rechtsprechung ... 60

Wodurch unterscheiden sich die Gesetze vom Richterrecht? ... 61

6. Regelungskonkurrenz ... 62

Was gilt, wenn die verschiedenen Rechtsquellen zum gleichen Fall eine unterschiedliche Regelung vorsehen? ... 62
Was sind zwingende Gesetze? ... 62
Was sind abdingbare Gesetze? ... 63
Was sind tarifdispositive Gesetzesbestimmungen? ... 64

Warum können manche Gesetze durch Tarifvertrag, nicht aber
durch den Einzelarbeitsvertrag abgeändert werden? 64

7. Die Rangordnung der Rechtsquellen 65
Welche Rangordnung herrscht zwischen den verschiedenen
Rechtsquellen? 65
Woran erkenne ich, zu welcher Gruppe eine Vorschrift im
Einzelfall gehört? 66
Was sind vollkommen zwingende und einseitig zwingende
Vorschriften? 66
Wie ist das Kräfteverhältnis zwischen Tarifvertrag und
Betriebsvereinbarung? 67

8. Die Prüfung der Rechtslage im Einzelfall 68
Wie gehe ich vor, wenn ich wissen will, was in meinem
Arbeitsverhältnis gilt? 68

Kapitel 3: Der Arbeitsvertrag

1. Die Abschlußfreiheit 71
Gibt es einen Anspruch des Arbeitnehmers auf Einstellung,
also auf Abschluß eines Arbeitsvertrags, bei Vorliegen der
Einstellungsvoraussetzungen? 71
Gibt es unter bestimmten Umständen einen Anspruch eines
Schwerbehinderten auf Einstellung? 71

2. Allgemeines zum Arbeitsvertrag 72
Was muß ein Arbeitsvertrag enthalten? 72
Muß ein Arbeitsvertrag schriftlich abgeschlossen werden? . . . 75
Was versteht man unter einem Arbeitsvertrag durch
schlüssiges Verhalten? 75
Ist der Abschluß eines schriftlichen Arbeitsvertrags zu
empfehlen? 76

3. Wichtige Punkte bei Abschluß eines Arbeitsvertrags 77
Befristetes oder unbefristetes Arbeitsverhältnis? 78
Wo liegt der Unterschied zwischen befristetem Arbeitsvertrag
und Dauerarbeitsvertrag? 78
Sind befristete Arbeitsverträge überhaupt zulässig? 79
Wenn ich Zweifel an der Zulässigkeit einer Befristung habe,
soll ich diese Zweifel bei Abschluß des Vertrags
gegenüber dem Arbeitgeber äußern oder nicht? 80

Probearbeitsverhältnis 80
  Was versteht man unter einer Probezeit? 80
  Welche rechtlichen Konsequenzen ergeben sich für mich aus
  der Vereinbarung einer Probezeit? 81
  Welche Kündigungsfrist gilt, wenn die Kündigungserklärung
  noch innerhalb der Probezeit erfolgt ist, der vorgesehene
  Beendigungszeitpunkt aber schon außerhalb der Probezeit
  liegt? 81
  Was ist ein befristetes Probearbeitsverhältnis? 82
  Ist die Befristung eines Probearbeitsverhältnisses überhaupt
  zulässig? 82
Urlaub 83
  Wieviel Urlaubstage sind gesetzlich vorgeschrieben, und
  wieviel Urlaubstage werden üblicherweise vereinbart? 83
Versetzung 83
Abgrenzung zwischen Arbeitnehmer und freiem Mitarbeiter . 84
  Ist der Unterschied Arbeitnehmer – freier Mitarbeiter für mich
  von Bedeutung? 84
  Was unterscheidet den Vertrag eines freien Mitarbeiters von
  dem eines Arbeitnehmers? 84
Abgrenzung zwischen Arbeiter und Angestelltem 86
  Ist die Unterscheidung zwischen Arbeitern und Angestellten
  für mein Arbeitsverhältnis von Bedeutung? 86
  Wovon hängt es ab, ob ich Arbeiter oder Angestellter bin? ... 86

Kapitel 4: Das Weisungsrecht des Arbeitgebers (Direktionsrecht)

1. Inhalt einer Weisung 88
  Was kann Inhalt einer Weisung sein? 88
  Woran kann ich eine Weisung erkennen? 89

2. Rechtliche Grundlage des Weisungsrechts 89
  Woher nimmt der Arbeitgeber das Recht, mir Weisungen zu
  erteilen? 89

3. Einschränkungen oder Grenzen des Weisungsrechts 90
  Welchen Beschränkungen unterliegt das Weisungsrecht des
  Arbeitgebers? 90
  Einschränkungen im Bereich wesentlicher arbeitsvertraglicher Pflichten aufgrund des Arbeitsvertrags 90

Wie sieht es mit den Beschränkungen des Weisungsrechts im Bereich der arbeitsvertraglichen Hauptleistungspflichten (Art, Ort und Zeit der Arbeitsleistung, Höhe der Vergütung) aus? 91
Gibt es Situationen, in denen der Arbeitgeber auch andere als nach dem Arbeitsvertrag zulässige Arbeiten zuweisen kann? ... 91
Kann der Arbeitgeber im Rahmen seines Weisungsrechts auch eine geringer bezahlte Stelle zuweisen? 93
Was ist, wenn die Zuweisung einer geringer bezahlten Stelle im Einzelarbeitsvertrag oder in einem anwendbaren Tarifvertrag vorbehalten ist? 94
Ist jede Maßnahme des Arbeitgebers, die sich im Rahmen des Weisungsrechts hält, rechtens? 94
Wann entspricht eine Maßnahme des Arbeitgebers »billigem Ermessen«? 94

Einschränkungen im Bereich wesentlicher arbeitsvertraglicher Pflichten aufgrund eines Vertrauensschutzes 96
Können sich Beschränkungen des Weisungsrechts auch aus »Gewohnheitsrecht« ergeben? 96
Kann ich sicher sein, daß mir eine langjährig ausgeübte Tätigkeit nicht vom Arbeitgeber im Wege des Weisungsrechts wieder genommen wird? 97

Allgemein interessierende Einschränkungen im Bereich sonstiger arbeitsvertraglicher Pflichten 99
Gibt es Bereiche, in denen der Arbeitgeber keinerlei Weisungsbefugnisse hat? 99
Kann mir mein Arbeitgeber Weisungen bezüglich meines außerdienstlichen Verhaltens geben? 99
Gibt es typische Einschränkungen des Weisungsrechts bezüglich meines Verhaltens im Betrieb? 100

4. Mittel gegen eine Weisung des Arbeitgebers 101
Was ist, wenn ich eine Weisung nicht befolge? 101
Was wird aus meinem Vergütungsanspruch, wenn ich eine mir unzulässigerweise zugewiesene Arbeit verweigere? 104
Was ist, wenn ich irrtümlich geglaubt habe, eine Weisung sei rechtswidrig und deshalb die Arbeit verweigere? 105
Kann ich gegen eine Weisung gerichtlich vorgehen? 106

5. Weisungsrecht und Änderungskündigung 107
Was ist eine Änderungskündigung? 107
Was kann ich gegen eine Änderungskündigung unternehmen? . 108
Unter welchen Voraussetzungen ist eine Änderungskündigung rechtswirksam? 109

Was ist, wenn die vorgesehene Änderung der Organisation und
damit meiner Arbeitsbedingungen unwirtschaftlich ist? 110
Welchen Unterschied macht es für mich, ob mein Arbeitgeber
in meinem Arbeitsverhältnis etwas im Wege des Weisungsrechts
oder nur mit einer Änderungsankündigung durchsetzen kann? . 111

**Übersicht über die unterschiedlichen Voraussetzungen und
Auswirkungen einer Weisung einerseits sowie einer
Änderungskündigung andererseits** 113

Kapitel 5: Die Arbeitszeit

1. Rechtsquellen des Arbeitszeitrechts 115

Was für ein Gesetz ist die Arbeitszeitordnung, und was für
Regeln enthält sie? 115
Welche Arbeitszeitgesetze und -verordnungen gibt es noch? ... 117
Welche Gemeinsamkeit haben die genannten Arbeitszeitgesetze
und -verordnungen? 117
Gibt es neben Vorschriften über Strafen und Bußgeldern andere
Regeln, die die Einhaltung der Arbeitszeitbestimmungen
sichern? 118
Wo finde ich – außer im Gesetz – weitere Regeln bezüglich
meiner Arbeitszeit, und was ist dort geregelt? 118

Einzelarbeitsvertrag 118

Tarifvertrag 119

Betriebsvereinbarung 120

2. Die wichtigsten Regeln der Arbeitszeitordnung ... 120

Was gilt als Arbeitszeit? 120
Ist die Fahrt von meiner Wohnung zur Arbeitsstelle
Arbeitszeit? 121
Welche regelmäßige tägliche Arbeitszeit ist höchstens
zugelassen – wie lange darf mich mein Arbeitgeber am Tag
im Höchstfall beschäftigen? 122
Gibt es Ausnahmen vom Grundsatz der achtstündigen Höchst-
arbeitszeit? 122
Welchen Ruhezeitraum muß mir der Arbeitgeber zwischen
zwei Arbeitstagen lassen? 124
Welche Pausen muß mir mein Arbeitgeber gewähren? 124
Was gilt in Notfällen? 125
Was ist Mehrarbeit, und welche Zuschläge muß mir mein
Arbeitgeber dafür bezahlen? 125

3. Rechte bei Ableistung von Überstunden ... 126

Was ist der Unterschied zwischen Überstunden (= Überarbeit) und Mehrarbeit? ... 126
Wann muß ich Überstunden leisten? ... 127
Unter welchen Voraussetzungen muß mir mein Arbeitgeber Überstunden vergüten? ... 128
Was kann ich tun, um mir die Vergütung von Überstunden zu sichern? ... 131

Kapitel 6: Die Arbeitsvergütung

1. Die Lohnhöhe ... 132

Woraus ergibt sich die Höhe der Vergütung? ... 132
Wie finde ich die jeweils maßgebliche Lohn- und Gehaltsgruppe? ... 133
Was ist, wenn sich meine Tätigkeit später ändert? ... 134

2. Die verschiedenen Vergütungsarten ... 134

Welches sind die wichtigsten Vergütungsarten? ... 134
Leistungslohn (Akkordlohn) ... 135
Wir errechnet sich der Lohn beim Zeitakkord? ... 135
Welche Vor- und welche Nachteile hat das Akkordlohnsystem? ... 136
Warum geht die Zahl der Akkordarbeiter wieder zurück? ... 136
Der Anspruch auf eine Gratifikation ... 137
Wann erwerbe ich einen Anspruch auf eine Gratifikation? ... 137
Wann muß der Mitarbeiter eine Gratifikation zurückzahlen? ... 138
Wann sind Rückzahlungsklauseln ungültig? ... 139
Welches ist der Unterschied zwischen einer Weihnachtsgratifikation und einem 13. Monatsgehalt? ... 139
Ist das 13. Monatsgehalt bei vorzeitigem Ausscheiden anteilig zu gewähren? ... 139
Woran erkenne ich, ob es sich bei einer Zusatzleistung um ein 13. Monatsgehalt oder um eine Weihnachtsgratifikation handelt? ... 140
Die Zuschläge für Überstunden ... 140
Wann habe ich Anspruch auf Bezahlung der geleisteten Überstunden? ... 141
Wann habe ich Anspruch auf Überstundenzuschläge? ... 141
Können Überstunden durch einen Pauschallohn abgegolten werden? ... 141
Wie müssen im Streitfall die geleisteten Überstunden nachgewiesen werden? ... 142

3. Brutto- und Nettolohn ... 143

Was ist der Unterschied zwischen Brutto- und Nettolohn? ... 143
Wann ist Brutto- und wann Nettolohn vereinbart? ... 143
Wer ist Steuerschuldner? ... 143

Kapitel 7: Lohn ohne Arbeit

1. Vergütung bei Krankheit ... 144

Wann ist der Lohnfortzahlungsanspruch ausgeschlossen? ... 145
Was ist, wenn mir beim Sport etwas zustößt? ... 146
Und was ist, wenn ich einen über den Durst getrunken habe? ... 146
Und was passiert, wenn ich bei einem Unfall den Sicherheitsgurt nicht angelegt hatte? ... 146
Was muß ich tun, wenn ich krank bin? ... 146
Muß ich zu Hause bleiben? ... 147
Was passiert, wenn ein Arbeiter die Arbeitsunfähigkeitsbescheinigung erst später vorlegt? ... 147
Müssen auch Angestellte eine Arbeitsunfähigkeitsbescheinigung vorlegen? ... 147
Was muß mir mein Arbeitgeber während der Krankheit weiterzahlen? ... 148

2. Lohnzahlung bei Kuren und Heilverfahren sowie bei Schonzeit ... 148

3. Lohnzahlung bei sonstiger persönlicher Verhinderung ... 149

In welchen Fällen persönlicher Verhinderung ist der Lohn fortzuzahlen? ... 149
Wann besteht bei Betreuung eines erkrankten Kindes unter acht Jahren ein Lohnanspruch? ... 149
Zu wessen Lasten gehen schlechte Verkehrsverhältnisse? ... 149

4. Die Lohnzahlung bei Annahmeverzug des Arbeitgebers ... 150

Behalte ich den Lohnanspruch bei unberechtigter Kündigung? ... 151
Muß ich mich nach Erhalt einer Kündigung beim Arbeitgeber melden, um meinen Lohnanspruch zu behalten? ... 151
Brauche ich mich also in keinem Fall nach einer Kündigung mehr zu melden, um meinen Anspruch auf Lohn zu behalten? ... 151

Kapitel 8: Die Sicherung des Lohns

1. Schutz gegen Pfändungen ... 152
An wen muß der Arbeitgeber den Lohn nach erfolgter Pfändung zahlen? ... 153
Kann ein Gläubiger den gesamten Lohn kassieren? ... 153
Was darf überhaupt nicht gepfändet werden? ... 153
Wieviel darf vom Lohn gepfändet werden? ... 153
Die Lohnpfändungstabelle ... 154

2. Aufrechnungsverbot ... 153
Was ist eine Aufrechnung, und wie schützt das Aufrechnungsverbot meinen Lohn? ... 157

3. Abtretungsverbote ... 158
Was bedeutet es, wenn dem Arbeitnehmer verboten ist, Lohn abzutreten? ... 158

4. Lohnsicherung im Konkurs ... 158
Wie ist mein Lohn im Konkurs gesichert? ... 158
Wozu dient das Konkursausfallgeld? ... 159
Wie hoch ist das Konkursausfallgeld? ... 159
Wann muß ich den Antrag auf Konkursausfallgeld stellen? ... 159

Kapitel 9: Der Anspruch auf Urlaub

1. Erholungsurlaub ... 160
Wieviel Urlaub steht mir zu? ... 160
Ab wann kann ich wieviel Urlaub bekommen? ... 160
Muß ich dem Arbeitgeber etwas zurückzahlen, wenn ich bereits den gesamten Jahresurlaub genommen habe und vorzeitig ausscheide? ... 161
Wann darf ich in Urlaub gehen? ... 161
Was ist, wenn ich am Jahresende meinen Urlaub noch nicht genommen habe? ... 161
Kann ich Abgeltung des nicht genommenen Urlaubs verlangen? ... 162
Wie hoch ist das Urlaubsentgelt? ... 162
Wann habe ich Anspruch auf ein zusätzliches Urlaubsgeld? ... 162
Was geschieht mit meinem Urlaub, wenn ich krank werde? ... 162
Verfällt der Urlaub bei Krankheit? ... 162
Wieviel zusätzlicher Urlaub steht Jugendlichen zu? ... 163
... und wieviel Schwerbehinderten? ... 163

2. Erziehungsurlaub 163
Wer hat Anspruch auf Erziehungsurlaub? 163
Wo kann ich Erziehungsgeld beantragen? 164
Für welche Zeit besteht Anspruch auf Erziehungsurlaub? ... 164

Kapitel 10: Die betriebliche Altersversorgung

Welche Formen der betrieblichen Altersversorgung gibt es? .. 165
Welche Ansprüche sichert das Gesetz? 166
Bleibt mir die Versorgungsanwartschaft auch bei einem
Wechsel des Arbeitgebers erhalten? 166
Was geschieht mit dem Anspruch auf Ruhegeld, wenn der
Arbeitgeber inzwischen in Konkurs gegangen ist? 167

Kapitel 11: Auslagen für den Arbeitgeber

1. Ersatz von Aufwendungen im allgemeinen 168
Was sind Aufwendungen des Arbeitnehmers aus dem
Arbeitsverhältnis? 168
Wann muß mein Arbeitgeber mir meine Aufwendungen
erstatten? 168
Wann muß mein Arbeitgeber mir Auslagen für von mir
beschaffte Arbeitskleidung ersetzen? 170

2. Ersatz von Sachschäden des Arbeitnehmers 170
Was gilt, wenn ich im Rahmen meiner Arbeit an meinem
persönlichen Eigentum einen Schaden erleide? 171
Muß mir mein Arbeitgeber den Schaden ersetzen, wenn ich auf
einer Dienstfahrt schuldlos einen Unfall habe und keine
anderen Verkehrsteilnehmer für den Schaden haften? 172
Haftet mein Arbeitgeber auch, wenn ich den Unfall schuldhaft
verursacht habe? 173
Wie kann ich leichte von mittlerer Fahrlässigkeit und mittlere
von grober Fahrlässigkeit unterscheiden? 173
Wie kann ich mich bei Dienstfahrten mit meinem privaten
PKW dagegen absichern, daß eventuelle Unfälle von mir selbst
getragen werden müssen? 175

Kapitel 12: Arbeitnehmerrechte im betrieblichen Alltag

1. Arbeitsverweigerung bei vertragswidrigen Weisungen ... 176
Wie stelle ich fest, ob sich die Weisung meines Arbeitgebers im Rahmen des Arbeitsvertrages hält? ... 176
Wie stelle ich fest, ob eine Weisung meines Arbeitgebers billigem Ermessen entspricht? ... 177
Welches Risiko gehe ich ein, wenn ich die Arbeit verweigere? ... 179
Welche Verhaltensregeln muß ich im Falle einer Arbeitsverweigerung beachten? ... 179
Welche Bedeutung hat das Mitbestimmungsrecht des Betriebsrats bei Weisungen des Arbeitgebers? ... 182

2. Arbeitsverweigerung bei unzumutbaren Arbeitsbedingungen ... 183
Gibt es ein gesetzlich vorgesehenes Arbeitsverweigerungsrecht bei gesundheitswidrigen Arbeitsbedingungen? ... 183
Welche für mich wichtigen gesetzlichen Bestimmungen über den Gesundheitsschutz am Arbeitsplatz gibt es? ... 183
Unter welchen Voraussetzungen ist nach der Rechtsprechung ein Arbeitsverweigerungsrecht wegen gesetzeswidriger Arbeitsbedingungen anerkannt (zum Beispiel bei kalten Arbeitsräumen)? ... 185
Welche Aufgabe kommt dem Betriebsrat beim betrieblichen Gesundheitsschutz zu? ... 186

3. Regeln für das Verhalten im Betrieb ... 187
Kann mir mein Arbeitgeber vorschreiben, wie ich mich zu kleiden habe und wie ich sonst mein Äußeres gestalten muß? ... 187
Kann der Arbeitgeber im Betrieb das Rauchen verbieten? ... 188
Ist der Arbeitgeber verpflichtet, Vorkehrungen zum Schutz der Nichtraucher zu treffen? ... 189
Kann mir das Trinken von Alkohol im Betrieb untersagt werden? ... 190
Hat der Betriebsrat bei Regeln für das Verhalten der Arbeitnehmer im Betrieb mitzureden? ... 191
Durch welche Verhaltensweisen störe ich den Betriebsfrieden? ... 191
Wie frei kann ich im Betrieb meine Meinung äußern? ... 192
Welcher rechtlichen Bewertung unterliegen gewerkschaftliche Meinungsäußerungen im Betrieb? ... 193

4. Das Recht des Arbeitgebers zur Kontrolle 194

Muß ich es hinnehmen, daß ich bei meiner Arbeit überwacht werde? 194
Darf der Arbeitgeber mich bei meiner Arbeit mit einer Videokamera überwachen? 194
Darf ein Arbeitgeber ein dienstliches Telefongespräch mithören? 195
Darf der Arbeitgeber ein von einem Dienstapparat aus geführtes privates Telefongespräch mithören? 195
Muß ich Torkontrollen und Leibesvisitationen durch den Arbeitgeber hinnehmen? 195
Darf der Arbeitgeber mich durch einen Detektiv überwachen lassen? 196
Kann der Arbeitgeber ohne Einschränkungen Zeiterfassungsgeräte im Betrieb einführen? 197
Ist die Auswertung von Leistungs- und Verhaltensdaten durch den Arbeitgeber beliebig zulässig? 197
Welche Rechtsfragen treten bei der Auswertung von Daten über krankheitsbedingte Fehlzeiten auf? 198
Wie kann ich mich gegen unzulässige Kontrollen oder rechtswidrig installierte Kontrolleinrichtungen wehren? .. 200

5. Allgemeine arbeitsrechtliche Regeln für den Umgang des Arbeitgebers mit Personaldaten 201

Was hat mit vom Arbeitgeber unzulässig erlangten Personaldaten zu geschehen? 201
Was muß mein Arbeitgeber mit Personalunterlagen tun, die unrichtig sind oder ein »schiefes Bild« von Vorgängen aus dem Arbeitsverhältnis geben? 201
Was geschieht mit Personaldaten, wenn sie für die Durchführung des Arbeitsverhältnisses nicht mehr benötigt werden? . 203
Müssen auch richtige, aber für mich besonders belastende Vorgänge unter Umständen aus der Personalakte entnommen werden? 203
Darf mein Arbeitgeber die während des Arbeitsverhältnisses über mich angesammelten Personalakten nach Beendigung des Arbeitsverhältnisses unbegrenzt aufbewahren? 204
Wofür kann der Arbeitgeber die Personaldaten verwenden? .. 204
Darf mein Arbeitgeber von mir ein umfassendes Persönlichkeitsprofil erstellen? 205
Welche Rechtsfragen können bei Eignungs- und Qualifikationsprofilen auftreten? 205
Was muß mein Arbeitgeber bei der Weitergabe von Personaldaten an Dritte beachten? 206

Welche Rechte stehen mir zu, wenn ich mich gegen eine
unzulässige Aufbewahrung, Verwendung oder Weitergabe
meiner Personaldaten wehren will? 207

6. Besonderer Schutz der Personaldaten im Arbeitsverhältnis durch das Bundesdatenschutzgesetz 207

Welche Voraussetzungen müssen erfüllt sein, damit das Bundesdatenschutzgesetz überhaupt Anwendung findet? 207
Welche Anforderungen stellt das Bundesdatenschutzgesetz
für die Verarbeitung von personenbezogenen Daten auf, und
welche Bedeutung haben diese für das Arbeitsverhältnis? ... 209
Kann mein Arbeitgeber Personaldaten vor mir verbergen,
indem er sie in der EDV speichert? 210
Welche Auskunftsrechte und Mitteilungsrechte stehen mir nach
dem Bundesdatenschutzgesetz zu? 211
Welche besonderen Rechte habe ich nach dem Bundesdatenschutzgesetz, wenn ich mich gegen eine Speicherung meiner
Daten durch den Arbeitgeber wehren will? 211

7. Durchsetzung von Rechten im Betrieb 214

Welchen Vorteil kann es mir bringen, wenn der Betriebsrat
in einer auch mich betreffenden Angelegenheit sein
Mitbestimmungsrecht ausübt? 214
Wie kann der Betriebsrat durch Ausübung seines
Mitbestimmungsrechts meine Rechtsposition bei Versetzungen stärken? 216
Wie kann mich der Betriebsrat durch Ausübung seines
Mitbestimmungsrechts in Urlaubsfragen unterstützen? 217
Welche Bedeutung hat es, wenn ich mich beim Betriebsrat
beschwere? 217
Muß der Arbeitgeber mich über meine betrieblichen Aufgaben
und Zuständigkeiten informieren? 218
Kann ich von meinem Arbeitgeber die Erläuterung der
Berechnung und Zusammensetzung meines Arbeitsentgelts
verlangen? 220
Wie kann ich feststellen, welche Meinung der Arbeitgeber über
mich und meine beruflichen Möglichkeiten im Betrieb hat? ... 221
Wie kann ich gegenüber Maßnahmen des Arbeitgebers meinen
Standpunkt zu Gehör bringen? 221
Wie mache ich von meinem Recht zur Gegendarstellung
sachgemäß Gebrauch? 222

Kann ich zu einem »kritischen« Gespräch mit dem Arbeitgeber
bzw. einem Vorgesetzten ein Betriebsratsmitglied hinzuziehen? . 223
Wie kann ich sonst vermeiden, daß ich ein für mich wichtiges
Gespräch mit dem Arbeitgeber bzw. einem Vorgesetzten unter
vier Augen führen muß? 224
Wie bin ich davor geschützt, daß ich nicht durch die Ausübung
meiner betrieblichen Rechte Nachteile erleide? 224

Kapitel 13: Die Haftung des Arbeitnehmers

1. Schadensersatzpflicht des Arbeitnehmers im allgemeinen 225

Bei welchen von mir verursachten Schäden kann der
Arbeitgeber Schadensersatz verlangen? 225

2. Haftungserleichterungen im Arbeitsverhältnis 226

Gibt es Haftungserleichterungen für Arbeitnehmer? 226
Was versteht man unter »gefahrgeneigter« Arbeit? 227
Gelten die beschriebenen Haftungserleichterungen auch dann,
wenn ich in Ausübung einer gefahrgeneigten Arbeit dritten
Personen einen Schaden zufüge? 228
Kommen die Haftungserleichterungen bei jeder gefahr-
geneigten Arbeit zum Zuge? 229

3. Haftung für Fehlbestände im Warenbestand oder in der Kasse 231

Unter welchen Voraussetzungen muß ich als Arbeitnehmer
Fehlbeträge ersetzen, die in meinem Arbeitsbereich ent-
standen sind? 231
Wann liegt überhaupt ein Fehlbetrag (= Manko) vor? 232
Was versteht man unter einer Mankovereinbarung? 233
Sind Mankovereinbarungen überhaupt zulässig? 233
Wie sieht es mit meiner Haftung aus, wenn ich eine Kasse
allein zu verwalten habe? 234

4. Vertragsstrafe 235

Was ist eine Vertragsstrafe? 235
Welche vertraglichen Pflichten können mit einer Vertragsstrafen-
regelung versehen werden? 236
Ist jede Vertragsstrafenregelung für mich bindend? 236
Unter welchen weiteren Voraussetzungen können
Vereinbarungen über Vertragsstrafen unwirksam sein? 238
Was ist, wenn die vereinbarte Vertragsstrafe empfindlich hoch
ist? 239

Kapitel 14: Die Abmahnung

1. Bedeutung der Abmahnung 240
Muß in der Abmahnung die Kündigung angedroht werden? . . 241
Gibt es Fälle, in denen der Arbeitgeber auch ohne vorherige
Abmahnung kündigen darf? 241

2. Gegenmaßnahmen bei einer Abmahnung 241
Empfiehlt es sich, gegen eine Abmahnung zu klagen? 242
Wann wird eine Abmahnung wirkungslos? 243
Kann ich beim Betriebsrat mit Unterstützung rechnen? 243

Kapitel 15: Die Beendigung des Arbeitsverhältnisses

1. Kündigung 244

Erklärung der Kündigung 244
Was ist eine ordentliche Kündigung, und wann spricht man von
einer außerordentlichen Kündigung? 245
Muß ich die Kündigung annehmen? 245
Wann ist eine schriftliche Kündigung zugegangen? 245
Kann eine Kündigung einseitig zurückgenommen werden? . . . 246
Muß in der Kündigungserklärung das Wort »Kündigung«
vorkommen? 247
Was ist eine Änderungskündigung? 247

Anhörung des Betriebsrats 248
Welche Folgen hat es, wenn der Arbeitgeber den Betriebsrat
vor Ausspruch der Kündigung nicht anhört? 248
Wie lange hat der Betriebsrat Zeit zur Stellungnahme? 249
Was bringt dem Arbeitnehmer der Widerspruch des
Betriebsrats für Vorteile? 249

Kündigungsfristen 250
Wann kann ein Arbeitsverhältnis ordentlich gekündigt
werden? 250
Wann ist das Recht zur ordentlichen Kündigung ausgeschlossen? 251
Welche Kündigungsfrist muß der Arbeitgeber bei
Angestellten einhalten? 251
Wann muß der Arbeitgeber längere Kündigungsfristen
beachten? 252
Welche Kündigungsfrist gilt für Arbeiter? 252

Wann verlängern sich die Kündigungsfristen zugunsten der
Arbeiter? 253
Kündigung in der Probezeit 253
Welche Kündigungsfristen gelten für die Probezeit? 253
Kann ein befristetes Probearbeitsverhältnis gekündigt
werden? 254

2. Allgemeiner Kündigungsschutz 255

Was versteht man unter allgemeinem Kündigungsschutz? 255
Wann gilt für mich der allgemeine Kündigungsschutz? 255
Wann ist eine Kündigung unwirksam? 256
Kündigung wegen Krankheit 257
Wann kann mir der Arbeitgeber wegen Krankheit kündigen? . 257
Rechtfertigen häufige Fehlzeiten in der Vergangenheit immer
eine Kündigung? 258
Darf mir der Arbeitgeber kündigen, wenn er mich zu
anderen Bedingungen weiterbeschäftigen kann? 258
Verhaltensbedingte Kündigung 259
Welche Gründe berechtigen den Arbeitgeber zur verhaltens-
bedingten Kündigung? 259
Muß der Arbeitgeber vor Ausspruch einer verhaltensbedingten
Kündigung immer abmahnen? 259
Welchen im Kündigungsrecht wesentlichen Grundsatz muß
der Arbeitgeber auch bei Ausspruch einer verhaltens-
bedingten Kündigung beachten? 260
Betriebsbedingte Kündigung 260
Wann ist eine betriebsbedingte Kündigung möglich? 260
Kann die fehlende Berücksichtigung sozialer Gesichtspunkte
die betriebsbedingte Kündigung unwirksam machen? 262
Darf der Arbeitgeber mir kündigen, wenn er mich zu anderen
Bedingungen weiterbeschäftigen kann? 262
Der Widerspruch des Betriebsrats 262
Wie kann der Widerspruch des Betriebsrats die Stellung des
Arbeitnehmers stärken? 263

3. Kündigungsschutzverfahren vor dem Arbeitsgericht 266

Was bewirkt der Einspruch beim Betriebsrat? 266
Welche Frist muß der Arbeitnehmer für die Kündigungs-
schutzklage einhalten? 266
Gibt es Ausnahmen von der Dreiwochenfrist für die
Kündigungsschutzklage? 267
Welchen Inhalt muß die Kündigungsschutzklage haben? 267

Muster für eine Klage gegen eine Kündigung (1) sowie für eine Klage gegen eine Änderungskündigung (2) 268

Die Weiterbeschäftigung während des Kündigungsschutzverfahrens 270

Wann kann ich meine Weiterbeschäftigung verlangen? 270
Wann soll ich den Weiterbeschäftigungsantrag stellen? 271
Wann habe ich bei unwirksamer Kündigung einen Lohnanspruch? 271
Wann muß ich meine Arbeitskraft gesondert anbieten? 272
Was muß ich mir auf meinen Lohnnachzahlungsanspruch anrechnen lassen? 272

Abfindung für den Verlust des Arbeitsplatzes 272

Wann kann ich eine Abfindung gerichtlich durchsetzen? 273
In welcher Höhe kann ich eine Abfindung erwarten? 274
Gibt es Abzüge von der Abfindung? 274
Welche Aussichten hat ein Verfahren vor dem Arbeitsgericht? . 274
Kann ich einen Abfindungsvergleich auch außergerichtlich abschließen? 275

4. Die außerordentliche fristlose Kündigung 275

Wann ist eine fristlose Kündigung möglich? 275
Wer muß nachweisen, daß ein wichtiger Grund vorliegt? 276
Wann muß die fristlose Kündigung spätestens erklärt werden? . 277
Muß einer fristlosen Kündigung stets eine Abmahnung vorausgehen? 277
Welche Gründe berechtigen zur fristlosen Kündigung? 278
Wie ist die Rechtslage bei Arbeitnehmern, für die das Kündigungsschutzgesetz nicht anzuwenden ist? 280
Wie ist die Rechtslage, wenn für den Arbeitnehmer das Kündigungsschutzgesetz gilt? 281
Können auch Arbeitnehmer fristlos kündigen? 282

5. Der besondere Kündigungsschutz 282

Der Kündigungsschutz für Frauen und Erziehungsurlauber .. 282

Gilt das Kündigungsverbot während des Mutterschutzes ausnahmslos für alle Kündigungen? 282
Was ist, wenn dem Arbeitgeber die Schwangerschaft zur Zeit der Kündigung nicht bekannt war? 283
Gilt das Kündigungsverbot auch zugunsten der sich in Erziehungsurlaub befindenden Väter? 284

Kündigungsschutz der Schwerbehinderten 284

Ab wann und für wen gilt der Kündigungsschutz für Schwerbehinderte? 284

Wie wirkt sich der besondere Kündigungsschutz für
Schwerbehinderte aus? 285
Bedarf jede Kündigung eines Schwerbehinderten der
vorherigen Zustimmung der Hauptfürsorgestelle? 285
Kündigungsschutz der Auszubildenden 286
Wie kann das Ausbildungsverhältnis während der Probezeit
gekündigt werden? 286
Wann ist eine fristlose Kündigung aus wichtigem Grund
möglich? 286
Wie muß die außerordentliche Kündigung erklärt werden? ... 287
Welche Bedeutung haben die Schlichtungsausschüsse? 287
Kündigungsschutz der Wehr- und Zivildienstleistenden 288
Kann der Arbeitgeber das Arbeitsverhältnis während oder
wegen des Dienstes kündigen? 288
Kündigungsschutz der Betriebs- und der Personalräte 288
Weshalb darf der Arbeitgeber Betriebsräten nicht ordentlich
kündigen? 288
Wann ist eine Kündigung aus wichtigem Grund möglich? 289
Was ist, wenn ein Betriebsratsmitglied eine Amtspflicht
verletzt? 289

6. Beendigung des Arbeitsverhältnisses bei Befristung ... 290
Müssen Zeitverträge gekündigt werden oder enden sie von
selbst? 290
Welche Gründe rechtfertigen die Befristung von Arbeits-
verträgen? 290
Was ist ein Kettenarbeitsvertrag? 291
Für welche Zeitverträge gilt das Beschäftigungsförderungs-
gesetz? 292
Gehen für Arbeitnehmer günstigere Tarifverträge dem
Beschäftigungsförderungsgesetz vor? 292
Welche Rechte kann der Arbeitnehmer geltend machen,
wenn die Befristung unwirksam ist? 293

7. Beendigung des Arbeitsverhältnisses durch Aufhebungsvertrag ... 293
Kann ein Aufhebungsvertrag auch mündlich geschlossen
werden? 293
Liegt in der Entgegennahme der Kündigung eine Aufhebungs-
vereinbarung? 294
Kann ein Aufhebungsvertrag rückgängig gemacht werden? ... 295

Kapitel 16: Zeugnis und Arbeitspapiere

1. Das Zeugnis ... 296

Was ist unter einem **einfachen**, was unter einem **qualifizierten** Zeugnis zu verstehen? ... 296

Welchen Inhalt muß ein vollständiges »qualifiziertes« Zeugnis haben? ... 296

Auf welche Formalien muß ich bei einem Zeugnis achten? ... 297

Wann kann ich die Ausstellung eines Zeugnisses verlangen? ... 297

Kann sich mein Arbeitgeber mit einer globalen Beschreibung meiner Tätigkeit im Zeugnis begnügen? ... 298

Gibt es Zeugnisformulierungen, die allgemein als Benotung innerhalb einer Notenskala angesehen werden? ... 300

Ist mein Arbeitgeber gezwungen, sich bei der Beurteilung meiner Leistung im Zeugnis an gebräuchliche Formulierungen zu halten? ... 300

Was bedeutet der Grundsatz, daß ein Zeugnis wahr und wohlwollend sein muß? ... 302

Müssen in einem Zeugnis besondere Eigenschaften und Fähigkeiten hervorgehoben werden? ... 305

Gibt es Formulierungen im Zeugnis, die zwar positiv erscheinen, in Wahrheit aber eine negative Aussage enthalten? ... 306

Was kann ich tun, wenn mir der Arbeitgeber die Ausstellung eines Zeugnisses verweigert oder mir ein unrichtiges bzw. unvollständiges Zeugnis erteilt? ... 309

Kann ich von meinem Arbeitgeber den Schaden verlangen, der mir dadurch entstanden ist, daß das Zeugnis unrichtig war oder verspätet ausgestellt worden ist? ... 309

2. Die Arbeitsbescheinigung ... 310

Wozu benötige ich eine Arbeitsbescheinigung? ... 310

Wann muß mir mein Arbeitgeber eine Arbeitsbescheinigung ausstellen? ... 310

Welche Angaben muß der Arbeitgeber in der Arbeitsbescheinigung machen, und welche Bedeutung haben diese Angaben für mich? ... 310

Was kann ich tun, wenn mein Arbeitgeber seiner Pflicht zur unverzüglichen Ausstellung und Aushändigung der Arbeitsbescheinigung nicht nachkommt? ... 313

Was kann ich tun, wenn die Arbeitsbescheinigung unrichtig ausgefüllt ist? ... 314

3. Die Lohnsteuerkarte 314
Welche Bedeutung hat die Lohnsteuerkarte im Arbeits-
verhältnis? 314
Was kann ich machen, wenn mir mein Arbeitgeber die Lohnsteuerbescheinigung nicht, nicht vollständig oder unrichtig
erteilt? 315

4. Das Sozialversicherungs-Nachweisheft 315
Was enthält das Versicherungsnachweisheft? 315
Was muß der Arbeitgeber in die Versicherungsnachweise
eintragen? 316
Welche Rechte habe ich bezüglich des Versicherungsnachweis-
heftes? 316
Welche Rechte habe ich, wenn der Arbeitgeber den
Versicherungsnachweis nicht ausfüllt? 316
Welche Rechte habe ich, wenn der Versicherungsnachweis
unrichtig ausgefüllt ist? 316

5. Die Urlaubsbescheinigung 316
Wann muß mir der Arbeitgeber eine Urlaubsbescheinigung
ausstellen? 316
Welchen Inhalt hat die Urlaubsbescheinigung? 316
Wozu nützt mir die Urlaubsbescheinigung? 317
Was kann ich tun, wenn der Arbeitgeber die Urlaubs-
bescheinigung nicht oder nicht richtig ausstellt? 317

Kapitel 17: Die Verfolgung Ihrer Rechte

1. Anspruchswahrendes Verhalten 318
Welche Fristen muß ich beachten? 318
Wie kann ich mich über die tariflichen Verfallfristen in-
formieren? 320
Bestehen noch weitere Gefahren eines Rechtsverlustes,
wenn ich mich längere Zeit wegen eines mir zustehenden
Anspruchs gegenüber dem Arbeitgeber nicht rühre? 321
Was muß ich beachten, um meinen Gehaltsanspruch nicht zu
verlieren, wenn der Arbeitgeber mich gegen meinen Willen
nicht beschäftigt? 321

2. Die Beratung in arbeitsrechtlichen Angelegen-
heiten 323
Welche Bedeutung hat meine Gewerkschaftsmitgliedschaft,
wenn ich mich arbeitsrechtlich beraten lassen möchte? 323

Wie finde ich einen auf Arbeitsrecht spezialisierten Rechts-
　　anwalt? 323
　　Darf mich die Geschäftsstelle des Arbeitsgerichts (Antrag-
　　stelle) arbeitsrechtlich beraten? 324
　　Darf der Betriebsrat mich arbeitsrechtlich beraten? 324

3. Die Erreichbarkeit des Prozeßziels 324

　　Kann ich mich gegen alles, was der Arbeitgeber gegen mich
　　unternimmt, mit einer Klage beim Arbeitsgericht wehren? ... 324
　　Ist das Arbeitsgerichtsverfahren geeignet, mich von einem
　　falschen oder ehrenrührigen Vorwurf meines Arbeitgebers
　　reinzuwaschen? 325
　　Kann ich durch ein arbeitsgerichtliches Verfahren gegen eine
　　Kündigung eine Abfindung erreichen? 326
　　Kann mein Arbeitgeber während des Kündigungsschutz-
　　prozesses die Kündigung zurückziehen? 327
　　Gibt es einen gesetzlich vorgesehenen Fall, in dem das Arbeits-
　　gericht den Arbeitgeber zur Zahlung einer Abfindung
　　verurteilen kann? 327
　　Kann ich durch ein Arbeitsgerichtsverfahren erreichen, daß ich
　　nach Ablauf der Kündigungsfrist vom Arbeitgeber weiter-
　　beschäftigt werden muß? 327
　　Besteht eine Chance, die Weiterbeschäftigung nach Ablauf
　　der Kündigungsfrist durchzusetzen, wenn der Betriebsrat
　　der Kündigung widersprochen hat? 329

4. Die Beurteilung der Prozeßaussichten 329

　　Wie kann ich die Rechtslage abschätzen? 329
　　Welche Rolle spielt die Beweislage für den Prozeßausgang? .. 329

5. Die Kosten eines arbeitsgerichtlichen Verfahrens . 332

　　Wer muß die Kosten des Verfahrens vor dem Arbeitsgericht
　　tragen? 332
　　Was gehört zu den Kosten des Verfahrens? 332
　　Welche Bedeutung hat der Streitwert des Verfahrens für die
　　Kosten? 333
　　Was kostet mich mein Rechtsanwalt? 334
　　Was muß ich an Gerichtskosten zahlen, wenn ich den Prozeß
　　verliere? 336
　　Wie sieht es mit den Gerichtskosten aus, wenn der Prozeß
　　durch einen Vergleich beendet wird? 336
　　Welches Kostenrisiko habe ich, wenn das Verfahren in die
　　zweite Instanz geht? 336

6. Übernahme der Kosten durch die Gewerkschaft, durch eine Rechtsschutzversicherung, Prozeßkostenhilfe 337

Was zahlt mir meine Gewerkschaft, wenn ich ein arbeitsgerichtliches Verfahren durchführen muß? 337
Kommt meine Rechtsschutzversicherung für die Kosten eines arbeitsgerichtlichen Verfahrens auf? 337
Was bedeutet Prozeßkostenhilfe, und was nützt sie mir? 338
Kann ich mir bei der Gewährung der Prozeßkostenhilfe den Rechtsanwalt, der mich vertreten soll, selbst aussuchen? 338
Welche Voraussetzungen muß ich erfüllen, damit mir Prozeßkostenhilfe gewährt wird? 338
Welche Faktoren sind für die Feststellung meiner wirtschaftlichen Bedürftigkeit maßgeblich? 338
Wie wird festgestellt, ob ich aufgrund meiner persönlichen und wirtschaftlichen Verhältnisse Prozeßkostenhilfe erhalten kann? 339
Wie ist das für die Prozeßkostenhilfe maßgebliche Nettoeinkommen zu berechnen? 340
Spielt es für die Gewährung von Prozeßkostenhilfe auch eine Rolle, ob und wieviel Vermögen ich habe? 340
Haben die Prozeßchancen Einfluß auf die Entscheidung über die Prozeßkostenhilfe? 340
Was muß ich unternehmen, damit mir die Prozeßkostenhilfe gewährt wird? 341

7. Die Durchführung des Arbeitsgerichtsverfahrens .. 344

Kann und soll ich den Prozeß selbst führen? 344
Was muß ich beachten, wenn ich die Klage bei der Geschäftsstelle des Arbeitsgerichts einreiche? 344
Was bedeutet es, wenn ich »Klage erhoben« habe? 347
Welche Bedeutung hat der in der Klage gestellte Antrag? 347
Worauf richtet sich der Klageantrag im Kündigungsschutzverfahren? 348
Was geschieht im Gütetermin? 348
Was bedeutet es, wenn ich einen Vergleich abschließe? 349
Welche Gesichtspunkte können für den Abschluß eines Vergleichs sprechen? 350
Welchen Vorteil bietet der gerichtlich protokollierte Vergleich gegenüber einem Vergleich, der außerhalb des gerichtlichen Verfahrens geschlossen wird? 351
Wie muß ich die Streitverhandlung vorbereiten? 351

8. Die Bedeutung des Urteils 353
Wie ist der Ablauf des Verfahrens bis zum Urteil? 353
Wann kann ich ein Urteil durchsetzen? 353
Was hat es zu bedeuten, daß aus einem Urteil vollstreckt
werden kann? 354
Kann die Vollstreckung auch dann durchgeführt werden,
wenn der Arbeitgeber Berufung eingelegt hat? 355
Was muß ich beachten, wenn ich gegen ein Urteil Berufung
einlegen will? 355

Anhang: Gesetzestexte 357
Register 403

Einleitung

An wen sich dieses Buch wendet
Dieses Buch wendet sich an alle, die mehr über ihre Rechte im Arbeitsleben und deren Durchsetzungsmöglichkeiten wissen wollen. Juristische Vorkenntnisse sind nicht nötig.

Wie dieses Buch geschrieben ist
Dieses Buch führt Sie in leicht verständlicher Form an die wichtigsten Bereiche des Arbeitsrechts heran. Die Autoren veranschaulichen die Probleme durch viele Beispiele aus ihrer eigenen Praxis als Richter und Rechtsanwalt. Mit der Lektüre erfahren Sie, daß das Arbeitsrecht keine nur den Fachleuten vorbehaltene trockene Prinzipienreiterei ist, sondern spannend sein kann, weil es die Welt der Arbeit widerspiegelt.
Damit die Darstellung besser lesbar ist, verzichtet sie bewußt auf bloße Gesetzesverweisungen. Wo auf Gesetze Bezug genommen wird, sind diese im Text auch wiedergegeben. Juristische Fachausdrücke werden, soweit möglich, durch allgemein verständliche Erläuterungen ersetzt. Wo sie dennoch Verwendung finden, werden sie auch gleich erklärt.

Was dieses Buch nicht ist
Aus der beschriebenen Zielsetzung und der gewählten Form der Darstellung ergibt sich, daß dieses Buch kein Nachschlagewerk für Spezialfragen des Arbeitsrechts sein kann. Es behandelt hauptsächlich die Probleme, die sich dem Arbeitnehmer in der Praxis stellen.
Dieses Buch will nicht die Beratung durch den Fachmann ersetzen. Es kann also nicht in jedem Fall das arbeitsrechtliche Problem lösen, das Sie gerade bewegt. Es kann Ihnen aber Anschauung und Information bieten, wie das Arbeitsrecht bzw. die Arbeitsgerichte mit bestimmten – »Ihrem« Problem vielleicht ähnlichen – Konflikten umgehen und welche Überlegungen dabei eine Rolle spielen.
Zugleich zeigt es die begrenzten Möglichkeiten des Arbeitsrechts und der Arbeitsgerichte und gibt deshalb auch Hinweise, wie Sie unnötiges Prozessieren vermeiden.

Wie dieses Buch aufgebaut ist

Dieses Buch orientiert sich in seinem Aufbau daran, wie sich ein Arbeitsverhältnis entwickelt. Es beginnt beim Vorstellungsgespräch, behandelt den Abschluß eines Arbeitsvertrags sowie die rechtlichen Probleme im betrieblichen Alltag bis hin zur Beendigung des Arbeitsverhältnisses mit der Übergabe von Arbeitspapieren und Zeugnis. Dieser Aufbau sowie ein ausführlich gehaltener Fragenkatalog helfen Ihnen, schnell zu dem Problemkreis vorzustoßen, der Sie im Einzelfall interessiert.

Im allgemeinen ist es zum Verständnis eines Kapitels nicht nötig, die vorausgegangenen Kapitel gelesen zu haben. Wo das erforderlich ist, erhalten Sie einen Hinweis im Text. Es empfiehlt sich allerdings, vor einer Lektüre der speziellen Kapitel das Kapitel 2 über die Rechtsquellen des Arbeitsrechts nachzulesen, damit Sie wissen, »auf welchen Füßen« das Arbeitsrecht steht.

Allen Lesern wünschen wir eine ertragreiche und angenehme Lektüre. Für Anregungen zum Inhalt und zur Darstellung sind wir jederzeit dankbar.

Die Autoren

Kapitel 1
Vor Abschluß des Arbeitsvertrags

1. Vorstellungstermin

Es ist also soweit. Sie haben sich auf eine Zeitungsanzeige (»Junges aufstrebendes Unternehmen sucht einsatzfreudigen Mitarbeiter für seinen Außendienst«) beworben. Sie rufen an, und der Personalleiter fordert Sie zu einem Vorstellungsgespräch für nächsten Freitag, 14.00 Uhr, auf. Die Angelegenheit kostet Sie also Zeit und Geld. Nicht zuletzt müssen Sie sich ja auch bei Ihrem jetzigen Arbeitgeber frei nehmen.

Worauf müssen Sie achten und welche Rechte haben Sie?

Unter welchen Voraussetzungen habe ich einen Anspruch auf Freizeit zur Stellensuche?

Fangen wir zunächst mit dem Problem des »Freinehmens« bei Ihrem jetzigen Arbeitgeber an.

Grundsätzlich haben Sie Anspruch auf Freizeit zur Stellensuche, wenn Sie in einem Dauerarbeitsverhältnis stehen (also nicht z. B. nur kurzzeitig als Aushilfe arbeiten) und das Ende des Arbeitsverhältnisses absehbar ist.

Sie werden fragen: Wann ist das Ende absehbar?

Hier sind folgende Fälle anerkannt:
- Das Arbeitsverhältnis ist bereits gekündigt (von Ihnen oder Ihrem Arbeitgeber), oder
- Sie haben mit Ihrem Arbeitgeber einen Vertrag geschlossen, daß das Arbeitsverhältnis zu einem bestimmten Termin enden soll (sog. Aufhebungsvertrag), oder
- Ihr Arbeitgeber hat Ihnen (z. B. wegen bevorstehender Rationalisierungsmaßnahmen) Bewerbungen bei anderen Firmen empfohlen, oder
- Sie stehen in einem befristeten Arbeitsverhältnis und der vorgesehene Beendigungszeitpunkt ist bereits so nahe, daß der übliche Kündigungstermin bereits verstrichen wäre.

Beispiel: Sie stehen seit 1. Februar in einem bis 30. September befristeten Arbeitsverhältnis. Die gesetzliche Kündigungsfrist betrüge, wenn

Sie in einem unbefristeten Arbeitsverhältnis stünden, sechs Wochen zum Quartalsende. Am 28. August haben Sie einen Vorstellungstermin bei einer anderen Firma.

In diesem Fall haben Sie einen Freizeitanspruch zur Stellensuche, da der letztmögliche Kündigungstermin (19. August) bereits verstrichen ist. Wäre der Vorstellungstermin am 19. August oder früher, so hätten Sie keinen Freizeitanspruch: In diesem Zeitraum gilt das Ende des Arbeitsverhältnisses noch nicht als »absehbar«.

Ähnlich verhält es sich in folgendem Fall:

> Sie stehen in einem ungekündigten Arbeitsverhältnis und wollen sich verändern. Auf ein attraktives Angebot eines bekannten Großunternehmens hin haben Sie mit dem dortigen Personalleiter einen Vorstellungstermin vereinbart, der in Ihrer Arbeitszeit liegt. Sie wollen wissen, ob Ihnen Ihr jetziger Arbeitgeber frei geben muß.

Antwort: Nein, er muß nicht, zumindest nicht unter der Überschrift »Freizeit zur Stellensuche«. Das ist deshalb so, weil das Ende Ihres Arbeitsverhältnisses eben noch nicht »absehbar« ist. Es bleibt Ihnen also nichts anderes übrig, als sich einen Tag Urlaub zu nehmen oder mit der Firma, bei der Sie sich bewerben, einen Termin außerhalb der Arbeitszeit auszumachen.

Wann darf ich gehen?

> Nehmen wir an, Sie haben festgestellt, daß Ihnen ein Anspruch auf Freizeit zur Stellensuche zusteht. Sie gehen zu Ihrem Chef und bitten ihn, Ihnen für Freitag ab 12.00 Uhr frei zu geben, weil Sie sich woanders vorstellen wollen. Ihr Chef zeigt sich wenig erfreut: »Ich verstehe gar nicht, warum Sie sich verändern wollen. Sie haben doch einen sehr guten Arbeitsplatz bei mir. Ich bin nicht damit einverstanden, wenn Sie sich woanders vorstellen. Schon gar nicht am Freitagnachmittag. Wenn Sie aber auf dem Sonderurlaub für Ihre Stellensuche bestehen, dann gehen Sie halt am Montag.«
> Sie sind ratlos.

Hier gilt zunächst, daß der Arbeitgeber den Zeitpunkt der Freistellung (Frage: Wann kann ich gehen?) bestimmen kann. Er muß dabei aber außer seinen (betrieblichen) Interessen auch Ihre Interessen berücksichtigen. So wird der allgemeine Hinweis: »Es paßt gerade schlecht« nicht ausreichen, Ihnen Ihr Freizeitgesuch abzuschlagen. Anders ist es, wenn etwa am Freitag-

nachmittag ein dringender Terminauftrag zu erledigen ist, bei dem Sie benötigt werden.
Auf jeden Fall muß Ihr Arbeitgeber aber auch die Wichtigkeit Ihrer Interessen berücksichtigen: Wenn Sie z. B. wegen eines streng organisierten Auswahlverfahrens bei dem neuen Arbeitgeber keine Möglichkeit haben, umzudisponieren, müssen Sie, wenn keine wichtigeren betrieblichen Interessen entgegenstehen, frei bekommen.

Wie lange habe ich Ausgang?

Nehmen wir an, das Personalbüro Ihres neuen Arbeitgebers befindet sich in der Stadtmitte von Frankfurt, während Sie zur Zeit noch im S-Bahn-Bereich wohnen und arbeiten. Sie wollen vor dem Vorstellungsgespräch noch etwas Persönliches erledigen und bitten Ihren Chef, Ihnen den ganzen Freitag zur Stellensuche freizugeben. Er weist Ihre Bitte brüsk ab.
Mit Recht?

Er ist im Recht, denn er ist lediglich verpflichtet, Ihnen »angemessene« Freizeit zu gewähren. Wenn Sie auch noch den Freitagvormittag frei haben wollen, obwohl das Gespräch erst um 14.00 Uhr beginnt, ist das wohl nicht mehr angemessen.

Wie setze ich meinen Freizeitanspruch durch?

Nun noch ein heikles Thema: Was ist, wenn Ihr jetziger Arbeitgeber Ihre Bitte um Freizeit zur Stellensuche im konkreten Fall rundweg abschlägt?

Hier ist Vorsicht geboten: Sie haben zwar grundsätzlich das Recht, sich selbst freizunehmen, wenn der Arbeitgeber Ihnen unberechtigterweise Ihr Freizeitgesuch abschlägt. Das ist aber nicht ganz ungefährlich. Möglicherweise nimmt Ihr Arbeitgeber das nämlich zum Anlaß, Ihnen fristlos zu kündigen: wegen Arbeitsverweigerung. Im Arbeitsgerichtsprozeß über die Berechtigung der Kündigung beruft er sich dann unter Umständen darauf, er habe Sie aus dringenden betrieblichen Gründen nicht gehen lassen können: »Wir haben den Gekündigten seinerzeit wegen eines kurzfristig hereingekommenen Terminauftrags dringend gebraucht.« Damit Ihnen so etwas nicht passiert, ist es nützlich, wenn Sie gegebenenfalls Ihren Arbeitgeber bitten, Ihnen seine Gründe für die Ablehnung Ihres Freizeitgesuchs im

einzelnen zu nennen. So können Sie sich dann ein eigenes Bild davon machen, ob er Ihre Bitte willkürlich abschlägt.
Wenn Sie das mit einer eigenmächtigen Freizeitnahme verbundene Risiko vermeiden wollen, haben Sie noch eine andere Möglichkeit: Sie können versuchen, beim Arbeitsgericht eine sog. **Einstweilige Verfügung** zu erwirken, die Ihrem Arbeitgeber vorschreibt, Ihnen zu dem in Aussicht genommenen Vorstellungstermin frei zu geben. Ihre Erfolgsaussichten in diesem Verfahren hängen davon ab, ob das Gericht Ihr Interesse an der Wahrnehmung dieses konkreten Vorstellungstermins zu diesem Termin höher bewertet als das Interesse des Arbeitgebers, daß Sie zur Zeit des Vorstellungstermins im Betrieb anwesend sind.
Schließlich steht Ihnen noch ein dritter Weg offen: Sie können selbst fristlos kündigen und Ersatz des Ihnen aus der Kündigung entstandenen Schadens verlangen. Diese Möglichkeit ist mit ähnlichen Risiken verbunden wie die eigenmächtige Freizeitnahme, da Sie damit rechnen müssen, daß der Arbeitgeber im Prozeß über Ihre Ansprüche unwiderlegbar vorbringt, seine Ablehnung Ihres Freizeitgesuchs sei bei Abwägung der beiderseitigen Interessen berechtigt gewesen.

Wer bezahlt mir die ausgefallene Arbeitszeit?

Diese Frage ist wichtig. Im Arbeitsrecht gilt nämlich zunächst der allgemeine Grundsatz: »*Ohne Arbeit kein Lohn.*« Wie in den Fällen von Urlaub und Erkrankung läßt das Gesetz Sie hier aber nicht im Stich: Wenn Sie wegen eines oder mehrerer Vorstellungstermine an der Arbeitsleistung verhindert sind, garantiert Ihnen das Gesetz eine Vergütungsfortzahlung für eine »verhältnismäßig« kurze Zeit.
Sie wollen natürlich wissen, was »verhältnismäßig« kurz ist und was nicht. Diese Frage läßt sich leider nicht generell beantworten. Eines wird man aber sagen können:

Je kürzer das Arbeitsverhältnis, umso kürzer die Zeit, für die Sie Weiterbezahlung Ihres Lohns oder Gehalts wegen Stellensuche verlangen können. Sicher unverhältnismäßig ist es z. B., wenn Sie nach nur halbjähriger Beschäftigung sieben Arbeitstage zur Stellensuche frei bekommen und diese Zeit auch noch voll bezahlt haben wollen. Andererseits ist ein Tag Freizeit sicher noch als verhältnismäßig kurz anzusehen. In jedem Fall ist aber Vorausset-

zung, daß Sie nur die Stunden oder Tage geltend machen, die für die Vorstellung(en) erforderlich waren.

Vielleicht ist Ihnen aufgefallen, daß der Gesetzgeber bezüglich des Umfangs des Freizeitanspruchs (Wie lange darf ich der Arbeit fernbleiben?) großzügiger ist als hinsichtlich der Festlegung der *bezahlten* Freizeit (Welcher Anteil meiner Verhinderungszeit muß vergütet werden?). Im ersten Fall mußte es sich um eine »angemessene« Zeitspanne handeln, im letzteren Fall war von einer »verhältnismäßig« kurzen Zeit die Rede. Folge für Sie: Es kann Ihnen passieren, daß ein nicht gedeckter Rest bleibt.

Was können Sie tun, um hier keine unnötigen finanziellen Einbußen zu erleiden?

Sie können den entstandenen Verdienstausfall gegenüber dem neuen Arbeitgeber, bei dem Sie sich bewerben, geltend machen. Die einzelnen Voraussetzungen für einen solchen Anspruch werden weiter unten erläutert.

Um aber hier möglichst frühzeitig für klare Verhältnisse zu sorgen, empfiehlt es sich, daß Sie vor einem Vorstellungsgespräch mit Ihrem jetzigen Arbeitgeber darüber sprechen, ob und inwieweit er Ihr Gehalt für die gewährte Freizeit weiterbezahlt. Auf diese Weise wissen Sie, welchen Betrag Sie dem Unternehmen, bei dem Sie sich bewerben, als Verdienstausfall in Rechnung stellen können.

2. Vorstellungskosten

Sie haben mittlerweile den Vorstellungstermin hinter sich gebracht und stellen fest, daß Sie wegen diverser Auslagen etwas ärmer geworden sind. Was können Sie dem Unternehmen, bei dem Sie sich beworben haben, in Rechnung stellen?

In welchem Umfang kann ich Ersatz meiner Vorstellungskosten verlangen, wenn mich der Arbeitgeber zur Vorstellung auffordert?

Fordert Sie der Arbeitgeber zur Vorstellung auf, so ist er verpflichtet, Ihnen die entstandenen notwendigen Auslagen sowie etwaigen Verdienstausfall – also die Zeit, die Ihnen der alte Arbeitgeber nicht vergütet – zu ersetzen.

Zu den notwendigen Auslagen zählen insbesondere:

- Fahrtkosten,
- Übernachtungskosten,
- Verpflegungskosten.

Will die Firma, die Sie zur Vorstellung aufgefordert hat, den Ersatz von Vorstellungskosten ganz oder teilweise ausschließen, *so muß sie Ihnen das schon zum Zeitpunkt der Aufforderung deutlich sagen.*

Welche Auslagen werden als notwendig anerkannt?

Sie werden jetzt natürlich fragen: Welche Auslagen kann ich als notwendig ansehen und welche nicht?

Grundsätzlich sind diejenigen Auslagen notwendig, die Ihnen auf die wirtschaftlichste (= *insgesamt* billigste) Weise die Wahrnehmung des Vorstellungstermins ermöglichen.

> **Beispiel:** Sie leben und arbeiten in Hamburg und wollen sich in München vorstellen. Vorstellungstermin: Donnerstag 10.00 Uhr. Sie wollen wissen, ob Ihnen die Flugreise ersetzt wird.

Für die Hinreise wird das zu bejahen sein, wie sich aus folgender Beispielsrechnung ergibt:

Verdienstausfall für Mittwoch nachmittag zur Anreise mit der Bahn	ca. 150 DM
Übernachtung	ca. 60 DM
Verpflegung (= Abendessen)	ca. 30 DM
Bahnfahrt 2. Klasse mit IC-Zuschlag	ca. 170 DM
Summe	**410 DM**

Dem steht der Flugpreis mit ca. 350 DM gegenüber. Sie können also mit einer Erstattung der Flugreise (hin) rechnen. Für die Rückreise dürfte allerdings – wenn Sie noch am frühen Nachmittag abreisen können – die Bahn die wirtschaftlichere Alternative sein.

Bei der Ermittlung der wirtschaftlichsten Anreisemöglichkeit ist allerdings zu berücksichtigen, daß Sie nicht jede Unbequemlichkeit in Kauf nehmen müssen, um zur billigsten Lösung zu kommen. So ist es fraglich, ob die Anreise im Schlafwagen des Nachtzugs zuzumuten wäre. Sie haben ja schließlich ein berechtigtes Interesse daran, sich frisch und ausgeschlafen dem Vorstellungsgespräch zu stellen. Und viele Leute können nun einmal im Zug nicht so gut schlafen wie zu Hause.

Wie Sie sehen, können sich hier viele Zweifelsfragen ergeben. Sie sollten sich daher vor der Vereinbarung eines Gesprächstermins mit dem möglichen neuen Arbeitgeber darüber abstimmen, welche Kosten für welche Verkehrsmittel (z. B. Flug oder Bahn, 1. oder 2. Klasse, Schlafwagen oder Liegewagen, eigenes Kfz, Taxi usw.) erstattet werden.

Abschließend noch ein wichtiger Punkt:

Wenn Sie bei Ihrem alten Arbeitgeber für die Vorstellung Urlaub genommen haben, so gibt es für diesen »verbrauchten« Urlaubstag keine Entschädigung vom möglichen neuen Arbeitgeber.

Werden mir Vorstellungskosten auch dann ersetzt, wenn ich unaufgefordert zu einem Vorstellungsgespräch erscheine?

Schauen wir uns jetzt noch Ihre Situation an, wenn Sie sich unaufgefordert bei einer Firma vorgestellt haben.

> **Beispiel:** In der Samstagsausgabe der »Süddeutschen Zeitung« lesen Sie eine Stellenanzeige, die wie folgt endet: »Interessenten stellen sich am 1. September zwischen 9.00 Uhr und 11.00 Uhr im Personalbüro unseres Werks in der St.-Martin-Straße vor.«
> Sie interessieren sich für das Angebot und sind zum genannten Zeitpunkt zur Stelle. Sie haben ein halbstündiges Gespräch mit dem Personalleiter, das nach Ihrem Gefühl sehr positiv verläuft. Einige Tage später erhalten Sie die in freundlichem Ton gehaltene Mitteilung, daß Sie für die Stelle nicht in Betracht kommen. Sie sind enttäuscht und verärgert und wollen zumindest Ersatz für Ihre nicht unerheblichen Fahrtkosten.
> Zu Recht?

Nein! Sprechen Sie nämlich bei einer Firma lediglich aufgrund einer Zeitungsannonce oder einer Vorschlagskarte des Arbeitsamts vor, so haben Sie *keinen* Anspruch auf Ersatz von Vorstellungskosten. Unter bestimmten Voraussetzungen (vorher erkundigen!) kann Ihnen das Arbeitsamt aber einen Zuschuß zu den Vorstellungskosten geben. Eine wesentliche Rolle spielt dabei, daß Sie entweder arbeitslos oder von Arbeitslosigkeit unmittelbar bedroht sind, ferner daß Sie selbst nicht genügend Mittel haben, um diese Kosten zu tragen. Wegen der Einzelheiten sollten Sie sich an das Arbeitsamt wenden.

Wie wir gesehen haben, ist es wichtig, daß Sie darauf achten, daß Sie eine Firma erst *nach Aufforderung* zu einem Bewerbungsgespräch aufsuchen, wenn Sie sichergehen wollen, daß Ihnen hinterher Ihre Auslagen ersetzt werden. Das heißt natürlich nicht, daß es nicht im Einzelfall aus anderen Gründen sinnvoll sein kann, sich auch ohne Aufforderung bei einem Arbeitgeber vorzustellen. Eine Aufforderung zur Vorstellung sollten Sie möglichst schriftlich bekommen haben. Dann kann der neue Arbeitgeber – wenn er schlitzohrig oder vergeßlich ist – nämlich hinterher nicht sagen, diese sei nie ausgesprochen worden.
Ob Sie sich im Einzelfall ein Beweismittel in Form einer schriftlichen Bestätigung sichern, bleibt Ihrem Gefühl überlassen. In jedem Fall wird es wohl auf die Größenordnung Ihrer Aufwendungen ankommen, ob eine derartige Absicherung für Sie sinnvoll und angemessen ist.

3. Einstellungsgespräch und Einstellungsverfahren

Einstellungsfragebogen

Der Einstellungstermin ist da. Die freundliche Sekretärin des Personalleiters drückt Ihnen zuerst ein großes mit »Einstellungsfragebogen« überschriebenes Formblatt in die Hand und bittet Sie, dieses auszufüllen. Sie stellen bei der Durchsicht fest, daß da einige Fragen draufstehen, die Sie lieber nicht beantworten würden.
Welche Fragen müssen Sie beantworten und welche nicht?

Natürlich ist der Arbeitgeber daran interessiert, sich über seine künftigen Mitarbeiter bereits vor der Einstellung ein genaues Bild zu machen. Dieses Interesse ist um so größer, je stärker der künftige Mitarbeiter gegen eine mögliche Entlassung rechtlich abgesichert ist (z. B. als Schwerbehinderter, werdende Mutter usw.).
Aber welcher Bewerber will sich schon gerne »bis aufs Hemd« bloßstellen? Wo also verlaufen die Grenzen des Fragerechts? Und welche Folgen ergeben sich für Sie, wenn Sie bei der Einstellung – womöglich bewußt – gelogen haben?

Was passiert, wenn ich einzelne Fragen nicht oder falsch beantworte?

Zunächst das Unangenehme: die Folgen, mit denen Sie rechnen müssen, wenn Sie sich einer, mehrerer oder aller Fragen »entziehen«.

- Wenn Sie alle oder einzelne Fragen *nicht beantworten,* kann das »lediglich« zur Folge haben, daß Sie von der Firma nicht genommen werden.
- Beantworten Sie dagegen eine oder mehrere Fragen *unrichtig* oder *unvollständig,* so kann das dazu führen, daß der Arbeitgeber, wenn er davon erfährt, den Arbeitsvertrag anfechten kann. Das entspricht im Ergebnis einer fristlosen Kündigung, weil es die sofortige Beendigung des Arbeitsverhältnisses zur Folge hat. Außerdem können Sie sich damit einen Schadensersatzanspruch einhandeln.

Aber: Dank des sogenannten allgemeinen Persönlichkeitsrechts, das Ihre persönliche Sphäre schützt, darf der Arbeitgeber seine Nase nicht in alle Angelegenheiten des Bewerbers stecken. Stellt er unerlaubte Fragen, hat eine unrichtige oder unvollständige Antwort auch keine nachteiligen Folgen für Sie.

Welche Fragen muß ich beantworten und welche nicht?

Übersicht zum Fragerecht des Arbeitgebers:

Beruflicher Werdegang: Farbe bekennen müssen Sie bei Fragen nach Ihrem beruflichen Werdegang. Wahrheitsgemäß müssen Sie auch antworten auf Fragen nach den Zeugnis- und Prüfungsnoten, auch danach, ob Sie Wehrdienst geleistet haben oder demnächst zur Bundeswehr einberufen werden.

Gehaltshöhe: Die Frage nach Ihrem früheren Gehalt ist jedenfalls dann unzulässig, wenn die bisherige Vergütung für die erstrebte Stelle keine Bedeutung hat und Sie von Ihnen auch nicht als Mindestvergütung für die neue Stelle gefordert worden ist. In den übrigen Fällen, wenn es sich zum Beispiel bei der neuen Stelle um eine mit der früheren vergleichbare Tätigkeit handelt, muß die Höhe des früheren Gehalts wahrheitsgemäß angegeben werden. Es soll nämlich schon vorgekommen sein, daß ein Bewerber im Einstellungsgespräch bewußt ein höheres Gehalt angegeben hat, um sich eine bessere Ausgangsposition zu verschaffen. In einem solchen Fall kann der Arbeitgeber mit Recht den daraufhin abgeschlossenen Arbeitsvertrag anfechten.

Gewerkschaftszugehörigkeit: Die Frage nach der Zugehörigkeit zu einer Gewerkschaft ist grundsätzlich unzulässig. Einige Juristen sind allerdings der Meinung, diese Frage sei erlaubt, wenn der Arbeitgeber Mitglied eines Arbeitgeberverbandes ist und feststellen will, ob das künftige Arbeitsverhältnis dem für seine Branche geltenden Tarifvertrag unterliegt. (Wenn der Arbeitnehmer nämlich Mitglied der Gewerkschaft ist, muß der Arbeitgeber ihm die Bedingungen des Tarifvertrags einräumen, was u. U. bedeutet, daß er ihn besser bezahlen muß.)
Andere stehen auf dem Standpunkt, es sei immer noch früh genug, wenn der Arbeitgeber von der Anwendbarkeit des Tarifvertrags erst nach Abschluß des Arbeitsvertrages erfahre. Nach dieser Meinung ist die Frage nach der Gewerkschaftszugehörigkeit im Einstellungsfragebogen in jedem Fall unzulässig.

Heirat: Die Frage, ob Sie beabsichtigen zu heiraten, ist unzulässig.

Krankheiten (chronische): Fragen nach Krankheiten sind ein Eingriff in Ihre Intimsphäre. Sie sind daher nur dann erlaubt, wenn an ihrer Beantwortung
– für den Betrieb oder
– die übrigen Arbeitnehmer oder
– die Arbeit
ein Interesse besteht.
Als zulässig wird etwa folgende Frage angesehen:

> »Waren Sie in den letzten beiden Jahren wegen einer schwerwiegenden oder chronischen Erkrankung, die Einfluß auf die vorgesehene Arbeitsleistung haben könnte, arbeitsunfähig erkrankt?«

AIDS: In dieser Frage sind sich die Juristen noch nicht einig. Im allgemeinen wird die Frage nach einer Infizierung mit dem AIDS-Virus (in der Fachsprache: nach dem *Ergebnis eines AIDS-(HIV-)Tests*) unzulässig sein. Ausnahmen können sich bei bestimmten Tätigkeiten ergeben (z. B. im medizinischen Bereich).
Die Frage nach einer *bestehenden AIDS-Erkrankung* ist ebenso zu beurteilen wie die schon behandelte Frage nach chronischen

Krankheiten. Diese Frage wird daher regelmäßig als zulässig anzusehen sein.

Religions- oder Parteizugehörigkeit: Fragen hiernach sind unzulässig. Ausnahme: konfessionelle Krankenhäuser, religions- oder parteipolitisch gebundene Institutionen u. ä.

Schwangerschaft: Die Frage nach der Schwangerschaft ist unzulässig, wenn sich um die angebotene Stelle sowohl Männer wie auch Frauen bewerben. Bewerben sich nur Frauen, ist sie zulässig. Fragen nach der letzten Regel, Einnahme empfängnisverhütender Mittel o. ä. sind unzulässig.

Schwerbehinderteneigenschaft: Die Frage nach einer Schwerbehinderteneigenschaft muß wahrheitsgemäß beantwortet werden.

Vermögensverhältnisse: Bei leitenden Angestellten und solchen, die von besonderem Vertrauen getragen sein müssen (Filialleiter, Bankkassierer usw.), ist die Frage nach den Vermögensverhältnissen zulässig. Unzulässig ist sie bei Arbeitern und Angestellten des unteren und mittleren Verantwortungsbereichs.

Vorstrafen: Die Frage nach Vorstrafen ist nur zulässig, wenn und soweit die zu besetzende Arbeitsstelle oder die zu leistende Arbeit dies erfordert.

Beispiele:
- Ein Kassierer wird nach vermögensrechtlichen Vorstrafen (z. B. Diebstahl, Untreue, Unterschlagung, Betrug usw.) gefragt.
- Ein Kraftfahrer wird nach Verkehrsdelikten gefragt.

Diese Fragen sind zulässig, weil sie auf Vorstrafen gerichtet sind, die etwas mit der künftigen Arbeit zu tun haben. Soweit eventuell vorhandene Vorstrafen im Strafregister bereits getilgt sind (ggf. erkundigen!), brauchen diese auf die Frage nach Vorstrafen nicht angegeben zu werden.

Pfändungen: Der Arbeitgeber hat ein berechtigtes Interesse daran, zu erfahren, ob zur Zeit bei dem Bewerber Lohn- oder Gehaltspfändungen vorliegen. Eine hierauf gerichtete Frage ist also zulässig. Unzulässig ist dagegen die Frage nach Pfändungen aus früherer Zeit.

Auf welche Punkte und Tatsachen muß ich im Einstellungsgespräch von mir aus ungefragt hinweisen?

Es gibt noch ein paar weitere rechtliche Probleme, auf die Sie im Rahmen des Einstellungsgesprächs achten müssen. Verschiedene Punkte müssen Sie nämlich von sich aus – das heißt *ungefragt* – angeben. Insoweit haben Sie also eine sogenannte Offenbarungspflicht. Verschweigen Sie diese Punkte, so kann das wie bei falscher Beantwortung einer zulässigen Frage den Arbeitgeber zur Anfechtung des Arbeitsvertrages, das heißt zur sofortigen Beendigung des Arbeitsverhältnisses, berechtigen.

Hierzu einige **Beispiele**:

Krankheit: Haben Sie Anhaltspunkte dafür, daß Sie zum Zeitpunkt des Arbeitsantritts voraussichtlich krank oder in Kur sein werden, müssen Sie das mitteilen. Das gilt nicht, wenn Sie nur allgemeine Befürchtungen hegen, ohne daß dem objektive Gründe zugrunde liegen.

Schwangerschaft: Da bereits das Fragerecht problematisch ist, besteht normalerweise (erst recht) keine Offenbarungspflicht. Ausnahmen: Wenn eine Schwangere die in Aussicht genommene Arbeit gar nicht leisten kann (z. B. Sportlehrerin, Tänzerin oder Mannequin), dann muß sie auf ihre Schwangerschaft hinweisen.

Schwerbehinderteneigenschaft: Eine Offenbarungspflicht besteht nur dann, wenn der Bewerber wegen seiner Behinderung die Arbeit nicht leisten kann und dies auch weiß.
Wenn Sie dagegen lediglich vermuten, daß Sie wegen Ihrer Behinderung verringerte Leistung erbringen, führt das noch nicht dazu, daß Sie Ihre Schwerbehinderung von sich aus angeben müssen. Werden Sie danach gefragt, müssen Sie allerdings wahrheitsgemäß antworten (siehe oben: Fragerecht).

Wettbewerbsverbote: Häufig vereinbaren Arbeitgeber mit ihrem Arbeitnehmer, daß es ihm für eine bestimmte Zeit nach Beendigung des Arbeitsverhältnisses (bis zu zwei Jahre) untersagt ist, während einer bestimmten Frist in einem Konkurrenzunternehmen tätig zu sein. Haben Sie ein solches Wettbewerbsverbot mit Ihrem früheren Arbeitgeber vereinbart und ist dieses noch gültig, müssen Sie das im Rahmen des Einstellungsverfahrens unter genauer Angabe der Einzelheiten ungefragt mitteilen.

Strafverfahren: Über laufende Strafverfahren oder Vorstrafen brauchen Sie den neuen Arbeitgeber nur zu unterrichten, wenn es auf der Hand liegt, daß Sie als Inhaber der zu besetzenden Stelle eine absolut »reine Weste« haben müssen.

> **Beispiel:** Der Bewerber um die Stelle eines Pressereferenten in einem Unternehmen, das u. a. auch Rüstungsgüter herstellt, hat bereits Vorstrafen wegen illegalen Waffenhandels.

Einstellungsuntersuchung

Muß ich einer Einstellungsuntersuchung zustimmen, und wonach darf mich der Arzt fragen?

In vielen Großbetrieben haben sich werksärztliche oder vertrauensärztliche Untersuchungen vor Beginn eines Arbeitsverhältnisses durchgesetzt. Hierzu ist grundsätzlich Ihre Zustimmung erforderlich. Widersetzen Sie sich allerdings einer Untersuchung, laufen Sie Gefahr, die Stelle nicht zu bekommen. Soweit der Arzt bei einer mit Ihrer Zustimmung durchgeführten Untersuchung Fragen stellt, gelten die Grundsätze zum Fragerecht, wie sie schon beschrieben wurden. Unzulässige Fragen brauchen Sie also nicht wahrheitsgemäß zu beantworten. Rechtlich ist Ihre Intimsphäre darüber hinaus noch dadurch geschützt, daß der Arzt an die ärztliche Schweigepflicht gebunden ist, dem Arbeitgeber also keine Einzelheiten mitteilen darf.

Graphologische Gutachten und psychologische Eignungstests

Wann darf der Arbeitgeber ein graphologisches Gutachten von meinen handschriftlichen Unterlagen anfertigen lassen?

Graphologische Gutachten dürfen nur mit Ihrer Zustimmung eingeholt werden. Sie müssen aber damit rechnen, daß die Einsendung Ihres handgeschriebenen Lebenslaufs als Zustimmung zur Einholung eines Gutachtens gewertet wird.
Auch wenn Sie zugestimmt haben, darf der Arbeitgeber keine allgemeine Charakterstudie vom Gutachter fordern. Das Gutachten darf sich vielmehr nur auf solche Eigenschaften beziehen, die für den in Aussicht genommenen Arbeitsplatz von Bedeutung sind.

Beispiel: Ein Arbeitgeber holt aufgrund einer Schriftprobe ein graphologisches Gutachten über eine Bewerberin ein. Der Gutachter kommt zu dem Ergebnis, daß die Bewerberin eine »nicht intelligente, raffinierte, herrschsüchtige, durchtriebene, taktlose, schwatzhafte, gefühls- und gemütskalte Intrigantin« sei. »Wegen der ungenügenden Strichqualität« sei sie als krank zu bezeichnen.

Hier schießt der Gutachter weit über das in diesem Rahmen zulässige Ziel hinaus. Die Feststellungen sind ein Eingriff in das Persönlichkeitsrecht der Bewerberin, der einen Schmerzensgeldanspruch nach sich ziehen kann.

Darf der Arbeitgeber im Rahmen des Einstellungsverfahrens psychologische Eignungstests durchführen und hierbei sogenannte biographische Fragebogen einsetzen?

Immer größerer Beliebtheit erfreuen sich bei Arbeitgebern psychologische Eignungstests sowie sogenannte biographische Fragebogen.
Bei diesen Instrumenten der Personalauswahl ist Ihre faktische Rechtsposition schwach, da Sie im Fall der Verweigerung immer riskieren, nicht genommen zu werden. Sie sollten jedoch wissen, daß solche Fragebogen wie auch die vorher besprochenen Einstellungsfragebogen in Betrieben, *in denen ein Betriebsrat existiert,* vom Arbeitgeber nur dann verwendet werden dürfen, wenn der Betriebsrat zu den konkret verwendeten Bogen seinen Segen gegeben hat.

Rechtlich zulässig sind solche Tests nur dann, wenn

- Sie eingewilligt haben,
- es sich um einen bedeutsamen Arbeitsplatz handelt (z. B. in der Führungsebene oder an in sonstiger Weise besonders verantwortungsvoller Position, z. B. Busfahrer, LKW-Fahrer für gefährliche Güter),
- der Test sich nur auf Merkmale bezieht, die etwas mit dem Arbeitsplatz zu tun haben (bei einem Busfahrer hat die Frage, ob er mal Klassensprecher in der Schule war, wohl nichts mit dem Arbeitsplatz zu tun, wohl aber etwa bei einer Führungskraft),
- Sie vorher über den Inhalt und die Reichweite des Tests informiert worden sind. Man muß Ihnen also schon vorher sagen, welcher Art die Fragen sind und ob und inwieweit diese Fragen in Ihren privaten Bereich hineinreichen.

Die hier genannten Voraussetzungen müssen *alle* vorliegen, wenn ein solcher Test zulässig sein soll. Es soll übrigens Tests geben, bei denen nicht die Antworten selbst interessieren, sondern das Verhalten des Befragten: Wie intim müssen Fragen werden, ehe sie der Befragte zurückweist?

4. Abbruch und Scheitern der Einstellungsverhandlungen

Was ist, wenn der Arbeitgeber absagt?

Der Abbruch von Einstellungsverhandlungen begründet in der Regel keine Ersatzansprüche zwischen Ihnen und dem Unternehmen, ganz gleich, ob Sie oder die andere Seite abgesagt hat. Es kann aber Schwierigkeiten geben, weil Sie möglicherweise im Vertrauen auf eine Einstellung Ihre alte Stelle gekündigt haben oder weil der neue Arbeitgeber – der es nun doch nicht wird – durch Ihre Absage gezwungen ist, aufs neue ein Bewerbungsverfahren mit Stellenanzeige, Vorstellungsgesprächen usw. zu inszenieren.

> **Beispiel:** Sie sind nach einem längeren Auswahlverfahren in den engeren Kreis der aussichtsreichen Bewerber gelangt. Der Personalleiter stellt Ihnen daraufhin in Aussicht, daß Sie den Job bekommen sollen. Man müsse lediglich noch – was »reine Formsache« sei – die Genehmigung des Vorstands einholen. Auf Ihre Frage, ob Sie jetzt bei Ihrem alten Arbeitgeber kündigen könnten, der Kündigungstermin stehe nämlich bevor, erklärt er: »Kündigen Sie schon mal! Ich bin sicher, daß wir zusammenkommen.« Der Vorstand verweigert dann aber seine Zustimmung, und es kommt nicht zum Abschluß eines Arbeitsvertrages. Jetzt sind Sie die alte Stelle los und haben keine neue. Was können Sie tun?

Sie können Schadensersatz verlangen. Erweckt nämlich ein Arbeitgeber beim Bewerber unberechtigt das Vertrauen, es werde mit Sicherheit zum Abschluß des Arbeitsvertrages kommen, und gibt daraufhin der Arbeitnehmer seine bisherige Stellung auf, so hat der Arbeitnehmer Anspruch auf Ersatz des entstandenen Schadens.

Sie werden natürlich fragen: In welchem Umfang kann ich Schadensersatz verlangen? Muß mir das Unternehmen jetzt meine

bisherige Vergütung ersetzen, bis ich eine neue Stelle gefunden habe?
Antwort: Grundsätzlich ja. Sie sind aber als Geschädigter verpflichtet, den Schaden möglichst klein zu halten. Das bedeutet, daß Sie sich sofort intensiv um eine anderweitige Beschäftigung bemühen müssen. Ihr Schadensersatzanspruch wird also geringer, wenn Sie zum Beispiel zeitweise ins Ausland verreisen und auf diese Weise deutlich wird, daß Sie sich gar nicht um eine Stelle bemühen bzw. nicht für Bewerbungen zur Verfügung stehen.

Was ist, wenn ich als Arbeitnehmer kurzfristig absagen muß?

Hierzu folgender Fall:

> Sie haben sich neben anderen um eine ab 1. September ausgeschriebene Stelle beworben. Nach der ersten Vorstellungsrunde teilt Ihnen der Personalleiter mit, daß er Sie am 15. August zur Unterzeichnung des Arbeitsvertrages erwartet. Sie telegrafieren am 14. August, daß Sie die Stelle aus persönlichen Gründen doch nicht nehmen wollen. Der Personalleiter hat zu diesem Zeitpunkt bereits den anderen Mitbewerbern abgesagt und muß erneut eine Stellenanzeige in die Zeitung setzen. Die neue Stellenanzeige bleibt zunächst ohne Erfolg. Das Unternehmen findet erst zum 15. Oktober eine Ersatzkraft. Die Zeit zwischen dem 1. September und dem 15. Oktober wird mit (teuren) Leiharbeitnehmern überbrückt. Das Unternehmen verlangt von Ihnen Ersatz der Inseratskosten und Ersatz der Differenz zwischen den Kosten der Leiharbeitskräfte und dem Gehalt, das Sie vom 1. September bis 15. Oktober verdient hätten.
> Eine überzogene Forderung?

Grundsätzlich gilt, daß Sie den Schaden ersetzen müssen, der aus Ihrer Absage entstanden ist. Man wird sagen, Sie hätten sich die Angelegenheit auch früher überlegen können und wird daher Ihr Verhalten als schuldhaft ansehen.

Bei dieser Forderung ist allerdings zu berücksichtigen:

– *Inseratskosten* müssen Sie nicht ersetzen, weil diese Kosten ja auch entstanden wären, wenn Sie ganz normal (und rechtmäßig) zum erstmöglichen Kündigungstermin gekündigt hätten. Auch dann hätte der Arbeitgeber ja diese zusätzlichen Ausgaben gehabt.
– Anders bei den *übrigen Kosten:* Diese müssen im Normalfall

Sie übernehmen. Bei der Schadensberechnung darf der Arbeitgeber aber nur die Zeit berücksichtigen, die zwischen ursprünglich beabsichtigter Arbeitsaufnahme und erster Kündigungsmöglichkeit liegt. War also in unserem Fall geplant, daß Sie in den ersten drei Monaten eine Kündigungsfrist von einem Monat zum Monatsende haben sollten, so kann Ihr »verhinderter« Arbeitgeber die Differenz zwischen den Personalkosten der Leiharbeitskräfte und Ihrem geplanten Gehalt nur für die Zeit vom 1. bis 30. September verlangen. Zum 30. September hätten Sie nämlich erstmals kündigen können.

Ungünstiger für Sie wäre es, wenn keine Probezeit vorgesehen war, so daß die gesetzliche Kündigungsfrist für Angestellte (sechs Wochen zum Quartalsende) zur Anwendung gekommen wäre. Dann hätten Sie auch die Mehrkosten bis 15. Oktober (im schlimmsten Fall: bis 31. Dezember) ersetzen müssen.

Was geschieht mit meinen Bewerbungsunterlagen, wenn die Bewerbung erfolglos bleibt oder ich absage?

Grundsätzlich können Sie die Rücksendung Ihrer Unterlagen verlangen.

Dieses Recht nützt Ihnen aber wenig, wenn das Unternehmen die wesentlichen Daten aus Ihrer Bewerbung bzw. dem Einstellungsfragebogen kopiert oder über EDV abspeichert.

Es ist daher anerkannt, daß das Unternehmen in der Regel nicht berechtigt ist, Ihre persönlichen Daten aus Ihrer Bewerbung aufzuheben. Ausnahme: Der Arbeitgeber hat ein »berechtigtes Interesse« an der Speicherung,

– weil mit Rechtsstreitigkeiten zu rechnen ist, zum Beispiel wenn absehbar ist, daß eine Bewerberin auf Schadensersatz klagt, weil sie entgegen dem Gleichstellungsgebot gegenüber einem männlichen Bewerber benachteiligt worden sei, oder
– wenn die Bewerbung in absehbarer Zeit wiederholt werden soll.

Nicht speichern darf der Arbeitgeber, wenn er lediglich vorhat, bei künftigen Bewerbungen Daten zu vergleichen, oder wenn er bei frei werdenden Stellen an den abgewiesenen Bewerber aufs neue herantreten will.

Wie kann ich sichergehen, daß meine Unterlagen oder Daten nicht aufgehoben bzw. gespeichert werden?

Soweit es um die *elektronische* Datenspeicherung geht, haben Sie nach dem Bundesdatenschutzgesetz ein Recht darauf, daß Ihnen auf Anfrage mitgeteilt wird, welche Daten über Ihre Person gespeichert sind. Bei den »traditionell« in Ordnern oder ähnlicher Weise aufbewahrten schriftlichen Unterlagen haben Sie dagegen keine nennenswerte Chance, zu überprüfen, ob sich der Arbeitgeber an das Aufbewahrungsverbot hält oder nicht.

Kapitel 2
Die Regeln für das Arbeitsverhältnis

1. Der Arbeitsvertrag

Sie haben es geschafft! Ihr künftiger Arbeitgeber hat Ihnen nach einem längeren Auswahlverfahren gesagt, daß er Ihnen die begehrte Stelle geben will. »Die Formalitäten regeln Sie bitte mit meiner Personalsachbearbeiterin Frau Schülke.« Frau Schülke erwartet Sie mit einem dreiseitigen Formular (Überschrift: »Arbeitsvertrag«), in dem einige wenige Freilassungen handschriftlich ausgefüllt sind. Sie bittet Sie um Unterzeichnung mit der Bemerkung: »Das ist ohnehin reine Formsache.« Sie haben einmal in der Zeitung gelesen, daß es ein Gesetz über Formularverträge gibt, wonach in einem Formularvertrag (dem Kleingedruckten) nichts Überraschendes oder Unvorteilhaftes stehen darf. Derart beruhigt, unterschreiben Sie. Ein Freund, mit dem Sie später darüber sprechen, hält Ihr Verhalten für etwas unvorsichtig. Mit Recht?

Sie haben sich tatsächlich in einer trügerischen Sicherheit gewiegt, wenn Sie darauf verzichtet haben, den Formularvertrag durchzulesen. Es ist zwar richtig, daß es zum Schutz der Verbraucher ein »Gesetz zur Regelung des Rechts der Allgemeinen Geschäftsbedingungen« – gemeint ist das »Kleingedruckte« – gibt. Die Sache hat nur einen Haken:

Das AGB-Gesetz – so die abgekürzte Bezeichnung dieses Gesetzes – gilt nicht für das Arbeitsrecht und damit auch nicht für Arbeitsverträge.

Was gilt dann überhaupt im Arbeitsverhältnis?

Hier ist die Frage, welche Bestimmungen das Arbeitsverhältnis regeln. Wir wollen Sie im folgenden als Spielregeln bezeichnen. Wo finde ich die Spielregeln? Wer legt sie fest?

Die wichtigste und damit zentrale »Fundstelle« für die Spielregeln des Arbeitsverhältnisses ist der Arbeitsvertrag, den Sie mit Ihrem Arbeitgeber geschlossen haben. Diese Fundstelle oder auch Quelle kann unterschiedlich ergiebig sein.

Beispiel: Der Personalleiter eines Kaufhauses sagt zu Ihnen: »Frau Schenk, Sie fangen ab Montag bei uns als Verkäuferin auf einer Halbtagsstelle für 1250 DM brutto an.« Sie erwidern: »In Ordnung.«

Was ist ein Arbeitsvertrag?

Vorweg: Bei der im Beispiel geschilderten Absprache handelt es sich um einen Arbeitsvertrag. Er läßt nämlich erkennen, daß Sie als Arbeitnehmerin zu einer bestimmten Vergütung anfangen sollen und daß Sie – sehr wichtig – auch einverstanden sind. Verträge kommen nämlich nur im beiderseitigen Einverständnis zustande.

Der beschriebene Arbeitsvertrag ist jedoch – wie Sie sehen – eine wenig ergiebige Quelle, da er nur weniges regelt, nämlich: Arbeitsbeginn, zeitlichen Umfang der Tätigkeit, Art der Tätigkeit und Vergütung. Wenige Punkte, wenn man bedenkt, was alles im Arbeitsverhältnis wichtig ist und damit zum Streit führen kann. Außerdem ist diese mündliche Form unzweckmäßig, weil die Regeln, über die Einigkeit erzielt wurde, nur in Ihrem Gedächtnis und dem des Personalleiters gespeichert sind. Das Gedächtnis ist jedoch ein schlechter Speicher. Es kann daher später schon deswegen zum Streit kommen, weil einer von Ihnen – der Personalleiter oder Sie – vergessen hat oder sich falsch erinnert, was vereinbart war.

Noch ein Beispiel: Sie unterschreiben einen dreiseitigen Vertrag, der viele Punkte regelt: Arbeitsbeginn, Probezeit, Kündigungsfristen, Urlaub, Arbeitsverhinderung, Vergütung, Zulässigkeit von Nebenbeschäftigungen, Vertragsstrafe, Weihnachtsgratifikationen usw.

In diesem Fall verfügen Sie über eine ergiebige und handliche Sammlung wesentlicher Spielregeln Ihres Arbeitsverhältnisses. Hier sollten Sie immer als erstes hineinschauen, wenn es zu Differenzen zwischen Ihnen und Ihrem Arbeitgeber kommt.

Wer bestimmt die im Arbeitsvertrag stehenden Spielregeln?

Die Spielregeln des Arbeitsverhältnisses bestimmen Sie und Ihr Arbeitgeber, und zwar im Grundsatz gleichberechtigt. Denn zu einem Arbeitsvertrag gehören – wie wir schon gesehen haben – zwei Personen, die zu dem Ausgehandelten »ja« sagen: Sie und der Arbeitgeber.

Es wäre aber sicher weltfremd, wenn man behaupten würde, die Spielregeln wären überwiegend das Ergebnis gleichberechtigter

Verhandlungen. Häufig, insbesondere in Zeiten einer hohen Arbeitslosenzahl, ist das wirtschaftliche Gewicht des Arbeitgebers im allgemeinen größer als das des Arbeitnehmers. In einer solchen Situation wird es schwierig sein, im Vertragsentwurf des Arbeitgebers »herumzustreichen«. Bei Vertragspunkten, die Ihnen wichtig erscheinen, sollten Sie jedoch den Versuch unternehmen, Ihre Interessen im Verhandlungswege durchzusetzen.

Auch in Zeiten der Unterbeschäftigung gibt es andererseits immer Berufsbereiche oder Branchen, in denen Bewerber knapp sind. Gehören Sie zu einem solchen Kreis knapper Bewerber (im Verhältnis zum Stellenangebot), haben Sie die reelle Chance, Vertragspunkte zu ändern, die Ihnen nicht gefallen oder untragbar erscheinen. Aber auch hier ist Augenmaß gefragt. Ein Arbeitsverhältnis ist ein gegenseitiges Geben und Nehmen. Es kann auf Dauer nur funktionieren, wenn keiner das Gefühl hat, »erpreßt« worden zu sein.

Der Arbeitsvertrag ist jedoch nicht die einzige Stelle, wo Spielregeln für das Arbeitsverhältnis niedergelegt sind. Wenn Sie sich zum Beispiel ein Gesellschaftsspiel wie »Mensch ärgere Dich nicht« oder »Mühle« oder »Monopoly« zulegen, dann können Sie sich darauf verlassen, daß *alle* Spielregeln dem Spiel beigegeben sind. Sie brauchen, wenn es zwischen Ihnen und den Mitspielern zum Streit kommt, nur die Spielanleitung zur Hand zu nehmen. In 99 % aller Fälle finden Sie hier auch die Lösung. Anders im Arbeitsverhältnis.

Hier können Sie keineswegs sicher sein, daß alle geltenden Spielregeln in Ihrem Arbeitsvertrag enthalten sind. Im Gegenteil:

Häufig sind – wie wir schon anhand eines Beispiels gesehen haben – Arbeitsverträge so kurz (»Sie fangen ab Montag bei uns als Verkäuferin für 1250 DM brutto an«), daß Sie sich naturgemäß nach anderen Quellen umschauen müssen, um zu erfahren, was in Ihrem Arbeitsverhältnis gilt und was nicht.

2. Gesetze

Als wichtigste weitere Quelle sind zunächst die arbeitsrechtlichen Gesetze zu nennen. Es handelt sich um Spielregeln, die der Staat bzw. das hierzu berufene parlamentarische Gremium (Bundestag) festgesetzt hat. Diese Gesetze sagen Ihnen, was im

Arbeitsverhältnis sein darf und was nicht und was bestimmte Verhaltensweisen für Folgen haben.

Beispiel: Frau Schenk (aus unserem obigen Beispiel) bittet ein halbes Jahr nach Arbeitsbeginn um Jahresurlaub. Der Arbeitgeber sagt: »Von Urlaub ist in unserem Arbeitsvertrag nicht die Rede gewesen.« Kann er deswegen den Urlaub verweigern?

Der Arbeitgeber hat zwar recht mit seiner Behauptung, daß von Urlaub nicht gesprochen wurde. Hier greift aber die »Spielregel« des § 1 des Bundesurlaubsgesetzes ein, die besagt:

Jeder Arbeitnehmer hat in jedem Kalenderjahr Anspruch auf bezahlten Erholungsurlaub.

Der Arbeitgeber muß Frau Schenk also den Urlaub gewähren. Einzelheiten der Urlaubsgewährung sind dann in den weiteren zwölf Paragraphen des Bundesurlaubsgesetzes nachzulesen.

Gibt es bei uns ein Arbeitsgesetzbuch?

Vielleicht haben Sie sich darüber gewundert, daß es für einen so kleinen Teilbereich des Arbeitsverhältnisses wie die Urlaubsgewährung ein eigenes Gesetz mit 13 Paragraphen gibt. Das ist in der Tat verwunderlich.
Es läge eigentlich nahe, daß der gesamte Lebensbereich der abhängigen Arbeit – wie man Arbeitsverhältnisse auch umschreiben kann – in einem eigenen Gesetzbuch zusammengefaßt und abgehandelt wäre. Das würde Ihnen sicher den Zugang zu den »Spielregeln« des Arbeitsverhältnisses erleichtern und hätte auch für die Juristen manche Vorteile. Die Realität sieht leider anders aus: Die (gesetzlichen) Regeln des Arbeitsrechts sind auf eine Vielzahl von Einzelgesetzen verstreut und teilweise in ihnen auch gut versteckt: Wichtige Vorschriften über Kündigungsfristen, die Zulässigkeit fristloser Kündigungen, den Zeugnisanspruch u. a. finden Sie z. B. unter den Paragraphen 611 bis einschließlich 630 des Bürgerlichen Gesetzbuches (BGB). Das mag viele Arbeitnehmer abschrecken, überhaupt ins Gesetz hineinzuschauen.

Wo finde ich die für mein Arbeitsverhältnis wichtigen Gesetze?

Die wichtigsten für das Arbeitsverhältnis geltenden Gesetze finden Sie im Anhang dieses Buches. Ergänzend gibt es preiswerte

Textbuchausgaben, die in laufend aktualisierter Form die für das Arbeitsverhältnis wesentlichen gesetzlichen »Spielregeln« enthalten, so z. B. den Band »Arbeitsgesetze« in der Reihe »Beck-Texte im dtv«.

3. Tarifverträge

Wir sind mit unserer Aufzählung wichtiger Rechtsquellen im Arbeitsrecht noch nicht am Ende. Von mindestens ebenso großer Bedeutung für das Arbeitsleben wie die Gesetze sind nämlich die Tarifverträge.

Was sind Tarifverträge?

Tarifverträge sind Verträge zwischen Gewerkschaften auf der einen Seite und Arbeitgeberverbänden oder auch einzelnen Firmen auf der anderen Seite.

> Ihre Bedeutung können Sie daraus ersehen, daß ca. 90% der Arbeitsverhältnisse mit Arbeitern und Angestellten durch Tarifverträge – wenn auch teilweise nur mittelbar – gestaltet werden. Die Tarifvertragsparteien haben heute ein fast lückenloses Netz von Tarifverträgen geschaffen. Seit dem Inkrafttreten des Tarifvertragsgesetzes im Jahre 1949 sind bis Ende 1986 nahezu 221 000 Tarifverträge abgeschlossen worden. Von diesen sind noch rund 44000 Tarifverträge wirksam (Stand: 1.1.1987). In den zurückliegenden Jahren wurden in der Bundesrepublik Deutschland jährlich rund 8000 Tarifverträge geschlossen, die zum Teil vorausgegangene Tarifverträge ersetzten.

Auch Tarifverträge enthalten – wie Gesetze und Arbeitsverträge – Spielregeln für das Arbeitsverhältnis. Dabei werden in den Lohn- und Gehaltstarifverträgen die Lohnhöhe sowie die Lohngruppen festgelegt, das heißt, es wird bestimmt, welche Merkmale eine Tätigkeit erfüllen muß, damit der Arbeitnehmer beispielsweise Lohngruppe I mit Stundenlohn DM 12,10 oder Lohngruppe III mit Stundenlohn DM 13,52 erhält.

In »Manteltarifverträgen« (MTV) werden sonstige Arbeitsbedingungen festgelegt.
Hier finden sich zum Beispiel Bestimmungen über die Arbeitszeit, Erholungsurlaub, Freistellung bei Verhinderung aus persönlichen Gründen, Überstunden, Kündigungsfristen und anderes.

Beispiel: Inhaltsübersicht des Manteltarifvertrags für das Gaststätten- und Beherbergungsgewerbe in Bayern

- § 1 Geltungsbereich und Gerichtsstand
- § 2 Einstellung und Probezeit
- § 3 Kündigung/Beendigung des Arbeitsverhältnisses
- § 4 Zeugnisse und Arbeitspapiere
- § 5 Entlohnungsgrundsätze
- § 6 Entlohnung bei Umsatzbeteiligung
- § 7 Arbeitszeit
- § 8 Mehrarbeitsvergütung
- § 9 Arbeit an Feiertagen
- § 10 Freie Tage der Arbeitnehmer (Ruhetage)
- § 11 Urlaub und zusätzliches Urlaubsgeld
- § 12 Weihnachtsgeld
- § 13 Anspruch bei Krankheit
- § 14 Lohnanspruch bei sonstiger unverschuldeter Arbeitsversäumnis und Hinterbliebenenfürsorge
- § 15 Garderobe und Wäsche
- § 16 Putzarbeiten
- § 17 Bruchgeld, Zechprellerei, Kreditgewährung, liegengebliebene Gegenstände
- § 18 Arbeitsvertragsbruch
- § 19 Sonderbestimmungen für Saisonbetriebe
- § 20 Sonderbestimmungen für Betriebe mit eingeschränkter Betriebszeit
- § 21 Beschäftigungszeiten
- § 22 Freistellung von Tarifkommissionsmitgliedern
- § 23 Ausschlußfristen
- § 24 Vereinbarungen zwischen Arbeitgeber und Arbeitnehmer
- § 25 Schlußbestimmungen

Beachten Sie, daß es sich hier nur um ein Beispiel eines Manteltarifvertrags von vielen existierenden Manteltarifverträgen handelt.

Dementsprechend unterschiedliche Ausgestaltungen finden Sie hier, was den Umfang und den Inhalt anbetrifft. Es gibt also Tarifverträge, in denen mehr Fragen als hier geregelt sind, aber auch solche, die sich mit weniger Punkten beschäftigen.

Wer legt diese Regeln fest?

Waren es beim Arbeitsvertrag Sie und der Arbeitgeber, bei den Gesetzen das Parlament, so sind es bei den Tarifverträgen die Tarifvertragsparteien, also die Gewerkschaften und die Arbeitgeberverbände oder einzelne Firmen (vielleicht haben Sie einmal davon gehört, daß es bei VW einen eigenen Firmentarifvertrag gibt).

Für wen gelten die in den Tarifverträgen festgehaltenen Regeln?

Gelten diese festgehaltenen Regeln für alle oder nur für einzelne Arbeitnehmer?

Hierzu ein Beispiel: Sie sind Assistent des Marketingleiters eines Bauunternehmens. Im »Tarifvertrag vom 18.4.1983 über die Gewährung eines Teiles eines 13. Monatseinkommens zugunsten der Angestellten des Baugewerbes in der Bundesrepublik Deutschland und im Land Berlin« findet sich folgende Bestimmung:

§ 2 Anspruch

Arbeitnehmer, deren Arbeitsverhältnis am 30. November des laufenden Kalenderjahres mindestens zwölf Monate ununterbrochen besteht, haben Anspruch auf Zahlung eines Betrages in Höhe von 60 % ihres Tarifgehalts.

Ihr zum Bauindustrieverband (Arbeitgeberverband) gehörender Arbeitgeber zahlt Ihren Kollegen, Herrn G. und Herrn W., die beide in der Industriegewerkschaft Bau Steine Erden organisiert sind, zu Weihnachten jeweils zusätzlich zu ihrem Gehalt 6/10 eines Monatsgehalts. Bei der Dezemberabrechnung stellen Sie fest, daß Ihr Arbeitgeber Ihnen kein anteiliges 13. Monatsgehalt ausgezahlt hat. Sie halten das für ausgesprochen ungerecht. In der Lohn- und Gehaltsbuchhaltung sagt man Ihnen: »Sie haben keinen Anspruch, weil Sie nicht Mitglied der Gewerkschaft sind.«
Eine richtige Auskunft?

Sie ist zutreffend, denn die Regelungen eines Tarifvertrages gelten zunächst nur für »Tarifgebundene«, das sind Mitglieder der den Tarifvertrag schließenden Gewerkschaft(en) einerseits und die Mitgliedsfirmen des jeweiligen Arbeitgeberverbands andererseits.

Es gibt noch zwei weitere wichtige Möglichkeiten, wie die Regeln eines Tarifvertrages auf ein einzelnes Arbeitsverhältnis einwirken können.

Allgemeinverbindlichkeit: Der Bundesarbeitsminister oder – soweit im Einzelfall hierzu beauftragt – die oberste Landesbehörde des jeweiligen Bundeslandes können auf Antrag einzelne Tarifverträge für *allgemeinverbindlich* erklären. Wie das Wort schon sagt, gelten diese Tarifverträge für alle Arbeitnehmer und Arbeitgeber der betreffenden Branche und des im Tarifvertrag genannten geographischen Geltungsbereichs (z. B. Hessen,

Bayern usw.), unabhängig davon, ob sie organisiert bzw. Verbandsmitglied sind oder nicht.

Zur Zeit sind etwa 560 Tarifverträge allgemein verbindlich. In den Wirtschaftsbereichen, in denen allgemeinverbindliche Tarifverträge bestehen, sind rund vier Millionen Arbeitnehmer beschäftigt. Es handelt sich vor allem um die Bauwirtschaft, die Textilindustrie und das Metallhandwerk, wo es viele Kleinbetriebe gibt, deren Arbeitgeber nicht tarifgebunden sind. Dabei sind in der Regel nicht alle geltenden Tarifverträge eines Wirtschaftsbereichs allgemeinverbindlich. So sind z. B. im Baugewerbe Manteltarifverträge einschließlich Änderungen und Sonderabkommen (zusätzliche Altersversorgung, vermögenswirksame Leistungen) allgemein verbindlich, nicht jedoch die Lohn- und Gehaltstarifverträge.

Geltung kraft Vereinbarung: Sie können mit Ihrem Arbeitgeber vereinbaren, daß der oder die einschlägigen Tarifverträge Anwendung finden sollen. In einem solchen Fall enthält der Arbeitsvertrag meistens etwa folgende Formulierung:

»Soweit in diesem Arbeitsvertrag nichts anderes bestimmt ist, finden die Tarifverträge für die Arbeitnehmer in der bayerischen Ernährungsindustrie in der jeweils geltenden Fassung Anwendung.«

Wie kann ich mir einen Tarifvertrag besorgen?

Einfach ist es, wenn Sie in einer Gewerkschaft Mitglied sind. Dann wird man Ihnen ohne weiteres ein Exemplar des für Sie einschlägigen Tarifvertrages zukommen lassen. Schwieriger wird es, wenn Sie nicht organisiert sind.

Hier kann Ihnen lediglich § 8 des Tarifvertragsgesetzes weiterhelfen, der wie folgt lautet:

»Die Arbeitgeber sind verpflichtet, die für ihren Betrieb maßgebenden Tarifverträge an geeigneter Stelle im Betrieb auszulegen.«

Das Gesetz gibt Ihnen also das Recht und die Möglichkeit, bei Ihrem Arbeitgeber Einsicht in den für Sie in Betracht kommenden Tarifvertrag zu nehmen. Die Sache hat allerdings einen Haken: Die gesetzliche Verpflichtung gilt auch nur für tarifgebundene Arbeitgeber, das heißt Arbeitgeber, die Mitglieder des tarifvertragschließenden Arbeitgeberverbandes sind, sowie für Betriebe, die in den Geltungsbereich eines allgemeinverbindlichen Tarifvertrages fallen.

Beispiel: Sie haben mit Ihrem Arbeitgeber einen Arbeitsvertrag geschlossen, der folgende Bestimmung enthält: »Soweit in diesem Vertrag nichts anderes bestimmt ist, finden die Vorschriften des Manteltarifvertrags für die Arbeitnehmer und Auszubildenden der Ernährungsindustrie in Bayern in der jeweils geltenden Fassung Anwendung.«
Der bezeichnete Tarifvertrag ist nicht allgemeinverbindlich, und Ihr Arbeitgeber ist auch nicht Mitglied des Arbeitgeberverbandes. Sie wollen bei Gelegenheit in der Personalabteilung in den Tarifvertrag Einsicht nehmen. Man sagt Ihnen, man habe kein Exemplar des Tarifvertrags und sehe auch keine Möglichkeit, ein solches zu beschaffen. Sie berufen sich auf § 8 des Tarifvertragsgesetzes (siehe oben).
Mit Recht?

Leider haben Sie kein durchsetzbares Recht, von Ihrem Arbeitgeber den Wortlaut des Tarifvertrags zu erfahren. Was können Sie also tun?
Sie haben hier nur die Möglichkeit, Ihren Arbeitgeber schon im Arbeitsvertrag zu verpflichten, Ihnen jeweils den für Ihr Arbeitsverhältnis dann geltenden Tarifvertrag zu besorgen. Sie können aber auch, wenn es darauf ankommt, bei den Verbänden, die den Tarifvertrag abgeschlossen haben, ein Exemplar gegen Kostenerstattung anfordern.
Eine *gesetzliche* Verpflichtung, Ihnen ein solches Exemplar zu übersenden, besteht aber nur für den Fall der Allgemeinverbindlichkeit des Tarifvertrags.

Wie kann ich in Erfahrung bringen, ob der für meinen Betrieb maßgebliche Tarifvertrag allgemeinverbindlich ist?

Hier empfiehlt sich ein Anruf oder eine Anfrage bei dem für Ihr Bundesland zuständigen *Arbeitsministerium* bzw. *Senator für Arbeit*. Dort weiß man über den aktuellen Stand der Allgemeinverbindlicherklärungen Bescheid.

4. Betriebsvereinbarungen

Was ist eine Betriebsvereinbarung?

In Betrieben, in denen ein Betriebsrat besteht, können Arbeitgeber und Betriebsrat über Fragen, die zum Aufgabenbereich des Betriebsrats gehören und im Betriebsverfassungsgesetz näher beschrieben sind, Verträge schließen. Diese Verträge nennt man Betriebsvereinbarungen.

Beispiel: Arbeitgeber A vereinbart mit Betriebsrat B, daß in seinem Betrieb stichprobenweise Torkontrollen durchgeführt werden sollen. Die Vereinbarung sieht vor, daß diese Torkontrollen nur von einer Kommission, bestehend aus einem Vertreter der Personalabteilung, einem Mitglied des Betriebsrats und dem dienstältesten Arbeitnehmer, angeordnet und vorgenommen werden dürfen.

Welche Fragen sind normalerweise Gegenstand einer Betriebsvereinbarung?

Weitere **Beispiele** für Betriebsvereinbarungen:
- Festlegung von Beginn und Ende der Arbeitszeit sowie der Pausen,
- Regelung von Zeit, Ort und Art (z. B. bargeldlos) der Auszahlung der Arbeitsvergütung,
- Ausgestaltung und Verwaltung bestehender Sozialeinrichtungen (z. B. Kantine, Sportanlagen),
- Aufstellung allgemeiner Urlaubsgrundsätze (z. B. Einführung von Betriebsurlaub).

Auf das Verhältnis solcher Betriebsvereinbarungen zu Tarifverträgen werden wir später noch eingehen.

5. Rechtsprechung

Es gibt noch einen wichtigen Komplex weiterer Spielregeln: das sogenannte Richterrecht. Hier wird's etwas kompliziert. Das Richterrecht ist nämlich nicht etwa eine Sammlung von festen Regeln, sondern es sind Entscheidungen von Gerichten in Einzelfällen. Diese Entscheidungen lassen mitunter erkennen, daß die jeweiligen Richter von bestimmten, regelmäßig durch Gesetze (noch) nicht erfaßten Regeln ausgegangen sind und diese auch angewendet haben.

Beispiel: Frau Kehl hat sich um die Position einer Filialleiterin einer Drogeriekette beworben. Um diese Stelle haben sich männliche und weibliche Bewerber bemüht. Frau Kehl ist schwanger. Im Einstellungsfragebogen beantwortet sie wider besseres Wissen die Frage: »Sind Sie schwanger?« mit »Nein«. Frau Kehl wird eingestellt. Nach einiger Zeit legt sie ein Schwangerschaftsattest vor, aus dem hervorgeht, daß sie bereits vor ihrer Einstellung schwanger war und das gewußt haben müßte. Der Personalleiter ist erbost. Frau Kehl bestreitet nicht, daß sie bei Ausfüllung des Fragebogens gewußt hat, daß sie schwanger war. Ihr Arbeitgeber ficht den Arbeitsvertrag wegen arglistiger Täuschung an. Mit Erfolg?

Wie Sie im ersten Kapitel erfahren haben, wird die Firma mit ihrer Anfechtung keinen Erfolg haben. Denn die Frage nach der Schwangerschaft ist unzulässig und kann folgenlos falsch beantwortet werden, wenn sich um die ausgeschriebene Stelle auch männliche Bewerber bemühen. Die Spielregel:

> Die Frage nach der Schwangerschaft ist unzulässig, wenn sich auch männliche Bewerber um die ausgeschriebene Stelle bemühen. Diese Frage kann dann ohne Folgen für den Bestand des Arbeitsverhältnisses falsch beantwortet werden.

werden Sie in keinem Gesetz finden. Sie ist Teil des Richterrechts oder genauer: Sie ist der Kernsatz eines neueren Urteils des Bundesarbeitsgerichts, des höchsten Arbeitsgerichts in der Bundesrepublik. Beachten Sie aber, daß das Richterrecht bestehende Gesetze nicht ändern kann, sondern lediglich da neue Regeln findet, wo Gesetze nicht genügend klar sind oder Lücken gelassen haben.

Wodurch unterscheiden sich die Gesetze vom Richterrecht?

Nun, ein wichtiger Unterschied des Richterrechts zum Gesetz: Die Gerichte der unteren Instanzen (Arbeitsgerichte und Landesarbeitsgerichte) sind an solche Kernsätze des obersten Gerichts nicht zwingend gebunden. Sie können, wenn sie anderer Meinung in der betreffenden Frage sind, sich über ein solches höchstrichterliches Urteil hinwegsetzen. Von Richterrecht kann man also eigentlich erst dann sprechen, wenn solche Kernsätze wie der oben beschriebene zur Frage nach der Schwangerschaft in der Praxis der unteren Gerichte auch tatsächlich angewendet werden. Das kann bei dem vorher zitierten Kernsatz keineswegs als gesichert angesehen werden. Eine weitverbreitete Meinung geht nämlich dahin, daß die Frage nach der Schwangerschaft bei der Einstellung immer, d. h. auch dann, wenn sich nur Frauen um die Stelle bemühen, unzulässig sei.

Zusammenfassung

Fassen wir noch einmal zusammen: Wenn Sie als Arbeitnehmer über die Spielregeln des Arbeitsverhältnisses Bescheid wissen wollen, müssen Sie verschiedene Quellen zu Rate ziehen. Die wesentlichen Quellen sind:

- der Arbeitsvertrag
- die Gesetze
- die Tarifverträge sowie
- die Betriebsvereinbarungen

Die ersten beiden Quellen (Arbeitsvertrag und Gesetze) spielen für Sie immer eine Rolle, die beiden zuletzt genannten nur unter besonderen Voraussetzungen (Tarifbindung bzw. Bestehen eines Betriebsrats). Darüber hinaus gibt es noch das Richterrecht, dessen Bedeutung für ein bestimmtes Problem im Einzelfall allerdings nur schwer einzuschätzen ist.

6. Regelungskonkurrenz

Wenn Sie die beschriebene Situation betrachten, werden Sie vielleicht sagen: Bei so zahlreichen Regeln aus den unterschiedlichsten Quellen ist doch damit zu rechnen, daß sich diese Regeln widersprechen. Das ist in der Tat ein wichtiges Problem, denn es ergeben sich immer wieder Regelungswidersprüche zwischen den genannten Quellen. Häufig sind diese Widersprüche sogar bewußt herbeigeführt, weil die Beteiligten mit der vorher vorhandenen Regelung nicht zufrieden waren.

Was gilt, wenn die verschiedenen Rechtsquellen zum gleichen Fall eine unterschiedliche Regelung vorsehen?

Beispiel: In Ihrem Arbeitsvertrag steht unter der Überschrift: § 5 – Arbeitszeit: Es wird eine *tägliche* Arbeitszeit von elf Stunden vereinbart.
In § 3 der Arbeitszeitordnung (einem Gesetz) lesen Sie andererseits: Die regelmäßige *werktägliche* Arbeitszeit darf die Dauer von acht Stunden nicht überschreiten. Es kommt zum Streit. Ihr Arbeitgeber erklärt: »Ich zahle Ihnen ohnehin ein sehr großzügig bemessenes Gehalt, deshalb bestehe ich auf der Ableistung der vereinbarten 77 Wochenstunden.«
Sie berufen sich hingegen auf die Arbeitszeitordnung und sagen: »Bei 48 Wochenstunden ist regelmäßig Schluß. Darüber hinausgehende Arbeit (= Mehrarbeit) leiste ich nur in den vom Gesetz erlaubten Ausnahmefällen.« Wer hat recht?

Was sind zwingende Gesetze?

Sie haben recht, weil Sie sich auf ein zwingendes Gesetz berufen können. Die Vorschriften der Arbeitszeitordnung sind *zwingen-*

des Recht, das heißt, die Regel eines Arbeitsvertrags, die hiervon abweicht, ist unwirksam. Das Gesetz steht hier also auf höherer Stufe als der Einzelarbeitsvertrag.

Hier noch einige weitere Beispiele für Fälle, in denen das Gesetz zwingende Regeln vorsieht:

- Mindesturlaub von 18 Werktagen nach dem Bundesurlaubsgesetz,
- Kündigungsschutz nach dem Kündigungsschutzgesetz,
- Anspruch auf Lohn-/Gehaltsfortzahlung im Krankheitsfall.

Was sind abdingbare Gesetze?

Nicht alle Gesetze haben jedoch zwingenden Charakter. Vielmehr gibt es eine Reihe von gesetzlichen Bestimmungen, die durch den Einzelarbeitsvertrag geändert werden können. Man nennt diese Bestimmungen *abdingbare Gesetzesbestimmungen*, weil sie »abbedungen« (= ausgeschaltet) werden können. Das kann durch Einzelarbeitsvertrag, Tarifvertrag und Betriebsvereinbarung geschehen.

Beispiel: In Ihrem Arbeitsvertrag steht unter der Überschrift »Kündigung«:
Das Arbeitsverhältnis kann mit einer Frist von fünf Wochen zum Monatsende gekündigt werden.
In der Vorschrift des § 622 Absatz 1 Satz 1 des Bürgerlichen Gesetzbuches lesen Sie andererseits:
Das Arbeitsverhältnis eines Angestellten kann unter Einhaltung einer Kündigungsfrist von sechs Wochen zum Schluß eines Kalendervierteljahres gekündigt werden.

Sie wollen wissen, was für Sie gilt: die Bestimmung des Arbeitsvertrags (»fünf Wochen zum Monatsende«) oder die des Gesetzes (»sechs Wochen zum Schluß eines Kalendervierteljahres«).

Die Lösung ergibt sich aus dem zweiten Satz der genannten Bestimmung des § 622 Absatz 1 BGB. Dort heißt es:

Eine kürzere Kündigungsfrist kann einzelvertraglich nur vereinbart werden, wenn sie einen Monat nicht unterschreitet und die Kündigung nur für den Schluß eines Kalendermonats zugelassen wird.

Lassen Sie sich durch das kompliziert klingende Juristendeutsch nicht abschrecken! Gemeint ist, daß zugunsten des Arbeitnehmers (längere Kündigungsfristen also) immer abgewichen werden kann. Eine Abweichung zum Nachteil des Arbeitnehmers hat aber eine Grenze: Die Frist von einem Monat zum Monatsende darf nicht unterschritten werden. Beachten Sie, daß in diesem Beispiel von einem Angestellten die Rede ist. Für Arbeiter gelten andere – regelmäßig kürzere – Kündigungsfristen.

Was sind tarifdispositive Gesetzesbestimmungen?

Es geht noch einen Schritt weiter: Es gibt gesetzliche Bestimmungen, die nicht durch einen Einzelarbeitsvertrag, wohl aber durch den Tarifvertrag abgeändert werden können.

> **Beispiel:** In einem Manteltarifvertrag ist für Angestellte bestimmt, daß die Kündigungsfrist innerhalb der Probezeit zwei Wochen zum Monatsschluß beträgt.

Eine solche Regelung wäre in einem Einzelarbeitsvertrag unzulässig und damit unwirksam. Im Tarifvertrag ist sie jedoch erlaubt. Das ergibt sich aus § 622 Absatz 3 Satz 1 des Bürgerlichen Gesetzbuches:

> *Kürzere als die in den Absätzen 1 und 2 genannten Kündigungsfristen können durch Tarifvertrag vereinbart werden.*

Wegen dieses Vorbehalts nennt man die Vorschrift des § 622 des Bürgerlichen Gesetzbuches »tarifdispositiv«, was soviel heißt wie »kann durch Tarifvertrag abbedungen (= ausgeschaltet) werden«.

Hier noch zwei weitere Beispiele für Fälle, in denen die gesetzlichen Vorschriften durch Tarifverträge – auch zum Nachteil des Arbeitnehmers – abgeändert werden können:

- § 2 des Lohnfortzahlungsgesetzes regelt die Art und Weise der Berechnung des im Krankheitsfall fortzuzahlenden Entgelts. Hier kann aufgrund der im Gesetz enthaltenen Erlaubnis durch die Tarifvertragsparteien – nicht aber im Einzelarbeitsvertrag – eine andere Berechnungsweise vereinbart werden.
- Die Vorschriften des Bundesurlaubsgesetzes sind – soweit nicht der Mindesturlaub angetastet wird – durch Tarifvertrag abänderbar.

Warum können manche Gesetze durch Tarifvertrag, nicht aber durch den Einzelarbeitsvertrag abgeändert werden?

Warum sind in diesem Fall den Parteien des Einzelarbeitsvertrages die Hände mehr gebunden als den Tarifvertragsparteien (= Gewerkschaften und Arbeitgeberverbänden)? Dahinter steht die Vorstellung des Gesetzgebers, daß ein Tarifvertrag Ergebnis einer Verhandlung zwischen ungefähr gleich starken Partnern ist. Diese sind – so die Vorstellung des Gesetzgebers – mit den Gegebenheiten der einzelnen Branche am besten vertraut. Sie können am besten beurteilen, was hier richtig und angemessen ist. Man unterstellt, daß bei Tarifverträgen unter dem Strich die Interessen beider Seiten gewahrt sind. Bei Einzelarbeitsverträgen wird dies nicht so gesehen. Das Gesetz hält die Position des Arbeitnehmers in bestimmten Punkten für besonders schützenswert und greift da mit zwingenden Spielregeln ein.

7. Die Rangordnung der Rechtsquellen

Kehren wir zu unserer Ausgangsfrage nach der Rangordnung der verschiedenen Regelarten zurück.

Welche Rangordnung herrscht zwischen den verschiedenen Rechtsquellen?

Wir haben festgestellt, daß bei den Regelarten zu unterscheiden ist zwischen *zwingenden* und *abdingbaren* Regeln. Hieraus ergibt sich folgende Rangordnung:

1. Zwingende Gesetzesbestimmungen
2. Zwingende Bestimmungen eines Tarifvertrags
3. Zwingende Bestimmungen einer Betriebsvereinbarung
4. *Bestimmungen des (Einzel-)Arbeitsvertrags*
5. Abdingbare Bestimmungen einer Betriebsvereinbarung
6. Abdingbare Bestimmungen eines Tarifvertrags
7. Abdingbare Gesetzesbestimmungen

Was sagt uns diese Rangliste?

Sie gibt Aufschluß über die Durchschlagskraft der verschiedenen Regeln, je nachdem, welcher Gruppe sie zuzuordnen sind. Widersprechen sich also Regeln verschiedener Regelgruppen, die den gleichen Sachverhalt betreffen (zum Beispiel die Länge der Arbeitszeit in unserem vorherigen Beispiel), so brauchen wir nur festzustellen, welchen Rechtsquellen die sich widersprechenden Regeln zugehören, um zu erkennen, welche Regel die »stärkere« ist und die andere aussticht: je höher in der Rangordnung, um so stärker.

Woran erkenne ich, zu welcher Gruppe eine Vorschrift im Einzelfall gehört?

Häufig ist im Gesetz oder Tarifvertrag ausdrücklich bestimmt, ob und inwieweit abweichende Regeln der Arbeitsvertragsparteien oder der Betriebspartner (Arbeitgeber und Betriebsrat) zulässig sein sollen. So etwa der schon erwähnte § 622 des Bürgerlichen Gesetzbuches:

> *Eine kürzere Kündigungsfrist kann einzelvertraglich nur vereinbart werden, wenn sie einen Monat nicht unterschreitet und die Kündigung nur für den Schluß eines Kalendermonats zugelassen wird ... Kürzere als die in den Absätzen 1 und 2 genannten Kündigungsfristen können durch Tarifvertrag vereinbart werden.*

In diesem Fall läßt das Gesetz also genau erkennen, ob und in welchem Umfang die Parteien des Einzelarbeitsvertrags (Arbeitgeber und Arbeitnehmer) oder die Tarifvertragsparteien von der gesetzlichen Kündigungsfrist abweichende Kündigungsfristen festlegen dürfen. So dürfen die Parteien des Einzelarbeitsvertrags die Monatsfrist nicht unterschreiten (bei Angestellten), die Tarifvertragsparteien dürfen andererseits noch kürzere Fristen aushandeln.

Es gibt auch Fälle, wo die Frage, ob eine Vorschrift abdingbar oder zwingend ist, nicht eindeutig aus der Vorschrift, sondern erst durch juristische Auslegung beantwortet werden kann. Bevor wir uns das ganze noch einmal an einem Beispiel verdeutlichen, müssen Sie noch folgendes wissen:

Was sind vollkommen zwingende und einseitig zwingende Vorschriften?

Bei den *zwingenden* Vorschriften muß man sich im Einzelfall noch vergewissern, ob jede Abweichung oder nur eine Abweichung *zu Lasten* des Arbeitnehmers verboten ist.

Beispiel: Das Bundesurlaubsgesetz bestimmt einen Mindesturlaub von 18 Werktagen pro Jahr. Eine für den Arbeitnehmer günstigere Regelung (also mehr Urlaub) kann im Arbeitsvertrag vereinbart werden.

Man nennt eine solche gesetzliche Regelung »einseitig zwingendes« Gesetz. Einseitig, weil einer Abweichung nur in einer Richtung (nämlich zum Nachteil des Arbeitnehmers) ein Riegel vorgeschoben wird.

Zwingende Bestimmungen des Tarifvertrags oder einer Betriebsvereinbarung sind immer *einseitig* zwingend, das heißt, einzelvertragliche Abmachungen, die für Sie als Arbeitnehmer günstiger sind, bleiben möglich. Man nennt das deshalb auch *Günstigkeitsprinzip*.

Als Faustregel können Sie sich also merken, daß zwingende Regeln in Gesetzen, Tarifverträgen oder Betriebsvereinbarungen regelmäßig nicht ausschließen, daß im **Einzelarbeitsvertrag** für den Arbeitnehmer etwas Günstigeres vereinbart wird.

Wie ist das Kräfteverhältnis zwischen Tarifvertrag und Betriebsvereinbarung?

Eine weitere Besonderheit müssen wir uns noch für das »Stärkeverhältnis« von Tarifvertrag einerseits und Betriebsvereinbarung andererseits merken:

Hier hat der Gesetzgeber nämlich die Rangordnung so geregelt, daß *im üblichen Betätigungsfeld der Tarifvertragsparteien* Vereinbarungen zwischen Betriebsrat und Einzelarbeitgeber generell unzulässig sein sollen. § 77 Absatz 3 Satz 1 des Betriebsverfassungsgesetzes stellt hierzu fest:

> *Arbeitsentgelte und sonstige Arbeitsbedingungen, die durch Tarifvertrag geregelt sind oder üblicherweise geregelt werden, können nicht Gegenstand einer Betriebsvereinbarung sein.*

Sinn dieser Vorschrift: Den Gewerkschaften soll Vorrang vor den Betriebsräten eingeräumt werden. Es soll verhindert werden, daß das Recht der Gewerkschaften zum Abschluß von Tarifverträgen durch eifrige Betriebsräte beeinträchtigt oder ausgehöhlt wird. Man sagt auch: Der Tarifvertrag übt eine »Sperrwirkung« aus.

> **Beispiel:** Sie sind als Sachbearbeiter beschäftigt, Ihre Tätigkeit erfüllt nach dem für Ihren Betrieb anwendbaren Tarifvertrag die Voraussetzungen der tariflichen Vergütungsgruppe 6. Der Betriebsrat Ihres Betriebes ist sehr aktiv und handelt mit Ihrem Arbeitgeber im Wege einer Betriebsvereinbarung aus, daß alle Arbeitnehmer der Vergütungsgruppe 6 und geringer einen zehnprozentigen Zuschlag zur Tarifvergütung erhalten. Dennoch zahlt Ihnen Ihr Arbeitgeber nur den Tariflohn. Sie klagen die Differenz ein. Mit Erfolg?

Nein. Die entsprechende Betriebsvereinbarung ist wegen Verstoßes gegen die genannte Vorschrift des Betriebsverfassungsgesetzes unwirksam. Dabei ist ohne Bedeutung, daß es sich um eine für Sie günstigere Regelung handelt. Der Betriebsrat hat sich gemeinsam mit dem Arbeitgeber auf ein Feld begeben, das nach dem Willen des Gesetzes den Tarifvertragsparteien (Arbeitgeberverbände und Gewerkschaften) vorbehalten sein soll. Etwas anderes würde dann gelten, wenn im Tarifvertrag eine sogenannte Öffnungsklausel enthalten wäre, die so lauten könnte:

> Durch Betriebsvereinbarung können Zuschläge für einzelne Vergütungsgruppen vereinbart werden.

8. Die Prüfung der Rechtslage im Einzelfall

Wie gehe ich vor, wenn ich wissen will, was in meinem Arbeitsverhältnis gilt?

Ausgangspunkt ist immer Ihr Arbeitsvertrag. Der Arbeitsvertrag steht im Mittelpunkt des Interesses, weil in unserem Zivilrecht, wozu auch das Arbeitsrecht gehört, das Prinzip der Vertragsfreiheit gilt: Wenn zwei Leute einen Vertrag schließen, so gilt in erster Linie das, was die beiden vereinbart haben, was also im Vertrag steht.
Sie prüfen also zunächst, ob sich für die (Streit-)Frage, um die es Ihnen geht, im Arbeitsvertrag eine »Spielregel« finden läßt.
Wenn Sie fündig geworden sind, müssen Sie weiter prüfen, ob die einzelvertragliche Bestimmung gegen zwingende andere Vorschriften verstößt. Wenn ja, gelten diese. Beachten Sie aber, daß es sich meistens nur um einseitig zwingende Vorschriften (Günstigkeitsprinzip) handelt, daß im Arbeitsvertrag also für Sie durchaus etwas Günstigeres vereinbart sein darf.

Haben Sie im Arbeitsvertrag keine Regel für Ihr Problem gefunden, müssen Sie in den anderen Rechtsquellen suchen. Wenn Sie dort etwas gefunden haben, bleibt jeweils die Prüfung, ob an höherer Rangstelle eine Vorschrift existiert, die die gefundene Regel aussticht oder verdrängt. Beachten Sie auch hier, daß es Abstufungen in der »Durchschlagskraft« höherer Regeln gibt, wie wir sie zuvor besprochen haben:

- generell zwingend oder nur einseitig zwingend
- dispositiv (= abdingbar) oder tarifdispositiv
- Sperre des Tarifvertrags gegenüber Betriebsvereinbarungen

Beispiel: Sie sind als Datentypistin in der zentralen Datenverarbeitung einer hessischen Verwaltungsbehörde beschäftigt. Aufgrund der Art Ihrer Beschäftigung sind Sie gezwungen, täglich bis zu sechs Stunden am Bildschirm zu arbeiten. Nehmen wir ferner an, daß Sie Gewerkschaftsmitglied (ÖTV) sind. Schon bald nach Arbeitsaufnahme stellen Sie fest, daß Ihnen das ununterbrochene Arbeiten am Bildschirm nicht guttut. Sie wollen Ihre Arbeit am Bildschirm in regelmäßigen Abständen unterbrechen, um sich zu erholen. Ihre Vorgesetzte hält das für überflüssig: »Die Bildschirmtechnik ist heute so perfekt, daß der Blick auf den Bildschirm nicht anstrengender ist als der Blick in Aktenstücke.« Es kommt zu einer Auseinandersetzung zwischen Ihnen und Ihrer Vorgesetzten. Sie wollen wissen, was richtig ist.

In Ihrem Arbeitsvertrag lesen Sie bezüglich der zustehenden Pausen möglicherweise folgende Regelung:

> *»Die Arbeitnehmerin erhält nach 55 Minuten ununterbrochener Tätigkeit am Bildschirm Gelegenheit für eine fünfminütige Unterbrechung.«*

Wir haben bereits gesehen, daß es richtig und wichtig ist, zunächst in den Arbeitsvertrag zu schauen. Sie wissen aber auch, daß es höherrangige, »stärkere« Spielregeln geben kann, die eine arbeitsvertragliche Regel verdrängen können.
Was begegnet uns hier auf unserer Suche? In § 18 der Arbeitszeitordnung (einem Gesetz) finden wir eine Vorschrift über Mindestruhepausen für weibliche Arbeitnehmer (insgesamt 30 Minuten bei bis zu achtstündiger Arbeitszeit). Diese Vorschrift braucht uns hier jedoch nicht zu interessieren, da sich Ihr Streit lediglich um Unterbrechungen der Arbeit am **Bildschirm** dreht, nicht jedoch um Ruhepausen an sich.
Wir suchen weiter und stoßen auf einen Tarifvertrag, nämlich den Tarifvertrag zwischen der Gewerkschaft öffentliche Dienste, Transport und Verkehr und der hessischen Landesregierung vom 3. November 1987 betreffend die Arbeitsbedingungen von Arbeitnehmern auf Arbeitsplätzen mit Geräten der Informationstechnik.

Dort finden Sie in § 8 folgende Bestimmung:

> *Erfordert die Tätigkeit auf einem Bildschirmarbeitsplatz fast dauernden Blickkontakt zum Bildschirm oder laufenden Blickwechsel zwischen Bildschirm und Vorlage, muß dem Arbeitnehmer nach Ablauf von 50 Minuten Gelegenheit für eine zehnminütige Unterbrechung*

dieser Tätigkeit gegeben werden. Unterbrechungen nach Satz 1 entfallen, wenn Pausen und Tätigkeiten anfallen, die die Beanspruchungsmerkmale des Satzes 1 nicht aufweisen.

Mit dieser Bestimmung haben Sie – wenn Sie zu unserer Rangliste der Spielregeln zurückblättern – eine höherrangige zwingende Bestimmung eines Tarifvertrages gefunden, die Ihre arbeitsvertragliche Bestimmung verdrängt. Sie haben also Anspruch auf eine zehnminütige Unterbrechung nach 50 Minuten Bildschirmarbeit. Hätten Sie dagegen in Ihrem Arbeitsvertrag 15minütige Unterbrechungen ausgehandelt, so hätten Sie Anspruch auf diese 15 Minuten (Günstigkeitsprinzip).

Kapitel 3
Der Arbeitsvertrag

1. Die Abschlußfreiheit

Ein großes Münchner Bekleidungshaus, das auch über eine eigene Produktion verfügt, sucht per Zeitungsannonce einen Schneidermeister. »Der Bewerber sollte mindestens 30 Jahre und nicht über 40 Jahre alt sein«, heißt es dort. Der 35jährige Schneidermeister Fritz Köhler bewirbt sich. Aus seinen Bewerbungsunterlagen ergibt sich, daß er die Meisterprüfung mit »sehr gut« bestanden und beste Zeugnisse hat. Seine Bewerbung bleibt ohne Erfolg. Herr Köhler will auf Einstellung klagen. Hat er damit Aussicht auf Erfolg?

Gibt es einen Anspruch des Arbeitnehmers auf Einstellung, also auf Abschluß eines Arbeitsvertrages, bei Vorliegen der Einstellungsvoraussetzungen?

Grundsätzlich nein! Niemand kann gezwungen werden, überhaupt einen Vertrag oder einen Vertrag mit einer bestimmten Person abzuschließen. Dieser Grundsatz der Vertragsfreiheit gilt auch für den Arbeitsvertrag. Der Arbeitsvertrag besteht – wie andere Verträge auch – aus inhaltlich übereinstimmenden Willenserklärungen *beider* Parteien, aus Angebot und Annahme. An solchen einander entsprechenden Willenserklärungen fehlt es in unserem Beispiel.

Das arbeitgeberseitige »Ja« kann durch Herrn Köhler auch nicht gerichtlich erzwungen werden. Gewisse Ausnahmen gelten allerdings für den öffentlichen Dienst. Dort kann bei einer erkennbar willkürlichen Ablehnung eines Bewerbers unter Umständen auf Einstellung geklagt werden.

Wie gesagt, handelt es sich hierbei jedoch nur um eine seltene Ausnahme. Im allgemeinen haben Sie bei noch so guter Qualifikation keine Möglichkeit, einen Arbeitgeber zu zwingen, es mit Ihnen zu versuchen.

Gibt es unter bestimmten Umständen einen Anspruch eines Schwerbehinderten auf Einstellung?

Schauen wir uns nun folgende Abwandlung des vorherigen Beispiels an:

Fritz Köhler ist schwerbehindert mit einem Grad der Behinderung (GdB) von 60 %, wobei die vorgesehene Tätigkeit durch die Art der Behinderung nicht oder nur wenig beeinträchtigt wird. Herr Köhler hat durch ein Betriebsratsmitglied erfahren, daß die Firma erheblich weniger als die gesetzlich vorgesehene Mindestzahl von schwerbehinderten Arbeitnehmern (»Pflichtquote«) beschäftigt. Als seine Bewerbung abgelehnt wird, klagt er beim Arbeitsgericht auf Einstellung mit der Begründung, der Arbeitgeber habe seine Pflichtquote nicht erfüllt und müsse ihn daher einstellen, zumal er alle Einstellungsvoraussetzungen erfülle.
Wird er recht bekommen?

Herrn Köhlers Klage wird wohl abgewiesen werden. Der Arbeitgeber ist zwar bei mehr als 16 Arbeitsplätzen verpflichtet, auf wenigstens sechs Prozent dieser Arbeitsplätze Schwerbehinderte – mit einem Grad der Behinderung von wenigstens 50 % – zu beschäftigen. Der einzelne Behinderte hat jedoch keinen persönlichen Anspruch auf Einstellung. Ein solcher Anspruch besteht auch dann nicht, wenn der Arbeitgeber seine »Pflichtquote« (noch) nicht erfüllt hat. Der Arbeitgeber muß aber für jeden unbesetzten Schwerbehinderten-Arbeitsplatz eine Ausgleichsabgabe von 150 DM pro Monat an den Staat bezahlen.

2. Allgemeines zum Arbeitsvertrag

Was muß ein Arbeitsvertrag enthalten?

Wir haben vorher festgestellt, daß ein Arbeitsvertrag durch inhaltlich übereinstimmende Willenserklärungen von Arbeitgeber und Arbeitnehmer zustande kommt. Wir haben aber nicht geklärt, was da eigentlich gesagt oder geschrieben sein muß, damit wir von einem Arbeitsvertrag reden können.

Ein Arbeitsvertrag kommt immer dann zustande, wenn sich beide Parteien über die wesentlichen Punkte geeinigt haben, nämlich

– über die zu leistende Arbeit und
– die Bezahlung.

Beispiel: Maurergeselle Heinz Schmidt meldet sich im Personalbüro der Firma Hochbau AG. Der Personalleiter sagt zu ihm: »Sie können bei uns morgen als Bauwerker zu einem Stundenlohn von 16 DM anfangen.« Herr Schmidt antwortet: »In Ordnung!«

Hier haben Sie die erwähnten inhaltlich übereinstimmenden Willenserklärungen. Dabei wird deutlich, daß nicht beide Gesprächspartner dasselbe sagen müssen. Vielmehr reicht es aus, wenn einer die Konditionen ausspricht und der andere dazu »ja« sagt. Ein Arbeitsvertrag ist zustande gekommen, weil die wesentlichen Punkte, nämlich die Art der zu leistenden Arbeit und die zu zahlende Vergütung, angesprochen worden sind.

Ein Arbeitsvertrag kann übrigens noch knapper ausfallen: Die Höhe der Vergütung braucht gar nicht ausgesprochen zu werden. Es reicht vielmehr, wenn nach den Umständen klar ist, daß gegen Bezahlung gearbeitet werden soll. Die Höhe ist dann nach § 612 des Bürgerlichen Gesetzbuches regelmäßig nach der üblichen Vergütung zu bemessen. Was üblich ist, ist natürlich schwierig festzustellen, aber häufig können die für die betreffende Branche vorhandenen Lohn- und Gehaltstarifverträge weiterhelfen.

Leider ist es mitunter zwischen den Parteien gar nicht klar, ob gegen Entgelt gearbeitet werden soll, wie Sie an folgendem Beispiel feststellen können.

Der arbeitslose Lehramtskandidat Peter Wagenseil – Inhaber eines Führerscheins Klasse II – bewirbt sich auf eine Annonce hin bei der Firma Kanalbau AG als LKW-Fahrer. Peter Wagenseil hat noch nie auf dem Bau gearbeitet und macht deshalb auf den Personalleiter einen etwas unsicheren Eindruck, als die Sprache auf die zu verrichtende Tätigkeit kommt. Das Bewerbungsgespräch endet damit, daß der Personalleiter erklärt: »Herr Wagenseil, fangen Sie morgen erst einmal an und schauen Sie, wie es geht. Wir sehen dann weiter. Melden Sie sich bei Herrn Huber, der wird Sie einweisen.« Peter W. erscheint am nächsten Tag auf der Baustelle, fährt den ganzen Tag bei Herrn Huber als Beifahrer im LKW mit und hilft bei Arbeitsschluß noch bei der Reinigung des Fahrzeugs. Als Peter W. abends zu Hause ankommt, wird ihm klar, daß ihm die Arbeit wohl zu anstrengend ist. Bei der Firma läßt er sich zunächst nicht mehr blicken.
Zwei Wochen später schreibt er der Firma Kanalbau AG einen Brief, in dem er verlangt, daß ihm der Tag auf der Baustelle mit 120 DM vergütet wird (acht Stunden à 15 DM). Die Firma antwortet: »... nehmen wir mit Erstaunen zur Kenntnis, daß Sie für den Informationstag auf unserer Baustelle, den wir Ihnen ermöglicht haben, auch noch eine Vergütung wollen. Eine Vergütung haben wir zu keinem Zeitpunkt mit Ihnen vereinbart. Eine Bezahlung wäre auch nicht angebracht gewe-

sen, da eine verwertbare Arbeitsleistung von Ihnen nicht erbracht wurde und auch nicht erbracht werden sollte. Wir betrachten das Ganze als ein unentgeltliches Schnupperverhältnis. Hochachtungsvoll!«
Muß die Firma Kanalbau AG bezahlen?

Das von der Firma Kanalbau AG ins Gespräch gebrachte – unentgeltliche – »Schnupperverhältnis« erfreut sich offenbar zunehmender Beliebtheit. In der juristischen Literatur wird es inzwischen bereits unter dem Titel »Einfühlungsverhältnis« geführt.

Ob nun im vorliegenden Fall ein *entgeltliches* Arbeitsverhältnis oder eine *unentgeltliche* Informationstätigkeit ohne Pflichten gewollt ist, hängt in erster Linie von dem ab, was beide Seiten dazu gesagt haben. Das ist hier jedoch wenig ergiebig und läßt beide Bewertungen zu. Da wir mit den Erklärungen des Personalleiters und Herrn Wagenseils nicht weiterkommen, müssen wir nach weiteren Spielregeln suchen:

§ 612 Absatz 1 des Bürgerlichen Gesetzbuches sagt zu diesem Problem:
Eine Vergütung gilt als stillschweigend vereinbart, wenn die Dienstleistung den Umständen nach nur gegen eine Vergütung zu erwarten ist.

In unserem Fall wäre zu berücksichtigen, daß die meisten Arbeitsverhältnisse ohnehin mit einer – unproduktiven – Phase der Einarbeitung und Information beginnen. Die Tatsache, daß die Tätigkeit von Herrn Wagenseil kein verwertbares Arbeitsergebnis erbrachte und er lediglich zuschaute, kann demnach nicht als ausschlaggebendes Argument für eine Unentgeltlichkeit herangezogen werden. Andererseits war zwischen den Parteien klar, daß ein Arbeitsverhältnis geplant war, wie sich aus der Zeitungsannonce ergibt. Die Firma Kanalbau AG muß also nach Lage der Dinge für den Tag, an dem Herr Wagenseil da war, die übliche Vergütung bezahlen. Hätte sie die von ihr beabsichtigte Unentgeltlichkeit ausdrücklich und beweisbar mit Herrn Wagenseil vereinbart, müßte sie nicht bezahlen. Die Tatsache, daß Herr Wagenseil es vorgezogen hat, im Anschluß an diesen Arbeitstag nicht mehr zu erscheinen, hat im übrigen keinen Einfluß auf die Bezahlung für diesen Tag. Macht der Arbeitgeber aber einen Schadensersatzanspruch wegen fristloser Arbeitsniederlegung durch Herrn Wagenseil geltend, so gelten ähnliche Grundsätze, wie wenn der Arbeitnehmer vor Antritt der Arbeit die Arbeitsaufnahme kurzfristig absagt. Weiteres dazu Kapitel 1 Abschnitt 4.

Muß ein Arbeitsvertrag schriftlich abgeschlossen werden?

Nehmen wir an, unser voriger Fall nimmt folgende Wendung:

> Die Firma Kanalbau AG bleibt zahlungsunwillig. Herr Wagenseil geht zur Rechtsantragsstelle des Arbeitsgerichts, wo man für ihn eine Klage zu Protokoll nimmt. Im Prozeß, der dann folgt, beruft sich die Firma Kanalbau AG darauf, sie könne nicht in Anspruch genommen werden, weil ein schriftlicher Arbeitsvertrag nie geschlossen worden sei. Von einem Arbeitsvertrag könne man schließlich nur sprechen, wenn von Arbeitgeber und Arbeitnehmer ein entsprechendes Schriftstück unterschrieben worden sei.

Der Firma Kanalbau wird ihr Einwand nicht viel nützen. Für den Abschluß eines Arbeitsvertrags ist nämlich vom Gesetz keine Schriftform vorgeschrieben. (Manche Tarifverträge sehen allerdings Schriftform vor.) Man sagt: Es gilt der Grundsatz der *Formfreiheit*. Arbeitsverträge können also mündlich, schriftlich, ausdrücklich oder auch nur durch schlüssiges Verhalten abgeschlossen werden.

Was versteht man unter einem Arbeitsvertrag durch schlüssiges Verhalten?

Folgendes Beispiel soll Ihnen das deutlich machen:

> Auf eine Anforderung bei der studentischen Job-Vermittlung hin meldet sich der Student Karl-Heinz Pohl bei der Firma Obst-Import zum Entladen von LKWs mit griechischen Erdbeeren. Herr Pohl übergibt dem Personalsachbearbeiter der Firma Obst-Import seine Lohnsteuerkarte und wird von diesem zu den zu entladenden LKWs geschickt. »Melden Sie sich bei dem Vorarbeiter, Herrn Schade«, sagt er.

Wie Sie sehen, fehlt es hier an ausdrücklichen Erklärungen, die auf Abschluß eines Arbeitsvertrags gerichtet sind. Es reicht, daß sich beide Seiten so verhalten haben, daß der Wille, ein Arbeitsverhältnis abzuschließen, deutlich geworden ist. Der Student Pohl hat seinen Willen dazu durch Übergabe der Lohnsteuerkarte gezeigt, der Personalsachbearbeiter dadurch, daß er Herrn Pohl zur Arbeit geschickt hat. Daß Arbeit gegen Bezahlung gewollt war, kann man schon daraus entnehmen, daß Herr Pohl seine Lohnsteuerkarte übergeben hat.

Ist der Abschluß eines schriftlichen Arbeitsvertrags zu empfehlen?

Wir haben bereits gesehen, daß Arbeitsverträge schon bei sehr knappen Erklärungen beider Seiten zustande kommen. Sie wissen weiterhin, daß in den Gesetzen und – wenn anzuwenden – Tarifverträgen zahlreiche »Spielregeln« zur Verfügung stehen, die bei den meisten Arbeitsverhältnissen für eine mehr oder weniger ausgewogene Verteilung von Rechten und Pflichten beider Seiten sorgen. Könnte man, so gesehen, sagen, daß ein schriftlicher Arbeitsvertrag aus der Sicht des Arbeitnehmers eigentlich überflüssig ist?

Schauen wir uns dazu einmal folgendes Beispiel an:

> Malermeister Lang hat einen Malerbetrieb in München. Am 1. Juni stellt er den Malergesellen Franz Hinterlechner ein. Herr Hinterlechner wohnt in Ingolstadt, ca. 90 km von München entfernt. Bei der Einstellung weist er Herrn Lang darauf hin, daß er nach München eine ganz schön lange Anfahrt habe und daß sich das irgendwie in der Bezahlung niederschlagen müsse. Herr Lang ist an der Einstellung Franz Hinterlechners interessiert, möchte aber nicht, daß dieser einen höheren Stundenlohn bekommt als die anderen Gesellen, die bei ihm arbeiten. Er vereinbart daher mit Herrn Hinterlechner, daß ihm täglich eine Stunde über die tatsächlich gearbeitete Zeit hinaus zusätzlich als Arbeitszeit verrechnet wird.
> Bereits nach einem Monat kommt es wegen angeblicher mangelhafter Arbeitsleistung von Herrn Hinterlechner zum Streit. Malermeister Lang kündigt fristlos. Franz Hinterlechner klagt seinen Restlohn ein, da er außer einer Abschlagszahlung von 1 000 DM bisher nichts bekommen hat. Herr Lang, der sich an die Vereinbarung über die Bezahlung der Anfahrtszeit nicht mehr erinnern kann oder will, ist lediglich bereit, die reine Arbeitszeit zu vergüten.
> Franz Hinterlechner will auch die versprochene zusätzliche Stunde pro Tag vergütet haben. Wird er beim Arbeitsgericht Erfolg haben?

Er hat – obwohl eigentlich im Recht – keine besonders guten Chancen. Nach den gesetzlichen Regeln hat ein Arbeitnehmer für die Anfahrt von der Wohnung zur Arbeitsstätte keinen Vergütungs- oder Aufwandsersatzanspruch gegen den Arbeitgeber. Will Herr Hinterlechner dennoch Vergütung für den durch die lange Anfahrt entstandenen Aufwand bzw. Zeitverlust, so muß er im Arbeitsgerichtsverfahren beweisen, daß eine solche Vergütung vereinbart war. Leider haben die beiden hier aber darauf verzichtet, einen schriftlichen Arbeitsvertrag zu schließen, mit Hilfe dessen sich die Vereinbarung leicht nachweisen ließe. Wenn Franz Hinterlechner also sonst keinen Zeugen beibringen kann, der bei dem Einstellungsgespräch dabei war, bekommt er für die Fahrzeit keine Vergütung. An diesem Beispiel können Sie sehen, daß immer dann, wenn Sie in einzelnen Punkten mit Ihrem Arbeitgeber bessere Konditionen ausgehandelt haben, als Ihnen von den allgemeinen Regeln her (Gesetz, Tarifvertrag, Betriebsvereinbarung) zustehen, der Abschluß eines schriftlichen Arbeitsvertrags dringend anzuraten ist. Andernfalls können Sie im Streitfall in Beweisnot geraten. Und wenn Sie nach der Rechtslage etwas beweisen müssen, aber nicht können, nützt es Ihnen nichts, wenn Sie eigentlich recht haben.

3. Wichtige Punkte bei Abschluß des Arbeitsvertrags

Bruno Alt hat Glück gehabt. Er hat bei einer Firma für Heizungsbau eine gutbezahlte Stelle in seinem Beruf als Heizungsinstallateur bekommen. Vor Antritt der Arbeit meldet er sich im Personalbüro, um seine Papiere abzugeben. Die Personalsachbearbeiterin, Frau Sorg, legt ihm einen mit »Arbeitsvertrag« überschriebenen dreiseitigen Vordruck vor und bittet um seine Unterschrift. Herr Alt weiß, daß es riskant ist, im Geschäftsleben Erklärungen zu unterschreiben, ohne ihren Inhalt gelesen und geprüft zu haben. Er setzt sich also hin und fängt an zu lesen. Schon bald befällt ihn ein ungutes Gefühl, denn bei dem komplizierten Juristendeutsch, das da verwendet wird, und der Vielzahl von Einzelbestimmungen, weiß er nicht, woran er sich eigentlich orientieren soll. Immer wieder überlegt er, ob diese oder jene Bestimmung günstig, normal oder ungünstig für ihn ist. Die Zeit verrinnt, und Frau Sorg ermuntert ihn durch wortlose Gesten, langsam zum Abschluß zu kommen und endlich zu unterschreiben.
Ist ihm zu helfen?

Zunächst ein allgemeiner Rat: Wenn Ihnen so etwas passiert, haben Sie immer die Möglichkeit, sich Zeit zum Studium eines solchen Vertragswerks in aller Ruhe auszubitten. An einer solchen Forderung wird das Zustandekommen eines Arbeitsvertrags kaum scheitern. Schlägt man Ihnen diese Bitte aus, so können Sie davon ausgehen, daß in dem Vertrag nichts Gutes für Sie enthalten war.
Aber auch wenn Sie den Arbeitsvertrag mit nach Hause genom-

men haben und ihn am Abend in Ruhe studieren, kann es Probleme geben, wie sie Herr Alt in unserem Beispiel hat. Es würde zu weit führen, wollten wir an dieser Stelle alle möglichen arbeitsvertraglichen Regeln, wie sie von erfindungsreichen Personalleuten oder Formular-Autoren formuliert werden, auf ihren Inhalt, ihre Bedeutung und ihre Konsequenzen für den Arbeitnehmer untersuchen. An dieser Stelle sollen Sie vielmehr auf einige Punkte aufmerksam gemacht werden, die in Arbeitsverträgen auftauchen – oder vergessen werden – und die Probleme mit sich bringen können.

Befristetes oder unbefristetes Arbeitsverhältnis?

Ihr Arbeitsvertrag könnte etwa so anfangen:

»Das Arbeitsverhältnis beginnt am 1.9.1988.«

Sie könnten aber auch – überraschend oder absprachegemäß – folgende Formulierung vorfinden:

»Das Arbeitsverhältnis beginnt am 1.9.1988. Es endet, wenn es nicht ausdrücklich verlängert wird, mit Ablauf des 30.6.1989, ohne daß es einer Kündigung bedarf.«

Wenn Sie eine solche Formulierung vorfinden, handelt es sich um einen sogenannten *befristeten* Arbeitsvertrag im Gegensatz zum unbefristeten oder Dauerarbeitsvertrag.

Wo liegt der Unterschied zwischen befristetem Arbeitsvertrag und Dauerarbeitsvertrag?

Ein befristeter Arbeitsvertrag ist von vornherein auf eine bestimmte Zeitspanne festgelegt. Dabei kann die Zeitspanne durch ein bestimmtes Datum (in unserem Beispiel: 30.6.1989) oder durch eine abstrakte Umschreibung angegeben werden:

»... Das Arbeitsverhältnis endet, sobald unser arbeitsunfähig erkrankter Mitarbeiter, Herr Carlson, die Arbeit wieder aufnimmt.«

Der befristete Arbeitsvertrag endet, ohne daß Sie oder der Arbeitgeber irgendeine Erklärung abgeben müssen. Dies unterscheidet ihn vom Dauerarbeitsvertrag, der im Arbeitsleben die weitaus größere Rolle spielt.

Ein Dauerarbeitsvertrag endet entweder

- durch eine einseitige Erklärung des Arbeitgebers – **Arbeitgeberkündigung** – oder
- durch eine einseitige Erklärung des Arbeitnehmers – **Arbeitnehmerkündigung** – oder
- durch einen Vertrag zwischen Arbeitnehmer und Arbeitgeber, wonach das Arbeitsverhältnis zu einem bestimmten Zeitpunkt enden soll – **Aufhebungsvertrag.**

Wenn Sie das wissen, wird Ihnen die Lösung folgenden Falls keine Schwierigkeiten bereiten.

Friedrich Stein ist seit 20 Jahren als Buchhalter in einer Schraubenfabrik beschäftigt. Am Tag seines 65. Geburtstags überreicht ihm der Inhaber in einer kleinen Betriebsfeier einen Geschenkkorb mit der Aufschrift: »Für den wohlverdienten Ruhestand.« Herr Stein freut sich über den Korb, macht den Inhaber der Firma am Rande der Feier darauf aufmerksam, daß er nicht daran denkt, aufzuhören. Der Inhaber stellt sich auf den Standpunkt, Herr Stein habe die Altersgrenze erreicht, und damit sei das Arbeitsverhältnis automatisch erloschen. Schließlich sehe das Sozialversicherungsrecht ja ab Erreichen des 65. Lebensjahres ausdrücklich die Rentenberechtigung vor.
Wer hat recht?

Entgegen einer weitverbreiteten Meinung endet ein Arbeitsverhältnis keineswegs automatisch mit Erreichen der »Altersgrenze«. Jedenfalls gibt es kein Gesetz, das so etwas vorsieht. Voraussetzung für ein »automatisches« Ausscheiden bei Erreichen der Altersgrenze (meistens die Vollendung des 65. Lebensjahres) ist vielmehr, daß eine entsprechende Regelung in Ihrem Arbeitsvertrag oder in einem auf Ihr Arbeitsverhältnis anwendbaren Tarifvertrag enthalten ist. Eine solche Regelung könnte etwa folgendermaßen lauten:

»Das Arbeitsverhältnis endet mit Ablauf des Monats, in dem der (die) Arbeitnehmer(in) das 65. Lebensjahr vollendet hat.«

Sind befristete Arbeitsverträge überhaupt zulässig?

Befristete Arbeitsverträge sind nur unter bestimmten Voraussetzungen zulässig. Im Grundsatz darf ein Arbeitsverhältnis nur dann befristet werden, wenn hierfür ein sachlicher Grund vorliegt. Darüber hinaus ist nach dem Beschäftigungsförderungsgesetz bei Neueinstellungen bis 1.1.1990 eine Befristung auch ohne besonderen sachlichen Grund zulässig. Diese Voraussetzungen werden weiter hinten noch näher behandelt. Lesen Sie dazu bitte Kapitel 15 Abschnitt 6. An dieser Stelle stellt sich für Sie lediglich die Frage:

Wenn ich Zweifel an der Zulässigkeit einer Befristung habe, soll ich diese Zweifel bei Abschluß des Vertrages gegenüber dem Arbeitgeber äußern oder nicht?

Vorweg: Ihre Rechtsposition wird nicht deswegen schlechter, weil Sie eventuell vorhandene Zweifel nicht äußern. Sie können nämlich immer noch während der Dauer des Arbeitsverhältnisses und auch nach dessen Beendigung gerichtlich geltend machen, daß die Befristung unwirksam sei und das Arbeitsverhältnis über den zunächst vorgesehenen Beendigungszeitpunkt hinaus fortbesteht. Die für Kündigungsschutzklagen geltende Dreiwochenfrist ist hier zwar nicht anwendbar. Sie sollten sich aber mit einer Klage nach Ablauf der Befristung, also wenn das Arbeitsverhältnis zu Ende ist, nicht allzu viel Zeit lassen. Sonst besteht die Gefahr, daß der Arbeitgeber sich im Prozeß darauf beruft, er habe darauf vertraut, daß Sie die Befristung nicht mehr angreifen, und daß das Gericht ihm recht gibt.

Machen Sie dagegen Ihren Arbeitgeber schon bei Vertragsschluß darauf aufmerksam, daß Sie Zweifel an der Zulässigkeit der Befristung haben, könnte das dazu führen, daß er auf einen Vertrag mit Ihnen verzichtet, da er Unannehmlichkeiten befürchtet.

Probearbeitsverhältnis

Was versteht man unter einer Probezeit?

Wir lesen in unserem vorgestellten Arbeitsvertrag weiter. Da könnte etwa stehen:

> »Die ersten drei Monate gelten als Probezeit.« (M 1)

Oder es steht da:

> »Die ersten drei Monate gelten als Probezeit. Das Arbeitsverhältnis endet nach Ablauf dieser Probezeit, wenn es nicht zuvor ausdrücklich verlängert worden ist.« (M 2)

Die Probezeit ist eine Zeitspanne am Beginn eines Arbeitsverhältnisses, während der der Arbeitgeber und der Arbeitnehmer

die Möglichkeit haben sollen, den Vertragspartner und die Arbeitsstelle auf eine längerfristige Zusammenarbeit zu überprüfen.
Das Probearbeitsverhältnis ist dem sogenannten Einfühlungsverhältnis (»Schnupperverhältnis«) ähnlich. Auch bei diesem wollen die Parteien die Möglichkeit einer Zusammenarbeit klären. Der Arbeitnehmer wird aber beim »Einfühlungsverhältnis« in den Betrieb aufgenommen, *ohne* Pflichten zu übernehmen. Ob der Arbeitgeber zur Vergütungszahlung verpflichtet ist, ergibt sich aus den Vereinbarungen oder den Umständen, wie wir am Beispiel des Herrn Wagenseil (siehe Kapitel 3 Abschnitt 2) festgestellt haben.

Welche rechtlichen Konsequenzen ergeben sich für mich aus der Vereinbarung einer Probezeit?

Die Vereinbarung einer Probezeit wird regelmäßig so bewertet, daß Sie und Ihr Arbeitgeber damit zum Ausdruck bringen wollen, daß während der genannten Zeitspanne die gesetzlich und tariflich zulässige Mindestkündigungsfrist gelten soll.

> **Erläuterung:** Die gesetzliche *Mindestkündigungsfrist* beträgt für Angestellte einen Monat zum Monatsende und für Arbeiter 14 Tage. Die gesetzliche *Regelkündigungsfrist* beträgt bei Angestellten sechs Wochen zum Quartalsende, bei Arbeitern entspricht sie der Mindestkündigungsfrist von zwei Wochen. Die gesetzlichen Mindestkündigungsfristen verlängern sich in Abhängigkeit von der Dauer der Betriebszugehörigkeit. Tarifverträge sehen teilweise kürzere als die gesetzlichen Mindestkündigungsfristen vor.

Die häufig anzutreffende Ansicht, innerhalb der Probezeit könne jederzeit ohne Einhaltung einer Frist oder mit einer kürzeren als der gesetzlichen Mindestfrist gekündigt werden, ist falsch. Unterliegt Ihr Arbeitsverhältnis allerdings einem Tarifvertrag, so können kürzere Fristen in Betracht kommen.

Welche Kündigungsfrist gilt, wenn die Kündigungserklärung noch innerhalb der Probezeit erfolgt ist, der vorgesehene Beendigungszeitpunkt aber schon außerhalb der Probezeit liegt?

Roland Kraus hat eine Stelle als Designer in einer Werbeagentur. Das Arbeitsverhältnis beginnt laut Vertrag am 1.7. mit einer dreimonatigen Probezeit. Am 25.9. erhält er eine Kündigung zum 30. Oktober. Herr Kraus ist mit der Kündigungsfrist nicht einverstanden, da das Arbeits-

verhältnis nicht innerhalb der Probezeit beendet werde und deshalb die gesetzliche Kündigungsfrist von sechs Wochen zum Quartalsende angewendet werden müsse. Man habe ihn erst zum 31. Dezember kündigen dürfen.
Hat Herr Kraus recht?

Herr Kraus irrt. Beide Seiten sollen die gesamte Probezeit zur Verfügung haben, um sich die Sache zu überlegen und gegebenenfalls kurzfristig das Arbeitsverhältnis zu lösen. Der Arbeitgeber von Herrn Kraus hat hiervon innerhalb der vorgesehenen Zeit von drei Monaten Gebrauch gemacht. Er konnte also bis einschließlich 30.9. noch mit der für die Probezeit anzuwendenden Mindestkündigungsfrist von einem Monat zum Monatsende kündigen.

Was ist ein befristetes Probearbeitsverhältnis?

Vielleicht haben Sie es gleich gemerkt: Zwischen den beiden zuvor beispielhaft vorgestellten Formulierungsmöglichkeiten für eine Probezeit bestehen gravierende Unterschiede: Im Beispiel M 2 handelt es sich um die Vereinbarung eines *befristeten* Probearbeitsverhältnisses. Diese Vereinbarung hat zur Folge, daß das Arbeitsverhältnis nach Ablauf der genannten Frist endet, ohne daß es einer Kündigung oder eines Aufhebungsvertrages bedarf.

Das kann bedeutsam werden, wenn eine Arbeitnehmerin in der Probezeit schwanger wird: Hat sie ein befristetes Probearbeitsverhältnis akzeptiert, kann das Arbeitsverhältnis auslaufen, ohne daß ihr der Kündigungsschutz des Mutterschutzgesetzes zugute kommt. Bestand dagegen ein »normales« Probearbeitsverhältnis, kann der Arbeitgeber nur nach Zustimmung der zuständigen Verwaltungsbehörde und unter erschwerten Voraussetzungen eine Kündigung aussprechen und damit das Arbeitsverhältnis beenden.

Ist die Befristung eines Probearbeitsverhältnisses überhaupt zulässig?

Im allgemeinen ist die Befristung eines Probearbeitsverhältnisses zulässig, weil der Erprobungszweck grundsätzlich als ein sachlicher Grund für eine Befristung anerkannt ist. Allerdings ist hierdurch im allgemeinen nur eine Befristung bis zur Dauer von sechs Monaten gerechtfertigt. Es müssen schon ganz besondere Gründe vorliegen, wenn eine über sechs Monate hinaus reichende Befristung rechtens sein soll.

Darüber hinaus kann die Befristung des Probearbeitsverhältnisses auch schon aufgrund des Beschäftigungsförderungsgesetzes zulässig sein (zu den Voraussetzungen der Anwendbarkeit des Beschäftigungsförderungsgesetzes lesen Sie bitte Kapitel 15 Abschnitt 6).

Urlaub

Unter der Überschrift »Urlaub« finden Sie möglicherweise folgende Regelung:

> »Der Urlaub des Arbeitnehmers beträgt 24 Werktage.«

Wieviel Urlaubstage sind gesetzlich vorgeschrieben, und wieviel Urlaubstage werden üblicherweise vereinbart?

Hier sollten Sie auf folgendes achten: Der gesetzliche Mindesturlaub beträgt 18 Werktage, das sind drei Wochen pro Jahr. Das ist nicht viel. Ist im Arbeitsvertrag also gar keine Regelung bezüglich des Urlaubs vorhanden und sind Sie auch nicht tarifgebunden (zur Tarifbindung siehe Kapitel 2 Abschnitt 3) und gibt es in Ihrem Betrieb auch keine Betriebsvereinbarung bezüglich der Urlaubsdauer, so bleibt es bei den kümmerlichen drei Wochen. Gleiches gilt, wenn Ihr Vertrag die Regel enthält:

> »Für den Urlaubsanspruch des Arbeitnehmers gelten die gesetzlichen Vorschriften.«

Weitere Einzelheiten zu Fragen des Urlaubs finden Sie in Kapitel 9 Abschnitt 1.

Versetzung

Unter dieser Überschrift, häufig auch unter der Überschrift »Tätigkeitsbeschreibung«, findet sich mitunter folgende oder ähnliche Regelung:

> »Die Firma ist berechtigt, dem Arbeitnehmer vorübergehend oder auf Dauer andere zumutbare Arbeiten innerhalb des Unternehmens zuzuweisen.
> Mit einer gegebenenfalls aus betrieblichen Gründen notwendigen Versetzung an einen anderen Ort ist der Arbeitnehmer einverstanden.«

Hier muß man besonders aufpassen. Im Arbeitsvertrag werden nämlich die Grenzen abgesteckt, innerhalb derer ein Arbeitgeber sein *Weisungsrecht* – auch *Direktionsrecht* genannt – ausüben darf. Will er diese Grenzen überschreiten, so muß er eine Änderungskündigung aussprechen. Eine Änderungskündigung ist eine Kündigung des Arbeitsverhältnisses, verbunden mit dem Angebot, zu veränderten Bedingungen (die im einzelnen bekannt sein müssen) weiterzumachen.

Je weiter die Grenzen gesteckt werden (»... mit Versetzung ... einverstanden), um so geringere formelle Schranken (Notwendigkeit einer Änderungskündigung) bestehen für den Arbeitgeber, den Charakter Ihres Arbeitsverhältnisses zu verändern. Zum Beispiel dadurch, daß er Ihnen einen Arbeitsplatz in einer anderen Stadt zuweist. Näheres hierzu finden Sie in Kapitel 4, insbesondere im Abschnitt 4.

Abgrenzung zwischen Arbeitnehmer und freiem Mitarbeiter

Ist der Unterschied Arbeitnehmer – freier Mitarbeiter für mich von Bedeutung?

Die Unterscheidung zwischen Arbeitnehmern und freien Mitarbeitern kann für Sie bedeutsam werden, wenn es um Kündigungsschutz, Kündigungsfristen geht – beides setzt das Vorhandensein eines Arbeitsverhältnisses voraus. Auch für die Frage, welches Gericht für ein mögliches Gerichtsverfahren zuständig ist, kommt es darauf an, ob ein Arbeitsverhältnis vorliegt oder ein Dienstverhältnis eines freien Mitarbeiters. Streitigkeiten aus dem Arbeitsverhältnis werden vor den Arbeitsgerichten verhandelt, Streitigkeiten aus einem Dienstverhältnis eines freien Mitarbeiters gehören zum Zivilgericht, also zum Amtsgericht oder zum Landgericht.

Was unterscheidet den Vertrag eines freien Mitarbeiters von dem eines Arbeitnehmers?

Ein freier Mitarbeiter hat mit seinem Vertragspartner üblicherweise einen Dienstvertrag geschlossen. Das ist ein Vertrag, durch den er sich gegen Bezahlung zur Leistung von Diensten verpflichtet.

Sie werden sagen: Das ist bei mir als Arbeitnehmer doch auch so. Damit haben Sie auch recht. Der Unterschied liegt darin, daß beim Arbeitsverhältnis die Dienstleistung in *persönlicher Abhängigkeit* geleistet wird. Das äußert sich normalerweise darin, daß ein Arbeitnehmer den Ort und die Zeit seiner Arbeitsleistung nicht frei bestimmen kann. Weiteres Anzeichen für das Vorliegen eines Arbeitsverhältnisses kann sein, daß der Dienstverpflichtete fest in die betriebliche Organisation eingebaut ist. Demgegenüber ist es von nur geringer Bedeutung, wie die Vertragsparteien ihr Dienstverhältnis nennen und wie sie es steuer- und sozialversicherungsrechtlich behandeln.

Der Vorteil eines Arbeitsverhältnisses liegt darin, daß Arbeitsverhältnisse einen intensiveren gesetzlichen Schutz für den Dienstleistenden (= Arbeitnehmer) bieten. Der Nachteil liegt in der größeren Abhängigkeit des Arbeitnehmers im Vergleich zum freien Mitarbeiter.

Hier nun einige Beispiele, bei denen die Rechtsprechung die Arbeitnehmereigenschaft bejaht hat:

Außenrequisiteur; Bühnen- und Szenenbildner; Chefarzt; DRK-Schwester, soweit sie nicht aufgrund ihrer Mitgliedschaft zum DRK tätig wird; Fernsehreporter; Fleischbeschau-Tierärzte; Fußballtrainer; Handelsagent; Hausverwalter; nebenamtlicher Lehrer; Lernschwester; Musiker im Nebenberuf; Propagandistin im Kaufhaus; Rechtsanwalt, der in fremder Kanzlei Arbeitszeit einhalten muß und dem Mandanten zugewiesen werden; Referendare in Nebenbeschäftigung; Rentenauszahlhilfe; ständig beschäftigte Reporter beim Rundfunk; Subdirektor einer Versicherung; Stundenbuchhalter; Versicherungsvertreter; Werbesprecher; Werkstudent; Wirtschaftsberater; Zeitungsausträger; Zeitungskorrespondent; Zeitungsredakteur; Einleger von Zeitungswerbungen.

In folgenden Fällen wurde andererseits die Arbeitnehmereigenschaft verneint:

Bereitschaftsarzt für Blutproben; Bezirksstellen-Lottoleiter; Diakonisse; Dozent an der Volkshochschule; Künstler auf geselligen Veranstaltungen eines Betriebs; Lehrbeauftragter an einer Hochschule; Lotse; Ordensgeistlicher; Tankstellenbesitzer; nebenberuflicher Theaterintendant der Karl-May-Festspiele; Toilettenpächter; Psychologe in der Behindertenfürsorge, der seine Tätigkeit in 18stündiger Arbeitszeit frei bestimmen kann.

Bitte beachten Sie, daß diese Beispiele nur einen groben Eindruck vermitteln.
Im Einzelfall kommt es nämlich darauf an, wie die Tätigkeit konkret ausgestaltet ist. Es kann also durchaus sein, daß z. B. die Tätigkeit eines Zeitungskorrespondenten aufgrund besonderer Umstände des einzelnen Falls als Freier-Mitarbeiter-Verhältnis gewertet wird.

Abgrenzung zwischen Arbeiter und Angestelltem

Ist die Unterscheidung zwischen Arbeitern und Angestellten für mein Arbeitsverhältnis von Bedeutung?

Rechtlich tritt die Unterscheidung zwischen Angestellten und Arbeitern immer mehr zurück. Ein wesentlicher Unterschied besteht in den gesetzlichen Kündigungsfristen, die bei Arbeitern deutlich kürzer ausfallen als bei Angestellten. Tarifverträge sehen teilweise darüber hinausgehende Unterschiede vor.

Wovon hängt es ab, ob ich Arbeiter oder Angestellter bin?

Zunächst, wovon es *nicht* abhängt:

– von der Vereinbarung im Arbeitsvertrag,
– von der Anmeldung zur Angestellten- oder Arbeiterrentenversicherung,
– von der früher ausgeübten Tätigkeit,
– von der Ausbildung,
– von der Länge der vereinbarten Kündigungsfristen.

Entscheidend kommt es auf die *Art der ausgeübten Tätigkeit* an. Dabei werden als Arbeiter diejenigen Arbeitnehmer angesehen, die überwiegend körperlich/mechanisch arbeiten, als Angestellte die Arbeitnehmer, die überwiegend mit geistiger/gedanklicher Tätigkeit beschäftigt sind.
Sie können sich vorstellen, daß es sich in der Praxis darüber streiten läßt, ob eine konkrete Arbeit eher Kopfarbeit oder mehr Handarbeit ist. Infolgedessen hat sich eine Fülle von Gerichtsentscheidungen darüber angesammelt, ob eine bestimmte Tätigkeit im Einzelfall als Arbeiter- oder Angestelltentätigkeit zu bewerten war.

Hier einige **Beispiele**:

Als Arbeiter wurden angesehen:

Bardame; Fußpfleger; Restaurationstelefonist; Straßenbahnfahrer; Eintrittskartenverkäufer im Zoo; Lagerist; Portier eines Tanzcafés; Tankwart; Schloßführer; Striptease-Tänzerin; Verkäufer in Zeitungs- und Süßwarenkiosken; Werksfeuerwehrleute; Zahntechniker im Zahnlabor; Hilfskräfte in der Annahmestelle einer chemischen Reinigung.

Als Angestellte wurden angesehen:

Croupiers; Filialleiterin eines Kleiderbades; Kassierer in Selbstbedienungsläden; Krankenschwestern; staatlich geprüfte Masseure; Verkaufsfahrer bei reichhaltigem Warensortiment und überwiegend kaufmännisch beratender Tätigkeit; Polizist; Gefangenenaufseher; Musiker; Schaufensterdekorateur, der Schaufenster nach eigenen Ideen gestaltet; Schulhausmeister bei überwiegend beaufsichtigender Tätigkeit; Telefonisten; Texterfasserin in einem Zeitungsverlag (IBM-Recorder); Vorführdamen (Mannequins).

Auch hier gilt, was zuvor zur Unterscheidung zwischen Arbeitnehmern und freien Mitarbeitern gesagt wurde: Die Grenzen sind fließend, und es kommt auf die Umstände des konkreten Einzelfalls an.

Kapitel 4

Das Weisungsrecht des Arbeitgebers (Direktionsrecht)

Katharina Vogel ist zufrieden. Nach langen Monaten unfreiwilliger Arbeitslosigkeit als Sozialpädagogin hat sie sich entschlossen, auch eine fachfremde Arbeit anzunehmen, und hat eine Stelle als Chefsekretärin bei der mittelständischen Firma Metallbau GmbH angetreten. In ihrem Arbeitsvertrag heißt es u. a.: »Die Arbeitnehmerin wird als Chefsekretärin angestellt.« Frau Vogel ist eifrig bemüht, ihren neuen Aufgaben gerecht zu werden und entwickelt hierbei auch einiges Geschick. Als ihr Chef, Herr Walter Maier, jedoch zu ihr sagt: »Frau Vogel, bitte servieren Sie mir eine Tasse Kaffee!« ist sie sich momentan unschlüssig, was sie davon halten soll. In der Erziehungsberatungsstelle, in der sie früher gearbeitet hatte, wurde reihum – Leiter eingeschlossen – Kaffee gekocht. Widerstrebend führt sie den Auftrag aus. Als sie am Abend ihrer engagierten Bekannten Hedwig Großmann davon erzählt, ereifert sich diese über das »finstere Mittelalter«, das in der Firma Metallbau herrsche: »Solche Formen der Leibeigenschaft darfst du dir nicht gefallen lassen, außerdem ist in deinem Arbeitsvertrag von Kaffeekochen nicht die Rede.«
Hat Frau Großmann recht?

Um es vorweg zu sagen: Frau Großmann hat keineswegs recht, denn der Arbeitgeber durfte hier eine entsprechende Weisung erteilen.

1. Inhalt einer Weisung

Die Bitte von Herrn Maier an Frau Vogel, ihm Kaffee zu kochen, ist eine Weisung. Mit ihr bringt Herr Maier konkret zum Ausdruck, welche Arbeitsleistung er von Frau Vogel verlangt. Man sagt auch, der Arbeitgeber konkretisiert mit der Weisung die arbeitsvertraglichen Pflichten.

Was kann Inhalt einer Weisung sein?

Die möglichen Inhalte einer Weisung sind so vielfältig wie das Arbeitsleben. (Ob eine solche Weisung dann im Einzelfall zulässig ist, ist eine andere Frage, die anschließend behandelt wird.)

Eine Weisung kann neben dem Kaffeekochen das Tragen von Schutzkleidung, ein Rauchverbot, die Arbeitszeit, den Ort der Arbeit (Versetzung) oder ihren Umfang (Kurzarbeit, Überstunden) und vieles andere mehr betreffen.

Woran kann ich eine Weisung erkennen?

Im Grunde gibt es kein einheitliches äußerliches Erkennungszeichen einer Weisung. Sie kann in der Form eines »Faß mal an!« des Tischlermeisters, einem »Hau-ruck« des Vorarbeiters, einer betrieblichen »Arbeitsordnung« mit vielen einzelnen Weisungen (z. B. »Alle mit Schweißarbeiten Beschäftigten müssen eine Schutzbrille tragen«), der Zuweisung von Verkaufsbezirken an einen Vertreter bis hin zum förmlichen Schreiben an einen leitenden Angestellten mit einer Versetzungsanordnung ins Ausland gehen.

All dem gemeinsam ist lediglich, daß der Arbeitgeber oder sein Vertreter vom Arbeitnehmer eine bestimmte Verrichtung (auch mehrere) oder eine bestimmte Verhaltensweise fordert.

2. Rechtliche Grundlage des Weisungsrechts

Woher nimmt der Arbeitgeber das Recht, mir Weisungen zu erteilen?

Mit der Anweisung, Kaffee zu kochen, hat Herr Maier von seiner Befugnis Gebrauch gemacht, die Arbeitspflicht von Frau Vogel durch einseitige Weisung zu konkretisieren. Rechtsgrundlage ist der Arbeitsvertrag, in dem die zu leistende Arbeit nur ihrer Art nach *(Chefsekretärin)* festgelegt wurde. Wer einen Arbeitsvertrag schließt, weiß, daß er gesagt bekommt, was er zu tun hat. Das ist so selbstverständlich, daß die Unterwerfung unter das Weisungsrecht des Arbeitgebers nicht eigens ausgesprochen werden muß. Auch für den Gesetzgeber war das offenbar so klar, daß er sich hierüber ausschweigt. Lediglich für den Bereich einer bestimmten Arbeitnehmergruppe ist das Weisungsrecht in § 121 der Gewerbeordnung einmal angesprochen:

Gesellen und Genilfen sind verpflichtet, den Anordnungen der Arbeitgeber in Beziehung auf die ihnen übertragenen Arbeiten und auf die häuslichen Einrichtungen Folge zu leisten; zu häuslichen Arbeiten sind sie nicht verbunden.

Das klingt recht altertümlich, was auch verständlich ist, wenn man bedenkt, daß die Gewerbeordnung am 21. Juni 1869 erstmals in Kraft getreten ist und damit – zwar immer wieder geändert – deutlich über 100 Jahre alt ist.

Doch zurück zu Frau Vogels Problem, denn noch ist nicht klar, ob Herr Maier mit seiner Weisung nicht zu weit gegangen ist.

3. Einschränkungen oder Grenzen des Weisungsrechts

Welchen Beschränkungen unterliegt das Weisungsrecht des Arbeitgebers?

Welche Arbeit der Arbeitnehmer im einzelnen zu leisten hat, bestimmt sich in erster Linie nach dem *Arbeitsvertrag* (eine Ausnahme gilt nur dann, wenn »höherrangige« Regeln – zwingendes Gesetz, Tarifvertrag oder Betriebsvereinbarung – etwas anderes vorsehen). Die wesentliche Beschränkung des Weisungsrechts liegt also im Arbeitsvertrag.

Zum Problem des Kaffeekochens sagt der Arbeitsvertrag jedoch nichts. Wir müssen also durch Auslegung des Arbeitsvertrags feststellen, ob diese Tätigkeit zum Pflichtenkreis von Frau Vogel gehört. Hierbei wird entscheidend sein, was unter den konkreten Umständen (mittelständisches Unternehmen, produzierendes Gewerbe) üblicherweise unter der Arbeit einer »Chefsekretärin« verstanden wird. Kaffeekochen gehört hier immer noch zum Berufsbild einer Chefsekretärin. Frau Vogel hätte demnach kein Recht gehabt, das Kaffeekochen zu verweigern.

Anders wäre die Sachlage zu beurteilen, wenn Frau Vogel als Schreibkraft im zentralen Schreibdienst der Firma Metallbau angestellt worden wäre. Dann wäre eine Weisung von Herrn Maier, ihm Kaffee zu kochen, nicht mehr im Rahmen des Weisungsrechts und daher rechtswidrig.

Einschränkungen im Bereich wesentlicher arbeitsvertraglicher Pflichten aufgrund des Arbeitsvertrags

Bei Frau Vogel ging es »lediglich« um die Zulässigkeit von Weisungen in einem relativ unbedeutenden Teilbereich des Arbeitsalltags.

Wie sieht es mit den Beschränkungen des Weisungsrechts im Bereich der arbeitsvertraglichen Hauptleistungspflichten (Art, Ort und Zeit der Arbeitsleistung, Höhe der Vergütung) aus?

Auch bezüglich der arbeitsvertraglichen Hauptleistungspflichten wird der Rahmen durch den Arbeitsvertrag gesteckt (soweit nicht höherrangige Regeln zwingend etwas anderes vorsehen – lesen Sie dazu Kapitel 2 Abschnitte 7 und 8). Nur soweit nichts Genaues vereinbart ist, kann der Arbeitgeber im Rahmen seines Weisungs- und Direktionsrechts bestimmen, welche Arbeit der Arbeitnehmer im einzelnen zu leisten hat.

Ist der Arbeitnehmer für eine bestimmte Tätigkeit, z. B. als Autoverkäufer bei einem Autohändler, angestellt, so ist diese Tätigkeit Inhalt des Arbeitsvertrages. Der Arbeitgeber darf ihn dann mit dem Verkauf aller von ihm gehandelten Automarken beschäftigen. In die Lohnbuchhaltung darf er ihn aber nicht versetzen, auch wenn der Arbeitnehmer dort mit der gleichen Bezahlung rechnen kann. Eine solche Maßnahme liefe auf eine Änderung des Arbeitsvertrags hinaus. Weder Arbeitgeber noch Arbeitnehmer können den zwischen ihnen bestehenden Arbeitsvertrag *einseitig* ändern. Eine Änderung des Arbeitsvertrags ist nur möglich, wenn beide Seiten zustimmen.

Der Arbeitgeber kann jedoch versuchen, die Änderung des Arbeitsverhältnisses im Wege einer Änderungskündigung durchzusetzen (darüber mehr in Abschnitt 5 dieses Kapitels).

Gibt es Situationen, in denen der Arbeitgeber auch andere als nach dem Arbeitsvertrag zulässige Arbeiten zuweisen kann?

In Notfällen (z. B. Brand, Überschwemmung) muß der Arbeitnehmer auf Weisung des Arbeitgebers kurzfristig allerdings auch andere als nach dem Arbeitsverhältnis zulässige Arbeiten verrichten.

Im großen und ganzen können wir – abgesehen vom Sonderfall der Notsituation – drei Fallgruppen unterscheiden:

(1) Ist der Arbeitnehmer für eine bestimmte Tätigkeit eingestellt worden (z. B. die eines Exportkaufmanns, Teppichverkäufers usw.), so wird nur diese zum Vertragsinhalt.
(2) Wird die Tätigkeit andererseits fachlich umschrieben, so kann der Arbeitgeber all die Arbeiten zuweisen, die innerhalb des vereinbarten Berufsbildes nach der Verkehrssitte in

dem betreffenden Wirtschaftszweig von Angehörigen dieses Berufs geleistet zu werden pflegen. Beispiel einer Arbeitsvertragsbestimmung mit fachlicher Umschreibung: »Der Arbeitnehmer wird als Schlosser eingestellt.«

(3) Ist schließlich die Art der Arbeitsleistung nur ganz allgemein umschrieben (z. B. Bürohilfskraft, Hilfsarbeiter), so muß der Arbeitnehmer jede Arbeit übernehmen, die »billigem Ermessen« entspricht, das heißt, bei Vertragsschluß voraussehbar war und nicht willkürlich angeordnet ist.

Beispiel: Ferdinand Kabel hat eine Stelle als Hilfsarbeiter in der Getriebefabrik Balko GmbH gefunden. Nachdem er zunächst hauptsächlich mit Botengängen im Lager beschäftigt war, hat ihn der Meister seiner Abteilung öfter angewiesen, den Hof zu kehren. Nächste Woche soll Herr Kabel sogar eine Woche lang Nachtwächteraufgaben wahrnehmen.
Als Gewerkschaftsmitglied geht Herr Kabel zur Gewerkschaft, um sich zu erkundigen, ob das rechtens sei. Was wird man ihm sagen?

Die Hofreinigung ist sicher noch im Rahmen dessen, was im Tätigkeitsbild eines Hilfsarbeiters liegt. Anders bei den Nachtwächteraufgaben. Mit einer solchen Tätigkeit mußte Herr Kabel nicht rechnen. Herr Kabel kann die Durchführung der Nachtwächtertätigkeit ablehnen.
Sie sehen: Je genauer die Tätigkeit des Arbeitnehmers im Arbeitsvertrag umschrieben ist, um so eingeschränkter ist das Recht des Arbeitgebers, im einzelnen die zu leistende Arbeit zu bestimmen. Wenn Sie das wissen, können Sie auch den folgenden Fall lösen:

Peter Honig ist seit 1.1.1980 bei der Bausparkasse BSK angestellt. Sein Arbeitsvertrag vom 22.12.1979 sieht eine Beschäftigung als »kaufmännischer Angestellter« vor. Weiter steht dort:
»*Sie sind verpflichtet, alle Aufgaben, die Ihnen von der Geschäftsführung übertragen werden, pünktlich und gewissenhaft auszuführen, die Anweisungen Ihrer Dienstvorgesetzten sorgfältig zu befolgen, mit allen Mitarbeitern kollegial zusammenzuarbeiten und die Interessen der BSK auch sonst in jeder Weise zu wahren.*«
Herr Honig wurde in der Beratungsstelle München-Süd als Kreditsachbearbeiter im Außendienst beschäftigt. Über das Tätigkeitsbild war Herr Honig bereits vor seiner Einstellung durch folgendes Schreiben der BSK informiert worden:
»*Sie erwägen eine Tätigkeit als Kreditsachbearbeiter, wobei Sie allerdings nicht zum Ausdruck gebracht haben, ob Sie an einer Mitarbeit als*

Kreditsachbearbeiter im Außendienst, d. h. in einer unserer Beratungsstellen, oder als Kreditsachbearbeiter im Innendienst gedacht haben. Die Aufgaben eines Kreditsachbearbeiters sowohl im Außendienst als auch im Innendienst sind sehr vielseitig und verantwortungsvoll. Sie unterscheiden sich sicher erheblich von Ihrer bisherigen Tätigkeit. Bauspartechnische Fragen, Kreditsicherungsbedingungen und steuerrechtliche Vorschriften, soweit sie im Zusammenhang mit der Abwicklung von Bausparverträgen zu beachten sind, müssen vollkommen beherrscht werden. Ein Kreditsachbearbeiter im Außendienst hat täglichen persönlichen Kontakt mit unseren Kunden und muß alle Fragen beantworten können. Der Kreditsachbearbeiter im Innendienst pflegt die Verbindung mit unseren Bausparern ausschließlich in schriftlicher Form.«

Im Jahre 1986 ließ Herrn Honigs Arbeitsleistung deutlich nach. Nach mehreren Hinweisen auf seine unzureichende Leistung ordnete die BSK mit sofortiger Wirkung an, daß Herr Honig keine Kundenberatung mehr durchzuführen, sondern nur noch im »Innendienst« zu arbeiten habe. Eine Änderung der sonstigen Arbeitsbedingungen sowie der Bezahlung fand nicht statt.
Herr Honig hält die Maßnahme für unzulässig und will dagegen vorgehen. Er ist der Auffassung, daß die Maßnahme so schwerwiegend sei, daß die BSK eine Änderungskündigung hätte aussprechen müssen. Schließlich sei der Innendienst eine knochentrockene Angelegenheit, wo es kaum Kontakte mit Menschen gebe.
Hat Herr Honig Aussicht auf Erfolg?

Nein. Die Maßnahme hielt sich im Rahmen des Weisungsrechts des Arbeitgebers. Herr Honig ist als »kaufmännischer Angestellter« ohne nähere Festlegung eines Aufgabengebiets eingestellt worden. Damit haben Herr Honig und die BSK die Arbeitspflicht von Herrn Honig so geregelt, daß grundsätzlich jede Beschäftigung im Rahmen der Verwendungsmöglichkeiten eines kaufmännischen Angestellten in der Beratungsstelle einer Bausparkasse einbezogen ist. Herr Honig wurde auch nach der Maßnahme weiterhin als Kreditsachbearbeiter beschäftigt, wenn auch mit dem für ihn unerfreulichen Aspekt, daß die Kundenkontakte entfielen.

Kann der Arbeitgeber im Rahmen seines Weisungsrechts auch eine geringer bezahlte Stelle zuweisen?

Nehmen wir an, im vorigen Fall ist in dem auf das Arbeitsverhältnis anwendbaren Firmentarifvertrag für die Tätigkeit des Kreditsachbearbeiters im Innendienst eine um 150 DM brutto geringere Vergütung vorgesehen als für die Tätigkeit des Kreditsachbearbeiters mit Kundenberatungsaufgaben. Herr Honig will die Einkommenseinbuße nicht akzeptieren.

In diesem Fall hat Herr Honig recht. Auch wenn sich die neue Tätigkeit im vereinbarten Rahmen hält, ist die Zuweisung rechtswidrig, da die neue Tätigkeit mit einer geringeren Bezahlung verbunden ist. Dem Arbeitgeber ist es nämlich grundsätzlich verwehrt, den Arbeitnehmer im Rahmen seines Weisungsrechts auf einen Arbeitsplatz mit geringerer Entlohnung »umzusetzen«.
Das Weisungsrecht findet also im allgemeinen da seine Grenze, wo die Maßnahme Auswirkungen auf die Lohnabrechnung der Arbeitnehmer hat.

Was ist, wenn die Zuweisung einer geringer bezahlten Stelle im Einzelarbeitsvertrag oder in einem anwendbaren Tarifvertrag vorbehalten ist?

Hier ist die Situation schwer nachvollziehbar:
Hat sich der Arbeitgeber im *Einzelarbeitsvertrag* die Versetzung des Arbeitnehmers auf eine geringer bezahlte Stelle vorbehalten, so ist nach Auffassung des Bundesarbeitsgerichts ein solcher Vorbehalt rechtsunwirksam und damit ohne Bedeutung. (Beachten Sie aber, daß das Bundesarbeitsgericht einen solchen Fall nicht schon dann für gegeben hält, wenn bei der neuen Tätigkeit lediglich eine Erschwerniszulage entfällt.)
Andererseits hat das Bundesarbeitsgericht für einen entsprechenden Vorbehalt im *Tarifvertrag* für die Arbeiter der Deutschen Bundesbahn (und damit indirekt für alle Tarifverträge) die Auffassung vertreten, dieser sei zulässig und wirksam.

Ist jede Maßnahme des Arbeitgebers, die sich im Rahmen des Weisungsrechts hält, rechtens?

Nein. Bei Ausübung seines Weisungsrechts muß der Arbeitgeber seine Maßnahmen nach *billigem Ermessen* treffen.

Wann entspricht eine Maßnahme des Arbeitgebers »billigem Ermessen«?

Eine Weisung entspricht billigem Ermessen, wenn sie nicht willkürlich ist und die Interessen des Arbeitnehmers angemessen berücksichtigt. Der Arbeitgeber muß also zum Beispiel auf die

Kräfte und Fähigkeiten des Arbeitnehmers sowie seine bisherige Tätigkeit Rücksicht nehmen. Er darf sich nicht von unsachlichen Motiven leiten lassen und muß unter mehreren gleich praktikablen Maßnahmen diejenige Maßnahme wählen, die den Arbeitnehmer am wenigsten belastet.

Beispiel: Guido Panther ist seit sechs Jahren bei der Firma Infodienst, einer Wirtschaftsdetektei, als Außendienstmitarbeiter (Akquisiteur) beschäftigt. Sein Arbeitsvertrag enthält in Abschnitt 1 folgende Regelung:
»Der Arbeitgeber ist berechtigt, eine Neuregelung des Ihnen zugewiesenen Bezirks vorzunehmen. Hierüber wird der Arbeitgeber nach billigem Ermessen unter Berücksichtigung der Belange des Unternehmens und des Arbeitnehmers entscheiden. Weiterhin behält sich der Arbeitgeber das Recht vor, Sie auch in den Bereichen anderer Niederlassungen einzusetzen.«
Das von Herrn Panther zu betreuende Gebiet umfaßte von Beginn seiner Tätigkeit an die Zustellbezirke von 17 Münchner Postämtern sowie die Gebiete mit den Postleitzahlen 802 und 804. Im Zuge einer Geschäftsübernahme durch eine amerikanische Firma teilte die Firma Infodienst Herrn Panther am 19. Dezember mit, daß sich zum Jahresende seine Außendienstbezirke wegen einer Umstrukturierung infolge einer Anpassung des Unternehmenskonzepts an veränderte Marktverhältnisse änderten. Nunmehr habe er die Zustellbereiche von nur noch drei Münchner Postämtern sowie die Gebiete mit den Postleitzahlen 801, 809, 816, 820, 821, 822, 823 sowie 824 (Raum Oberbayern) zu betreuen.
Herr Panther ist damit nicht einverstanden und wird deswegen bei der Geschäftsleitung vorstellig. Er bringt zum Ausdruck, die ihm neu zugewiesenen Gebiete brächten ihm eine einschneidende Änderung seiner Arbeitsbedingungen. Er habe seine Wohnung in München und müsse nun mit dem Auto weit in den oberbayerischen Raum fahren, was zu erheblichen Unannehmlichkeiten führe. Außerdem müsse er nun ganzjährig mit dem Auto unterwegs sein, was nicht unerhebliche Unfallgefahren mit sich bringe.
Der Leiter der Personalabteilung, Herr Korte, erwidert, auf solche privaten Belange könne in einem dynamischen Unternehmen wie der Firma Infodienst keine Rücksicht genommen werden, zumal es irgendeinen Mitarbeiter sowieso treffe. Die Neueinteilung sei Ergebnis gründlicher unternehmenspolitischer Überlegungen.
Herr Panther bleibt dabei, daß die getroffene Maßnahme zu Unrecht erfolgt sei und zurückgenommen werden müsse.
Hat er recht?

Das kommt darauf an, ob es der Firma Infodienst in einem etwaigen Prozeß gelingt, die Begründung für ihre Maßnahme so zu präzisieren, daß deutlich wird, daß die Maßnahme Ergebnis sachlicher Überlegungen ist. Die pauschale Begründung, die Maßnahme sei durch eine neue Unternehmenskonzeption bedingt, ist nicht deutlich genug. Sie läßt nämlich nicht erkennen, ob hier Willkür im Spiel war und ob die Interessen von Herrn Panther – unter Abwägung gegen die Interessen anderer für diesen Betreuungsbereich in Betracht kommender Mitarbeiter – berücksichtigt worden sind.
Bleibt es bei der dürren Begründung des Unternehmens, wird Herr Panther wohl recht bekommen. Die Äußerung von Herrn Korte, die privaten Belange von Herrn Panther könnten nicht berücksichtigt werden, ist ein gewisses Anzeichen, daß die Maßnahme nicht billigem Ermessen entspricht. Das schließt aber nicht aus, daß sich die Maßnahme nachträglich – nämlich im Prozeß – als willkürfrei erweist, weil die Firma Infodienst ausführlich und nachvollziehbar erläutert, warum die Maßnahme sachgerecht war.

Einschränkungen im Bereich wesentlicher arbeitsvertraglicher Pflichten aufgrund eines Vertrauensschutzes

Können sich Beschränkungen des Weisungsrechts auch aus »Gewohnheitsrecht« ergeben?

Paul Schmidt arbeitet seit 1962 in einer großen PKW-Vertragswerkstätte. Er wurde seinerzeit für »alle anfallenden Arbeiten« eingestellt und bediente auch die mit Koks befeuerte Heizung. Etwa ab 1968 wurde er zu Hilfsarbeiten in der Buchhaltung herangezogen. Ab 1970 war er dann ausschließlich mit bestimmten Bürotätigkeiten in der Buchhaltung betraut und wurde entsprechend höher bezahlt. Im Jahre 1988 bekommt Herr Schmidt Streit mit dem sehr viel jüngeren Leiter der Buchhaltung. Dieser erreicht, daß Herr Schmidt vom Geschäftsführer die Weisung erhält, die – nunmehr etwas bedienungsfreundlichere – Ölheizung zu bedienen und Aufräumungsarbeiten im Lager durchzuführen. Der Geschäftsführer sichert Herrn Schmidt allerdings zu, daß die Bezahlung gleichbleiben werde.
Muß Herr Schmidt der Weisung folgen?

Nein. Herr Schmidt war zwar ursprünglich für »alle anfallenden Arbeiten« eingestellt worden. Weil er aber inzwischen lange

Zeit nur noch im Büro gearbeitet hat, hat sich seine Arbeitsverpflichtung auf diese Tätigkeit »konkretisiert«. Herr Schmidt mußte nach 18 Jahren nicht mehr damit rechnen, daß er wiederum zu Arbeiten herangezogen wird, die erheblich unter seiner jetzigen Tätigkeit einzuordnen sind. Es handelt sich um einen Fall des Vertrauensschutzes.

Nach wieviel Jahren ein solcher Vertrauensschutz anzuerkennen ist, ist nirgends festgelegt. Nach vier Jahren dürfte es wohl noch zu früh sein, nach zwölf Jahren wird man einen Vertrauensschutz andererseits wohl bejahen.

Kann ich sicher sein, daß mir eine langjährig ausgeübte Tätigkeit nicht vom Arbeitgeber im Wege des Weisungsrechts wieder genommen wird?

Hier ist die Situation ähnlich wie bei der bereits früher diskutierten Sachlage, wenn bereits im Arbeitsvertrag eine bestimmte Tätigkeit »festgeschrieben« worden ist. Sicher können Sie hier wie dort nur dann sein, wenn Sie Ihren Arbeitsvertrag und/oder den auf Ihr Arbeitsverhältnis gegebenenfalls anwendbaren Tarifvertrag darauf abgeklopft haben, ob sich dort eine Bestimmung findet, die eine Versetzung zuläßt.

> **Beispiel** einer solchen arbeitsvertraglichen Regelung: »Der Arbeitnehmer wird als Systemingenieur eingestellt. Die Firma ist berechtigt, vorübergehend oder auf Dauer andere zumutbare Arbeiten innerhalb des Unternehmens zuzuweisen. Werden andere Aufgaben zugewiesen, dann bestimmt sich die Vergütung nach den neu zugewiesenen Tätigkeiten. Mit einer gegebenenfalls aus betrieblichen Gründen notwendigen Versetzung an einen anderen Ort ist der Arbeitnehmer einverstanden.«

Hier haben Sie ein Beispiel für eine Regelung, mit der sich der Arbeitgeber freie Hand behält, in den Grenzen des »billigen Ermessens« Ihre Arbeitsverpflichtung nach Art und Ort der Arbeitsleistung – ohne Ausspruch einer Änderungskündigung – umzugestalten. Sie sollten bei Vertragsschluß also gut überlegen, ob Sie Ihr Einverständnis zu einer solchen Vereinbarung geben.

Wie schon erwähnt, ist eine Vereinbarung, wie sie hier beispielhaft wiedergegeben wurde, allerdings nur teilweise wirksam: Soweit sich der Arbeitgeber das Recht vorbehält, im Wege des Weisungsrechts den Umfang der Arbeitsleistung (d. h. die

Länge der Arbeitszeit) und die Höhe der Vergütung neu festzusetzen, ist die Regelung wegen Verstoßes gegen die zwingenden Vorschriften des Kündigungsschutzrechts (Kündigungsschutzgesetz, Vorschriften bezüglich der Kündigungsfristen) unwirksam. Bezüglich des Umfangs der beiderseitigen Hauptleistungspflichten aus dem Arbeitsverhältnis (Länge der Arbeitszeit und Höhe der Vergütung) kann sich der Arbeitgeber auch nicht über eine entsprechende vertragliche Vereinbarung freie Hand vorbehalten.

Weniger günstig sieht es für Sie als Arbeitnehmer aus, wenn auf Ihr Arbeitsverhältnis ein Tarifvertrag Anwendung findet, der eine ähnliche Bestimmung wie zuvor angeführt enthält:

Beispiel: Karin Obermaier ist seit 1976 bei der Deutschen Bundesbahn als Zugbegleiterin (S-Bahn) im Münchener Verkehrsverbund mit 20 Wochenstunden beschäftigt. Ihr Arbeitsvertrag enthält außer der Festlegung der Tätigkeit (»Zugbegleiterin«) sowie der Bezeichnung der Dauer der Arbeitszeit (20 Wochenstunden) lediglich eine Bezugnahme auf den Tarifvertrag für die Arbeiter der Deutschen Bundesbahn. Dieser enthält – was Frau Obermaier nicht wußte – folgende Bestimmung:

»§ 3
3. a) Die Arbeitszeit kann auf die einzelnen Arbeitstage der Kalenderwoche ungleichmäßig verteilt werden ...
4. Soweit Samstags-, Sonntags- und Feiertagsarbeit dienstlich erforderlich ist, sollen im Monat zwei Wochenenden (Samstage und Sonntage) arbeitsfrei sein. Wochenendarbeit soll nicht mehr als zweimal hintereinander angesetzt werden.

§ 16
(1) Der Arbeiter hat, soweit es der Dienst erfordert, jede ihm übertragene Arbeit – auch an einem anderen Dienstort und bei einer anderen Dienststelle – zu leisten, die ihm nach seiner Befähigung, Ausbildung und körperlichen Eignung zugemutet werden kann, ohne daß der Arbeitsvertrag förmlich geändert wird. Dabei kann ihm sowohl eine höher als auch niedriger gelöhnte Beschäftigung übertragen werden.«

Seit Beginn ihrer Tätigkeit wurde Frau Obermaier entsprechend einer ihr bei Einstellung gegebenen mündlichen Zusage nur an den Tagen Montag bis einschließlich Freitag beschäftigt. Ab dem Winterfahrplan 1987/1988 wird sie auch hin und wieder an Wochenendtagen zum Dienst eingeteilt (an ca. 25 % aller Wochenendtage).

Sie ist empört. Sie habe sich auf den Dienst an den Wochentagen eingestellt. Da ihr Mann als Polizeiwachtmeister auch Wochenenddienst habe, sei ein geregeltes Familienleben kaum noch möglich. Die Bundesbahndirektion erklärt auf den Protest von Frau Obermaier, man habe im Hinblick auf ein höheres Zugaufkommen am Wochenende alle Mitarbeiter auch zu Wochenenddiensten heranziehen müssen. Zu entsprechenden Maßnahmen sei man durch den Tarifvertrag berechtigt. Wer hat recht?

Der Arbeitgeber hat in diesem Fall recht. Tarifverträge bringen für den Arbeitnehmer häufig Vorteile gegenüber den »allgemeinen Regeln«. Sie können aber auch – wie im vorliegenden Fall – unliebsame Überraschungen mit sich bringen, weil sie dem Arbeitgeber zusätzliche Befugnisse einräumen. Ohne die tarifvertragliche Regelung hätte die Bundesbahn Frau Obermaier nämlich nur im Wege einer Änderungskündigung verpflichten können, auch am Wochenende Dienst zu tun. Aufgrund der tarifvertraglichen Regelung konnte die Bundesbahn die Dienstpläne andererseits ohne Einhaltung einer Kündigungsfrist ändern. Allerdings muß sie – wie wir gesehen haben – darlegen können, daß die Maßnahme billigem Ermessen entspricht, insbesondere also nicht willkürlich ist.

Allgemein interessierende Einschränkungen im Bereich sonstiger arbeitsvertraglicher Pflichten

Gibt es Bereiche, in denen der Arbeitgeber keinerlei Weisungsbefugnisse hat?

In unseren bisherigen Beispielen in diesem Kapitel hatte der Arbeitgeber Weisungen bezüglich der *Art* und des *Orts der Arbeitsleistung* gegeben. Es gibt jedoch noch eine Fülle von menschlichen Verhaltensweisen, die zum Gegenstand von Weisungen gemacht werden können. Das kann sowohl innerdienstliches wie außerdienstliches Verhalten betreffen.

Kann mir mein Arbeitgeber Weisungen bezüglich meines außerdienstlichen Verhaltens geben?

Im allgemeinen nicht. Das Privatleben ist für den Arbeitgeber tabu.

Auch hier gibt es jedoch Ausnahmen, wie Sie folgendem **Beispiel** entnehmen können:

Irene Krause ist Leiterin der Zweigstelle der Kreissparkasse in Kirberg, einer Kleinstadt mit 5000 Einwohnern. Privat engagiert sie sich als Mitglied eines Vereins für Freikörperkultur. Sie beteiligt sich an Werbeveranstaltungen, bei denen Bilder der bevorzugten Urlaubsinsel gezeigt werden. Auf diesen Bildern ist Frau Krause braungebrannt und hüllenlos zu erkennen. Gegner der Freikörperkultur beginnen die Kreissparkasse zu meiden. Es entsteht ein deutlicher Geschäftsrückgang. Der Vorstand der Kreissparkasse verwarnt Frau Krause: »Wenn Sie nicht unverzüglich auf Ihre öffentliche Werbung für die Freikörperkultur verzichten, müssen wir Ihnen kündigen.«
Frau Krause will das nicht verstehen. Sie leiste ihre Arbeit zur vollen Zufriedenheit der Kreissparkasse. In ihre Freizeitgestaltung lasse sie sich nicht hineinreden.
Hat Frau Krause recht?

An sich ist es nicht Sache des Arbeitgebers, Einfluß auf das Privatleben des Arbeitnehmers zu nehmen. Schließlich garantiert das Grundgesetz die freie Entfaltung der Persönlichkeit. Daher kann die Kreissparkasse auch nicht die Zugehörigkeit zur FKK-Bewegung untersagen.
Das Besondere des vorliegenden Falls liegt darin, daß Frau Krause als Filialleiterin eine erhöhte Verpflichtung hat, die Interessen des Betriebs zu fördern. Sie muß daher ihr Verhalten in der Öffentlichkeit so einrichten, daß die Geschäfte der Kreissparkasse nicht fühlbar beeinträchtigt werden. Die intolerante Haltung der FKK-Gegner mag zu Kritik Anlaß geben. Die Kreissparkasse braucht es aber nicht hinzunehmen, daß die ideologische Auseinandersetzung auf ihre Kosten ausgetragen wird. Der Vorstand der Kreissparkasse hat also von Frau Krause mit Recht verlangt, ihr öffentliches Auftreten für die FKK-Bewegung einzustellen.

Gibt es typische Einschränkungen des Weisungsrechts bezüglich meines Verhaltens im Betrieb?

Das Weisungsrecht findet seine Grenzen in den Gesetzen, Tarifverträgen und Betriebsvereinbarungen, insbesondere auch in dem durch die Verfassung geschützten Persönlichkeitsrecht des Arbeitnehmers. Diese Beschränkung kann von Bedeutung sein etwa bei unangemessenen Weisungen für die Kleidung, den Haarschnitt sowie bei Leibesvisitationen im Rahmen von Torkontrollen.
Weiterhin ist die maßvolle Bekundung der politischen Überzeu-

gung im Betrieb regelmäßig durch das Grundrecht der freien Meinungsäußerung gedeckt. Entsprechende Äußerungen sind kein Verstoß gegen die betriebliche Ordnung und geben dem Arbeitgeber kein Recht, eine Abmahnung auszusprechen, auch wenn die geäußerte Meinung nicht gefällt.

Etwas anderes gilt, wenn die Meinungsäußerung aufdringlichen, missionierenden Charakter hat. Es muß dann nämlich damit gerechnet werden, daß Mitarbeiter da sind, die sich gegen eine Missionierung verwahren oder sich gar zur Gegenpropaganda animiert fühlen. Es ist dann nur noch eine Frage der Zeit, wann das Betriebsklima vergiftet ist. Der Arbeitgeber braucht diesen Zeitpunkt nicht abzuwarten, sondern kann im Wege der Abmahnung schon vorher eingreifen.

Ob und inwieweit eine Meinungsäußerung noch maßvoll oder schon aufdringlich ist, darüber läßt sich im Einzelfall streiten. Das gilt insbesondere dann, wenn die Meinungsäußerung sehr knapp und prägnant gehalten ist, nämlich in Form von Plaketten an der Kleidung, Aufklebern am Auto oder einem Medaillon um den Hals etc. Solche Meinungsäußerungen wurden von der Rechtsprechung in verschiedenen Fällen – wobei regelmäßig Größe und Aufmachung eine Rolle spielten – als zu aufdringlich angesehen.

Die Einschränkungen der Meinungsfreiheit, die der Arbeitnehmer innerbetrieblich hinnehmen muß, gewinnen andererseits dann an Gewicht, wenn durch die Bekundung einer bestimmten Meinung die Erfüllung der Arbeitspflicht gefährdet ist:

Beispiel: Der Außendienstmitarbeiter äußert sich gegenüber Kunden abfällig über die Produkte seiner Firma.

Hier muß das Recht des Arbeitnehmers, seine Meinung frei zu äußern, hinter das betriebliche Interesse an einer positiven Verkaufswerbung zurücktreten. Weitere Einzelheiten und Beispiele zur Meinungsäußerung im Betrieb finden Sie in Kapitel 12 Abschnitt 3.

4. Mittel gegen eine Weisung des Arbeitgebers

Was ist, wenn ich eine Weisung nicht befolge?

Weisungen, die sich nicht in den durch den Arbeitsvertrag gesteckten Grenzen halten oder die gegen ein Gesetz oder die guten Sitten verstoßen, brauchen Sie nicht zu befolgen. Sie müssen allerdings Ihren Arbeitgeber deutlich auf die Gründe hinweisen, weshalb Sie das geforderte Verhalten oder die geforderte Arbeitsleistung nicht erbringen. Wegen Ihrer Weigerung darf Ihr Arbeitgeber Ihnen nicht kündigen.

Beispiel: Anton Kaul ist Buchhalter in der Firma Feinmechanik GmbH, die u. a. Präzisionswerkzeuge herstellt. In einer Mittagspause äußert er gegenüber Kollegen, daß er die Nutzung der Kernenergie wegen der ungelösten Frage der Endlagerung sowie der durch Tschernobyl deutlich gewordenen Risiken für gefährlich und den baldigen Ausstieg aus der Kernenergie für notwendig halte. Es kommt zu einer lebhaften Diskussion, von der auf Umwegen der Geschäftsführer Kenntnis erlangt. Einige Tage später erhält Herr Kaul von der Personalabteilung ein Schreiben, in dem er aufgefordert wird, kritische Äußerungen über die Kernenergie, »die ein wesentlicher Stützpfeiler des heutigen Wohlstands und der Kaufkraft unserer Konsumenten ist«, künftig zu unterlassen. Andernfalls müsse er mit arbeitsrechtlichen Konsequenzen rechnen.

Herr Kaul kümmert sich nicht um die Abmahnung des Arbeitgebers, sondern beteiligt sich in maßvoller Weise auch weiterhin an Diskussionen über die Zukunft der Kernenergie. Die Firma Feinmechanik GmbH kündigt am 7. Juli 1988 zum 30.9.88 ordentlich. Herr Kaul geht innerhalb der für Kündigungsschutzklagen vorgeschriebenen Drei-Wochen-Frist zur Rechtsantragsstelle beim Arbeitsgericht Burgstadt. Dort nimmt man für ihn folgende Klage auf:

An das
Arbeitsgericht Burgstadt

In Sachen

Anton Kaul
Müllerstraße 4
Burgstadt

– Kläger –

gegen

Fa. Feinmechanik GmbH, gesetzlich vertreten durch den
Geschäftsführer Dipl.-Ing. Heinz Wilhelm
Industriestraße 18
Burgstadt

– Beklagte –

wegen Unwirksamkeit einer Kündigung
erhebe ich Klage zum Arbeitsgericht Burgstadt und stelle folgenden

Antrag:
1. Es wird festgestellt, daß das Arbeitsverhältnis durch die Kündigung vom 7. Juli 1988, zugegangen am 8. Juli 1988, nicht aufgelöst wird.
2. Die Beklagte trägt die Kosten des Rechtsstreits.

Gründe:
Der am 6.11.1943 geborene Kläger ist seit 1.7.1984 bei der Beklagten als Buchhalter beschäftigt. Seine monatliche Vergütung betrug zuletzt 4.800 DM brutto. Die Beklagte beschäftigt ca. 500 Arbeitnehmer. Die Beklagte hat das Arbeitsverhältnis mit Schreiben vom 7. Juli 1988 ordentlich gekündigt. Diese Kündigung ist sozial ungerechtfertigt.

Burgstadt, den 12. Juli 1988

gez. Kaul   aufgenommen durch: Mang, Rechtspfleger

Auf die kurze Zeit später der Firma Feinmechanik GmbH zugestellte Klage reicht diese einen Schriftsatz mit folgendem Inhalt ein:
»... erwidern wir auf die Klage wie folgt: Im Termin zur Streitverhandlung werden wir beantragen:

1. Die Klage wird abgewiesen.
2. Der Kläger trägt die Kosten des Rechtsstreits.

Zur Begründung führen wir aus, daß die Kündigung wegen beharrlichen Verstoßes des Klägers gegen unsere Weisungen sozial gerechtfertigt ist. Herr Kaul konnte sich trotz einer entsprechenden Abmahnung nicht enthalten, im Kollegenkreis in der Mittagspause die Auffassung zu vertreten, daß die Kernenergie keine Zukunft habe. Dies verstößt gröblich gegen die Interessen unserer Volkswirtschaft und damit auch die unseres Unternehmens, das ohne eine sichere Energieversorgung nicht existieren kann. Unter den gegebenen Umständen mußten wir uns leider von Herrn Kaul, an dessen Arbeitsleistung wir nichts auszusetzen hatten, trennen.

gez. Wilhelm, Geschäftsführer«

Wie wird das Gericht entscheiden?

Das Gericht wird nach Lage der Dinge wohl Herrn Kaul recht geben. Die Weisung an Herrn Kaul, sich im Betrieb jeder Meinungsäußerung bezüglich der Zukunft der Kernenergie zu enthalten, hielt sich nicht im Rahmen des Weisungsrechts des Arbeitgebers, da die Form, in der Herr Kaul sich geäußert hatte, nicht zu beanstanden war. Ein Verstoß gegen diese Weisung beinhaltete daher keine Verletzung der arbeitsvertraglichen Pflichten durch Herrn Kaul und konnte daher die Kündigung nicht rechtfertigen.

Beachten Sie aber, daß die Beurteilung eines solchen Falles sehr stark von den Umständen des Einzelfalles abhängt. Bereits geringe Veränderungen in den Umständen können ggf. zu einem veränderten Urteil des Gerichts führen.

Was wird aus meinem Vergütungsanspruch, wenn ich eine mir unzulässigerweise zugewiesene Arbeit verweigere?

Bezieht sich eine – unrechtmäßige – Weisung auf die Erbringung einer bestimmten Arbeitsleistung, so bleibt Ihr Vergütungsanspruch erhalten, auch wenn Sie infolge der Weigerung keine Arbeitsleistung erbracht haben. Zwar gilt im allgemeinen der Grundsatz: »Ohne Arbeit kein Lohn!« Hier ist es jedoch anders. An Ihrer Bereitschaft, eine vertragsgemäße Arbeitsleistung zu erbringen, hat sich durch Ihre Weigerung, eine vertragswidrige Tätigkeit auszuführen, nichts geändert. Der Arbeitgeber ist also weiterhin zur Vergütung verpflichtet, wenn Sie Ihre Arbeitskraft ordnungsgemäß anbieten, also am Arbeitsplatz erscheinen.

> **Beispiel:** Petra Mangold ist seit 1.7.1977 bei der – betriebsratslosen – Firma Materialbau GmbH als Chefsekretärin des Abteilungsdirektors Dr. Bergmann-Kitzhöfer beschäftigt. Ihr Arbeitsvertrag enthält u. a. folgende Bestimmung:
>
> »Frau Mangold wird als Chefsekretärin eingestellt ... Die Firma ist berechtigt, Frau Mangold vorübergehend oder auf Dauer in anderer Weise als Schreibkraft einzusetzen.«
>
> Frau Mangold ist eine vorbildliche Mitarbeiterin. Dr. Bergmann-Kitzhöfer lernt im Verlauf der naturgemäß engen Zusammenarbeit Frau Mangold auch als Mensch zu schätzen. Schließlich macht er ihr einen Heiratsantrag. Frau Mangold, die während der gesamten Dauer des Arbeitsverhältnisses peinlichst auf angemessene Distanz geachtet hat, lehnt freundlich, aber bestimmt ab. Dr. Bergmann-Kitzhöfer ist gekränkt und setzt bei der Geschäftsleitung unter fadenscheinigen Gründen durch, daß Frau Mangold bei gleichbleibender Bezahlung ins Schreibbüro versetzt wird. Am 15. Juli 1988 erhält Frau Mangold folgendes Schreiben der Personalabteilung:
>
> Sehr geehrte Frau Mangold,
> Eine Überprüfung unserer Organisationsstruktur durch unsere interne Revision hat ergeben, daß Ihre Qualifikation nicht im erforderlichen Ausmaß dem Anforderungsprofil an eine Chefsekretärin auf der Ebene eines Abteilungsdirektors entspricht. Wir haben uns daher entschlossen, Sie künftig in unserem Schreibbüro zu verwenden. Selbstverständlich wird sich an Ihrer Vergütung aufgrund die-

ser Umsetzung nichts ändern. Wir hoffen, daß Sie Ihrer neuen Tätigkeit mit der gleichen Einsatzbereitschaft nachgehen, die Sie bisher gezeigt haben.
Wir bitten Sie, am 1. August 1988 Ihren Dienst im zentralen Abteilungsschreibdienst anzutreten.

gez. Kalkbrenner

Frau Mangold ist empört. Am 1. August erscheint sie wie gewohnt bei Herrn Dr. Bergmann-Kitzhöfer zur Arbeit. Er schickt sie ins zentrale Schreibbüro, da der Schreibtisch, an dem Frau Mangold bisher bei ihm gearbeitet hatte, bereits durch eine neue Mitarbeiterin besetzt ist. Frau Mangold geht nach Hause. Am 14. August 1988 wird ihr ordentlich zum 30.9.88 gekündigt. Frau Mangold, die ab 1. Oktober eine weitaus attraktivere Position gefunden hat, möchte gegen die Kündigung selbst nichts unternehmen, verlangt aber ihre Vergütung für die Zeit vom 1. August bis 30. September. Die Firma Materialbau GmbH verweigert die Bezahlung mit der Begründung, Frau Mangold habe ja auch nicht gearbeitet.
Wer hat recht?

Wenn wir davon ausgehen, daß die im Schreiben vom 15. Juli 1988 angegebenen Gründe tatsächlich nur vorgeschoben und ohne sachlichen Hintergrund waren, wie Frau Mangold das vermutet, wird Frau Mangold recht bekommen, da die Weisung in diesem Fall nicht dem erforderlichen »billigen Ermessen« entsprochen hat und damit unzulässig war. Dieser – unzulässigen – Weisung brauchte Frau Mangold nicht Folge zu leisten. Da sie andererseits am 1. August ihre Arbeitsleistung ordnungsgemäß angeboten hat, hat sie ihren Vergütungsanspruch nicht verloren. Man sagt: Der Arbeitgeber befand sich im *Annahmeverzug,* das heißt, er hat es versäumt, die von Frau Mangold angebotene Arbeit anzunehmen.

Was ist, wenn ich irrtümlich geglaubt habe, eine Weisung sei rechtswidrig und deshalb die Arbeit verweigere?

Sehr unangenehm für Sie: Wenn Sie irrtümlich an die Rechtswidrigkeit einer Weisung geglaubt haben, nützt Ihnen das nichts. Das heißt, *es kann Ihnen nach einer entsprechenden Abmahnung trotzdem gekündigt werden.*
Das gilt nach der Rechtsprechung des Bundesarbeitsgerichts normalerweise selbst dann, wenn Ihr Irrtum auf einer entsprechenden Beratung durch einen Rechtsanwalt oder eine Gewerkschaft beruhte.

Kann ich gegen eine Weisung gerichtlich vorgehen?

Häufig wird es aus der Natur der Situation heraus kaum möglich oder sinnvoll sein, gegen eine Weisung gerichtlich vorzugehen. Bis es zum Prozeß und einer Entscheidung im Prozeß kommt, hat sich die Angelegenheit in der einen oder anderen Weise (Befolgung oder Nichtbefolgung der Weisung) erledigt. In diesen Fällen geht es dann nur noch um die Folgen, z. B. Zulässigkeit einer Kündigung wegen Arbeitsverweigerung, Vergütungspflicht des Arbeitgebers bei Annahmeverzug.

Bei Weisungen, die auf einen Dauerzustand oder eine immer wieder auftretende Situation gerichtet sind, kann eine Klage gegen die Weisung selbst aber durchaus sinnvoll sein.

Beispiel: Rudolf Schmidt ist Angestellter in der Firma Oxygen GmbH. In letzter Zeit erscheint er öfter mit einem unscheinbaren Parteiabzeichen am Revers im Betrieb. Von der Firmenleitung erhält er einen Brief, in dem ihm das Tragen des Parteiabzeichens unter Hinweis auf den Betriebsfrieden untersagt wird.

Weiteres Beispiel: Frau Heinrichs ist Filialleiterin in einer Drogeriemarkt-Kette. Ihr Arbeitsvertrag enthält in § 2 folgende Regelung:

»Die Arbeitnehmerin wird als Filialleiterin in der Filiale Oststraße 59 in Düsseldorf eingestellt. Mit einer gegebenenfalls aus betrieblichen Gründen notwendigen Versetzung an einen anderen Ort bzw. in eine andere Filiale ist die Arbeitnehmerin einverstanden.«

Die Filiale Oststraße befindet sich in der Nähe der Wohnung von Frau Heinrichs. Nach drei Jahren Beschäftigungsdauer erhält sie ein Schreiben der Firmenleitung, in dem ihr ohne nähere Begründung aufgegeben wird, ab nächstem Ersten in der Filiale in der Kaiserswerther Straße am anderen Ende der Stadt ihre Arbeit aufzunehmen.

In beiden Fällen ist es sinnvoll, gegen die ausgesprochene Weisung im Wege einer Klage gerichtlich vorzugehen, da es sich um Weisungen handelt, die längerfristig für den Arbeitnehmer Auswirkungen haben. Eine solche Klage wird auch als zulässig angesehen. Ob die Klage im Einzelfall allerdings jeweils im Ergebnis Erfolg haben wird, kann nur nach näherer Kenntnis der Einzelumstände beurteilt werden. Was dabei eine Rolle spielt, haben wir in den vorangegangenen Abschnitten erläutert.

Übrigens bezeichnet man Weisungen, die darauf gerichtet sind, dem Arbeitnehmer einen Arbeitsplatz an einem anderen Ort oder einen andersartigen Arbeitsplatz zuzuweisen, allgemein als *Versetzung*.

Der von Frau Heinrichs beauftragte Rechtsanwalt wird den Klageantrag etwa wie folgt formulieren:

»Es wird festgestellt, daß die von der Beklagten der Klägerin mit Schreiben vom 7.9.1988 ausgesprochene Versetzung zur Filiale in der Kaiserswerther Straße rechtsunwirksam ist.«

Das klingt wie ein Urteil, werden Sie sagen. Tatsächlich ist es so, daß die Anträge der Parteien im gerichtlichen Verfahren regelmäßig so formuliert werden, daß sie, wenn das Gericht das Ergebnis für richtig hält, als Urteil des Gerichts übernommen werden können. Das wird deshalb so gemacht, weil die Verfahrensregeln (niedergelegt in der *Zivilprozeßordnung*) verlangen, daß die Parteien eindeutig festlegen, wie die Entscheidung aussehen soll, die das Gericht im Erfolgsfall bekanntgeben wird.

5. Weisungsrecht und Änderungskündigung

Im Zusammenhang mit unseren Überlegungen zum Weisungsrecht des Arbeitgebers haben wir an verschiedener Stelle festgestellt, daß der Arbeitgeber normalerweise an den »Pflöcken« des Arbeitsvertrags nicht im Wege des Weisungsrechts rütteln kann, sondern hierzu eine Änderungskündigung aussprechen muß.

Wir wollen uns deshalb im folgenden mit der Änderungskündigung und ihren Unterschieden zu einer Maßnahme im Rahmen des Weisungsrechts beschäftigen.

Was ist eine Änderungskündigung?

Hier ein **Beispiel**:

Friederike Peters ist seit 1.1.1988 bei der Prodata GmbH, einem Software-Haus mit sieben Arbeitnehmern, als Buchhalterin halbtags beschäftigt. Nach einer internen Überprüfung und aufgrund einer Beratung durch einen Unternehmensberater reift im Lauf des September 1988 im Geschäftsführer die Einsicht, daß die Buchhaltung wirtschaftlicher durch einen stundenweise in freier Mitarbeit beschäftigten Buchhalter bewältigt werde.

Am 20. September 1988 erhält Frau Peters folgendes Schreiben der Prodata GmbH:

Betrifft: Änderungskündigung

Sehr geehrte Frau Peters,

zu unserem Bedauern sehen wir uns gezwungen, Ihr Arbeitsverhältnis aus betrieblichen Gründen ordentlich zum 31.12.1988 zu kündigen. Zugleich bieten wir Ihnen die Stelle einer Sekretärin mit einer gegenüber bisher um 200 DM brutto geringeren Vergütung bei im übrigen gleichbleibenden Bedingungen an.

Das Schreiben verursacht bei Frau Peters erhebliche Aufregung. Sie wendet sich an Rechtsanwalt Dr. Freitag, um zu erfahren, was sie dagegen machen kann.
Was wird der Rechtsanwalt ihr sagen?

Dr. Freitag wird ihr vorab erklären, was eine Änderungskündigung eigentlich ist:
Eine Änderungskündigung ist zunächst einmal eine Kündigung, d. h. eine Erklärung des Arbeitgebers (oder auch des Arbeitnehmers), mit der dieser das Arbeitsverhältnis *einseitig* beendet.
Eine Änderungskündigung kann wie eine »normale« (Beendigungs-)Kündigung als außerordentliche (= fristlose) oder als ordentliche (= fristgemäße) Kündigung ausgesprochen werden. (Lesen Sie dazu auch Kapitel 15 Abschnitt 1.)
Das Besondere der Änderungskündigung gegenüber der (Beendigungs-)Kündigung liegt nun darin, daß die Kündigung mit dem Angebot zum Abschluß eines neuen Arbeitsvertrags mit geänderten Bedingungen verbunden ist.
Die Änderungskündigung ist für den Arbeitgeber der einzige formelle Weg, von »ungeliebten« Arbeitsvertragsbestimmungen herunterzukommen, ohne Sie um Ihr Einverständnis bitten zu müssen. Gehören Sie zum nach dem Kündigungsschutzgesetz geschützten Personenkreis, muß er das Vorliegen besonderer Gründe für seine Maßnahme nachweisen können. (Zu den Voraussetzungen der Anwendbarkeit des Kündigungsschutzgesetzes lesen Sie Kapitel 15 Abschnitt 2.)

Was kann ich gegen eine Änderungskündigung unternehmen?

Frau Peters hat zwei Möglichkeiten:

(1) Sie kann das neue Vertragsangebot ablehnen oder ignorieren und gegen die Kündigung als solche Klage erheben, in der Hoffnung, daß die Kündigung vom Gericht als unrechtmäßig an-

gesehen wird. Sie wird dann nur die Kündigung mit einer Kündigungsschutzklage angreifen. (Achtung: Drei-Wochen-Frist beachten!) Diesen Weg wird Frau Peters wählen, wenn das Arbeitsverhältnis für sie nur zu den alten Konditionen interessant ist, wenn sie sich also sagt:

> »Wenn es mir nicht gelingt, das Arbeitsverhältnis mit den früheren Bedingungen zu erhalten, möchte ich das Arbeitsverhältnis lieber ganz aufgeben.«

Ein solcher Standpunkt wäre etwa nachvollziehbar, wenn Frau Peters befürchten muß, durch die weniger qualifizierte Tätigkeit als Sekretärin mit ihren Buchhaltungsfähigkeiten aus der Übung zu kommen und damit bei späteren Bewerbungen eine schlechtere Ausgangsposition zu haben.

(2) Will Frau Peters nicht riskieren, daß sie den Arbeitsplatz verliert, hat sie die Möglichkeit, sich diesen zu sichern. Dazu muß sie ihrem Arbeitgeber innerhalb der Kündigungsfrist, spätestens aber drei Wochen nachdem sie die Kündigung erhalten hat, etwa folgendes mitteilen:

> »Ihr Vertragsangebot im Zusammenhang mit Ihrer Änderungskündigung vom 20.9.1988 nehme ich unter dem Vorbehalt (= unter der Voraussetzung) an, daß die Änderung der Vertragsbedingungen nicht sozial ungerechtfertigt ist.«

Mit einer solchen Erklärung hat Frau Peters deutlich gemacht, daß sie an ihrem Arbeitsplatz auf jeden Fall – notfalls auch unter den von der Prodata GmbH gewünschten geänderten Bedingungen – festhalten und nur die Änderung der Konditionen durch das Gericht überprüfen lassen will.

Unter welchen Voraussetzungen ist eine Änderungskündigung rechtswirksam?

Ganz allgemein gesprochen sagt man, die Änderung der Arbeitsbedingungen müsse sozial gerechtfertigt sein und einen angemessenen Ausgleich der beiderseitigen Interessen beinhalten. (Zu den Voraussetzungen der »sozialen Rechtfertigung« einer Kündigung sowie der Anwendbarkeit des Kündigungsschutzgesetzes lesen Sie Kapitel 15 Abschnitt 2. Ein Muster einer Klage gegen eine Änderungskündigung finden Sie in Kapitel 15 Abschnitt 3.)

Im Ergebnis läuft das regelmäßig darauf hinaus, daß das Gericht an eine Änderungskündigung weniger strenge Maßstäbe anlegt als an eine Beendigungskündigung.

Zurück zu unserem Fall mit Frau Peters. Rechtsanwalt Dr. Freitag wird Frau Peters darauf hinweisen, daß Sie – wenn sie klagt – nicht ohne weiteres mit einem Erfolg ihrer Klage rechnen kann. Wenn die Prodata GmbH nämlich nachweisen kann, daß die Buchhaltung tatsächlich ohne willkürliches Handeln auf einen externen Buchhalter verlagert wurde und dadurch der Arbeitsplatz von Frau Peters wegfällt, wird das Gericht der Prodata GmbH wohl recht geben.

Was ist, wenn die vorgesehene Änderung der Organisation und damit meiner Arbeitsbedingungen unwirtschaftlich ist?

Macht Frau Peters geltend, die Änderungskündigung sei deswegen unwirksam, weil die Vergabe der Buchhaltungsarbeiten an einen externen Buchhalter völlig unwirtschaftlicher Unsinn sei, wird ihr das nicht viel nützen. Die Arbeitsgerichte sind nämlich im allgemeinen nicht befugt, die Notwendigkeit und Zweckmäßigkeit von unternehmerischen Entscheidungen zu überprüfen. Sie dürfen lediglich prüfen, ob solche Maßnahmen willkürlich sind.

> **Beispiel:** Reinhold Kunz ist Inhaber eines Textilunternehmens mit einem Zweigbetrieb mit 50 Mitarbeitern in der Oberpfalz. Ein Betriebsrat besteht in diesem Zweigbetrieb nicht. In der Nähe der Produktionsstätte in der Oberpfalz besitzt Herr Kunz ein Jagdrevier. Um am Wochenende seine Jagdgäste angemessen beherbergen zu können, will er im Wald ein Jagdhaus bauen. Das zuständige Landratsamt lehnt dies aus rechtlichen Gründen ab. Herr Kunz droht, er werde seinen Zweigbetrieb in der Oberpfalz schließen, falls man ihm das Jagdhaus nicht genehmige. Das Landratsamt bleibt hart. Herr Kunz schließt daraufhin seinen Zweigbetrieb in der Oberpfalz. Den Mitarbeitern schickt er Änderungskündigungen, mit dem Angebot, im 100 km entfernten Fürther Zweigbetrieb weiterzuarbeiten.
>
> Er schreibt:
>
> »Zu der Maßnahme sehe ich mich leider gezwungen, da es mir das Landratsamt offenbar nicht ermöglichen will, meinen Repräsentationspflichten als Unternehmer durch Beherbergung meiner Geschäftsfreunde in angemessenem Rahmen nachzukommen.«
>
> Was wird das Gericht zu den Änderungskündigungen sagen?

Zwar sind im allgemeinen Kündigungen aufgrund von Betriebsschließungen sozial gerechtfertigt, da die Entscheidung zur Schließung vom Gericht nicht überprüft werden kann. Im vorliegenden Fall ist jedoch die Schließung deutlich willkürlich, so daß die ausgesprochenen (Änderungs-)Kündigungen schon deswegen rechtsunwirksam sein werden.

Welchen Unterschied macht es für mich, ob mein Arbeitgeber in meinem Arbeitsverhältnis etwas im Wege des Weisungsrechts oder nur mit einer Änderungskündigung durchsetzen kann?

In diesem Kapitel haben wir gesehen, daß der Arbeitgeber eine bestimmte Maßnahme im einen Fall durch eine formlose Weisung, im anderen Fall nur im Wege einer Änderungskündigung durchsetzen kann. Folgender Fall soll das noch einmal verdeutlichen:

> Hannelore Schulz wird von der Drugstore GmbH, einem Unternehmen, das überregional Drogerie-Märkte betreibt, als Filialleiterin eingestellt. In ihrem Arbeitsvertrag findet sich u. a. folgende Bestimmung:
> »§ 1. Frau Schulz wird als Filialleiterin für die Filiale Frankfurt, Gutleutstraße, eingestellt ... Mit einer gegebenenfalls aus betrieblichen Gründen notwendigen Versetzung in eine andere Filiale innerhalb Frankfurts ist Frau Schulz einverstanden.«
>
> Heike Löffler wird in der gleichen Filiale als Verkäuferin beschäftigt. In ihren Arbeitsvertrag wurde versehentlich die zitierte Bestimmung des § 1 Absatz 2 (siehe oben) nicht mit aufgenommen.
> Die Drugstore GmbH entschließt sich wegen unbefriedigender Erträge in der Filiale Gutleutstraße, dieselbe zu schließen und die dort Beschäftigten in eine gerade neu eröffnete Filiale am Stadtrand umzusetzen.
> Wodurch unterscheiden sich die Rechtspositionen von Frau Schulz und Frau Löffler?

Die Drugstore GmbH kann die geplante Umsetzung von Frau Schulz im Rahmen des Weisungsrechts durchführen, da der Arbeitsvertrag die Grenzen des Weisungsrechts bezüglich des Beschäftigungsorts sehr weit gesteckt hat. Die Drugstore GmbH kann also Frau Schulz durch einfaches Schreiben und ohne Einhaltung einer Frist anweisen, ihre Arbeitsleistung künftig in der neu eröffneten Filiale zu erbringen.

Klagt Frau Schulz gegen diese Weisung, so wird das Gericht die Weisung daraufhin überprüfen, ob sie der »Billigkeit entspricht«. Das ist im allgemeinen ein weniger strenger Maßstab, als wenn das Gericht die soziale Rechtfertigung einer Änderungskündigung prüft.
Bei ihrer Klage ist Frau Schulz an keine formelle Frist gebunden. Es wird ihre Position allerdings nicht verbessern, wenn sie mit einer beabsichtigten Klage zu lange wartet.
Wie sieht es bei Frau Löffler aus?

Frau Löffler hat in dieser Situation zweifellos einen besseren Stand. Die Drugstore GmbH kann Frau Löffler nämlich nur dann in die neue Filiale versetzen, wenn sie eine Änderungskündigung ausspricht.
Da die Änderungskündigung eine Kündigung ist, sind die vorgesehenen Kündigungsfristen für die beabsichtigte Veränderung einzuhalten (z. B. sechs Wochen zum Quartalsende). Geht Frau Löffler gegen die Kündigung gerichtlich vor, so sind die vom Gericht zu prüfenden Voraussetzungen an die Wirksamkeit der Versetzungsanordnung im Ergebnis strenger als bei einer Versetzungsanordnung im Rahmen des Weisungsrechts, wie sie Frau Schulz erwartet. Voraussetzung ist allerdings, daß das Kündigungsschutzgesetz Anwendung findet. (Zu den Voraussetzungen der Anwendbarkeit des Kündigungsschutzgesetzes lesen Sie Kapitel 15 Abschnitt 2.)

Genießt Frau Löffler besonderen Kündigungsschutz, weil sie z. B. schwanger, Betriebsratsmitglied oder schwerbehindert ist, so kommt ihr dies bei der von der Drugstore GmbH durchgeführten Änderungskündigung ebenfalls zugute (Näheres hierzu finden Sie in Kapitel 15 Abschnitt 5).
Sind also sowohl Frau Schulz wie auch Frau Löffler zum Zeitpunkt der Maßnahme schwanger, so kann Frau Schulz bei Vorliegen der sonstigen Voraussetzungen sofort in die neue Filiale geschickt werden, während vor der erforderlichen Änderungskündigung von Frau Löffler die Zustimmung des Regierungspräsidenten eingeholt sein muß. Ist dies nicht geschehen, ist die Änderungskündigung schon deswegen rechtsunwirksam.
Besteht bei der Drugstore GmbH in Frankfurt ein Betriebsrat, so muß dieser sowohl im Fall der Versetzung von Frau Löffler wie auch dem der Versetzung von Frau Schulz beteiligt werden.

Übersicht über die unterschiedlichen Voraussetzungen und Auswirkungen einer Weisung einerseits sowie einer Änderungskündigung andererseits

	Weisung	Änderungskündigung
Sind vom Arbeitgeber Fristen einzuhalten	keine	allgemeine Kündigungsfristen
Wie streng wird vom Gericht geprüft?	entspricht die Maßnahme »billigem Ermessen«? (weniger streng)	Änderung muß sozial gerechtfertigt sein (strenger)
Muß der Betriebsrat angehört werden?	nur nach Betriebsverfassungsrecht; ggf. lediglich Anspruch des Betriebsrats auf Aufhebung der Maßnahme	ja, sonst ist die Änderungskündigung unwirksam
Gibt es für den Arbeitnehmer eine Klagefrist?	nein	ja, drei Wochen seit Zugang der Kündigung
Gibt es einen speziellen Schutz bestimmter Arbeitnehmergruppen?	nein	Kündigungsschutz nach dem – Mutterschutzgesetz – Schwerbehindertengesetz – Arbeitsplatzschutzgesetz – Kündigungsschutz für Betriebsräte und Personalräte

Ist die Beteiligung unterblieben, so hat das bei Frau Löffler automatisch zur Folge, daß die Änderungskündigung unwirksam ist. (Zu den Folgen einer unterbliebenen Anhörung des Betriebsrats bei Ausspruch einer Kündigung finden Sie weitere Erläuterungen in Kapitel 15 Abschnitt 1.) Demgegenüber bewirkt die unterbliebene Beteiligung bei Frau Schulz lediglich, daß der

Betriebsrat den Arbeitgeber in einem gesonderten gerichtlichen Verfahren verpflichten lassen kann, die Versetzungsmaßnahme aufzuheben.

Mit einer etwa beabsichtigten Klage muß sich Frau Löffler im Vergleich mit Frau Schulz allerdings beeilen: Da sie ja gegen eine Kündigung klagt, ist sie an die dreiwöchige Klagefrist des Kündigungsschutzgesetzes gebunden.

Kapitel 5
Die Arbeitszeit

Otto Fritsch ist Arbeiter in der Endmontage der Süddeutschen Produktionsmittel GmbH. Laut Tarifvertrag beträgt die wöchentliche Arbeitszeit 38,5 Stunden. Der Arbeitgeber und der Betriebsrat haben eine Betriebsvereinbarung geschlossen, wonach montags bis einschließlich donnerstags je 8,5 Stunden und freitags 4,5 Stunden und samstags überhaupt nicht gearbeitet wird. Herr Fritsch, dem an einem langen Feierabend mehr gelegen ist als an einem frühen Arbeitsende am Freitag, wendet sich gegen die Betriebsvereinbarung. Er stellt sich auf den Standpunkt, die Betriebsvereinbarung verstoße gegen ein zwingendes Gesetz, da in der Arbeitszeitordnung eine tägliche Arbeitszeit von acht Stunden vorgesehen sei.
Hat Herr Fritsch recht?

Herr Fritsch wendet sich zu Unrecht gegen die Betriebsvereinbarung. Es ist zwar richtig, daß die Arbeitszeitordnung ein zwingendes Gesetz ist.
Die dort festgelegte regelmäßige werktägliche Arbeitszeit kann jedoch unter bestimmten Voraussetzungen, auf die später noch eingegangen wird, überschritten werden.

1. Rechtsquellen des Arbeitszeitrechts

Was für ein Gesetz ist die Arbeitszeitordnung, und was für Regeln enthält sie?

Herr Fritsch beruft sich auf die Arbeitszeitordnung (abgekürzt: AZO), ein zweifellos wichtiges Gesetz, wenn es darum geht, festzustellen, wie der Arbeitgeber mit der Arbeitszeit seiner Arbeitnehmer umgehen darf.
Dieses Gesetz stammt aus dem Jahr 1938 und wird ergänzt durch verschiedene andere Gesetze sowie eine Fülle von Rechtsverordnungen.
Um Ihnen den Einstieg in die relativ komplizierte Materie des Arbeitszeitrechts zu erleichtern, erhalten Sie zunächst einen stichwortartigen Überblick über die wesentlichen Regeln der Arbeitszeitordnung und anderer arbeitszeitrechtlicher Vorschriften:

Stichwort	Regel	
tägliche Höchstarbeitszeit	8 Stunden	
Wochenarbeitstage	6 Tage	
wöchentliche Höchstarbeitszeit	48 Stunden	
Mehrarbeit	ab 9. bzw. 49. Stunde	
Nachtarbeit	Verbot für Arbeiterinnen	
Sonntagsarbeit	grundsätzliches Verbot – Ausnahmen	
Pausen	*Frauen*	*Männer*
	– 20 Min. bei 4½ bis 6 Std. Arbeit	30 Min. über 6 Std. Arbeit
	– 30 Min. bei mehr als 6 bis 8 Std. Arbeit	
	– 45 Min. bei mehr als 8 bis 9 Std. Arbeit	
	– 60 Min. bei über 9 Std. Arbeit	
Frühschluß an Tagen vor Sonn- und Feiertagen	Arbeiterinnen ab 17 Uhr	
tägliche Höchstarbeitszeit für Frauen bei Vor- und Abschlußarbeit	9 Std./Tag	
Höchstarbeitszeit an Tagen vor Sonn- und Feiertagen für Frauen	8 Stunden	

Auf den genauen Inhalt der hier nur in Stichworten wiedergegebenen Regeln werden wir weiter unten eingehen. Beachten Sie aber, daß es sich bei diesen Regeln um Grundsatzregeln handelt, die durch zahlreiche und komplizierte Ausnahmen sowohl innerhlb der Arbeitszeitordnung wie auch außerhalb in einer Vielzahl von anderen Gesetzen und Verordnungen durchbrochen werden.

Welche Arbeitszeitgesetze und -verordnungen gibt es noch?

Schauen wir uns die anderen Gesetze an, die Regeln über die Arbeitszeit enthalten:

Gesetz	Worum es in diesen Gesetzen und Verordnungen im Hinblick auf die Arbeitszeit geht
Jugendarbeitsschutzgesetz	Arbeitszeit von Kindern und Jugendlichen vor Vollendung des 18. Lebensjahres umfassend geregelt
Mutterschutzgesetz	besondere Arbeitszeitregeln für werdende Mütter und Wöchnerinnen
Schwerbehindertengesetz	Schwerbehinderte können auf Verlangen von der Leistung von Mehrarbeit befreit werden
Gewerbeordnung	Regeln über die Sonntagsruhe Erwachsener
Ladenschlußgesetz	Regelung der Arbeitszeit der im Einzelhandel Beschäftigten indirekt über die Festlegung von Öffnungszeiten
Hinzu kommen arbeitszeitschutzrechtliche Regelungen für besondere Arbeitnehmergruppen (z. B. Bäcker und Konditoren, Seeleute, Kraftfahrer, Krankenpflegepersonal	
Ferner arbeitszeitschutzrechtliche Regelungen für sog. gefährliche Betriebe bzw. gefährliche Arbeiten (z. B. Kokereien und Hochofenwerke, Stahlwerke, Glashütten, keramische Betriebe, Zementindustrie, Betriebe mit radioaktiven Strahlenquellen)	

Welche Gemeinsamkeit haben die genannten Arbeitszeitgesetze und -verordnungen?

Die genannten Gesetze und Verordnungen legen Mindestbedingungen fest, die vom Arbeitgeber – und damit indirekt auch vom

Arbeitnehmer – einzuhalten sind. Hält sich der Arbeitgeber nicht an die Bestimmungen, so muß er mit staatlichen Strafen oder Bußgeldern rechnen. Das Gewerbeaufsichtsamt überwacht als staatliche Behörde die Einhaltung der arbeitszeitschutzrechtlichen Vorschriften.

Gibt es neben Vorschriften über Strafen und Bußgeldern andere Regeln, die die Einhaltung der Arbeitszeitbestimmungen sichern?

Ihren Arbeitgeber trifft noch eine Reihe von Nebenpflichten, die die Einhaltung der Arbeitszeitvorschriften sichern sollen:

- Ihr Arbeitgeber muß eine Kopie der Arbeitszeitordnung an geeigneter Stelle im Betrieb zur Einsicht auslegen oder aushängen,
- er muß eine Mitteilung über Beginn und Ende der regelmäßigen Arbeitszeit und die Ruhepausen an sichtbarer Stelle im Betrieb aushängen,
- er muß gewisse Nachweise über Abweichungen von der regelmäßigen täglichen Arbeitszeit führen und auf Verlangen den hiervon betroffenen Arbeitnehmern und dem Gewerbeaufsichtsamt zugänglich machen.

Ein indirekter Zwang zur Einhaltung der Arbeitszeitvorschriften wird auch noch dadurch erzeugt, daß die Vorschrift in einem Einzelarbeitsvertrag ungültig ist, wenn sie gegen die Arbeitszeitschutzgesetze verstößt. Lesen Sie hierzu das Beispiel in Kapitel 2 Abschnitt 7.

Wo finde ich – außer im Gesetz – weitere Regeln bezüglich meiner Arbeitszeit, und was ist dort geregelt?

Einzelarbeitsvertrag

Im (Einzel-)Arbeitsvertrag wird die Arbeitszeit üblicherweise nur kurz behandelt.

Beispiel einer arbeitsvertraglichen Regelung: »Die regelmäßige Arbeitszeit beträgt 40 Stunden wöchentlich.«

Dies ist eine für den Arbeitnehmer günstigere Regelung als in der Arbeitszeitordnung vorgesehen. Die Arbeitszeitordnung sieht nämlich für den Regelfall eine wöchentliche Höchstarbeitszeit von 48 Stunden vor.

Um sich daneben die Möglichkeit offenzuhalten, Überstunden anzuordnen, schreiben viele Arbeitgeber in ihre Arbeitsverträge etwa folgendes hinein:

> »Der Arbeitnehmer ist verpflichtet, Über- und Mehrarbeit, Sonn- und Feiertagsarbeit sowie Nacht- und Schichtarbeit im gesetzlich zulässigen Umfang zu leisten.«

Mit einer derartigen Regelung hat der Arbeitgeber den Handlungsspielraum für die Ausübung seines Weisungsrechts bis zur Grenze dessen ausgedehnt, was nach den Arbeitszeitgesetzen oder Tarifvertrag noch zulässig ist.
(Zu den Grenzen des Weisungsrechts lesen Sie Kapitel 4 Abschnitt 3.)

Tarifvertrag

Tarifverträge befassen sich im allgemeinen sehr eingehend mit der Arbeitszeit. Fast immer legen sie die Zeitdauer der wöchentlichen Arbeitszeit fest.

> **Beispiel:** § 7 des Manteltarifvertrags vom 18. Februar 1986 für das Gaststätten- und Beherbungsgewerbe in Bayern:
> *I. Die regelmäßige Arbeitszeit ausschließlich der Essenszeit und Ruhepausen darf 40 Stunden wöchentlich nicht überschreiten;*
> *Aus dringenden betrieblichen Gründen, insbesondere aus Gründen des Arbeitsmarktes, kann diese regelmäßige Arbeitszeit auf 48 Stunden wöchentlich*
> *ab 1. Januar 1987 auf 47 Stunden wöchentlich*
> *ab 1. Januar 1988 auf 46 Stunden wöchentlich*
> *unter Beachtung der Vorschriften der Arbeitszeitordnung ausgedehnt werden.*
> *Ausdehnung sowie Beginn und Ende der täglichen Arbeitszeit sind mit dem Betriebsrat – wo dieser nicht besteht, mit dem Arbeitnehmer – zu vereinbaren.*
> *Die wöchentliche Arbeitszeit ist auf 5 Tage zu verteilen ...*

Die Tarifvertragsparteien können auch den Beginn und das Ende der täglichen Arbeitszeit sowie der Pausen festlegen. Hiervon wird in der Praxis jedoch relativ selten Gebrauch gemacht, da diese Fragen zweckmäßiger auf betrieblicher Ebene geregelt werden.

Betriebsvereinbarung

Man überläßt daher diesen Bereich meist einer Betriebsvereinbarung. Betriebsvereinbarungen sind eine weitere wichtige Fundstelle, wo Sie Regeln über die Arbeitszeit aufspüren können. (Zur Betriebsvereinbarung lesen Sie Kapitel 2 Abschnitt 4.) Bezüglich der Arbeitszeit behandeln Betriebsvereinbarungen üblicherweise Fragen des Beginns und des Endes der Arbeitszeit sowie der Pausen. Solche Vereinbarungen dürfen allerdings nicht geschlossen werden, wenn ein anwendbarer Tarifvertrag diese Fragen schon erschöpfend geregelt hat.

Zurück zu unserem Ausgangsfall mit Herrn Fritsch. Hier hatte der Betriebsrat – zulässigerweise – mit dem Arbeitgeber eine Betriebsvereinbarung über Beginn und Ende der Arbeitszeit getroffen, die jedoch zugleich auch eine Aussage über die Dauer der regelmäßigen täglichen Arbeitszeit (8,5 Stunden) enthielt. Da die Arbeitszeitordnung einen höheren Rang hat als eine Betriebsvereinbarung, geht die Arbeitszeitordnung im Zweifel vor. Das ist allerdings nur von Bedeutung, wenn die Betriebsvereinbarung gegen die Arbeitszeitordnung verstößt.
Wollen wir also wissen, ob die Betriebsvereinbarung gegen die Arbeitszeitordnung verstößt, müssen wir den wesentlichen Inhalt der Vorschriften der Arbeitszeitordnung kennen. Beachten Sie bitte, daß die nun folgende Darstellung stark verkürzt ist und nur beispielhaften Charakter hat, um Ihnen einen groben Überblick zu vermitteln. Wollen Sie sich über ein konkretes arbeitszeitrechtliches Problem informieren, sollten Sie unbedingt die einschlägige Fachliteratur bzw. einen Fachmann oder eine Fachfrau zu Rate ziehen.

2. Die wichtigsten Regeln der Arbeitszeitordnung

Was gilt als Arbeitszeit?

§ 2 Arbeitszeitordnung:
Arbeitszeit ist die Zeit vom Beginn bis zum Ende der Arbeit ohne die Ruhepausen.

Vorgesehene Ruhepausen werden also nicht mitgezählt. Auch Waschen und Umziehen zählt nicht zur Arbeitszeit. Andererseits genügt es, daß Sie dem Arbeitgeber im Betrieb zur Arbeitsleistung zur Verfügung stehen, z. B. in der Weise, daß Sie auf notwendige Anweisungen Ihres Arbeitgebers oder auf Arbeitsmaterial warten.

> **Beispiel:** Peter Keil arbeitet als Fließbandarbeiter in einem Automobilwerk. Durch fehlerhafte Disposition im Einkauf kommt es zu Nachschubschwierigkeiten und damit zu einer vorübergehenden Stockung der Produktion. Herr Keil und seine Kollegen stehen untätig herum, da keine Arbeit da ist.

Auch diese Zeit ist Arbeitszeit. Gleiches gilt für die sogenannte Arbeitsbereitschaft, wie sie etwa bei Pförtnern, Wächtern und Kraftfahrern (ggf. beim Be- und Entladen) vorliegt.

Keine Arbeitszeit im Sinn der Arbeitszeitordnung ist der Bereitschaftsdienst ...

> **Beispiel:** Der angestellte Arzt, der sich nachts in der Klinik aufhält, jedoch nur im Fall von Notfällen ärztliche Hilfeleistungen erbringt.

... oder die Rufbereitschaft.

> **Beispiel:** Der Hausmeister, der für Notfälle telefonisch erreichbar sein, sich jedoch nicht in dem von ihm betreuten Anwesen aufhalten muß.

Ist die Fahrt von meiner Wohnung zur Arbeitsstelle Arbeitszeit?

Ihre Fahrt von der Wohnung zur Arbeitsstelle ist keine Arbeitszeit. Das ändert sich, wenn Sie auf Weisung Ihres Arbeitgebers zu einem anderen Ort als ihrem normalen Arbeitsort fahren müssen. In diesem Fall ist Ihre Fahrzeit Arbeitszeit. Sie müssen sich allerdings Ihre normale Anfahrtszeit anrechnen lassen.

> **Beispiel:** Fritz Kern ist als Schreiner bei der Firma Haberl & Co. beschäftigt. Die Firma Haberl & Co. betreibt u. a. Einzelanfertigung von Möbeln. Herr Kern, der in München-Nord wohnt, fährt täglich ca. 20 Minuten zur Schreinerei in München-Ost. Der Kunde Dr. Klausnitzer aus München-Süd hat die Anfertigung und den Einbau eines Schlafzimmers mit begehbarer Schrankwand in Auftrag gegeben. Als die Einbauteile fertig sind, schickt Herr Haberl Herrn Kern mit einem weiteren Mitarbeiter über mehrere Tage zur Montage in die Wohnung des Kunden. Herr Kern fährt von seiner Wohnung direkt zum Kunden. Er braucht für die Anfahrt von zu Hause zum Kunden durchschnittlich 35 Minuten.

Hier muß sich Herr Kern auf die 35 Minuten An- und Abfahrt jeweils die 20 Minuten anrechnen lassen, die er ohnehin täglich für die Fahrt zur Arbeit gebraucht hätte. Insgesamt ist ihm daher eine halbe Stunde Wegezeit als zusätzliche Arbeitszeit gutzuschreiben.

Welche regelmäßige tägliche Arbeitszeit ist höchstens zugelassen – wie lange darf mich mein Arbeitgeber am Tag im Höchstfall beschäftigen?

§ 3 Arbeitszeitordnung: Die regelmäßige werktägliche Arbeitszeit darf die Dauer von acht Stunden nicht überschreiten.

Die Arbeitszeitordnung geht von einer Woche mit sechs Arbeitstagen aus. Damit kommen wir zu einer Wochenarbeitszeit von 48 Stunden. Beachten Sie, daß es sich um eine Höchstarbeitszeit handelt, die durch Tarifvertrag oder Einzelarbeitsvertrag abgekürzt werden kann. Von dieser Möglichkeit wird heutzutage meistens Gebrauch gemacht. Ein großer Teil der von Tarifverträgen erfaßten Arbeitsverhältnisse unterliegt bereits einer Arbeitszeit von unter 40 Stunden pro Woche.

Gibt es Ausnahmen vom Grundsatz der achtstündigen Höchstarbeitszeit?

Ja. Es gibt zahlreiche Ausnahmen vom Grundsatz des eben zitierten § 3 der Arbeitszeitordnung. Allerdings darf der Arbeitstag auch in den anschließend näher beschriebenen Ausnahmefällen nicht länger als zehn Stunden dauern. Hier nun ein Überblick über die wesentlichen Ausnahmen:

(1) Die Arbeitszeit kann innerhalb eines Rahmens von 48 Stunden pro Woche oder 96 Stunden pro Doppelarbeitswoche ungleichmäßig verteilt werden:

Beispiel: In einem Betrieb wird Montag bis Donnerstag von 8.00 Uhr bis 18.30 Uhr und Freitag von 8.00 Uhr bis 16.30 Uhr gearbeitet. Die Mittagspause beträgt eine halbe Stunde. Das heißt von Montag bis einschließlich Donnerstag wird entgegen der allgemeinen Regel der achtstündigen täglichen Arbeitszeit zehn Stunden pro Tag gearbeitet. Zulässig?

Die hier festgelegte Arbeitszeit ist zulässig und verstößt nicht gegen die Arbeitszeitordnung. Sie überschreitet nämlich nicht die »Schallgrenze« von 10 Stunden pro Tag und hält sich innerhalb des Rahmens von 48 Stunden pro Woche. Damit ist auch unser Ausgangsfall des Herrn Fritsch gelöst: Die Betriebsvereinbarung im Betrieb des Herrn Fritsch verstößt nicht gegen die Arbeitszeitordnung, da die regelmäßige Arbeitszeit zehn Stunden nicht überschreitet und die wöchentliche Gesamtarbeitszeit unter 48 Stunden bleibt.

(2) Eine weitere wichtige Ausnahme besteht darin, daß an 30 Tagen im Jahr Mehrarbeit bis zu zwei Stunden täglich angeordnet werden darf.

§ 6 Arbeitszeitordnung:
Die Arbeitnehmer eines Betriebes oder einer Betriebsabteilung dürfen an dreißig Tagen im Jahr über die regelmäßige Arbeitszeit hinaus mit Mehrarbeit bis zu zwei Stunden täglich, jedoch nicht länger als zehn Stunden täglich beschäftigt werden.

(3) Zur Vornahme sogenannter Vor- und Abschlußarbeiten darf der Arbeitgeber die Arbeitszeit bis zu zehn Stunden täglich verlängern:

§ 5 Arbeitszeitordnung:
(1) Die für den Betrieb oder eine Betriebsabteilung zulässige Dauer der Arbeitszeit darf um zwei Stunden täglich, jedoch höchstens bis zu zehn Stunden täglich in folgenden Fällen ausgedehnt werden:
1. Bei Arbeiten zur Reinigung und Instandhaltung, soweit sich diese Arbeiten während des regelmäßigen Betriebes nicht ohne Unterbrechung oder erhebliche Störung ausführen lassen,
2. bei Arbeiten, von denen die Wiederaufnahme oder Aufrechterhaltung des vollen Betriebes arbeitstechnisch abhängt.
(2) Beim Zuendebedienen der Kundschaft einschließlich der damit zusammenhängenden notwendigen Aufräumungsarbeiten darf die Arbeitszeit um eine halbe Stunde, jedoch höchstens bis zu zehn Stunden täglich verlängert werden.

(4) Durch Tarifvertrag kann die regelmäßige Arbeitszeit von acht auf zehn Stunden täglich verlängert werden.

§ 7 Arbeitszeitordnung:
(1) Die regelmäßige Arbeitszeit kann durch Tarifvertrag bis zu zehn Stunden täglich verlängert werden.
(2) Wenn in die Arbeitszeit regelmäßig und in erheblichem Umfang Arbeitsbereitschaft fällt, kann die Arbeitszeit auch über zehn Stunden täglich verlängert werden.

Welchen Ruhezeitraum muß mir der Arbeitgeber zwischen zwei Arbeitstagen lassen?

§ 12 Absatz 1 Arbeitszeitordnung:
Den Arbeitnehmern ist nach Beendigung der täglichen Arbeitszeit eine ununterbrochene Ruhezeit von mindestens elf Stunden zu gewähren. In Gast- und Schankwirtschaften, im übrigen Beherbergungswesen und im Verkehrswesen darf die ununterbrochene Ruhezeit auf zehn Stunden verkürzt werden. Das Gewerbeaufsichtsamt kann beim Nachweis eines dringenden Bedürfnisses weitergehende Ausnahmen zulassen.

Während dieser Zeit dürfen Sie zu keinen Arbeiten herangezogen werden, auch nicht zur Arbeitsbereitschaft oder zur Arbeit zu Hause. Zeiten der Rufbereitschaft werden allerdings nicht angerechnet.

Welche Pausen muß mir mein Arbeitgeber gewähren?

§ 12 Absatz 2 Arbeitszeitordnung:
Den männlichen Arbeitnehmern sind bei einer Arbeitszeit von mehr als sechs Stunden mindestens eine halbstündige Ruhepause oder zwei viertelstündige Ruhepausen zu gewähren, in denen eine Beschäftigung im Betrieb nicht gestattet ist.

Hier eine Übersicht über wichtige Pausenzeiten:

Dauer der Arbeitszeit in Stunden	Mindestdauer der Ruhepausen (in Minuten)		
	e m AN	e w AN	J
bis 4½	–	–	–
mehr als 4½ bis 6	–	20	30
mehr als 6 bis 8	30	30	60
mehr als 8 bis 9	30	45	60
mehr als 9	30	60	60

e m AN = erwachsene männliche Arbeitnehmer
e w AN = erwachsene weibliche Arbeitnehmer
J = Jugendliche

Die Ruhepausen dürfen mit aus technischen Gründen erforderlichen Betriebsunterbrechungen zusammenfallen. Sie dürfen aber nicht am Anfang oder am Ende der Arbeitszeit liegen. Für Frauen und Jugendliche gelten abweichende, von der Dauer der täglichen Arbeitzeit abhängige Mindestpausenzeiten.
Bei Frauen und Jugendlichen ist zu beachten, daß als Ruhepausen nur solche Arbeitsunterbrechungen gelten, die mindestens 15 Minuten dauern. Spätestens nach viereinhalb Stunden muß bei Frauen und Jugendlichen die erste Pause eingelegt werden.

Was gilt in Notfällen?

Die Vorschriften über die Höchstarbeitszeit, arbeitsfreie Ruhezeiten und Ruhepausen gelten nicht bei vorübergehenden Arbeiten in Notfällen.

Beispiele: Brände, Wassereinbrüche, Explosionen, notwendige Entladearbeiten bei plötzlich auftretendem Frost.

Das gleiche gilt bei vorübergehenden Arbeiten in außergewöhnlichen Fällen, die unabhängig vom Willen der Betroffenen eintreten und deren Folgen nicht auf andere Weise zu beseitigen sind.

Z. B. ein Maschinenschaden, der die Produktion zum Stocken bringt, nicht aber eine Erhöhung der Produktion vor Weihnachten, da es sich nicht um ein unvorhergesehenes Ereignis handelt.

Was ist Mehrarbeit, und welche Zuschläge muß mir mein Arbeitgeber dafür bezahlen?

Nicht jede Stunde, die über die nach der Arbeitszeitordnung zulässige Regelarbeitszeit von acht Stunden pro Tag hinausgeht, ist Mehrarbeit. Vielmehr sind grundsätzlich nur solche Stunden Mehrarbeit, die den Achtstundentag aufgrund der Verlängerungsmöglichkeit an 30 Tagen im Jahr, aufgrund tarifvertraglicher Regelung oder aufgrund einer Sondergenehmigung des Gewerbeaufsichtsamts verlängern. *Keine* Mehrarbeit sind also zusätzliche Arbeitszeiten, die aufgrund einer ungleichmäßigen Verteilung der Wochenarbeitszeit entstehen.

Beispiel: Eine Betriebsvereinbarung sieht vor, daß montags bis donnerstags von 8.00 Uhr bis 17.30 Uhr und freitags von 8.00 Uhr bis 12.00 Uhr gearbeitet wird, wobei montags bis donnerstags eine halbe Stunde Mittagspause eingeschlossen ist.

Hier geht die Arbeitszeit zwar um eine Stunde über die Regelarbeitszeit von acht Stunden hinaus, die Verlängerung tritt jedoch nicht wegen der zunächst genannten Voraussetzungen, sondern wegen ungleichmäßiger Verteilung der unter 48 liegenden Wochenarbeitsstundenzahl auf.

> **Weiteres Beispiel:** Ein Einzelhandelsgeschäft läßt seine Mitarbeiter in den vier Wochen vor Weihnachten Montag bis Samstag je zehn Stunden arbeiten.

Diese Mehrarbeit von zwölf Stunden pro Woche ist zulässig, wenn der Arbeitgeber sein Kontingent von 30 Tagen Arbeitszeitverlängerung noch nicht ausgeschöpft hat.
Die angefallene Mehrarbeit ist angemessen zu vergüten. Dabei sieht das Gesetz die durchschnittliche Stundenvergütung zuzüglich eines Zuschlags von 25 % als angemessen an.

3. Rechte bei Ableistung von Überstunden

Was ist der Unterschied zwischen Überstunden (= Überarbeit) und Mehrarbeit?

In der betrieblichen Praxis wie auch in vielen Tarifverträgen wird zwischen den Begriffen »Mehrarbeit« und Überstunden (unschön auch als »Überarbeit« bezeichnet) häufig kein Unterschied gemacht.
Wir wollen hier trotzdem auf die Unterscheidung eingehen, weil für Mehrarbeitsstunden gesetzlich ein »angemessener« Zuschlag zur Vergütung (25 %) vorgesehen ist, während Überstunden nur dann zuschlagspflichtig sind, wenn das in einem anwendbaren Tarifvertrag oder Ihrem Arbeitsvertrag vereinbart ist oder Zuschläge in Ihrer Branche üblich sind. (Einzelheiten zum Anspruch auf Überstundenzuschlag finden Sie in Kapitel 6 Abschnitt 2.)

Nun zu unserer Abgrenzung:

Mehrarbeit ist ,grob gesagt, die über die gesetzlich zulässige Arbeitszeit hinausgehende Arbeitszeit.
Überarbeit (= Überstunden) ist die über die vertraglich/tarifvertraglich festgesetzte Normalarbeitszeit hinausgehende Arbeitszeit.

Nicht jede Überstunde ist also auch eine Mehrarbeitsstunde.

Beispiel: In Ihrem Arbeitsvertrag ist bezüglich der Arbeitszeit folgendes geregelt:

»Die regelmäßige Arbeitszeit beträgt 40 Stunden wöchentlich. Beginn und Ende der täglichen Arbeitszeit richten sich nach den mit dem Betriebsrat geschlossenen Vereinbarungen.«

In Ihrem Betrieb ist die Arbeitszeit durch Betriebsvereinbarung Ihres Arbeitgebers mit dem Betriebsrat so festgelegt, daß die Arbeitszeit montags bis donnerstags (einschließlich halbstündiger Mittagspause) von 8.00 Uhr bis 17.30 Uhr und freitags von 8.00 Uhr bis 12.00 Uhr dauert.

Wegen vorübergehend erhöhter Nachfrage ordnet Ihr Arbeitgeber mit Zustimmung des Betriebsrats in den Wochen vor Weihnachten an, daß freitags ebenfalls von 8.00 Uhr bis 17.30 Uhr gearbeitet wird.

Die hier angeordneten zusätzlichen vier Arbeitsstunden pro Woche sind Überstunden, aber keine Mehrarbeitsstunden. Die nach der Arbeitszeitordnung zulässige Wochenarbeitszeit von 48 Stunden pro Woche ist nämlich noch nicht überschritten. Mehrarbeit läge erst bei einer Arbeitszeit von täglich Montag bis Freitag 8.00 Uhr bis 18.30 Uhr vor.

Die Zeit ab Freitag nachmittag 16.30 Uhr ist dann Mehrarbeit. Erst um 16.30 Uhr ist das Maß von 48 Stunden pro Woche überschritten.

Wann muß ich Überstunden leisten?

Hier müssen Sie wieder einmal im Arbeitsvertrag – oder gegebenenfalls im Tarifvertrag – nachschauen. Findet sich in Ihrem Arbeitsvertrag lediglich eine Begrenzung der wöchentlichen Arbeitszeit,

z. B.: *»Die regelmäßige Arbeitszeit beträgt 40 Stunden pro Woche«*,

so brauchen Sie im allgemeinen keine Überstunden zu leisten. Etwas anderes kann allerdings in Notfällen gelten oder wenn sich eine solche Verpflichtung aus der Art Ihres Arbeitsvertrags (z. B. als gutbezahlter leitender Angestellter) ergibt.

Ungünstiger sieht es für Sie aus, wenn im Arbeitsvertrag die Anordnung von Überstunden vorbehalten ist, z. B.:

»Der Arbeitnehmer ist verpflichtet, Über- und Mehrarbeit, Sonn- und Feiertagsarbeit sowie Nacht- und Schichtarbeit im gesetzlich zulässigen Umfang zu leisten.«

Die Anordnung von Überstunden ist dann im Rahmen des Weisungsrechts des Arbeitgebers und der gesetzlichen Grenzen zugelassen. Die Weisung des Arbeitgebers muß sich aber auch hier im Rahmen des billigen Ermessens halten. Besteht in Ihrem Betrieb ein Betriebsrat, muß Ihr Arbeitgeber im übrigen vor der Anordnung von Überstunden im allgemeinen die Zustimmung des Betriebsrats einholen.

Unter welchen Voraussetzungen muß mir mein Arbeitgeber Überstunden vergüten?

Wir kommen jetzt zu einer Frage, die Ihnen vielleicht gar nicht problematisch erscheint, die aber immer wieder zu Streitfällen führt. Wann nämlich können Sie überhaupt Überstundenvergütung verlangen. (Unterscheiden Sie hiervon die in Kapitel 6 Abschnitt 2 näher behandelte Frage, wann eine solche Vergütung *zuschlagspflichtig* ist.)

Beispiel: Corinna Graf hat einen beruflichen Werdegang hinter sich, der ihr gute Berufschancen eröffnet. Nach ihrem Prädikatsabschluß als Diplom-Kauffrau an der Universität Köln hat sie zwei Jahre in einer ausländischen Niederlassung eines großen deutschen Elektronikkonzerns gearbeitet, war anschließend drei Jahre bei einem führenden Computer-Hersteller tätig und ist seit vier Monaten dem Leiter der Finanzbuchhaltung der Robocom GmbH, einer Herstellerin von Fertigungsrobotern, unmittelbar nachgeordnet.

Mit großem Elan geht sie daran, den gesamten Bereich der Finanzbuchhaltung der Firma Robocom auf elektronische Datenverarbeitung umzustellen und neu zu organisieren. Da Frau Graf das während der vertraglichen Arbeitszeit von 40 Stunden pro Woche neben ihren sonstigen Aufgaben nicht schafft, sitzt sie oft bis spätabends am Terminal. Dem Leiter der Finanzbuchhaltung, Herrn Karg, wird der Übereifer von Frau Graf mit der Zeit zuviel, zumal sie bei jeder Gelegenheit durchblicken läßt, daß sie von Finanzbuchhaltung letztlich mehr verstehe als Herr Karg.

Als Frau Graf aufgrund ihres überheblichen Tons auch mit anderen Mitarbeitern aneinandergerät, kündigt die Robocom GmbH ordentlich innerhalb der Probezeit.

Frau Graf ist von der Kündigung völlig überrascht. Sie fühlt sich ausgebeutet und hintergangen und fordert daher von der Robocom wenigstens die Zahlung von 6 763 DM brutto als Abgeltung von geleisteten Überstunden. Als die Robocom sich weigert, klagt Frau Graf beim Arbeitsgericht.

Sie begründet ihre Klage damit, daß sie zumindest in den letzten 13 Wochen vor der Kündigung wöchentlich 20 Überstunden für die Firma erbracht habe. Das ergebe eine Gesamtzahl von vier Stunden mal fünf Tage mal 13 Wochen gleich 260 abzugeltende Überstunden. Bei einem Bruttomonatsgehalt von 4 500 DM und 173 Monatsstunden betrage der Stundensatz 26,01 DM. Dieser Stundensatz, multipliziert mit der Zahl von 260 Überstunden, ergebe den geforderten Betrag. Die Firma Robocom sei auch zur Bezahlung dieser Stunden verpflichtet, da die Einführung der neuen EDV-Finanzbuchhaltung innerhalb der normalen Arbeitszeit nicht habe bewältigt werden können.
Die Firma Robocom erwidert, sie bestreite, daß die genannten Überstunden erbracht worden seien. Außerdem sei Frau Graf nie angewiesen worden, auch nur eine Überstunde zu leisten. Bezüglich der Einführung der EDV-Finanzbuchhaltung hätten auch keine zeitlichen Vorgaben seitens der Geschäftsleitung bestanden. Wenn Frau Graf dennoch bis in den Abend hinein am Terminal gesessen habe, dann sei das ihrem Übereifer oder auch ihrem Mangel an Freizeitinteressen zuzuschreiben. Jedenfalls sei nicht einzusehen, warum die Robocom hierfür auch noch bezahlen solle.
Im Rahmen eines Vergleichsgesprächs äußert sich der Vorsitzende des Gerichts zu den Erfolgsaussichten der Klage. Was wird er zur Überstundenforderung von Frau Graf sagen?

Es ist sehr fraglich, ob das Gericht Frau Graf den geforderten Betrag zuspricht, denn es wird ihr schwerfallen, ihren Anspruch in der erforderlichen Genauigkeit zu begründen und die von ihr behaupteten Tatsachen zu beweisen.

Um eine Überstundenforderung gerichtlich erfolgreich durchzusetzen, sind einige schwierige Hürden zu überwinden. Sie müssen dem Gericht nämlich zunächst einmal folgende Angaben unterbreiten:

1) Sie müssen angeben, zu welchen Zeiten Sie nach dem Arbeitsvertrag/Tarifvertrag zur Arbeit erscheinen müssen bzw. mußten (z. B. Montag bis Freitag von 8.00 Uhr bis 16.30 Uhr).

(2) Sie müsen ferner angeben, zu welchen Zeiten Sie tatsächlich gearbeitet haben.

Beispiel: »Am 7. August habe ich von 8.00 Uhr bis 18.30 Uhr gearbeitet.«

Ungenügend wäre es, wenn Sie folgendes angeben:

»Am 7. August habe ich zwei Überstunden erbracht.«

oder

»In der Woche vom 7. bis 13. August habe ich insgesamt zehn Überstunden geleistet.«

(3) Sie müssen angeben, ob und wann Ihr Arbeitgeber die Überstunden angeordnet oder wissentlich geduldet hat.
Das bedeutet, daß Sie dem Gericht möglichst genau berichten müssen, wann Ihr Arbeitgeber Ihnen gesagt hat, daß er will, daß Sie diese Überstunden leisten.
Eine solche Anordnung kann auch darin liegen, daß Ihr Arbeitgeber Ihnen eine Arbeit zuweist, die nur bei Überschreitung der regelmäßigen Arbeitszeit geleistet werden kann, und daß er die Erwartung ihrer baldigen Erledigung zum Ausdruck bringt.
Wollen Sie sich darauf berufen, daß Ihr Arbeitgeber die Überstunden wissentlich geduldet hat, müssen Sie mitteilen, woraus sich das ergibt. Bloße Vermutungen reichen nicht.

Das sind bereits eine Menge Schwierigkeiten, die einer Überstundenklage entgegenstehen. Aber wir sind noch nicht am Ende.

(4) Bestreitet nämlich Ihr Arbeitgeber Ihre Behauptungen, so müssen Sie Ihre Behauptungen Punkt für Punkt beweisen. Keine einfache Sache, wenn man bedenkt, daß Sie nach längerer Zeit durch einen Zeugen z. B. beweisen sollen, daß Sie an einem bestimmten Tag bis abends um 19.30 Uhr im Büro gearbeitet haben.

Wenn Sie sich den Katalog von Voraussetzungen anschauen, die für eine Überstundenforderung erfüllt sein müssen, werden Sie zu dem Schluß kommen, daß Frau Graf in ihrem Prozeß keinen guten Stand hat. Das beginnt damit, daß nicht klar ist, wann sie jeweils wie lange gearbeitet hat. Sie müßte also eine entsprechende Aufstellung vorlegen können. Sonst wird sie schon deswegen mit ihrer Klage abgewiesen.
Hinzu kommt, daß sie nicht darlegen konnte, daß die Überstunden angeordnet waren oder daß man ihr für die Einführung der EDV-Finanzbuchhaltung konkrete Termine gesetzt hätte, die die geleisteten Überstunden erforderlich gemacht hatten.

Was kann ich tun, um mir die Vergütung von Überstunden zu sichern?

Es gibt einen sicheren Weg: Sie führen Aufzeichnungen über Ihre Überstunden, die Sie gleich am nächsten Tag oder bei der nächsten Gelegenheit von Ihrem Vorgesetzten abzeichnen lassen.

Weitere Erläuterungen zu Problemen der Bezahlung von Überstunden finden Sie in Kapitel 6 Abschnitt 2.

Kapitel 6
Die Arbeitsvergütung

1. Lohnhöhe

Der wichtigste Anspruch, den Sie gegen Ihren Arbeitgeber haben, ist der auf Zahlung des vereinbarten Entgelts für Ihre Tätigkeit.
Bei Angestellten spricht man von Gehalt und bei Arbeitern von Lohn. Einige Gesetze jedoch bezeichnen jede Form der Arbeitsvergütung als Lohn. So werden auch nachfolgend die Bezeichnungen nicht streng unterschieden.

Woraus ergibt sich die Höhe der Vergütung?

Sagt der Arbeitsvertrag über die Höhe der Vergütung nichts aus, so ergibt sich eine Antwort vielfach aus einem Gehalts- oder Lohntarifvertrag, nämlich dann, wenn Sie Mitglied der Gewerkschaft sind und der Arbeitgeber Mitglied des Arbeitgeberverbandes ist, die den Entgelttarifvertrag abgeschlossen haben.
Der Tarifvertrag ist auch für nicht gewerkschaftlich organisierte Mitarbeiter maßgebend, nämlich dann, wenn dessen Anwendung im Arbeitsvertrag vereinbart wurde oder wenn der Arbeitgeber in seinem Betrieb üblicherweise den Tarifvertrag zugrunde legt. Überdies hat der zuständige Landes- oder Bundesarbeitsminister den Tarifvertrag nicht selten für allgemeinverbindlich erklärt, d. h. seine Anwendbarkeit auf alle nicht tarifgebundenen Arbeitgeber und Arbeitnehmer erstreckt.

> **Beispiel:** Fräulein Klar vereinbart mit dem Inhaber einer Gaststätte in Bad Tölz einen Lohn, der um DM 50,– unter dem Tariflohn liegt.

Sie kann, da der Arbeitsminister den Lohntarifvertrag des Hotel- und Gaststättengewerbes für allgemein verbindlich erklärt hat, Bezahlung mindestens in Höhe des Tariflohnes – also DM 50,– mehr – verlangen. Zu den einem Arbeitsverhältnis zugrundeliegenden Regeln, lesen Sie im einzelnen Kapitel 2 Abschnitt 3. Ist die Höhe der Vergütung weder durch Tarifverträge noch durch den Einzelarbeitsvertrag festgelegt, so ist die übliche Vergütung für die betreffende Tätigkeit zugrunde zu legen.

Wie finde ich die jeweils maßgebliche Lohn- und Gehaltsgruppe?

In den meisten Gewerbezweigen bestehen Vergütungstarifverträge. Sie ordnen die Tätigkeiten der Arbeiter und Angestellten bestimmten Vergütungsgruppen zu.

Beispiel: Der Bundesangestelltentarifvertrag (BAT) umschreibt die unterste Vergütungsgruppe so:

Vergütungsgruppe X
1. Angestellte im Büro-, Registratur-, Kassen-, Buchhalterei-, Sparkassen-, Kanzlei-, sonstigen Innendienst und im Außendienst mit vorwiegend mechanischer Tätigkeit (z. B. Führung einfacher Kontrollen und Listen wie Aktenausgabekontrollen, Nummernverzeichnisse; Hilfsleistung bei der Postabfertigung, ... Einordnen von Karteiblättern, ... Heraussuchen und Einordnen von Aktenstücken).
2. Angestellte mit vorwiegend mechanischer Tätigkeit in Büchereien ...
6. Bademeister ohne Prüfung.
13. Waschmeister ohne Fachprüfung.

Übliche Merkmale der Lohn- und Gehaltsgruppen sind dabei die Vorbildung (Dreiteilung in Facharbeiter, angelernte und ungelernte Arbeiter), die Berufserfahrung und die Schwere der Arbeit. Mit der Einordnung Ihrer Tätigkeit in eine bestimmte Lohn- und Gehaltsgruppe ist die wesentliche Entscheidung gefallen, an welcher Stelle der Einkommensleiter Sie angesiedelt sind. Die Vergütungshöhe können Sie mit dem Arbeitgeber frei vereinbaren.

Im Fall der Tarifbindung muß die vereinbarte Vergütung mindestens die tarifliche Bezahlung erreichen.

Beispiel: Der Mitarbeiter ist Mitglied der Gewerkschaft ÖTV, der Arbeitgeber, die Stadt München, Mitglied des Kommunalen Arbeitgeberverbandes. Wäre der Tariflohn 2300 DM, würde der Mitarbeiter jedoch einen Lohn von lediglich 2200 DM vereinbaren, so könnte er dennoch die Bezahlung von 2300 DM verlangen.

Zahlt Ihnen Ihr Arbeitgeber weniger, als Ihre Arbeit nach dem Tarifvertrag wert ist, so können Sie den Unterschiedsbetrag zu der Vergütungsgruppe verlangen, der Ihre tatsächlich ausgeübte Tätigkeit zuzuordnen ist.

Sie können dann die höhere Bezahlung fordern und ggf. vor dem Arbeitsgericht einklagen.

Im Verfahren vor Gericht müssen Sie eine genaue Beschreibung Ihrer Tätigkeit vorlegen und die darin enthaltenen Tatsachenbehauptungen auch beweisen, wenn sie der Arbeitgeber bestreitet.

Was ist, wenn sich meine Tätigkeit später ändert?

Ändert sich nachträglich Ihre Tätigkeit, weil Ihnen eine höherwertige Arbeit zugewiesen wird, so sind Sie auch in diesem Falle »höher zu gruppieren«.

2. Die verschiedenen Vergütungsarten

Alles, was der Arbeitgeber Ihnen für Ihre Arbeitsleistung zuwendet, ist Arbeitsentgelt.
Das gilt nicht nur für Geldzahlungen, sondern auch für Sachbezüge, wie die Gewährung freier Unterkunft und Verpflegung oder die Überlassung eines Dienstwagens auch zur persönlichen Nutzung.

Welches sind die wichtigsten Vergütungsarten?

Die wichtigsten Vergütungsarten sind:
- *Vergütung nach der Arbeitszeit* (Zeitlohn),
- *ergebnisabhängige Vergütungen* (z. B. Akkordlohn),
- *Zuwendungen aus bestimmtem Anlaß* wie die Weihnachtsgratifikation,
- *Prämien:* Vergütungen für besonders gute Erfüllung der Vertragspflichten. Sie werden meistens zusätzlich zum Zeitlohn gezahlt, um dem Arbeitnehmer einen Anreiz für einen bestimmten Leistungserfolg zu geben. So gibt es Qualitäts-, Mengen-, Pünktlichkeits-, Anwesenheits-, Ersparnisprämien.

  Beispiel: Ihr Arbeitgeber schreibt Ihnen: »Jeder Mitarbeiter, der nicht mehr als einmal im Monat zu spät zur Arbeit erscheint, erhält für diesen Monat zusätzlich DM 50,–.«

- *Provisionen* stellen Vergütungen dar, die dem Wert der vermittelten oder abgeschlossenen Geschäfte, die durch Ihre Tätigkeit als Arbeitnehmer zustande gekommen sind, entsprechen.
- Mit den *Tantiemen* werden die Mitarbeiter am Jahresgewinn

des Unternehmens beteiligt. Bei vorzeitigem Ausscheiden erhält der tantiemenberechtigte Mitarbeiter einen seiner Arbeitszeit entsprechenden Anteil am Jahresgewinn.
- Beim *Zeitlohn* zahlt der Arbeitgeber für einen bestimmten Zeitraum (Stunde, Tag, Woche, Monat) einen im voraus fest bestimmten Betrag, unabhängig davon, wie die Arbeitsleistung tatsächlich zu bewerten ist.

Beispiel: Die Sekretärin schreibt fehlerhaft. Die Verkäuferin berät schlecht und ist unfreundlich, der Kellner ist ungeschickt und unhöflich. Der Arbeiter stellt statt der erwarteten durchschnittlichen 20 Stück nur zehn, oder aber er stellt gar 30 Stück her – an dem vereinbarten Stundenlohn von DM 15,– ändert dies nichts.

Leistungslohn (Akkordlohn)

Im Falle der Akkordentlohnung zahlt der Arbeitgeber einen nach der Leistung bemessenen Lohn. Je erfolgreicher der Mitarbeiter ist, um so mehr »verdient« er.

Beim **Geldakkord** (auch Stückakkord genannt) wird für eine bestimmte Leistung – etwa: je hergestelltes Stück, je Quadratmeter gereinigter Fläche, je transportierten Sack Getreides – ein bestimmter Geldbetrag festgesetzt, den der Arbeitnehmer erhält.

Beispiel: Für jeden Quadratmeter gestrichener Wand werden DM 3,–, pro 100 kg transportierten Getreides DM 4,– vergütet.

Wie errechnet sich der Lohn beim Zeitakkord?

Die überwiegende Form des Akkords ist heute allerdings der Zeitakkord.
Beim Zeitakkord wird dem Arbeitnehmer nicht Geld, sondern es wird ihm Zeit (Zahl der Minuten) gutgeschrieben.

Für jede Tätigkeit wird eine bestimmte »Vorgabezeit« ermittelt.

Beispiel: Für das Bemalen eines Tellers werden fünf Minuten veranschlagt.

Dabei wird eine Normalleistung zugrunde gelegt. Der so ermittelte Zeitfaktor wird nun mit dem Geldfaktor vervielfacht. Dieser beträgt in der Regel ein Sechzigstel ($1/60$) des sogenannten

Akkordrichtsatzes, d. h. derjenigen Geldsumme, die bei Normalleistung in einer Stunde verdient wird.

Beispiel: Liegt der Akkordrichtsatz bei DM 12,−, so beträgt der Geldfaktor DM 12,− : 60 = 20 Pfennig.
Beschränkt sich ein Arbeitnehmer auf die Normalleistung, so stellt er bei einer Vorgabezeit von fünf Minuten pro Stunde zwölf Stück her.
Er erhält dafür gutgeschrieben
12 × 5 = 60 Minuten.
Mit dem Geldfaktor DM 0,20 multipliziert, ergibt dies den Akkordrichtsatz von DM 12,−.
Bemalt er dank besonderer Fertigkeit pro Stunde 15 Teller, so werden ihm 75 Minuten gutgeschrieben. Das entspricht einem Verdienst von DM 15,− pro Stunde.

Bei der Einführung wie bei der Ausgestaltung des Akkordlohnes hat der Betriebsrat mitzubestimmen.

Welche Vor- und welche Nachteile hat das Akkordlohnsystem?

Akkordarbeit hat für die Unternehmer beträchtliche Vorteile: Eine solche Entlohnung besitzt die Tendenz, den Arbeitseinsatz der Arbeitnehmer zu steigern. Damit spart der Unternehmer zugleich Aufsichtspersonal. Jeder Arbeitnehmer bemüht sich im eigenen Interesse von selbst um ein möglichst gutes Ergebnis.
Das Akkordsystem ist eine der Ursachen des ungeheuren Produktivitätsfortschritts der industriellen Herstellung in den letzten 100 Jahren.
Zugleich führt das Akkordsystem nicht selten zu Gesundheitseinbußen der Mitarbeiter und zu Verdienstnachteilen bei älteren, körperlich nicht mehr voll leistungsfähigen Mitarbeitern.

Warum geht die Zahl der Akkordarbeiter wieder zurück?

Diese Lohnform läßt sich indes nur dort einsetzen, wo sich das Arbeitsergebnis zählen und messen läßt.
Mit verstärkter Mechanisierung und Automatisierung nehmen solche Arbeitsabläufe ab. So geht gegenwärtig die Zahl der Akkordarbeiter wieder ständig zurück.
Neue Formen des Leistungslohnes treten mehr und mehr in den Vordergrund, bei denen es weniger auf die Zahl der hergestellten Stücke als auf Eigenschaften wie Aufmerksamkeit, Sorgfalt, Initiative und Verantwortungsbereitschaft − etwa beim Erkennen und Beseitigen aufgetretener Störungen − ankommt.

Der Anspruch auf eine Gratifikation

Zusätzlich zu dem üblichen Arbeitsentgelt gewähren die Arbeitgeber häufig eine Sondervergütung oder Gratifikation aus besonderen Anlässen (Weihnachten, Urlaub, Geschäfts- und Dienstjubiläen). Gratifikationen sind in der Regel zusätzliches Entgelt für geleistete Dienste und zugleich Anreiz für weitere Betriebstreue. Sie sind also keine Schenkungen.

Wann erwerbe ich einen Anspruch auf eine Gratifikation?

Ein Anspruch auf eine Gratifikation kann sich für Sie ergeben aus einem Tarifvertrag, einer Betriebsvereinbarung, aus dem Arbeitsvertrag oder auch aus dem Gleichbehandlungsgrundsatz.

> **Beispiel:** Ihre Gehaltsabrechnung für Dezember ist eindrucksvoll: Zusätzlich zu Ihrem Dezembergehalt von DM 4000,– hat Ihr Arbeitgeber Ihnen weitere DM 4000,– als Weihnachtsgeld gezahlt.
> Aber es gab auch lange Gesichter: Wie schon in den vergangenen Jahren, so erhielten auch dieses Jahr die Arbeiter nur 80% ihres – ohnehin niedrigeren – Monatslohnes als Weihnachtsgeld.
> Können die Arbeiter einen vollen Monatslohn als Weihnachtsgeld verlangen?

Aufgrund des Gleichbehandlungsgrundsatzes gilt hinsichtlich der Arbeiter:
Diese können Zahlung der Differenz von 20% zu einem vollen Monatslohn verlangen, wenn der Arbeitgeber für die Schlechterstellung der Arbeiter gegenüber den Angestellten keine einleuchtende Begründung geben kann.
Ein Anspruch auf Zahlung für die Zukunft entsteht, wenn der Arbeitgeber dreimal hintereinander ohne Vorbehalt eine Gratifikation bezahlt hat.

> **Beispiel:** Unternehmer Groß hat in den letzten fünf Jahren zu Weihnachten jeweils einen Monatslohn zusätzlich bezahlt.
> Hierzu war er nicht verpflichtet. Weil das letzte Geschäftsjahr keinen Gewinn gebracht hat, wollte er dieses Jahr keine Gratifikation bezahlen. Zwei Arbeiter verlangen einen zusätzlichen Monatslohn – zu Recht?

Ja, denn der Anspruch ist auch für die künftigen Jahre entstanden, da Groß die Gratifikation mindestens drei Jahre hintereinander ohne Vorbehalt gewährt hatte.

Von der vertraglichen Verpflichtung zur Zahlung der Gratifikation kann der Arbeitgeber sich für die Zukunft nur durch eine entsprechende vertragliche Abrede mit dem Mitarbeiter befreien. Wenn dieser nicht darauf eingeht, so kann er sich in besonders gelagerten Ausnahmefällen, insbesondere bei sehr erheblicher Verschlechterung der Geschäftslage, durch eine Änderungskündigung von dieser Verpflichtung befreien.

Beispiel: Wegen einer dauerhaften sehr erheblichen Verschlechterung der Geschäftslage, die die Existenz der Firma gefährdet, kündigt der Arbeitgeber allen Mitarbeitern und bietet ihnen die Fortsetzung der Arbeitsverhältnisse an zu gleichen Bedingungen, jedoch bei Wegfall der Gratifikation.

Etwas anderes gilt jedoch, wenn der Arbeitgeber bei der Zahlung oder bei der Zusage der Gratifikation etwa folgenden Vorbehalt macht: »freiwillig«, »jederzeit widerruflich«, »ohne Anerkennung einer Rechtspflicht«, »ohne Rechtsanspruch«.
Ein derartiger Vorbehalt schließt aus, daß für spätere Jahre ein Anspruch auf eine Gratifikation entsteht. Ein solcher Vorbehalt berührt jedoch nicht das Recht des Arbeitnehmers auf die für das laufende Jahr zugesagte oder gewährte Gratifikation. Die gewährte Gratifikation kann der Arbeitgeber nicht widerrufen. Es ist jedoch möglich, daß der Arbeitgeber die Gewährung der Gratifikation davon abhängig macht, daß der Arbeitnehmer das Arbeitsverhältnis zum Auszahlungszeitpunkt nicht gekündigt hat.

Beispiel: Frey hat das Arbeitsverhältnis zum 31.12. gekündigt. Der Arbeitgeber zahlt allen anderen eine Gratifikation – außer ihm.
Zu Recht?

Der Arbeitgeber kann die Zahlung der Gratifikation verweigern, wenn er deren Zahlung bisher davon abhängig gemacht hatte, daß das Arbeitsverhältnis nicht gekündigt war, und die Mitarbeiter dies wußten.

Wann muß der Mitarbeiter eine Gratifikation zurückzahlen?

Die bereits gewährte Gratifikation zurückzahlen muß der Mitarbeiter nur, wenn der Arbeitgeber mit ihm verbindlich eine Pflicht zur Rückzahlung für den Fall seines Ausscheidens aus dem Arbeitsverhältnis vereinbart hatte.

Beispiel: Der Arbeitgeber hat mit dem Mitarbeiter vereinbart:
Die Weihnachtsgratifikation in Höhe des Monatsgehalts von DM 3000,– ist zurückzuzahlen, wenn der Mitarbeiter das Arbeitsverhältnis zum 31. März des nächsten Jahres kündigt.
Der Mitarbeiter kündigt zum 31. März. Muß er zahlen?

Ja. Der Arbeitgeber kann die Rückzahlung der im Dezember ausgezahlten Gratifikation verlangen.

Wann sind Rückzahlungsklauseln ungültig?

Solche Rückzahlungsklauseln sollen die Entscheidungsfreiheit des Arbeitnehmers für oder gegen eine betriebliche Veränderung jedoch nicht allzu stark einschränken.
Sie sind entsprechend den von der Rechtsprechung des Bundesarbeitsgerichts aufgestellten Grundsätzen nur innerhalb folgender Grenzen verbindlich:

(1) Eine Kleinstgratifikation bis zu DM 200,– braucht in keinem Fall zurückgezahlt zu werden, auch nicht anteilig. Eine mit einer solchen Zahlung verbundene Rückzahlungsklausel ist unwirksam.
(2) Bei einer Gratifikation von bis zu einem Monatsgehalt darf eine Rückzahlung nur für den Fall vorbehalten werden, daß der Arbeitnehmer bis spätestens zum 31.3. des nächsten Jahres ausscheidet.

In unserem Beispiel muß der Angestellte die DM 3000,– voll zurückzahlen. Es verbleibt ihm also auch kein Sockelbetrag.

Welches ist der Unterschied zwischen einer Weihnachtsgratifikation und einem 13. Monatsgehalt?

Keine Gratifikationen im bisher erwähnten Sinne sind Gehaltsbestandteile, die fest in das Gehaltsgefüge eingebaut sind, wie etwa das 13. Monatsgehalt. Mit der Weihnachtsgratifikation wird vergangene und – je nach Ausgestaltung – auch zukünftige Betriebstreue belohnt. Das 13. Monatsgehalt ist demgegenüber eine zusätzliche Vergütung für geleistete Dienste.

Ist das 13. Monatsgehalt bei vorzeitigem Ausscheiden anteilig zu gewähren?

Während ein Anspruch auf eine Weihnachtsgratifikation häufig nur entsteht, wenn der Arbeitnehmer zum üblichen Zeitpunkt der Auszahlung der Gratifikation – etwa Ende November oder Anfang oder Ende Dezember – noch im Arbeitsverhältnis steht, ist das 13. Monatsgehalt auch dann entsprechend der abgeleisteten Dienstzeit zu zahlen, wenn der Arbeitnehmer im Laufe des Jahres ausscheidet. Bei Beginn des Arbeitsverhältnisses am 1.1. und Ausscheiden zum 30.6. des Jahres ist es also zur Hälfte zu gewähren.

Woran erkenne ich, ob es sich bei einer Zusatzleistung um ein 13. Monatsgehalt oder um eine Weihnachtsgratifikation handelt?

Darüber, ob es sich bei der Zahlung um eine Gratifikation oder um ein 13. Monatsgehalt handelt, entscheidet nicht allein die Bezeichnung.
Sagt der Arbeitgeber Ihnen eine zusätzliche Leistung zu, ohne weitere Voraussetzungen für den Anspruch zu nennen, so können Sie im Zweifelsfall davon ausgehen, daß lediglich eine zusätzliche Vergütung für geleistete Arbeit bezweckt wird.
Soll hingegen die bewiesene »Betriebstreue« belohnt werden, so kommt dies etwa darin zum Ausdruck, daß der Arbeitnehmer eine bestimmte Zeitdauer dem Betrieb angehört haben muß und zum Stichtag – etwa Weihnachten – noch Arbeitnehmer ist, um in den Genuß der Zuwendung zu kommen.

Die Zuschläge für Überstunden

Die Höhe Ihres Arbeitsentgelts richtet sich nach dem Arbeitsvertrag, dem Tarifvertrag oder den betrieblichen Regelungen.
Der Arbeitgeber schuldet die Vergütung als Bruttoentgelt.
Dieses besteht aus dem an den Arbeitnehmer zu zahlenden Nettobetrag von Grundvergütung und Zuschlägen sowie den Abzügen, die der Arbeitgeber einbehalten muß.
Als Zuschläge kommen in Frage: Nacht-, Sonntags-, Feiertags-, Gefahren-, Schmutz-, Erschwernis- und Leistungszulagen, Trennungsentschädigungen, Auslösungen, Kinderzulagen.
Die Zulagen müssen nach Grund und Höhe vereinbart oder im Tarifvertrag vorgesehen sein.
Überstundenzuschläge zur Grundvergütung kommen in Frage für Arbeit, die über die arbeitsvertraglich festgelegte regelmäßige Arbeitszeit hinausgeht.

Beispiel: Ein Teilzeitbeschäftigter mit einer vereinbarten Arbeitszeit von 25 Stunden leistet ab der 26., ein Vollzeitbeschäftigter mit 37 Wochenstunden ab der 38. Stunde Überarbeit.

Wann habe ich Anspruch auf Bezahlung der geleisteten Überstunden?

Einen Anspruch auf Überstundenvergütung haben Sie nur, wenn Ihr Arbeitgeber die Leistung der Überstunden angeordnet oder wenn er Ihnen solche Arbeit zugewiesen hat, die Sie nur bei Überschreitung der regelmäßigen Arbeitszeit erledigen konnten.

Entsprechendes gilt, wenn dem Arbeitgeber die Leistung von Überstunden bekannt ist und er sie duldet.

Beispiel: Der Bäckergeselle arbeitet während der kalten Jahreszeit gerne bis spät in die Nacht, da es ihm davor graut, seine ungeheizte Wohnung aufzusuchen.
Von dem ahnungslosen Brötchengeber kann er die Bezahlung der Überstunden nicht verlangen.

(Zu den Rechten bei der Ableistung von Überstunden vgl. näher Kapitel 5, Abschnitt 3.)
Wenn feststeht, daß dem Arbeitnehmer für die geleisteten Überstunden eine Grundvergütung zusteht – sie errechnet sich nach dem normalen Arbeitsentgelt –, fragt es sich, ob er einen Anspruch auf einen Überstundenzuschlag hat; der Zuschlag beträgt häufig 25 % der Grundvergütung, entsprechend tariflichen Regelungen zuweilen auch mehr.

Wann habe ich Anspruch auf Überstundenzuschläge?

Soweit für ein Arbeitsverhältnis weder ein Tarifvertrag noch eine Betriebsvereinbarung gilt, in denen Überstundenzuschläge vorgesehen sind, hat der Arbeitnehmer nur dann Anspruch auf den Zuschlag, wenn dies im Arbeitsvertrag vereinbart oder wenn es betriebs- oder branchenüblich ist. Das ist heute weitgehend der Fall.

Können Überstunden durch einen Pauschallohn abgegolten werden?

Sie können mit dem Arbeitgeber aber auch vereinbaren, daß mit der Zahlung eines entsprechend höheren Gehaltes oder eines überdurchschnittlichen Lohnes etwaige Überstunden abgegolten sein sollen (Pauschalabgeltung).

Wird einem Angestellten ein weit überdurchschnittliches Gehalt für verantwortungsvolle Aufgaben bezahlt, für die sich begrenzte Arbeitszeiten von vorneherein schwer festlegen lassen, so spricht dies für eine Pauschalabgeltung der gesamten Arbeitszeit.

> **Beispiel:** Im Arbeitsvertrag eines leitenden Angestellten heißt es unter anderem:
> »Der Angestellte verpflichtet sich, seine ganze Arbeitskraft im Interesse der Firma einzusetzen und erforderlichenfalls auch über die betriebliche Arbeitszeit hinaus zu arbeiten.
> Der Angestellte erhält ein monatliches Gehalt von 10 000 DM. Darüber hinaus gewährt die Firma ihm eine Umsatzbeteiligung von einem Prozent des Jahresumsatzes, die in Höhe von zwei Monatsgehältern fest garantiert wird.«
> Aufgrund der gesamten Vertragsgestaltung ist davon auszugehen, daß Überstunden durch das überdurchschnittliche Gehalt mit abgegolten sind.

Wie müssen im Streitfall die geleisteten Überstunden nachgewiesen werden?

Will ein Arbeitnehmer seine Überstundenvergütung vor Gericht einklagen, so muß er, wenn der Arbeitgeber die Überstunden bestreitet, im einzelnen darlegen und beweisen, an welchen Tagen und zu welchen Stunden er über die vereinbarte oder übliche Arbeitszeit hinaus gearbeitet hat und daß der Arbeitgeber die Überstunden angeordnet hatte oder daß sie zur Erledigung der übertragenen Arbeiten notwendig waren oder daß der Arbeitgeber die Überstunden gebilligt oder zumindest geduldet hat.

Wenn schriftliche, vom Vorgesetzten abgezeichnete Aufstellungen oder etwa auch Stempelkarten nicht vorhanden sind – eigene Notizen allein reichen nicht aus –, so ist der Beweis meist nicht zu führen, da Zeugen im Streitfall vor Gericht sich an all diese Umstände im einzelnen später kaum zuverlässig erinnern werden. Lesen Sie hierzu auch die Erläuterungen in Kapitel 5 Abschnitt 3.

3. Brutto- und Nettolohn

Was ist der Unterschied zwischen Brutto- und Nettolohn

Der Lohn vor Vornahme der Abzüge (Steuern und Sozialversicherungsbeiträge) ist der Bruttolohn. Von dem geschuldeten Bruttolohn oder Lohn muß der Arbeitgeber die Lohnsteuer und, bei versicherungspflichtigen Arbeitnehmern, die Arbeitnehmeranteile zur Sozialversicherung abziehen.

Der dann noch auszuzahlende Betrag ist der Nettolohn.

> **Beispiel:** Ein Koch vereinbart mit seinem Arbeitgeber einen Nettolohn von DM 2500,–. Der Gaststätteninhaber meint, die Sozialversicherungsbeiträge müsse er von den DM 2500,– abziehen.

Nettolohnvereinbarungen sind zulässig. Der Arbeitgeber muß also den vereinbarten Betrag in voller Höhe auszahlen und die Lohnsteuer wie die Sozialversicherungsbeiträge (Arbeitgeber- und Arbeitnehmeranteil) aus der eigenen Tasche abführen.
Diese Abzüge errechnen sich nicht etwa nach dem Lohn von DM 2500,–, sondern nach dem Bruttolohn, der sich aufgrund des vereinbarten Nettolohns ergibt.

Wann ist Brutto- und wann Nettolohn vereinbart?

Die Vereinbarung eines Nettolohns ist die Ausnahme. Sie muß eindeutig sein.
Wird nur ein bestimmter Betrag ohne nähere Kennzeichnung genannt, so gilt er als Bruttolohn.

Wer ist Steuerschuldner?

Steuerschuldner ist der Arbeitnehmer. Der Arbeitgeber haftet lediglich neben dem Arbeitnehmer für die richtige Abführung.

> **Beispiel:** Weil Rechtsanwalt Schnell für die bei ihm angestellte Frau Fest 500 DM zuwenig Lohnsteuer abgeführt hat, zahlt er diesen Betrag auf Verlangen des Finanzamts nach.
> Rechtsanwalt Schnell kann verlangen, daß Frau Fest ihm diesen Betrag erstattet.

Kapitel 7
Lohn ohne Arbeit?

Im Arbeitsrecht gilt der Grundsatz: »Ohne Arbeit kein Lohn.« Das Arbeitsverhältnis ist jedoch meist die einzige Existenzgrundlage des Arbeitnehmers. Deshalb hat der Gesetzgeber eine Reihe von Fällen vorgesehen, in denen Arbeitnehmer einen Lohnanspruch erwerben, obwohl sie nicht arbeiten, insbesondere bei Krankheit, bei Kuren und einigen sonstigen Gründen persönlicher Verhinderung wie Pflege schwerwiegend erkrankter naher Angehöriger.

1. Vergütung bei Krankheit

Entsprechend den gesetzlichen Regelungen bleibt der Vergütungsanspruch der Arbeitnehmer für die Dauer bis zu sechs Wochen erhalten, wenn sie ohne ihr Verschulden an der Arbeitsleistung gehindert sind. Die entsprechenden gesetzlichen Bestimmungen lauten wie folgt:

– Für *Angestellte* (§ 616 Absätze 1 und 2 des Bürgerlichen Gesetzbuchs):

   (1) Der zur Dienstleistung Verpflichtete wird des Anspruchs auf die Vergütung nicht dadurch verlustig, daß er für eine verhältnismäßig nicht erhebliche Zeit durch einen in seiner Person liegenden Grund ohne sein Verschulden an der Dienstleistung verhindert wird ...

   (2) Der Anspruch eines Angestellten auf Vergütung kann für den Krankheitsfall sowie für die Fälle der Sterilisation und des Abbruchs der Schwangerschaft durch einen Arzt nicht durch Vertrag ausgeschlossen oder beschränkt werden. Hierbei gilt als verhältnismäßig nicht erheblich eine Zeit von sechs Wochen, wenn nicht durch Tarifvertrag eine andere Dauer bestimmt ist ...

– Für *Arbeiter* gilt das Lohnfortzahlungsgesetz aus dem Jahre 1969, § 1:

   Grundsatz der Entgeltfortzahlung:
   (1) Wird ein Arbeiter nach Beginn der Beschäftigung durch Arbeitsunfähigkeit infolge Krankheit an seiner Arbeitsleistung verhindert,

> ohne daß ihn ein Verschulden trifft, so verliert er dadurch nicht
> den Anspruch auf Arbeitsentgelt für die Zeit der Arbeitsunfähig-
> keit bis zur Dauer von sechs Wochen ...

Das klingt kompliziert. Doch greifen wir den wesentlichen Punkt heraus.

Wann ist der Lohnfortzahlungsanspruch ausgeschlossen?

Der Arbeitnehmer hat einen Anspruch auf Lohnfortzahlung nur, wenn die Arbeitsunfähigkeit unverschuldet ist.
Verschuldet ist die Arbeitsunfähigkeit nur, wenn sie auf einen »gröblichen Verstoß« gegen das von einem verständigen Menschen im eigenen Interesse zu erwartende Verhalten zurückzuführen ist.

> **Beispiel** aus der Rechtsprechung: Franziskus Blum stutzte an einem Wochenende in seinem Garten die Bäume. Plötzlich brach auf dem halbgefrorenen Boden die Stehleiter ein. Der Gartenfreund stürzte hinunter und brach sich ein Bein. Als er von seinem Arbeitgeber Streng die Fortzahlung der Vergütung für sechs Wochen verlangte, berief der sich darauf, Franziskus Blum habe die einschlägigen Unfallverhütungsvorschriften außer acht gelassen und den Unfall damit selbst »grob fahrlässig« verschuldet.
> Ähnlich erging es Friedrich Hupfer, der, als er nach dem Fensterln gar zu beschwingt die Leiter hinabstieg, sich ein Bein brach und alsdann vergeblich von seinem Arbeitgeber die Lohnfortzahlung verlangte.

Beide Arbeitgeber mußten sich vom Richter sagen lassen, daß nur ein »grob fahrlässiges Eigenverschulden« den Anspruch ausschließt. (Eine Faustformel für grobe Fahrlässigkeit lautet: »Das darf auf gar keinen Fall passieren! Vgl. Kapitel 11 Abschnitt 2.)
Der Arbeitgeber kann sich in diesem Zusammenhang jedoch nicht auf die einschlägigen Unfallverhütungsvorschriften berufen. Die sind auf den persönlichen Lebensbereich nämlich nicht anzuwenden. Franziskus Blum wie Friedrich Hupfer hatten sich zwar unvorsichtig verhalten. Ein bloß unvorsichtiges Verhalten ist jedoch noch nicht »grob fahrlässig«.

So mußten die jeweiligen Arbeitgeber den Lohn fortzahlen.
Nur ein besonders leichtfertiges Verhalten schließt also den Lohnfortzahlungsanspruch aus.
Das liegt jedoch nur selten vor.

Was ist, wenn mir beim Sport etwas zustößt?

So gibt es auch keine schlechthin gefährlichen Sportarten, deren Verletzungsfolgen den Vergütungsanspruch ausschlössen. Und es behält auch ein Drachenflieger, der auf einem Baum »landet« und sich dabei verletzt, seinen Anspruch, wenn er die bekannten Sicherheitsvorkehrungen und Regeln beim Ausüben seines Sports beachtet hatte.
Unfälle wegen Teilnahme an einer Rauferei schließen hingegen einen Lohnanspruch in der Regel aus, ebenso die Anbahnung eines Liebesverhältnisses, wenn mit der Eifersuchtstat eines Freundes der Frau zu rechnen ist.
Fingerhakeln hingegen ist zumindest im bayerischen Raum eine durchaus nicht unübliche Art des Zeitvertreibs. Dabei erlittene Verletzungen sind nicht selbstverschuldet und schließen den Lohnfortzahlungsanspruch nicht aus, es sei denn, der Verletzte hat besonders schwache und verletzungsanfällige Fingerknochen und dies ist ihm bekannt gewesen.

Und was ist, wenn ich einen über den Durst getrunken habe?

Ist ein Arbeitsunfall auf einem durch Alkoholmißbrauch herbeigeführten Unfall zurückzuführen, so entfällt ein Anspruch, »da heute jedem Erwachsenen die Gefahren des Alkohols bekannt sind«.

> **Beispiel:** So haben die Arbeitsgerichte den Lohnfortzahlunganspruch einer Frau abgelehnt, die, nachdem sie mehrere Gläser Bier und Schnaps getrunken hatte, bei dem Versuch aufzustehen, über einen Stuhl gestürzt ist und sich dabei verletzt hat. Zuvor hatte ihr Lebensgefährte sie vergeblich aufgefordert, mit dem Trinken aufzuhören und nach Hause zu gehen.

Und was passiert, wenn ich bei einem Unfall den Sicherheitsgurt nicht angelegt hatte?

Die durch das Nichttragen des Sicherheitsgurtes eingetretenen Verletzungsfolgen sind stets verschuldet. Ein Lohnfortzahlungsanspruch besteht in diesem Falle nicht.

Was muß ich tun, wenn ich krank bin?

Angestelle wie Arbeiter sind verpflichtet, den Arbeitgeber von einer Arbeitsunfähigkeit sobald als möglich zu unterrichten.

Muß ich zu Hause bleiben?

Sie brauchen Ihrem Chef jedoch nicht mitzuteilen, woran sie erkrankt sind. Sie brauchen während der Arbeitsunfähigkeit auch nicht unbedingt das Bett zu hüten.

Beispiel: Der Maurer Frisch war vom 20.5. bis zum 11.7. an Lungenentzündung erkrankt. Am Tag nach dem Arztbesuch hat er den Arbeitgeber telefonisch von der Arbeitsunfähigkeit verständigt. Zwei Tage später hat er die Arbeitsunfähigkeitsbescheinigung vorgelegt.
Am 30. und 31. Mai hat er an einer Marienwallfahrt nach Walldürn im Odenwald teilgenommen.
Für diese beiden Tage hat der Arbeitgeber die Lohnzahlung strikt verweigert.
Zu Recht?

Das Arbeitsgericht verurteilte den Arbeitgeber, den Lohn nachzuzahlen. Die Arbeitsunfähigkeit hatte Frisch durch die Vorlage der ärztlichen Bescheinigung nachgewiesen. Allein aus der Teilnahme an der Wallfahrt folgt nicht, daß Frisch etwa arbeitsfähig gewesen wäre. Erhebliche Zweifel an der Arbeitsunfähigkeit wären etwa dann veranlaßt gewesen, wenn Frisch an seinem Haus gemauert hätte. Beachten Sie im übrigen, daß Sie während einer Erkrankung verpflichtet sind, alles zu unterlassen, was den Heilungsverlauf beeinträchtigen kann. Schwere Verstöße gegen diese Pflicht können u. U. eine Kündigung rechtfertigen.

Was passiert, wenn ein Arbeiter die Arbeitsunfähigkeitsbescheinigung erst später vorlegt?

Arbeiter müssen nach dem Lohnfortzahlungsgesetz überdies ihrem Arbeitgeber vor Ablauf des dritten Kalendertages nach Beginn der Arbeitsunfähigkeit eine Arbeitsunfähigkeitsbescheinigung vorlegen.
Bis zur Vorlage der Bescheinigung kann der Arbeitgeber die Fortzahlung des Lohnes vorübergehend verweigern. Bei Vorlage der Bescheinigung muß er den Lohn voll nachzahlen.

Müssen auch Angestellte eine Arbeitsunfähigkeitsbescheinigung vorlegen?

Sofern der Arbeitsvertrag, ein etwa anzuwendender Tarifvertrag oder eine Betriebsvereinbarung dies nicht anders regeln, brauchen Angestellte die Erkrankung nur auf Verlangen des Arbeitgebers durch Vorlage eines ärztlichen Zeugnisses nachzuweisen. Diese Pflicht besteht jedoch auch nur dann, wenn das Vorliegen der Arbeitsunfähigkeit nicht zweifelsfrei ist.

Was muß mir mein Arbeitgeber während der Krankheit weiterzahlen?

Der Mitarbeiter soll durch die Erkrankung nicht schlechter, aber auch nicht besser gestellt werden, als er stehen würde, wenn er arbeitete.

> **Beispiel:** Fräulein Rath ist – wie fünf weitere Kolleginnen – gegen DM 2200,– brutto als Verkäuferin in einer Boutique beschäftigt.
> Sie erkrankt von 1. bis 30. Dezember. Ihr Arbeitgeber zahlt ihr DM 2200,–, ihren Kolleginnen – wegen angefallener Überstunden – jedoch DM 2700,–.
> Zu Recht verlangt sie Nachzahlung des Unterschiedsbetrages von DM 500,–.

Sind Überstunden – etwa wegen Abschlußarbeiten zum Jahreswechsel – angefallen, so sind auch diese zu berücksichtigen. Dementsprechend erhöht sich die bei Arbeitsunfähigkeit fortzuzahlende Vergütung.

2. Lohnzahlung bei Kuren und Heilverfahren sowie bei Schonzeit

Alle Arbeitnehmer haben bei Kuren und Heilverfahren zur Erhaltung, Besserung oder Wiederherstellung der Erwerbsfähigkeit einen Anspruch auf Vergütungsfortzahlung für sechs Wochen, auch wenn sie nicht arbeitsunfähig im medizinischen Sinne sind.

Entsprechendes gilt für Angestellte bei ärztlich verschriebener Schonzeit im Anschluß an das Heilverfahren.

Anders bei Arbeitern: Sie haben während der ärztlich verordneten Schonzeit einen Anspruch auf Lohnfortzahlung nur, soweit sie zugleich arbeitsunfähig sind.

Eine Anrechnung der Schonzeit ist ausgeschlossen. Umgekehrt kann der Arbeiter, wenn er nicht arbeitsunfähig ist, die Erteilung von Urlaub von seinem Arbeitgeber verlangen.

3. Lohnzahlung bei sonstiger persönlicher Verhinderung

Häufig sehen die einschlägigen Manteltarifverträge für sonstige Fälle von Arbeitsverhinderung bezahlten Sonderurlaub vor.

In welchen Fällen persönlicher Verhinderung ist der Lohn fortzuzahlen?

Sofern der einschlägige Tarifvertrag oder der Einzelarbeitsvertrag nichts anderes vorsieht, bleibt den Arbeitnehmern auch in verschiedenen anderen Fällen der Lohnanspruch erhalten, wenn ihnen die Arbeit aus persönlichen Gründen nicht zumutbar ist. In den Worten des Gesetzes (§ 616 Bürgerliches Gesetzbuch) liest sich dies so:

> *Der zur Dienstleistung Verpflichtete wird des Anspruchs auf die Vergütung nicht dadurch verlustig, daß er für eine verhältnismäßig nicht erhebliche Zeit durch einen in seiner Person liegenden Grund ohne sein Verschulden an der Dienstleistung verhindert wird.*

Zu nennen sind vor allem folgende Anlässe: Geburt, Sterbefall oder Begräbnis in der Familie; eigene Hochzeit oder auch silberne Hochzeit, goldene Hochzeit der Eltern; Arztbesuch, ohne daß Arbeitsunfähigkeit vorliegt, soweit dieser außerhalb der Arbeitszeit nicht möglich ist; gerichtliche Ladung als Zeuge oder Beisitzer; Musterung; Gesellenprüfung; schwerwiegende Erkrankung naher Angehöriger.

Wann besteht bei Betreuung eines erkrankten Kindes unter acht Jahren ein Lohnanspruch?

Wenn ein im Haushalt des Arbeitnehmers lebendes Kind unter acht Jahren erkrankt, so behält der Arbeitnehmer den Anspruch auf Lohn bis zu fünf Tagen, wenn nach ärztlichem Zeugnis der Arbeitnehmer das Kind betreuen muß, weil eine andere im Haushalt lebende Person (Ehemann, Lebensgefährtin usw.) nicht zur Verfügung steht.

Zu wessen Lasten gehen schlechte Verkehrsverhältnisse?

Schlechte Witterungsverhältnisse (Überschwemmungen, Glatteis, Schnee), Zusammenbruch der öffentlichen Verkehrsmittel, Fahrverbote wegen Smog liegen nicht »in der Person des Arbeitnehmers begründet« und lassen, wenn deswegen der Arbeitnehmer nicht zur Arbeitsstelle kommen kann, den Lohnanspruch entfallen.

In den meisten Branchen sehen die einschlägigen Manteltarifverträge für Arbeitsverhinderungen bezahlten Sonderurlaub vor, so z. B. für die eigene Eheschließung ein bis drei Tage; für die Eheschließung von Eltern, Kindern, Geschwistern einen Tag; für den Todesfall des Ehegatten zwei bis vier Tage; Todesfall von Kindern, Eltern, Geschwistern, Schwiegereltern ein bis drei Tage; Entbindung der Ehefrau ein bis zwei Tage; schwere Erkrankung des Ehegatten, der Kinder oder Eltern ein bis sechs Tage; für die Teilnahme an Vorsorgeuntersuchungen, die Wahrnehmung öffentlicher Ehrenämter sowie die Vorladung bei Gerichten und Behörden, soweit der Arbeitnehmer nicht Antragsteller, Partei oder Beschuldigter ist, wird bezahlter Sonderurlaub für die Dauer der notwendigerweise ausfallenden Arbeitszeit gewährt.

Soweit Arbeitgeber und Arbeitnehmer nicht durch einen Tarifvertrag gebunden sind, können sie frei vereinbaren, ob und für welche Arbeitsverhinderungen der Arbeitgeber bezahlten Sonderurlaub in welcher Dauer gewähren muß.

4. Die Lohnzahlung bei Annahmeverzug des Arbeitgebers

Wenn der Arbeitgeber Sie als Arbeitnehmer trotz ordnungsgemäß angebotener Arbeit am Betreten des Betriebs hindern oder Ihnen keine Arbeit zuweisen würde, käme er in »Annahmeverzug«. Die Folge wäre: Sie würden als Arbeitnehmer Ihren Lohnanspruch behalten.

> **Beispiel:** Am Montagmorgen findet die Verkäuferin der Boutique einen Zettel der Inhaberin Lore Leicht vor: »Liebe Hilde! Bin bis Mittwoch in Paris. Spann auch Du bis dahin aus. Lore.«
> Als Hilde am Monatsende ihre Abrechnung überprüft, stellt sie fest, daß Lore ihr für drei Tage einen Gehaltsabzug gemacht hat. Hilde verlangt Nachzahlung.
> Wer hat recht?

Lore Leicht bleibt zur Lohnzahlung für die Zeit von Montag bis Mittwoch verpflichtet. Hilde braucht die ausgefallene Arbeitszeit nicht nachzuholen.

Behalte ich den Lohnanspruch bei unberechtigter Kündigung?

Entsprechendes gilt auch für den Fall, daß der Arbeitgeber das Arbeitsverhältnis zu Unrecht fristlos oder unwirksam fristgerecht kündigt.
Der Arbeitgeber gerät bei der unberechtigten fristlosen Kündigung sofort und bei der unwirksamen fristgerechten Kündigung mit Ablauf der Kündigungsfrist in Annahmeverzug.

Muß ich mich nach Erhalt einer Kündigung beim Arbeitgeber melden, um meinen Lohnanspruch zu behalten?

Der Arbeitgeber muß den Lohn nachzahlen. Der arbeitswillige Arbeitnehmer braucht seine Arbeitskraft nicht nochmals gesondert anzubieten. Seinen Arbeitswillen hat er durch seine bisherige Arbeitsleistung bereits hinreichend gezeigt.

> **Beispiel:** Die Friseuse Sonja Fein weigert sich, der Aufforderung ihres Chefs Schönherr nachzukommen, die Schaufensterscheiben zu putzen.
> Daraufhin kündigt er ihr Anfang Januar fristlos.
> Auf ihre Klage erklärt das Arbeitsgericht im September die Kündigung für unwirksam. Herr Schönherr muß seiner Friseuse Sonja den Lohn für die Monate Januar bis September nachzahlen.

Etwaigen Zwischenverdienst – z. B. Bezahlung für Aushilfstätigkeit während der üblichen Arbeitszeit bei einem anderen Friseur – oder erhaltenes Arbeitslosengeld muß sie sich jedoch anrechnen lassen. Regelmäßig verlangt dann das Arbeitsamt das »verauslagte« Arbeitslosengeld vom Arbeitgeber zurück.

Brauche ich mich also in keinem Fall nach einer Kündigung mehr zu melden, um meinen Anspruch auf Lohn zu behalten?

Waren Sie bei Ablauf der Kündigungsfrist jedoch arbeitsunfähig, so müssen Sie dem Arbeitgeber mitteilen, wann Sie wieder arbeitsfähig sind, damit er Ihnen Arbeit zuweisen kann.

Kapitel 8
Die Sicherung des Lohns

Gehalt oder Lohn sind häufig die einzige Existenzgrundlage des Arbeitnehmers. Andererseits kommt es immer wieder vor, daß Gläubiger des Arbeitnehmers (z. B. Finanzierungsinstitute, Banken, Versandunternehmen, der Arbeitgeber selbst) auf den Lohn zugreifen.

Geht es dem Arbeitgeber schlecht, dann muß der Arbeitnehmer u. U. mit anderen Gläubigern des Arbeitgebers um dessen knappe Geldmittel kämpfen.

Der Gesetzgeber hat deshalb Vorkehrungen zum Schutz des Arbeitsentgelts getroffen, und zwar vor dem Zugriff Dritter (Pfändungsschutz), Maßnahmen des Arbeitgebers (Aufrechnungsverbot) und eigenen Verfügungen des Arbeitnehmers (Abtretungsverbot) und auch für den Fall des Konkurses des Arbeitgebers.

1. Schutz gegen Pfändungen

Kommt der Arbeitgeber seinen finanziellen Verpflichtungen nicht nach (etwa gegenüber Unterhaltsberechtigten oder bei Teilzahlungskauf), so kann der Inhaber der Forderung (= Gläubiger, z. B. eine Bank oder ein Kfz-Händler) die Lohnforderung des Arbeitnehmers gegen den Arbeitgeber vom Gericht pfänden lassen, wenn er einen vollstreckbaren Titel (z. B. ein Gerichtsurteil) gegen den Arbeitnehmer besitzt.

> **Beispiel:** Arbeitnehmer Schmidt schuldet dem Radiohändler Gern 2 000 DM. Schmidt ist bei Arbeitgeber Draf beschäftigt.
>
> Bei der Lohnpfändung tritt nun folgende Lage ein:
>
> Durch den gerichtlichen Pfändungs- und Überweisungsbeschluß, den Radiohändler Gern beim Amtsgericht erwirkt, tritt Gern an die Stelle von Schmidt, soweit die Lohnforderung gepfändet ist. Herr Gern wird durch die Pfändung also Inhaber des Lohnanspruchs von Herrn Schmidt gegen Herrn Draf.
>
> Daraus folgt:
>
> Gläubiger Gern kann die Lohnforderung gegen Draf geltend machen, als ob es seine eigene Lohnforderung wäre. Für einen Streit über diese Forderung sind demnach auch die Arbeitsgerichte zuständig.

An wen muß der Arbeitgeber den Lohn nach erfolgter Pfändung zahlen?

Die Lohnforderung darf nun nicht mehr der Arbeitnehmer einziehen, der Arbeitgeber darf nicht mehr an ihn zahlen. Der Arbeitgeber muß an den Pfändungsgläubiger leisten.
Beachtet der Arbeitgeber die Lohnpfändung nicht, so muß er die gepfändeten Lohnteile an den Pfändungsgläubiger (nochmals) zahlen, auch wenn er den Lohn schon an den Arbeitnehmer ausgezahlt hatte.

> **Beispiel:** Arbeitnehmer Schmidt verdient beim Arbeitgeber Draf DM 2500,– netto. Davon hatte der Radiohändler Gern DM 500,– gepfändet. Dennoch hatte der Arbeitgeber Draf dem Arbeitnehmer Schmidt den vollen Monatslohn von DM 2500,– bezahlt.
> Den Betrag von DM 500,– muß der Arbeitgeber nun zusätzlich noch an Herrn Gern bezahlen. (Vom Arbeitnehmer Schmidt kann der Arbeitgeber die DM 500,– wieder zurückverlangen.)

Kann ein Gläubiger den gesamten Lohn kassieren?

Nein. Damit dem Arbeitnehmer Geld zum Leben bleibt, ist die Pfändbarkeit des Lohnes beschränkt.
Das gilt in zweifacher Hinsicht:

Was darf überhaupt nicht gepfändet werden?

Einmal sind bestimmte Arten von Bezügen absolut unpfändbar wie Reisespesen, Auslösungsgelder, Gefahren-, Schmutz- und Erschwerniszulagen, zusätzliches Urlaubsgeld.

Wieviel darf vom Lohn gepfändet werden?

Außerdem sieht das Gesetz beim Lohn bestimmte pfändungsfreie Beträge (Pfändungsgrenzen) vor. Hierbei ist immer vom Nettoeinkommen auszugehen.
Wegen der Einzelheiten wird auf die nachfolgende Übersicht S. 154 ff. verwiesen. Sie entspricht dem Stand von 1988.

2. Aufrechnungsverbot

Der Arbeitnehmer muß auch dann um seinen Lohn bangen, wenn der Arbeitgeber den Vergütungsanspruch nicht durch Zahlung erfüllt, sondern durch Aufrechnung.

Lohnpfändungstabelle

monatlicher Nettolohn in DM	Pfändbarer Betrag in DM bei Unterhaltspflicht *) für ... Personen					
	keine	1	2	3	4	5 und mehr
bis 759,99	–	–	–	–	–	–
760,00 bis 779,99	4,20	–	–	–	–	–
780,00 bis 799,99	18,20	–	–	–	–	–
800,00 bis 819,99	32,20	–	–	–	–	–
820,00 bis 839,99	46,20	–	–	–	–	–
840,00 bis 859,99	60,20	–	–	–	–	–
860,00 bis 879,99	74,20	–	–	–	–	–
880,00 bis 899,99	88,20	–	–	–	–	–
900,00 bis 919,99	102,20	–	–	–	–	–
920,00 bis 939,99	116,20	–	–	–	–	–
940,00 bis 959,99	130,20	–	–	–	–	–
960,00 bis 979,99	144,20	–	–	–	–	–
980,00 bis 999,99	158,20	–	–	–	–	–
1 000,00 bis 1 019,99	172,20	–	–	–	–	–
1 020,00 bis 1 039,99	186,20	–	–	–	–	–
1 040,00 bis 1 059,99	200,20	–	–	–	–	–
1 060,00 bis 1 079,99	214,20	–	–	–	–	–
1 080,00 bis 1 099,99	228,20	–	–	–	–	–
1 100,00 bis 1 119,99	242,20	4,00	–	–	–	–
1 120,00 bis 1 139,99	256,20	14,00	–	–	–	–
1 140,00 bis 1 159,99	270,20	24,00	–	–	–	–
1 160,00 bis 1 179,99	284,20	34,00	–	–	–	–
1 180,00 bis 1 199,99	298,20	44,00	–	–	–	–
1 200,00 bis 1 219,99	312,20	54,00	–	–	–	–
1 220,00 bis 1 239,99	326,20	64,00	–	–	–	–
1 240,00 bis 1 259,99	340,20	74,00	–	–	–	–
1 260,00 bis 1 279,99	354,20	84,00	–	–	–	–
1 280,00 bis 1 299,99	368,20	94,00	–	–	–	–
1 300,00 bis 1 319,99	382,20	104,00	–	–	–	–
1 320,00 bis 1 339,99	396,20	114,00	–	–	–	–
1 340,00 bis 1 359,99	410,20	124,00	5,60	–	–	–
1 360,00 bis 1 379,99	424,20	134,00	13,60	–	–	–
1 380,00 bis 1 399,99	438,20	144,00	21,60	–	–	–
1 400,00 bis 1 419,99	452,20	154,00	29,60	–	–	–
1 420,00 bis 1 439,99	466,20	164,00	37,60	–	–	–

monatlicher Nettolohn in DM	Pfändbarer Betrag in DM bei Unterhaltspflicht *) für ... Personen					
	keine	1	2	3	4	5 und mehr
1 440,00 bis 1 459,99	480,20	174,00	45,60	–	–	–
1 460,00 bis 1 479,99	494,20	184,00	53,60	–	–	–
1 480,00 bis 1 499,99	508,20	194,00	61,60	–	–	–
1 500,00 bis 1 519,99	522,20	204,00	69,60	–	–	–
1 520,00 bis 1 539,99	536,20	214,00	77,60	–	–	–
1 540,00 bis 1 559,99	550,20	224,00	85,60	–	–	–
1 560,00 bis 1 579,99	564,20	234,00	93,60	–	–	–
1 580,00 bis 1 599,99	578,20	244,00	101,60	6,00	–	–
1 600,00 bis 1 619,99	592,20	254,00	109,60	12,00	–	–
1 620,00 bis 1 639,99	606,20	264,00	117,60	18,00	–	–
1 640,00 bis 1 659,99	620,20	274,00	125,60	24,00	–	–
1 660,00 bis 1 679,99	634,20	284,00	133,60	30,00	–	–
1 680,00 bis 1 699,99	648,20	294,00	141,60	36,00	–	–
1 700,00 bis 1 719,99	662,20	304,00	149,60	42,00	–	–
1 720,00 bis 1 739,99	676,20	314,00	157,60	48,00	–	–
1 740,00 bis 1 759,99	690,20	324,00	165,60	54,00	–	–
1 760,00 bis 1 779,99	704,20	334,00	173,60	60,00	–	–
1 780,00 bis 1 799,99	718,20	344,00	181,60	66,00	–	–
1 800,00 bis 1 819,99	732,20	354,00	189,60	72,00	1,20	–
1 820,00 bis 1 839,99	746,20	364,00	197,20	78,00	5,20	–
1 840,00 bis 1 859,99	760,20	374,00	205,60	84,00	9,20	–
1 860,00 bis 1 879,99	774,20	384,00	213,60	90,00	13,20	–
1 880,00 bis 1 899,99	788,20	394,00	221,60	96,00	17,20	–
1 900,00 bis 1 919,99	802,20	404,00	229,60	102,00	21,20	–
1 920,00 bis 1 939,99	816,20	414,00	237,60	108,00	25,20	–
1 940,00 bis 1 959,99	830,20	424,00	245,60	114,00	29,20	–
1 960,00 bis 1 979,99	844,20	434,00	253,60	120,00	33,20	–
1 980,00 bis 1 999,99	858,20	444,00	261,60	126,00	37,20	–
2 000,00 bis 2 019,99	872,20	454,00	269,60	132,00	41,20	–
2 020,00 bis 2 039,99	886,20	464,00	277,60	138,00	45,20	–
2 040,00 bis 2 059,99	900,20	474,00	285,60	144,00	49,20	1,20
2 060,00 bis 2 079,99	914,20	484,00	293,60	150,00	53,20	3,20
2 080,00 bis 2 099,99	928,20	494,00	301,60	156,00	57,20	5,20
2 100,00 bis 2 119,99	942,20	504,00	309,60	162,00	61,20	7,20
2 120,00 bis 2 139,99	956,20	514,00	317,60	168,00	65,20	9,20
2 140,00 bis 2 159,99	970,20	524,00	325,60	174,00	69,20	11,20
2 160,00 bis 2 179,99	984,20	534,00	333,60	180,00	73,20	13,20
2 180,00 bis 2 199,99	998,20	544,00	341,60	186,00	77,20	15,20

monatlicher Nettolohn in DM	Pfändbarer Betrag in DM bei Unterhaltspflicht *) für ... Personen					
	keine	1	2	3	4	5 und mehr
2 200,00 bis 2 219,99	1 012,20	554,00	349,60	192,00	81,20	17,20
2 220,00 bis 2 239,99	1 026,20	564,00	352,60	198,00	85,20	19,20
2 240,00 bis 2 259,99	1 040,20	574,00	365,60	204,00	89,20	21,20
2 260,00 bis 2 279,99	1 054,20	584,00	373,60	210,00	93,20	23,20
2 280,00 bis 2 299,99	1 068,20	594,00	381,60	216,00	97,20	25,20
2 300,00 bis 2 319,99	1 082,20	604,00	389,60	222,00	101,20	27,20
2 320,00 bis 2 339,99	1 096,20	614,00	397,60	228,00	105,20	29,20
2 340,00 bis 2 359,99	1 110,20	624,00	405,60	234,00	109,20	31,20
2 360,00 bis 2 379,99	1 124,20	634,00	413,60	240,00	113,20	33,20
2 380,00 bis 2 399,99	1 138,20	644,00	421,60	246,00	117,20	35,20
2 400,00 bis 2 419,99	1 152,20	654,00	429,60	252,00	121,20	37,20
2 420,00 bis 2 439,99	1 166,20	664,00	437,60	258,00	125,20	39,20
2 440,00 bis 2 459,99	1 180,20	674,00	445,60	264,00	129,20	41,20
2 460,00 bis 2 479,99	1 194,20	684,00	453,60	270,00	133,20	43,20
2 480,00 bis 2 499,99	1 208,20	694,00	461,60	276,00	137,20	45,20
2 500,00 bis 2 519,99	1 222,20	704,00	469,60	282,00	141,20	47,20
2 520,00 bis 2 539,99	1 236,20	714,00	477,60	288,00	145,20	49,20
2 540,00 bis 2 559,99	1 250,20	724,00	485,60	294,00	149,20	51,20
2 560,00 bis 2 579,99	1 264,20	734,00	493,60	300,00	153,20	53,20
2 580,00 bis 2 599,99	1 278,20	744,00	501,60	306,00	157,20	55,20
2 600,00 bis 2 619,99	1 292,20	754,00	509,60	312,00	161,20	57,20
2 620,00 bis 2 639,99	1 306,20	764,00	517,60	318,00	165,20	59,20
2 640,00 bis 2 659,99	1 320,20	774,00	525,60	324,00	169,20	61,20
2 660,00 bis 2 679,99	1 334,20	784,00	533,60	330,00	173,20	63,60
2 680,00 bis 2 699,99	1 348,20	794,00	541,60	336,00	177,20	65,20
2 700,00 bis 2 719,99	1 362,20	804,00	549,60	342,00	181,20	67,20
2 720,00 bis 2 739,99	1 376,20	814,00	557,60	348,00	185,20	69,20
2 740,00 bis 2 759,99	1 390,20	824,00	565,60	354,00	189,20	71,20
2 760,00 bis 2 779,99	1 404,20	834,00	573,60	360,00	193,20	73,20
2 780,00 bis 2 799,99	1 418,20	844,00	581,60	366,00	197,20	75,20
2 800,00 bis 2 819,99	1 432,20	854,00	589,60	372,00	201,20	77,20
2 820,00 bis 2·839,99	1 446,20	864,00	597,60	378,00	205,20	79,20
2 840,00 bis 2 859,99	1 460,20	874,00	605,60	384,00	209,20	81,20
2 860,00 bis 2 879,99	1 474,20	884,00	613,60	390,00	213,20	83,20
2 880,00 bis 2 899,99	1 488,20	894,00	621,60	396,00	217,20	85,20
2 900,00 bis 2 919,99	1 502,20	904,00	629,60	402,00	221,20	87,20

monatlicher Nettolohn in DM	Pfändbarer Betrag in DM bei Unterhaltspflicht*) für ... Personen					
	keine	1	2	3	4	5 und mehr
2 920,00 bis 2 939,99	1 516,20	914,00	637,60	408,00	225,20	89,20
2 940,00 bis 2 959,99	1 530,20	924,00	645,60	414,00	229,20	91,20
2 960,00 bis 2 979,99	1 544,20	934,00	653,60	420,00	233,20	93,20
2 980,00 bis 2 999,99	1 558,20	944,00	661,60	426,00	237,20	95,20
3 000,00 bis 3 019,99	1 572,20	954,00	669,60	432,00	241,20	97,20
3 020,00 bis 3 039,99	1 586,20	964,00	677,60	438,00	245,20	99,20
3 040,00 bis 3 059,99	1 600,20	974,00	685,60	444,00	249,20	101,20
3 060,00 bis 3 079,99	1 614,20	984,00	693,60	450,00	253,20	103,20
3 080,00 bis 3 099,99	1 628,20	994,00	701,60	456,00	257,20	105,20
3 100,00 bis 3 119,99	1 642,20	1 004,00	709,60	462,00	261,20	107,20
3 120,00 bis 3 139,99	1 656,20	1 014,00	717,60	468,00	265,20	109,20
3 140,00 bis 3 159,99	1 670,20	1 024,00	725,60	474,00	269,20	111,20
3 160,00 bis 3 179,99	1 684,20	1 034,00	733,60	480,00	273,20	113,20
3 180,00 bis 3 199,99	1 698,20	1 044,00	741,60	486,00	277,20	115,20
3 200,00 bis 3 219,99	1 712,20	1 054,00	749,60	492,00	281,20	117,20
3 220,00 bis 3 239,99	1 726,20	1 064,00	757,60	498,00	285,20	119,20
3 240,00 bis 3 259,99	1 740,20	1 074,00	765,60	504,00	289,20	121,20
3 260,00 bis 3 279,99	1 754,20	1 084,00	773,60	510,00	293,20	123,20
3 280,00 bis 3 299,99	1 768,20	1 094,00	781,60	516,00	297,20	125,20
3 300,00 bis 3 302,00	1 782,20	1 104,00	789,60	522,00	301,20	127,20

Der Mehrbetrag über 3 302,00 DM ist voll pfändbar.

*) Zu berücksichtigen sind Unterhaltsleistungen des Schuldners gegenüber seinem Ehegatten, einem früheren Ehegatten, einem Verwandten oder der Mutter eines nichtehelichen Kindes nach §§ 16151, 1615 n des Bürgerlichen Gesetzbuchs.

Was ist eine Aufrechnung, und wie schützt das Aufrechnungsverbot meinen Lohn?

Zuweilen kann der Arbeitgeber die Lohnforderung des Arbeitnehmers mit einer eigenen Forderung – z.B. wegen Schadensersatzes – aufrechnen.

Aufrechnung ist die wechselseitige Tilgung zweier sich gegenüberstehender Forderungen durch Verrechnung.

Beispiel: Der angestellte Busfahrer beschädigt durch leichtsinniger Fahrweise den nicht kaskoversicherten Bus. Der Schaden beträgt DM 300,–.

Der Arbeitgeber kann den Betrag vom Lohn einbehalten. Es handelt sich nicht um eine Lohnminderung, sondern um eine Aufrechnung des Schadensersatzanspruches von DM 300,– gegen die Lohnforderung in dieser Höhe.

Die Gegenforderung des Arbeitgebers muß fällig und ebenfalls eine Geldforderung sein. Die Aufrechnung ist aber unzulässig, soweit die Lohnforderung nicht der Pfändung unterworfen ist oder auch, wenn die Aufrechnung durch Tarifvertrag, Betriebsvereinbarung oder Einzelvertrag ausgeschlossen ist.

Soweit der Arbeitnehmer seine Arbeitspflichten nicht erfüllt, steht dem Arbeitgeber ein Zurückhaltungsrecht am Lohn zu. Allerdings ist eine Zurückbehaltung insoweit nicht gegeben, als die Lohnforderung der Pfändung nicht unterworfen ist.

3. Abtretungsverbote

Was bedeutet es, wenn dem Arbeitnehmer verboten ist, Lohn abzutreten?

Wenn eine Forderung nicht pfändbar ist, kann der Arbeitnehmer sie auch nicht an einen anderen abtreten. Eine dennoch vorgenommene Abtretung ist unwirksam. Dadurch soll der Arbeitnehmer davor geschützt werden, durch eine Abtretung seiner Lohnansprüche das notwendige Bargeld, das er für seinen Lebensunterhalt braucht, zu verlieren.

> **Beispiel:** Die zur Sicherung eines Bankdarlehens erfolgte Abtretung des gesamten Monatsgehalts ist bei einem nicht unterhaltspflichtigen Arbeitnehmer bei einem Monatseinkommen von 2 000 DM netto nur in Höhe von 872,20 DM wirksam.

Ferner kann die Abtretbarkeit der Lohnforderung im Arbeitsvertrag, in Tarifverträgen und in Betriebsvereinbarungen im voraus ausgeschlossen werden. Die trotzdem von Arbeitnehmern verfügte Abtretung wäre nichtig.

4. Lohnsicherung im Konkurs

Wie ist mein Lohn im Konkurs gesichert?

Ist der Arbeitgeber zahlungsunfähig geworden, so kann auf seinen eigenen Antrag oder aufgrund des Antrages eines Arbeitnehmers oder eines anderen Gläubigers das Amtsgericht das

Konkursverfahren über das Vermögen des Arbeitgebers eröffnen.
In diesem Fall werden die Forderungen der Arbeitnehmer zum Teil vorweg berücksichtigt oder aber sie genießen Rangvorteile vor den gewöhnlichen Konkursforderungen.

Wozu dient das Konkursausfallgeld?

Häufig kommt es allerdings vor, daß das Konkursverfahren, weil kein oder zuwenig Schuldnervermögen zu verteilen ist, »mangels Masse« nicht eröffnet wird oder daß die Masse so gering ist, daß für rückständige Lohnforderungen nicht mehr genügend Geld vorhanden ist.
Deshalb zahlen die Arbeitsämter auf Antrag der Arbeitnehmer diesem Konkursausfallgeld als Ausgleich von Ansprüchen auf rückständigen Lohn für die der Eröffnung des Konkursverfahrens vorausgegangenen letzten drei Monate des Arbeitsverhältnisses.
Wird »mangels Masse« der Konkursantrag abgewiesen oder die Betriebstätigkeit ohne Konkursantrag mangels Masse vollständig beendet, so kann der Arbeitnehmer ebenfalls Zahlung von Konkursausfallgeld verlangen.
Hat der Arbeitnehmer in Unkenntnis der Abweisung des Konkursantrages mangels Masse weitergearbeitet, so wird Konkursausfallgeld für rückständigen Arbeitslohn während der letzten drei Monate vor Kenntnisnahme des Arbeitnehmers gezahlt.

Wie hoch ist das Konkursausfallgeld?

Die Höhe des Konkursausfallgeldes entspricht dem um die gesetzlichen Abzüge (Lohnsteuer, Kirchensteuer, Sozialversicherungsbeiträge) verminderten Arbeitsentgelt für die der Konkurseröffnung vorausgegangenen letzten drei Monate des Arbeitsverhältnisses, das der Arbeitnehmer noch zu beanspruchen hat.

Wann muß ich den Antrag auf Konkursausfallgeld stellen?

Den Antrag auf Konkursausfallgeld können die Arbeitnehmer bei jedem Arbeitsamt stellen.
Sie können dies innerhalb von zwei Monaten nach Konkurseröffnung tun.

Kapitel 9
Der Anspruch auf Urlaub

1. Erholungsurlaub

Jeder Arbeitnehmer hat in jedem Jahr Anspruch auf einen Erholungsurlaub, also auf bezahlte Freizeit. Er soll zur Wiederherstellung der Arbeitskraft und zur Persönlichkeitsentfaltung beitragen.

Wieviel Urlaub steht mir zu?

Nach dem Bundesurlaubsgesetz beträgt der Urlaub jährlich mindestens 18 Werktage. Arbeitsfreie Samstage werden mitgezählt. Demnach ergibt sich eine gesetzliche Mindestdauer von drei Wochen.
Die Tarifpolitik ist über diesen Mindesturlaub erheblich hinausgegangen: Für mehr als 98 % der tariflich erfaßten Arbeitnehmer beträgt der Urlaub vier Wochen und mehr.
Rund 94 % der Arbeitnehmer erhalten einen Urlaub von fünf Wochen und mehr. Mindestens sechs Wochen erhielten 1987 rund 66 % der von Tarifverträgen erfaßten Arbeitnehmer.

Ab wann kann ich wieviel Urlaub bekommen?

Der Arbeitnehmer erwirbt den vollen Urlaubsanspruch regelmäßig bereits mit Jahresbeginn.
Bei einem neu begründeten Arbeitsverhältnis entsteht der volle Urlaubsanspruch jedoch erstmalig nach Ablauf einer Wartezeit von sechs Monaten.
Eine Zwölftelung des gesetzlichen Urlaubsanspruches für jeden vollen Monat des Arbeitsverhältnisses findet dann statt, wenn der Arbeitnehmer die Wartezeit nicht voll erfüllt oder nach erfüllter Wartezeit in der ersten Jahreshälfte aus dem Arbeitsverhältnis ausscheidet.

> **Beispiel:** Der Arbeitnehmer ist am 10.10. in das Arbeitsverhältnis eingetreten und zum 31.5. des folgenden Jahres ausgeschieden. Er hat für das vergangene Jahr Anspruch auf (2 × 1,5 =) drei und für das laufende Jahr Anspruch auf (5 × 1,5 = 7,5 aufzurunden auf) acht Urlaubstage.

Muß ich dem Arbeitgeber etwas zurückzahlen, wenn ich bereits den gesamten Jahresurlaub genommen habe und vorzeitig ausscheide?

Hat derselbe Arbeitnehmer nach Ableistung der Wartezeit von sechs Monaten den vollen Urlaub von 18 Tagen für das laufende Kalenderjahr – etwa im Mai – erhalten, so schadet ihm die nachträgliche Kürzung des Urlaubsanspruchs infolge seines Ausscheidens innerhalb der ersten Jahreshälfte nicht: Das für den bereits genommenen Urlaub gezahlte Urlaubsentgelt kann nicht zurückgefordert werden.

Wann darf ich in Urlaub gehen?

Nach Entstehung des Urlaubsanspruchs darf sich der Arbeitnehmer nicht selbst beurlauben. Vielmehr setzt der Arbeitgeber den Urlaubszeitpunkt fest (Urlaubserteilung).
Hierbei muß er die Urlaubswünsche des Arbeitnehmers berücksichtigen.
Will der Arbeitgeber Betriebsferien allgemein für die Belegschaft oder einen Teil von ihr festsetzen, so kann er dies nur, wenn – soweit vorhanden – der Betriebsrat zustimmt.
Der Arbeitgeber soll den Urlaub zusammenhängend gewähren, und der Arbeitnehmer soll ihn nach Möglichkeit im laufenden Urlaubsjahr nehmen.

Was ist, wenn ich am Jahresende meinen Urlaub noch nicht genommen habe?

Eine Übertragung des Urlaubs auf das nächste Kalenderjahr kommt nur ausnahmsweise »bei dringenden betrieblichen oder in der Person des Arbeitnehmers liegenden Gründen« in Betracht, bestimmt das Bundesurlaubsgesetz. Zur Übertragung bedarf es jedoch keiner besonderen Abrede zwischen Arbeitgeber und Arbeitnehmer.

> **Beispiel:** Wegen starken Termindrucks konnte der Angestellte Schweiger nicht, wie er vorhatte, im Dezember in Urlaub gehen. Im Februar verlangt er für März seinen Urlaub von einem Monat aus dem Vorjahr. Der Arbeitgeber lehnt ab. Er meint, der Urlaub sei verfallen. Kann Schweiger seinen Urlaub noch verlangen?

Ja, da Schweiger den Urlaub aus betrieblichen Gründen nicht hat nehmen können, ist er auf das nächste Jahr übergegangen.

Schweiger kann verlangen, daß ihm der Urlaub bis Ende März gewährt wird.

Kann ich Abgeltung des nicht genommenen Urlaubs verlangen?

Eine Abgeltung des Urlaubs ist nur für den Fall vorgesehen, daß der Arbeitnehmer ihn wegen der Beendigung des Arbeitsverhältnisses nicht mehr in natura einbringen kann.
Solange das Arbeitsverhältnis besteht, haben Sie also keinen Anspruch auf Abgeltung des nicht in Anspruch genommenen Urlaubs.

Wie hoch ist das Urlaubsentgelt?

Wesentliches Merkmal des Erholungsurlaubs ist die Zahlung von Urlaubsentgelt, das den Lebensstandard des Arbeitnehmers während des Urlaubs sicherstellen soll.
Es ist deshalb vor Urlaubsantritt auszuzahlen. Es bemißt sich in der Höhe nach dem durchschnittlichen Verdienst des Arbeitnehmers in den letzten 13 Wochen vor Urlaubsantritt.

Wann habe ich Anspruch auf ein zusätzliches Urlaubsgeld?

Gesetzlich ist ein zusätzlich zum Urlaubsentgelt zu zahlendes zusätzliches Urlaubsgeld nicht vorgeschrieben, jedoch sehen zahlreiche Tarifverträge es vor.
Ende 1985 hatten 94 % der erfaßten Arbeitnehmer zusätzlich zu dem während des Urlaubs fortzuzahlenden Arbeitsentgelt aufgrund von Tarifverträgen einen Anspruch auf zusätzliches Urlaubsgeld.

Was geschieht mit meinem Urlaub, wenn ich krank werde?

Erkranken Sie während der Betriebsferien oder sonst während des Urlaubs, so haben Sie für die Dauer der Arbeitsunfähigkeit Anspruch auf Lohnfortzahlung.
Erkrankt ein Arbeitnehmer vor Beginn des Urlaubs, so muß der Urlaub verschoben und neu festgesetzt werden.

Verfällt der Urlaub bei Krankheit?

Diejenigen Tage des ursprünglich geplanten Urlaubs, an denen Sie krank gewesen sind, bleiben Ihnen als Urlaubsanspruch erhalten. Jedoch verfällt der Urlaub, wenn Sie den Urlaub wegen

Krankheit im Urlaubsjahr oder bis zum 31. März des folgenden Jahres nicht einbringen konnten.
Auch für diesen Bereich sehen Tarifverträge häufig eigene Regeln vor.
Zugunsten besonders schutzbedürftiger Arbeitnehmer bestehen urlaubsrechtliche Sonderregelungen.

Wieviel zusätzlicher Urlaub steht Jugendlichen zu?

Jugendliche haben Anspruch auf längeren Erholungsurlaub. Er beträgt jährlich mindestens 30 Werktage, wenn der Jugendliche zu Beginn des Kalenderjahres noch nicht 16 Jahre alt, mindestens 27 Werktage, wenn der Jugendliche zu Beginn des Kalenderjahres noch nicht 17 Jahre alt, und mindestens 25 Werktage, wenn der Jugendliche zu Beginn des Kalenderjahres noch nicht 18 Jahre alt ist.

... und wieviel Schwerbehinderten?

Den Schwerbehinderten hat der Arbeitgeber einen zusätzlichen bezahlten Urlaub von einer Woche zu gewähren.
Dieser Anspruch steht jedoch nicht den Gleichgestellten zu, also den Personen, die mit ihrem Grad der Behinderung (GdB) zwischen 30 % und 50 % liegen und die das Arbeitsamt auf ihren Antrag den Schwerbehinderten »gleichgestellt« hat.

2. Erziehungsurlaub

Wer hat Anspruch auf Erziehungsurlaub?

Einen Urlaubsanspruch besonderer Art haben berufstätige Mütter und Väter.
Der frühere »Mutterschaftsurlaub« in den ersten sechs Monaten nach der Geburt ist durch die Regelung des »Gesetzes über die Gewährung von Erziehungsgeld und Erziehungsurlaub« ersetzt worden. Das Gesetz ist zum 1.1.1986 in Kraft getreten.

> **Beispiel:** Sonja Silber entbindet am 30.4. von einer Tochter. Am 28.5. teilt sie ihrem Arbeitgeber mit, daß sie bis zur Vollendung des ersten Lebensjahres der Tochter in Erziehungsurlaub geht.
> Sie verlangt zu Recht Erziehungsurlaub für die Zeit nach Beendigung des achtwöchigen gesetzlichen Beschäftigungsverbots nach der Entbindung.

Aufgrund des Gesetzes wird für die Mutter oder den Vater, wenn sie ein Kind betreuen und erziehen, für die Dauer von bis zu zwölf Monaten ein Erziehungsgeld von DM 600,– monatlich gezahlt. Vom Beginn des siebten Lebensmonats des Kindes an ist die Höhe des Erziehungsgeldes von bestimmten Einkommensgrenzen abhängig.

Wo kann ich Erziehungsgeld beantragen?

Für den Antrag und die Auszahlung des Erziehungsgeldes sind in Bremen, Hamburg, Niedersachsen, Saarland und Schleswig-Holstein die Arbeitsämter zuständig; in Baden-Württemberg die Landeskreditbank; in Rheinland-Pfalz die Jugendämter; in Bayern, Hessen und Nordrhein-Westfalen die Versorgungsämter; in Berlin die Bezirksämter (Abteilung Jugend).

Für welche Zeit besteht Anspruch auf Erziehungsurlaub?

Für denselben Zeitraum, für den der Anspruch auf Erziehungsgeld besteht, also bis zur Vollendung des ersten Lebensjahres des Kindes, kann einer der beiden Ehegatten unbezahlte Freistellung von der Arbeit (Erziehungsurlaub) von seinem Arbeitgeber verlangen.

Kapitel 10
Die betriebliche Altersversorgung

Auch wenn Sie in den verdienten Ruhestand getreten sind, reißt zumindest Ihr finanzielles Band zum früheren Arbeitgeber nicht gänzlich ab: Zum Arbeitsentgelt gehört auch die betriebliche Altersversorgung.

> **Beispiel:** Sie sind mit 63 Jahren in den Ruhestand getreten. Neben Ihrer Rente vom Träger der Sozialversicherung erhalten Sie von Ihrem Arbeitgeber eine monatliche Betriebsrente von DM 500,–.

Wenn Sie als Arbeitnehmer bei Erreichen der Altersgrenze, bei Erwerbs- oder Berufsunfähigkeit aus dem Arbeitsverhältnis ausscheiden, so erhalten Sie vom Rentenversicherungsträger eine Rente. Sie soll Ihnen und Ihrer Familie den Lebensunterhalt sichern.

Diese gesetzlichen Renten (Angestelltenversicherung, Arbeiterrentenversicherung) sind in der Regel niedriger als das bisherige Arbeitseinkommen. So gewähren viele Arbeitgeber ihren langjährig Beschäftigten eine zusätzliche betriebliche Altersversorgung (Ruhegeld, Ruhegehalt, Pension) oder den Hinterbliebenen eine Hinterbliebenenversorgung.

Über 60% der Arbeitnehmer sind in eine Form der betrieblichen Altersversorgung einbezogen.

Welche Formen der betrieblichen Altersversorgung gibt es?

Folgende Formen der betrieblichen Altersversorgung gibt es:

- Der Arbeitgeber gibt dem Arbeitnehmer eine unmittelbare Versorgungszusage (Direktzusage).
  Damit ist er selbst zur Zahlung des Ruhegeldes an den Arbeitnehmer verpflichtet.
- Der Arbeitgeber schließt mit einer Lebensversicherungsgesellschaft eine Lebensversicherung zugunsten einzelner, mehrerer oder aller Arbeitnehmer ab (= Direktversicherung). Ihr Anspruch entsteht gegen die Versicherung.
- Es besteht eine Pensionskasse. Der Arbeitgeber wendet dem Arbeitnehmer einen Rechtsanspruch gegen die selbständige betriebliche Pensionskasse zu.

- Es besteht nur eine Unterstützungskasse. Auf ihre Leistungen besteht kein Rechtsanspruch.
- Der Arbeitgeber entrichtet für den Arbeitnehmer Beiträge zur Höherversicherung in der gesetzlichen Sozialversicherung. Der Arbeitnehmer erwirbt unmittelbare Ansprüche gegen die Träger der Sozialversicherung.

Das hier maßgebliche »Gesetz zur Verbesserung der betrieblichen Altersversorgung« begründet selbst keine Ruhegeldansprüche.

Welche Ansprüche sichert das Gesetz?

Das Gesetz sichert lediglich anderweitig begründete Ansprüche. Diese Ruhegeldansprüche können sich namentlich ergeben aus dem Einzelarbeitsvertrag, aus einer Betriebsvereinbarung, aus einem Tarifvertrag oder auch aus dem Gleichbehandlungsgrundsatz oder dem Gedanken der Gleichberechtigung.

Beispiel: Ein Kaufhauskonzern sieht für seine Mitarbeiter arbeitsvertraglich folgende Leistungen vor. »Nach 15 Jahren Betriebszugehörigkeit erwirbt der Mitarbeiter Anspruch auf die betriebliche Altersversorgung der Kaufhaus AG.«
Frau Klar scheidet mit Erreichen des 63. Lebensjahres aus und verlangt von der Kaufhaus AG die Leistungen aus der betrieblichen Altersversorgung. Die Kaufhaus AG will nicht zahlen. Sie stellt sich auf den Standpunkt, sie brauche nur die elf Jahre der Vollzeitbeschäftigung anzurechnen. Frau Klar zieht vor das Arbeitsgericht.
Wird sie recht bekommen?

Allgemein sind 90% der Teilzeitbeschäftigten Frauen. Die Regelung hätte auch hier eine teilzeitbeschäftigte Frau benachteiligt. Sie war insoweit wegen »mittelbarer Benachteiligung« der teilzeitbeschäftigten Frauen unwirksam. Der Arbeitgeber mußte somit auch die Betriebszugehörigkeit als Teilzeitbeschäftigte berücksichtigen.
Die Verkäuferin Frau Klar hat demnach einen Anspruch auf die betriebliche Altersversorgung erworben.

Bleibt mir die Versorgungsanwartschaft auch bei einem Wechsel des Arbeitgebers erhalten?

Wechselt ein Arbeitnehmer während seines Arbeitslebens den Arbeitgeber, so besteht die Gefahr, daß er seine während eines

früheren Arbeitsverhältnisses erworbene Anwartschaft auf betriebliche Altersversorgung durch den Wechsel verliert.
Das Gesetz regelt daher insbesondere die Unverfallbarkeit von Versorgungsanwartschaften: Diese bleiben dem Arbeitnehmer auch bei einem Wechsel des Betriebs erhalten, wenn der Arbeitnehmer zu diesem Zeitpunkt 35 Jahre alt ist und entweder die Zusage zehn Jahre besteht oder der Arbeitnehmer dem Unternehmen zwölf Jahre angehört hat und seit mindestens drei Jahren eine Versorgungszusage besitzt.

> **Beispiel:** Alfred Lang ist 40 Jahre alt und seit 13 Jahren bei der Firma Müller beschäftigt.
> Nach der dort bestehenden Regelung erwerben Mitarbeiter nach zehnjähriger Betriebszugehörigkeit und Eintreten in den Ruhestand einen Anspruch auf betriebliche Altersversorgung. Lang scheidet bei der Firma Müller nunmehr aus und tritt bei der Firma Mayer ein. Mit Vollendung des 63. Lebensjahres scheidet er endgültig aus dem Arbeitsleben aus. Jetzt kann er auch von seinem früheren Arbeitgeber, der Firma Müller, sein dort erdientes betriebliches Altersruhegeld verlangen.

Was geschieht mit dem Anspruch auf Ruhegeld, wenn der Arbeitgeber inzwischen in Konkurs gegangen ist?

Für die betrieblichen Ruhegeldansprüche besteht eine besondere gesetzliche Insolvenzsicherung:
Wenn Ihr Arbeitgeber wegen Zahlungsunfähigkeit oder wegen Konkurses die Ruhegeldansprüche nicht erfüllt, können Sie Ihre Ansprüche gegen den Pensions-Sicherungsverein mit Sitz in Köln geltend machen.

Kapitel 11
Auslagen für den Arbeitgeber

Franz Koller ist bei der Neubau GmbH als Bauarbeiter beschäftigt. Aufgrund bestehender Unfallverhütungsvorschriften der Berufsgenossenschaft hält die Neubau GmbH für ihre Bauarbeiter Sicherheitsschuhe (Schuhe mit stoßgesichertem Obermaterial) in ihrem Magazin bereit. Wegen seiner ungewöhnlichen Schuhgröße (Schuhgröße 47) ist für Herrn Koller bei Arbeitsantritt im Magazin kein geeignetes Paar Schuhe zu finden. Der Vorarbeiter sagt daher zu Herrn Koller, er müsse sich selbst ein Paar Schuhe besorgen. Herr Koller macht das und verlangt von der Neubau GmbH Ersatz des Anschaffungspreises für die Schuhe. Die Neubau GmbH weigert sich mit der Begründung, für seine Kleidung müsse jeder Mitarbeiter selbst die Kosten tragen. Außerdem gehörten ihm die Schuhe, so daß er ja einen entsprechenden Gegenwert in seinem Vermögen habe.
Muß die Neubau GmbH zahlen?

Ja. Sie muß zahlen, weil es sich bei den Ausgaben des Herrn Koller für die Schuhe um Aufwendungen aus dem Arbeitsverhältnis handelt, die vom Arbeitgeber zu ersetzen sind.

1. Ersatz von Aufwendungen im allgemeinen

Was sind Aufwendungen des Arbeitnehmers aus dem Arbeitsverhältnis?

Aufwendungen aus dem Arbeitsverhältnis sind im allgemeinen Ausgaben, die Sie bei Ausführung der Ihnen übertragenen Arbeit haben. Hierzu werden teilweise auch Schäden gerechnet, die Sie bei Ausübung der Arbeit an Ihrem Eigentum erleiden.

Wann muß mein Arbeitgeber mir meine Aufwendungen erstatten?

Aufwendungen bei Ausführung der Arbeit muß Ihr Arbeitgeber ersetzen, wenn Sie diese Auslagen den Umständen nach für erforderlich halten durften und diese Aufwendungen nicht bereits mit dem Lohn bzw. Gehalt abgegolten sind.
Sie können sich vorstellen, daß es bei der Feststellung, ob eine

bestimmte Aufwendung als mit dem Lohn abgegolten anzusehen ist, schnell zu gegensätzlichen Auffassungen kommen kann. Kommt ein solcher Fall zum Gericht, ist die Entscheidung nur schwer vorauszusagen, weil die Grenzen fließend sind.
Um diese Rechtsunsicherheit zu beseitigen, finden wir in zahlreichen Tarifverträgen ausführliche Regeln zu diesem Punkt.
Als grobe Leitlinie können Sie sich für die Fälle, in denen der Aufwandsersatz nicht in einem Tarifvertrag oder in Ihrem Einzelarbeitsvertrag eigens geregelt ist, folgendes einprägen:

Zu den *erstattungsfähigen Auslagen* gehören nur diejenigen Aufwendungen, die der Arbeitsausführung selbst dienen.

Beispiele: Fahrtkosten zu auswärtigen Baustellen, Fahrtkosten für Dienstfahrten, Reisespesen (Übernachtung), Auslagen zur Beschaffung von Handwerkszeug, sofern nicht branchenüblich vom Arbeitnehmer selbst bereitzustellen.

Nicht erstattungsfähig sind die persönlichen, von seinem Lohn zu bestreitenden Aufwendungen des Arbeitnehmers.

Beispiele: In der Regel die Kosten der Arbeitskleidung (wie Sie gleich sehen werden, gibt es dabei Ausnahmen), Kosten der Verpflegung, Fahrtkosten zwischen Wohnung und Arbeitsstätte, Umzugskosten.

Bei der Arbeitskleidung muß nach dem dahinterstehenden Zweck zwischen mehreren Arten von Arbeitskleidern unterschieden werden.

– Im Dienst getragene *besondere Kleidung* (insbesondere eine Uniform oder ein Kleidungsteil wie eine Dienstmütze) kann dazu dienen, entweder das Personal eines Betriebs in dienstlichem Interesse besonders kenntlich zu machen, oder sie kann den Charakter einer Schutzkleidung haben, die dazu dienen soll, den Träger gegen Witterungsunbilden, andere gesundheitliche Gefahren oder gegen außergewöhnliche Verschmutzung zu schützen.
– Es können auch beide Zwecke vereint werden, wie es bei dem Personal von Tankstellen vorkommt, wo Schutzanzüge mit Firmenabzeichen getragen werden.
– Schließlich können örtliche und berufliche Traditionen praktische und ästhetische Gründe ein Anlaß zum Tragen von Dienstkleidung sein (z. B. bei Zimmerleuten, Kellnern, Friseuren usw.).

Wann muß mein Arbeitgeber mir Auslagen für von mir beschaffte Arbeitskleidung ersetzen?

(1) Erstattungsfähig sind Ausgaben für persönliche Schutzkleidung, die aufgrund von Unfallverhütungsvorschriften zu tragen ist. Im allgemeinen muß der Arbeitgeber diese Bekleidungsstücke selbst bereitstellen. Tut er das nicht und besorgen Sie an seiner Stelle die vorgeschriebenen Stücke (z. B. Sicherheitsschuhe, Sicherheitshelm, Schutzbrille) wie Herr Koller in unserem Beispiel, so muß der Arbeitgeber Ihnen die erforderlichen Auslagen ersetzen. Bei Beendigung des Arbeitsverhältnisses müssen Sie diese Gegenstände dann allerdings herausgeben.

(2) Nicht erstattungspflichtig sind Kosten derjenigen Arbeitskleidung, die lediglich zur Schonung Ihrer Privatkleidung bestimmt ist, oder etwa die Kosten Ihrer im Dienst getragenen normalen Kleidung.

(3) In allen übrigen Fällen müssen Sie u. a. anhand der Branchenüblichkeiten feststellen, ob Aufwendungen hierfür als mit der Vergütung abgegolten angesehen werden müssen oder nicht. Oft keine leichte Fragestellung. Vielfach können jedoch Tarifverträge weiterhelfen, weil Sie Rückschlüsse auf bestehende Branchenüblichkeiten zulassen.

2. Ersatz von Sachschäden des Arbeitnehmers

Paolo Campinello ist Lagerarbeiter bei der Oxygen GmbH. Eines Tages wird er beim Entladen eines LKWs mit Ameisensäure-Korbflaschen eingesetzt. Bei einer der Korbflaschen platzt beim Herunterheben von der Rampe wegen eines Materialfehlers der Glasboden ab. Die Säure fließt aus und verletzt ihn erheblich. Außerdem ist seine Bekleidung unbrauchbar geworden. Die zuständige Berufsgenossenschaft hat den Vorfall als Berufsunfall anerkannt und den *Personen*schaden ersetzt. Herr Campinello möchte von der Oxygen GmbH auch den Schaden an seiner Kleidung ersetzt bekommen. Die Oxygen GmbH lehnt ab.
Am Materialfehler des Glases der Korbflasche treffe sie kein Verschulden, und ohne Verschulden gebe es keine Haftung.
Wer hat recht?

Was gilt, wenn ich im Rahmen meiner Arbeit an meinem persönlichen Eigentum einen Schaden erleide?

Herr Campinello kann verlangen, daß der Schaden an seiner Kleidung ersetzt wird.
Hätte die Oxygen GmbH ein Verschulden an dem Unfall getroffen (z. B. mangelnde Sicherheitsvorkehrungen trotz Vorsehbarkeit des Unfalls), so wäre ein Schadensersatzanspruch schon deswegen gegeben.

Im vorliegenden Fall, der vom Bundesarbeitsgericht einmal entschieden wurde, fehlte es an einem solchen Verschulden. Das Bundesarbeitsgericht hat dennoch einen Schadensersatzanspruch anerkannt, indem es den Schaden als einen Aufwand des Arbeitnehmers angesehen hat, der mit der Arbeitsvergütung nicht als abgegolten angesehen werden könne. Voraussetzung sei jedoch (so das Bundesarbeitsgericht),

– daß der Schaden im Vollzug einer gefährlichen Arbeit entstanden ist und
– daß er außergewöhnlich ist, der Arbeitnehmer also damit nach der Art des Betriebes oder nach der Natur der Arbeit nicht zu rechnen brauchte.

Diese Voraussetzungen hat das Bundesarbeitsgericht in dem geschilderten Fall als gegeben angesehen.
Aus diesen Grundsätzen ergibt sich andererseits deutlich, daß nicht jeder Schaden, den Sie bei Ausübung Ihrer Arbeit an Ihrem Eigentum erleiden, von Ihrem Arbeitgeber ersetzt werden muß.

Beispiel: Frau Spät ist Sekretärin. Sie bückt sich, um aus dem untersten Fach eines Regals einen schweren Aktenordner hervorzuholen. Dabei kommt es zu einer Laufmasche an einem Strumpf.

Hier muß der Arbeitgeber nicht zahlen, da die Arbeit von Frau Spät zum einen nicht gefährlich ist und zum anderen der entstandene Schaden auch nicht außergewöhnlich ist.

Die eben beschriebenen Grundsätze führen im Bereich von Unfällen bei Dienstfahrten des Arbeitnehmers mit dem eigenen PKW zu unbefriedigenden Ergebnissen, da Autofahren zwar als gefährlich eingestuft werden kann, dabei auftretende Schäden aber keineswegs außergewöhnlich sind.

Muß mir mein Arbeitgeber den Schaden ersetzen, wenn ich auf einer Dienstfahrt schuldlos einen Unfall habe und keine anderen Verkehrsteilnehmer für den Schaden haften?

Beispiel: Hildegard Spohn ist beim Verein für Sozialfürsorge e. V. – einer Sozialstation mit ländlichem Einzugsgebiet – als hauptamtliche Altenpflegerin beschäftigt. Für ihre Hausbesuche benutzt sie mit Billigung des Geschäftsführers des Vereins ihr privates Kraftfahrzeug und erhält dafür ein Kilometergeld von 0,32 DM. Am 23. Februar 1988 fährt sie auf einer Kreisstraße zu einem Hausbesuch. Auf einer nicht rechtzeitig erkennbaren Ölspur gerät sie ins Schleudern und kollidiert mit einem Baum. Es entsteht ein Sachschaden von 3.500 DM. Frau Spohn möchte diesen Schaden vom Verein ersetzt erhalten. Der Geschäftsführer winkt ab: Bei Benutzung eines Kraftfahrzeugs müsse mit Schäden gerechnet werden. Das gehöre zum allgemeinen Lebensrisiko von Frau Spohn. Solche Schäden seien im Sinne der Rechtsprechung nicht als außergewöhnlich anzusehen. Außerdem habe Frau Spohn ihr Fahrzeug vollkaskoversichern können. Für freiwillige Ersatzleistungen sei kein Raum, da der Verein mit Spendengeldern und öffentlichen Mitteln finanziert werde und nichts zu verschenken habe. Wer hat recht?

Der Verein wird zahlen müssen.

Der Arbeitgeber muß nämlich ergänzend zu den zuvor zitierten Grundsätzen auch dann für Schäden am Eigentum des Arbeitnehmers aufkommen, wenn diese zwar nicht außergewöhnlich sind, wenn sie aber

– im Betätigungsbereich des Arbeitgebers entstanden sind und
– die Übernahme des Schadensrisikos vom Arbeitgeber nicht vergütet wird.

Für den vorliegenden Fall bedeutet das, daß es darauf ankommt, ob der Arbeitgeber ohne den Einsatz des Kraftfahrzeugs des Arbeitnehmers ein eigenes Fahrzeug hätte einsetzen und das damit verbundene Unfallrisiko tragen müssen.
Das wird man bei der Art der Tätigkeit von Frau Spohn (viele Hausbesuche) wohl bejahen müssen. Hätte Frau Spohn nicht ihr eigenes Fahrzeug benutzt, hätte der Verein ihr ein Auto zur Verfügung stellen müssen, da sich ihre Aufgabe mit öffentlichen Verkehrsmitteln nicht bewältigen ließe.
Hinzu kommt, daß das Unfallrisiko von Frau Spohn durch den Verein nicht vergütet worden ist. Der Kilometersatz von 0,32

DM mag ihre allgemeinen Kfz-Kosten knapp abdecken, für den Abschluß einer Vollkaskoversicherung reicht dieser Satz sicher nicht aus.
Die Sache wird für das Portemonnaie von Frau Spohn also noch einmal glimpflich ausgehen. Komplizierter wird es, wenn ein Verschulden des Arbeitnehmers hinzu kommt.

Haftet mein Arbeitgeber auch, wenn ich den Unfall schuldhaft verursacht habe?

Beispiel: Frau Spohn fährt bei Gegenlicht an einer Ampelanlage auf ein vor ihr fahrendes, bei Gelb sofort bremsendes Fahrzeug auf.

Hierzu vertritt die Rechtsprechung die Auffassung, daß der Arbeitgeber nicht nur das Schadensrisiko unverschuldeter Unfälle tragen muß, sondern auch das Risiko, daß es infolge geringen Verschuldens (= leichteste Fahrlässigkeit) zu einem Unfall kommt.
Frau Spohn könnte also auch in diesem Fall Ersatz des Schadens verlangen.
Beruht der Unfall andererseits auf sogenannter »mittlerer Fahrlässigkeit«, so ist der Schaden zwischen Arbeitgeber und Arbeitnehmer zu teilen. Bei grober Fahrlässigkeit schließlich muß der Arbeitnehmer den Schaden allein tragen.

Wie kann ich leichte von mittlerer Fahrlässigkeit und mittlere Fahrlässigkeit von grober Fahrlässigkeit unterscheiden?

Das Gesetz erklärt den Begriff der Fahrlässigkeit folgendermaßen:

§ 276 Absatz 1 Satz 2 BGB:
Fahrlässig handelt, wer die im Verkehr erforderliche Sorgfalt außer acht läßt.

Es würde Ihnen jetzt nicht viel weiterhelfen, die Merkmale aufzuzählen, die von der Rechtsprechung für die Begriffe der leichten, mittleren und groben Fahrlässigkeit entwickelt wurden.
Statt dessen sollten Sie sich vielleicht folgende Faustregel einprägen:

Leichte Fahrlässigkeit	Das kann jedem passieren
Mittlere Fahrlässigkeit	Das darf nicht passieren
Grobe Fahrlässigkeit	Das darf auf gar keinen Fall passieren

Abschließend noch ein Fall, der für den Arbeitnehmer ungünstig ausging, obwohl dem Arbeitnehmer nur leichte Fahrlässigkeit vorzuwerfen war.

Der 30jährige Marcus Panke ist Einrichtungsplaner bei der Bayerischen Auto-Union (BAU), einem Hersteller von Kraftfahrzeugen. Von der Abteilung Arbeitssicherheit wird er vom Betriebssitz München aus zu einem Arbeitssicherheitslehrgang der Süddeutschen Eisen- und Stahlberufsgenossenschaft nach Treuchtlingen entsandt. Zwischen München und Treuchtlingen besteht eine durchgehende Zugverbindung (Fahrzeit ca. eineinhalb Stunden). Die BAU hatte ihren Lehrgangsteilnehmern freigestellt, als Verkehrsmittel die Deutsche Bundesbahn oder einen privaten PKW zu benutzen. Fahrtkostenerstattung (DB-Fahrkarte bzw. 0,42 DM/km bei Kfz-Benutzung) war zugesagt. Der in Starnberg (25 km südlich von München) wohnende Kläger benutzte seinen fast neuen Privat-PKW (Wert ca. 28 000 DM), den er als Jahreswagen nutzte. Das Fahrzeug war nicht vollkaskoversichert.
Herr Panke war in einem Hotel etwa 20 Gehminuten vom Schulungsheim entfernt untergebracht. Als er am zweiten Tag des Lehrgangs morgens vom Hotel zum Schulungsheim fährt, kommt es infolge eines leicht fahrlässigen Fahrfehlers von Herrn Panke zu einem Unfall. Der Schaden am Wagen des Herrn Panke beträgt DM 20000,–.
Herr Panke möchte den Schaden von der BAU ersetzt bekommen. Er steht auf dem Standpunkt, seine Teilnahme an der Tagung sei eine dienstliche Unternehmung gewesen, für die die BAU das Schadensrisiko tragen müsse, zumal die Benutzung des eigenen Kfz ausdrücklich freigestellt worden sei. Mit den 0,42 DM/km könne andererseits eine Vollkaskoversicherung nicht bezahlt werden.
Die BAU hält Herrn Panke entgegen, die Teilnahme an der Tagung sei zwar als Dienstfahrt angeordnet gewesen, nicht aber die Benutzung des privaten PKWs. Diese sei freigestellt gewesen.
Wie wird das Gericht entschieden haben?

Herr Panke muß den Schaden selbst übernehmen. Dabei ist entscheidend, daß die Firma BAU Herrn Panke kein Fahrzeug hätte bereitstellen müssen, wenn er auf die Benutzung des eigenen Fahrzeugs verzichtet hätte. Herr Panke hätte nämlich genausogut mit der Bahn fahren können. Die Benutzung des Autos diente lediglich der persönlichen Erleichterung und ist damit dem persönlichen Lebensbereich und Lebensrisiko des Arbeitnehmers zuzuordnen. Hierfür muß der Arbeitgeber nicht aufkommen.

Wie kann ich mich bei Dienstfahrten mit meinem privaten PKW dagegen absichern, daß eventuelle Unfälle von mir selbst getragen werden müssen?

Wenn es nicht – wie im Fall von Frau Spohn – offensichtlich ist, daß Ihr Arbeitgeber Ihnen eigentlich ein Fahrzeug zur Durchführung der Dienstfahrten zur Verfügung stellen müßte, müssen Sie darauf dringen, daß die Benutzung des eigenen PKWs von Ihrem Arbeitgeber vor Antritt der Reise angeordnet wird. Eine andere Möglichkeit besteht darin, daß Sie eine – ggf. zeitlich begrenzte – Vollkaskoversicherung abschließen und sich von Ihrem Arbeitgeber zusichern lassen, daß die Kosten hierfür zusätzlich zum Kilometergeld übernommen werden.

Kapitel 12

Arbeitnehmerrechte im betrieblichen Alltag

1. Arbeitsverweigerung bei vertragswidrigen Weisungen

Die Fragen des Weisungsrechts sind in Kapitel 4 ausführlich behandelt worden. Ist die Weisung des Arbeitgebers rechtswidrig, müssen Sie sie nicht befolgen, juristisch spricht man von einem Recht zur Arbeitsverweigerung.

Wie stelle ich fest, ob sich die Weisung meines Arbeitgebers im Rahmen des Arbeitsvertrags hält?

Beispiel: Herr Huber ist in der Generaldirektion der Allgemeinen Versicherung in Hannover beschäftigt. Nach seinem schriftlichen Arbeitsvertrag ist er zu allen Tätigkeiten des Hausdienstes verpflichtet. Seit einem Jahr übt er nur noch die Tätigkeit eines Pförtners aus. Als der erste Schnee im November fällt, erklärt ihm der Leiter der Organisationsabteilung, er müsse, was er ja auch schon früher gemacht habe, in diesem Winter den Schnee im Hof wegschaufeln. Als Herr Huber darauf hinweisen will, daß diese Arbeit nicht zu den Aufgaben des Pförtners gehört, schneidet ihm der Leiter der Organisationsabteilung das Wort ab und erklärt: »In diesem Winter müssen Sie den Schnee wegräumen, basta!« Herr Huber hält die Weisung für rechtswidrig und will ihr nicht Folge leisten.
Welche Gesichtspunkte muß er in seine Überlegungen einbeziehen?

Zunächst muß Herr Huber seinen schriftlichen Arbeitsvertrag und eventuelle schriftliche Vertragsänderungen zu Rate ziehen. Eine schriftliche Übertragung des Pförtnerdienstes wäre die sicherste Grundlage für die Arbeitsverweigerung.
Ist allerdings der Arbeitsvertrag nur mündlich geändert worden, müßte Herr Huber genau rekonstruieren, was im Zusammenhang mit der Übernahme des Pförtnerdienstes von seiten der Allgemeinen Versicherung erklärt worden ist. Mündliche Zusagen haben oft den Nachteil, daß sie nicht bewiesen werden können. Auch dies wird Herr Huber bedenken müssen, bevor er die Weisung mißachtet.

Liegt eine beweisbare mündliche Zusage nicht vor, bliebe noch eine stillschweigende Vereinbarung mit der Allgemeinen Versicherung, wobei sich Herr Huber auf die einjährige ausschließliche Pförtnertätigkeit berufen könnte. Diese Argumentation würde schon dann ausscheiden, wenn der Arbeitsvertrag die Klausel enthielte, daß Änderungen der Schriftform bedürfen. Eine solche Klausel hat gerade den Sinn, daß nur bei einer ausdrücklichen und von der zuständigen Stelle gegebenen Zustimmung eine Änderung des Arbeitsvertrags eintritt. Darüber hinaus ist für das Zustandekommen einer solchen stillschweigenden Vereinbarung die einjährige Tätigkeit als Pförtner nicht ausreichend. Es kommt vielmehr auf alle Umstände an, die möglicherweise das Vertrauen des Herrn Huber begründet haben, daß er nur noch Pförtnerdienst ausüben muß. Wurde damals auf den Gesundheitszustand des Herrn Huber Rücksicht genommen, konnte er auch ohne eine ausdrückliche Zusicherung davon ausgehen, daß er keine andere Arbeit mehr ausüben muß. War damals nur ein vorübergehender Engpaß beim Pförtnerpersonal vorhanden, der zu seiner »Abordnung« führte, die sich dann aber doch länger hinzog, wird der Arbeitgeber Herrn Huber nach wie vor übliche Tätigkeiten aus dem Bereich des Hausdienstes zuweisen können.

Wie stelle ich fest, ob eine Weisung meines Arbeitgebers billigem Ermessen entspricht?

Steht Ihrem Arbeitgeber das Weisungsrecht nach dem Arbeitsvertrag zu, darf er es gleichwohl nur im Rahmen des billigen Ermessens ausüben. Die Frage, wann eine Arbeitgeberweisung nicht billigem Ermessen entspricht, ist zumeist schwierig zu beantworten. Sie erfordert regelmäßig einen juristischen Rat. Für Sie ist wichtig, daß Sie eine möglichst umfassende Abwägung aller gegenseitigen Belange, also sowohl die eigenen als auch die des Arbeitgebers, vornehmen. Betrachten Sie die Weisung des Arbeitgebers nur durch Ihre Brille, werden Sie die rechtliche Situation meist falsch beurteilen.

> **Beispiel:** Herr Schneider wohnt mit seiner Familie in München und ist dort in der Niederlassung der Firma Mitterhoff, einer großen Bauunternehmung, tätig. Sein Arbeitsvertrag sieht zwar München als Arbeitsort vor, läßt aber ausdrücklich auch eine Versetzung in eine andere Niederlassung zu. Er erhält einen Brief, daß er mit gleichem Aufga-

bengebiet von nun an in der Niederlassung Augsburg eingesetzt werde.

Welche Fragen müßten noch geklärt werden, um die Rechtmäßigkeit der Versetzung zutreffend beurteilen zu können?

Frage: Hat der Arbeitgeber einen sachlichen Grund für die Versetzung nach Augsburg?

Annahme 1: Nein. Die Versetzung erfolgte aus rein persönlichen Motiven des Vorgesetzten. Folgerung: Die Versetzung ist unzulässig.

Annahme 2: Ja. Zwischen dem Arbeitnehmer und seinem Vorgesetzten gibt es unüberbrückbare Schwierigkeiten. Dann Fortsetzung mit

Frage: Gibt es eine andere Möglichkeit als die Versetzung nach Augsburg?

Annahme 1: Ja. Es ist ein geeigneter Arbeitsplatz in der Niederlassung München frei. Folgerung: Die Versetzung ist unzulässig.

Annahme 2: Nein. Dann Fortsetzung mit

Frage: Berührt die Versetzung nach Augsburg die berechtigten Belange des Arbeitnehmers?

Annahme 1: Nein. Folgerung: Die Versetzung ist zulässig.

Annahme 2: Ja. Dann Folgerung: Es kommt darauf an, wie diese berechtigten Belange des Arbeitnehmers gegenüber dem sachlichen Grund des Arbeitgebers zu gewichten sind. Je nachdem wie diese Abwägung der gegenseitigen Interessen ausfällt, ist die Versetzung zulässig oder unzulässig.

Das Frage-Antwort-Schema endet mit einer typischen Juristenantwort: *Es kommt darauf an.* Sie können unschwer erkennen, daß die eigentliche Schwierigkeit der Beantwortung der Frage nach der Zulässigkeit der Versetzung in der Abwägung der beiderseitigen Interessen liegt. Wir wollen hier auch keine vollständige Lösung dieses Falles bieten. Dazu bedürfte es einer Ergänzung um alle wesentlichen Umstände: Wer hat die Spannungen zu vertreten? Wie weit ist der Anfahrtsweg zur Niederlassung in Augsburg? etc. Vielmehr soll Ihnen damit nur ein Wegweiser an die Hand gegeben werden, der auf unterschiedliche Fallgestaltungen der Ausübung des Weisungsrechts angewendet werden kann.

Welches Risiko gehe ich ein, wenn ich die Arbeit verweigere?

Da in vielen Fällen eine eindeutige Antwort auf die Frage, ob eine Anweisung rechtswidrig ist, schwerfällt, ist das Risiko einer unberechtigten Arbeitsverweigerung zu bedenken. Je nach den Umständen kann eine Abmahnung, eine ordentliche oder gar eine außerordentliche Kündigung drohen. Diese Folgen sind auch nicht ausgeschlossen, wenn Sie irrtümlich die Rechtswidrigkeit einer Weisung angenommen haben.

Welche Verhaltensregeln muß ich im Falle einer Arbeitsverweigerung beachten?

Lassen Sie sich nach Möglichkeit vorher rechtlich beraten.

Eine Arbeitsverweigerung ist wenn irgend möglich rechtlich abzusichern. Die dafür in Frage kommenden Personen, Stellen und Organisationen sind in Kapitel 17 dargestellt.

Es gibt allerdings Situationen, in denen eine schnelle Entscheidung getroffen werden muß.

> In unserem Beispiel wird der Pförtner angewiesen, den Schnee im Hof sofort wegzuräumen.

Ganz ausgeschlossen ist auch in einer solchen Situation die rechtliche Beratung nicht. Sie können versuchen, mit der Gewerkschaft oder dem Rechtsanwalt zu telefonieren. Auch die Einschaltung des Betriebsrates bietet sich an. Eine gründliche Beratung kann auf diesem Weg regelmäßig nicht erreicht werden.
Ist das Arbeitsverweigerungsrecht zweifelhaft, empfiehlt es sich, der Anweisung unter Klarstellung der eigenen Auffassung Folge zu leisten. Eine nachträgliche Reaktion könnte dann wie folgt aussehen:

> »... hat mir der Leiter des Hausdienstes nun wiederholt Arbeiten wie Schneeräumen, Tragen der Mülltonnen, Auffüllen der Getränkeautomaten angewiesen, obwohl mir ausdrücklich zugesagt worden ist, daß ich als Pförtner keine anderen Arbeiten verrichten muß. Die Übertragung der Pförtnertätigkeit erfolgte ja gerade wegen meines Rückenleidens, das schwerere Arbeiten nicht zuläßt. Ich behalte mir vor, bei einer erneuten Zuweisung solcher Arbeiten von meinem Arbeitsverweigerungsrecht Gebrauch zu machen.«

Widerspricht der Arbeitgeber Ihrer Auffassung, daß eine bestimmte Tätigkeit nicht zu Ihren arbeitsvertraglichen Pflichten gehört, ist weiter die Rechtslage zweifelhaft und ist aus Ihrer Sicht die Verrichtung der angewiesenen Tätigkeit wenigstens vorübergehend nicht gänzlich ausgeschlossen, so sollte eine gerichtliche Klärung herbeigeführt werden. Der beim Arbeitsgericht zu stellende Antrag würde dann darauf abzielen, daß bestimmte Tätigkeiten nicht zu Ihrem vertraglichen Aufgabengebiet gehören. Wenn Sie diesen Weg gehen wollen, müssen Sie allerdings vorweg klarstellen, daß die Befolgung der Anweisung nichts daran ändert, daß Sie die Übertragung der betreffenden Tätigkeit für unzulässig halten.

»... haben Sie mir mitgeteilt, daß ich trotz meiner mehrjährigen Pförtnertätigkeit nach wie vor für alle im Hausdienst anfallenden Tätigkeiten zur Verfügung stehen muß. Wie Sie wissen, bin ich anderer Auffassung. Ich werde die Frage über meinen Rechtsanwalt beim Arbeitsgericht klären lassen. Die Befolgung entsprechender Anweisungen erfolgt daher ohne Aufgabe meines Rechtsstandpunktes.«

Sorgen Sie für die »Beweissicherung«.

Ein Gespräch mit Ihrem Vorgesetzten über die Berechtigung einer Anweisung sollte nach Möglichkeit nicht unter vier Augen geführt werden. Es ist nicht gerade selten, daß über den Inhalt solcher kritischen Gespräche im nachhinein Streit entsteht und es darauf ankommt, wer was beweisen kann. Wichtig ist daher die Anwesenheit von Personen, denen Sie eine korrekte Wiedergabe zutrauen. Die Hinzuziehung eines Betriebsratsmitglieds bietet sich an. Unbedingt zu empfehlen ist auch, sofort nach einem solchen Gespräch den Inhalt schriftlich festzuhalten und vom Arbeitgeber bestätigen zu lassen.

Vermeiden Sie unverhältnismäßige Reaktionen.

Entschließen Sie sich zu einer Arbeitsverweigerung, dürfen Sie nicht über das Ziel hinausschießen.

Beispiel: Der Fahrer Heinze wird vom Fuhrparkleiter den ganzen Vormittag mit dem Waschen von Firmenfahrzeugen beschäftigt. Er ist der Auffassung, daß er zwar »sein« Fahrzeug waschen müsse, nicht aber die Fahrzeuge seiner Kollegen, und empfindet das Vorgehen des Fuhrparkleiters als Schikane. Als er das dritte Fahrzeug waschen soll, gerät er mit dem Fuhrparkleiter aneinander und erklärt, es würde ihm jetzt reichen. Er packt seine Sachen und geht nach Hause, obwohl er weiß, daß nachmittags eine wichtige Fahrt ansteht.

Selbst wenn Herr Heinze mit seiner Ansicht recht hätte, darf er nicht einfach nach Hause gehen und den wichtigen Nachmittagstermin sausen lassen. Solche nicht gerade seltenen Reaktionen beruhen auch darauf, daß man sich dem betrieblichen Druck entziehen will. Sie sind zwar manchmal verständlich, aber nicht zu empfehlen.
Richtiger wäre gewesen:

> Herr Heinze erklärt dem Fuhrparkleiter: »Ich gehe jetzt zum Betriebsrat und werde mich beschweren. Sollten Sie mich für eine Fahrt benötigen, bin ich dort zu erreichen. Selbstverständlich stehe ich für die geplante Fahrt am Nachmittag zur Verfügung.«

Weisen Sie den Vorgesetzten auf Alternativen hin.

In Fällen der Arbeitsverweigerung aktualisiert sich oft eine ohnehin schon vorhandene Spannung. Solche Emotionen sind schlechte Ratgeber und versperren den Blick auf mögliche Auswege. Bei nüchterner Betrachtungsweise könnte der Vorgesetzte vielleicht auf eine naheliegende Alternative hingewiesen werden, die entweder, wenn sie vom Vorgesetzten aufgegriffen wird, den Konflikt entschärft oder das Risiko einer unberechtigten Arbeitsverweigerung erheblich vermindert.

Beispiel: Frau Ludwig ist Buchhalterin bei der Firma Japan-Autovertriebs GmbH. Für sie gilt die gleitende Arbeitszeit mit Kernzeitende um 16.00 Uhr. Frau Ludwig will wegen einer Verabredung an einem Tag pünktlich um 16.00 Uhr gehen. Der Leiter der Buchhaltung besteht darauf, daß der Monatsabschluß noch fertiggestellt wird, da der Geschäftsführer ihn am nächsten Tag um 10.00 Uhr auf dem Tisch haben will. Frau Ludwig erklärt die Bereitschaft, am nächsten Tag früher zu kommen und dann den Monatsabschluß fertigzustellen. Der Leiter der Buchhaltung beharrt auf seiner Weisung. Frau Ludwig geht nach Hause.
Hat sie unberechtigt die Arbeit verweigert?

Hier wird der Vorwurf der Arbeitsverweigerung nicht erhoben werden können, wenn der Leiter der Buchhaltung ohne wirklich triftige Gründe darauf besteht, daß die Arbeit noch am gleichen Tag erledigt wird.

Welche Bedeutung hat das Mitbestimmungsrecht des Betriebsrats bei Weisungen des Arbeitgebers?

Erteilt Ihnen der Arbeitgeber eine Weisung, die die Zuweisung eines anderen Arbeitsbereichs zum Gegenstand hat, so ist dies nach dem Betriebsverfassungsgesetz eine Versetzung, die dem Mitbestimmungsrecht des Betriebsrates unterliegt.

Eine Versetzung im Sinne des Betriebsverfassungsgesetzes ist die Zuweisung eines anderen Arbeitsbereichs, die voraussichtlich die Dauer von einem Monat überschreitet oder die mit einer erheblichen Änderung der Umstände verbunden ist, unter denen die Arbeit zu leisten ist (§ 95 Absatz 3 Satz 1 Betriebsverfassungsgesetz).

Das Mitbestimmungsrecht des Betriebsrates besteht allerdings auch dann, wenn die Übertragung des neuen Arbeitsbereichs nicht durch Weisung des Arbeitgebers, sondern durch Änderungskündigung oder durch Änderungsvereinbarung, also mit Zustimmung des Arbeitnehmers, erfolgt. Macht der Arbeitgeber allerdings bei der Zuweisung eines neuen Aufgabengebietes von seinem Weisungsrecht Gebrauch, ist das Mitbestimmungsrecht des Betriebsrates für den Arbeitnehmer von besonderer Bedeutung.

Das Mitbestimmungsrecht bedeutet, daß der Betriebsrat aus den im Gesetz im einzelnen aufgeführten Gründen einer Versetzung die Zustimmung verweigern kann. Tut er dies, muß der Arbeitgeber, will er die Versetzung gleichwohl durchführen, das Gericht anrufen. Die Einzelheiten der Ausübung des Mitbestimmungsrechtes müssen Sie nicht wissen. Wichtig ist für Sie nur, daß der Betriebsrat einen ganz wesentlichen Einfluß darauf hat, ob der Arbeitgeber die Versetzung durchführen kann, und daß die Zuweisung des neuen Aufgabenbereichs ohne vorausgegangene Zustimmung des Betriebsrates rechtsunwirksam ist.

Das hat die Auswirkung, daß Sie die Weisung des Arbeitgebers nicht befolgen müssen.

Aber wie in allen Fällen der Arbeitsverweigerung ist auch hier große Vorsicht geboten. Es kann durchaus streitig sein, ob das Mitbestimmungsrecht überhaupt gegeben ist. Wichtig ist es in jedem Fall, bei der Zuweisung eines neuen Arbeitsbereiches Kontakt mit dem Betriebsrat aufzunehmen. Nur so können Sie Einfluß darauf gewinnen, daß der Betriebsrat auch Ihre Interessen berücksichtigt. Allerdings müssen Sie sich klar darüber sein, daß der Betriebsrat nicht nur Ihren Interessen verpflichtet ist, sondern auch den Interessen anderer Arbeitnehmer und der gesamten Belegschaft.

2. Arbeitsverweigerung bei unzumutbaren Arbeitsbedingungen

Der Arbeitgeber gestaltet die Arbeitsbedingungen. Diese können derart sein, daß der Arbeitnehmer seine Arbeitsleistung nicht zu erbringen braucht.

Gibt es ein gesetzlich vorgesehenes Arbeitsverweigerungsrecht bei gesundheitswidrigen Arbeitsbedingungen?

Nur für einen extremen Fall schreibt das Gesetz ausdrücklich vor:

> »Wird die maximale Arbeitsplatzkonzentration oder die technische Richtkonzentration oder der biologische Arbeitsplatztoleranzwert überschritten und besteht dadurch die Gefahr für Leben und Gesundheit, hat der einzelne Arbeitnehmer das Recht, die Arbeit zu verweigern.« (§ 21 Absatz 6 Satz 2 Gefahrstoffverordnung)

Wir brauchen uns nicht mit Erläuterungen aufzuhalten, was unter den Grenzwerten »maximale Arbeitsplatzkonzentration« etc. zu verstehen ist und wie diese Grenzwerte aufzufinden sind. Soweit die Arbeitnehmer auf sich selbst gestellt sind, ist diese Vorschrift blanke Theorie. Wer hat schon die entsprechenden Meßgeräte zur Verfügung? Wichtig ist aber, daß Sie bei entsprechendem Anlaß beim Betriebsrat vorstellig werden, damit dieser dann die notwendigen Messungen erzwingen kann.

Welche für mich wichtigen gesetzlichen Bestimmungen über den Gesundheitsschutz am Arbeitsplatz gibt es?

Insbesondere die Arbeitsstättenverordnung enthält Vorschriften, die dem Schutz der Gesundheit bei der Arbeit dienen. Da diese Vorschriften bei den Arbeitnehmern wenig bekannt sind, werden die wichtigsten mit dem ganzen Inhalt vorgestellt:

§ 5 Lüftung
In Arbeitsräumen muß unter Berücksichtigung der angewandten Arbeitsverfahren und der körperlichen Beanspruchung der Arbeitnehmer während der Arbeitszeit ausreichend gesundheitlich zuträgliche

Atemluft vorhanden sein. Wird für die nach Satz 1 erforderliche Atemluft durch eine lüftungstechnische Anlage (Lüftungsanlage, Klimaanlage) gesorgt, muß diese jederzeit funktionsfähig sein. Eine Störung an lüftungstechnischen Anlagen muß der für den Betrieb der Anlage zuständigen Person durch eine selbsttätig wirkende Warneinrichtung angezeigt werden können.

§ 6 Raumtemperaturen

(1) In Arbeitsräumen muß während der Arbeitszeit eine unter Berücksichtigung der Arbeitsverfahren und der körperlichen Beanspruchung der Arbeitnehmer gesundheitlich zuträgliche Raumtemperatur vorhanden sein. Satz 1 gilt auch für den Bereich von Arbeitsplätzen in Lager-, Maschinen- und Nebenräumen.
(2) Es muß sichergestellt sein, daß die Arbeitnehmer durch Heizeinrichtungen keinen unzuträglichen Temperaturverhältnissen ausgesetzt sind.
(3) In Pausen-, Bereitschafts-, Liege-, Sanitär- und Sanitätsräumen muß mindestens eine Raumtemperatur von 21 Grad Celsius erreichbar sein.
(4) Bereiche von Arbeitsplätzen, die unter starker Hitzeeinwirkung stehen, müssen im Rahmen der betrieblichen Möglichkeiten auf eine zuträgliche Temperatur gekühlt werden.

§ 15 Schutz vor Lärm

(1) In Arbeitsräumen ist der Schallpegel so niedrig zu halten, wie es nach Art des Betriebes möglich ist. Der Beurteilungspegel am Arbeitsplatz in Arbeitsräumen darf auch unter Berücksichtigung der von außen einwirkenden Geräusche höchstens betragen:
1. *bei überwiegend geistigen Tätigkeiten 55 dB (A),*
2. *bei einfachen oder überwiegend mechanisierten Bürotätigkeiten und vergleichbaren Tätigkeiten 70 dB (A),*
3. *bei allen sonstigen Tätigkeiten 85 dB (A);*

soweit dieser Beurteilungspegel nach der betrieblich möglichen Lärmminderung zumutbarerweise nicht einzuhalten ist, darf er bis 5 dB (A) überschritten werden.
(2) In Pausen-, Bereitschafts-, Liege- und Sanitätsräumen darf der Beurteilungspegel höchstens 55 dB (A) betragen. Bei der Festlegung des Beurteilungspegels sind nur die Geräusche der Betriebseinrichtungen in den Räumen und die von außen auf die Räume einwirkenden Geräusche zu berücksichtigen.

§ 16 Schutz gegen sonstige unzuträgliche Einwirkungen

(1) In Arbeits-, Pausen-, Bereitschafts-, Liege- und Sanitätsräumen ist das Ausmaß mechanischer Schwingungen so niedrig zu halten, wie es nach Art des Betriebes möglich ist.

(2) Für Menschen spürbare elektrostatische Aufladungen in Räumen sind im Rahmen des betrieblich Möglichen zu vermeiden.
(3) Betriebseinrichtungen sind so zu gestalten, aufzustellen und zu betreiben, daß in den Räumen unzuträgliche Gerüche im Rahmen des betrieblich Möglichen vermieden werden.
(4) Räume, in denen sich Arbeitnehmer aufhalten, müssen so beschaffen oder eingerichtet sein, daß die Arbeitnehmer keiner vermeidbaren Zugluft ausgesetzt sind.
(5) Es sind Vorkehrungen zu treffen, daß betriebstechnisch unvermeidbare Wärmestrahlung nicht in unzuträglichem Ausmaß auf die Arbeitnehmer einwirkt.

§ 32 Nichtraucherschutz

In Pausen-, Bereitschafts- und Liegeräumen hat der Arbeitgeber dafür Sorge zu tragen, daß geeignete Maßnahmen zum Schutze der Nichtraucher vor Belästigungen durch Tabakrauch getroffen werden.

Diese Vorschriften sind nur ganz bedingt dazu geeignet, daß der Arbeitnehmer sich darauf berufen kann. Die darin enthaltenen Vorgaben sind zumeist im Hinblick auf das betrieblich Machbare eingeschränkt.

Unter welchen Voraussetzungen ist nach der Rechtsprechung ein Arbeitsverweigerungsrecht wegen gesetzeswidriger Arbeitsbedingungen anerkannt (zum Beispiel bei kalten Arbeitsräumen)?

Wie Sie gesehen haben, muß an den Arbeitsplätzen eine »zuträgliche Raumtemperatur« herrschen. Ist dies nicht der Fall, stellt sich die Frage, ob und unter welchen Voraussetzungen die Arbeitnehmer ihre Arbeit einstellen können.

Beispiel: Maria Lenz ist Sekretärin des Lagerleiters bei der Firma Elektro-Bauer. Ihr Büro befindet sich – ebenso wie das des Lagerleiters – unmittelbar neben dem Lager. An einem sehr kalten Januartag fällt die Heizung im Lager aus. Auch das Büro der Frau Lenz ist betroffen. Die Raumtemperaturen sinken auf 14 Grad. Frau Lenz meldet den Zustand dem Betriebsleiter, der auch Abhilfe verspricht. Am selben Tag geschieht nichts mehr. Als Frau Lenz am nächsten Tag wieder zur Arbeit kommt, stellt sie fest, daß die Heizung immer noch nicht funktioniert. Als sie nachfragt, wird ihr gesagt, daß die Handwerker im Laufe des Tages kämen. Wenn sie friere, solle sie sich halt in eine Decke einwickeln.

Kann Frau Lenz in den warmen Aufenthaltsraum der Firma gehen, bis die Heizung wiederhergestellt ist?

Mit einem ähnlichen Fall mußte sich ein Landesarbeitsgericht beschäftigen. Es entschied so:

Der Arbeitnehmer ist berechtigt, die Arbeitsleistung zurückzuhalten, wenn die Temperatur im Arbeitsraum nicht den gesetzlichen Mindestanforderungen entspricht. Das gilt jedenfalls dann, wenn der Arbeitgeber nicht in der Lage ist, kurzfristig für erträgliche Raumtemperaturen zu sorgen und der Arbeitnehmer bereits am Vortag seine Arbeit bei unzureichender Raumtemperatur erbracht hat. Es ändert auch nichts daran, wenn der Arbeitgeber erklärt, die Heizungsanlage werde am nächsten Tag wieder in Ordnung sein. Allerdings ist der Arbeitnehmer in einem solchen Fall verpflichtet, auf Anforderung andere Arbeitsaufgaben zu erfüllen, die sich im Rahmen des Arbeitsvertrages halten und in Räumen mit ausreichender Temperatur zu erledigen sind.

Die Entscheidung zeigt, daß der gesetzeswidrige Zustand allein die Arbeitszurückhaltung nicht rechtfertigt, vielmehr muß dem Arbeitnehmer unter Abwägung aller Umstände auch die Arbeitsleistung unzumutbar sein.
Ob die Arbeitsbedingungen unzumutbar sind, hängt vom Ausmaß der Gesundheitsgefährdung und von der voraussichtlichen Zeitdauer des gesetzeswidrigen Zustandes ab.

Kündigen Sie die Arbeitsverweigerung an!

Will ein Arbeitnehmer in einer solchen Situation die Arbeitsleistung zurückhalten, muß er den Arbeitgeber vorwarnen:

An
Herrn G., Abteilungsleiter.

Ich habe Sie schon gestern mehrfach darauf angesprochen, daß an meinem Arbeitsplatz wegen des Ausfalls der Heizung eisige Temperaturen herrschen. Auch heute ist es nicht anders. Wie Sie wissen, bin ich eben gerade von einer Grippe genesen und muß daher einen Rückschlag fürchten. Sollte sich bis 10.00 Uhr der Zustand nicht ändern, müßte ich die Arbeit einstellen.

Welche Aufgabe kommt dem Betriebsrat beim betrieblichen Gesundheitsschutz zu?

Sind die Arbeitsbedingungen nicht erträglich, so ist der Betriebsrat die erste Adresse. Die Sorge um den Gesundheitsschutz ist eine seiner wichtigsten Aufgaben. Setzt der Betriebsrat durch, daß die Arbeitnehmer wegen der unzureichenden Temperaturen am Arbeitsplatz nach Hause gehen können, so bleibt den einzelnen Arbeitnehmern die riskante Entscheidung, ob sie die Arbeit verweigern sollen, erspart.

3. Regeln für das Verhalten im Betrieb

Der Arbeitgeber nimmt nicht nur durch Weisungen Einfluß auf die Arbeit und gestaltet die Arbeitsbedingungen, unter denen die Arbeit zu erbringen ist, er regelt auch in vielfacher Hinsicht das sonstige Verhalten der Arbeitnehmer im Betrieb.
So werden Sie möglicherweise zu Beginn Ihres Arbeitsverhältnisses nicht nur in Ihr Aufgabengebiet eingewiesen, sondern auch darüber aufgeklärt, was Sie alles im Betrieb dürfen und was nicht. Manche Unternehmen haben umfangreiche Betriebsordnungen, die detaillierte Verhaltensregeln enthalten.
Solche Verhaltensregeln greifen mehr oder weniger stark in Ihre Freiheitsrechte ein.

Kann mir mein Arbeitgeber vorschreiben, wie ich mich zu kleiden habe und wie ich sonst mein Äußeres gestalten muß?

Grundsätzlich ist es auch im Betrieb allein Ihre Sache, was Sie anziehen, wie Sie Ihre Haare tragen, welches Parfüm Sie benutzen etc. Das Äußere eines Menschen ist seine höchstpersönliche Angelegenheit.

Beispiel: Der 20jährige Herbert Vorster ist als Kassierer in einem Supermarkt beschäftigt. Er bevorzugt schulterlanges Haar, der Marktleiter ist ein Anhänger des Bürstenschnittes.
Kann er Vorster zum Friseur schicken, weil ihm die Haartracht nicht gefällt?

Sicher nicht. Das Arbeitsverhältnis ist nicht dazu da, daß der Arbeitgeber bzw. einzelne Vorgesetzte ihren persönlichen Geschmack aufzwingen können.
Selbstverständlich aber können Ihnen Vorschriften, die Ihr Äußeres betreffen, gemacht werden, wenn nur so Verletzungen oder sonstige Gesundheitsgefährdungen vermieden werden können. Ebenso können Hygienegründe solche Vorschriften rechtfertigen.

Besteht bei der Bedienung einer Maschine die Gefahr, daß lose Gegenstände erfaßt werden, dürfen z. B. weite Ärmel oder Schmuck, der nicht eng anliegt, nicht getragen werden.

Es gibt Arbeiten, die mit einer (zumeist vom Arbeitgeber gestellten) Dienstkleidung verrichtet werden. Z. B. für Bedienungen in Gaststätten oder den Liftboy in einem Hotel.
Die Üblichkeit solcher Dienstkleidungen führt dazu, daß diese kaum als Einschränkung der persönlichen Freiheit empfunden werden. Allerdings muß der Arbeitgeber gerade bei einer Dienstkleidung auf die Vorstellungen und Empfindlichkeiten des Arbeitnehmers bezüglich seines persönlichen Erscheinungsbildes Rücksicht nehmen. So darf etwa ein Gaststättenbesitzer seinen Bedienungen keine Bluse mit einem besonders weiten Ausschnitt oder einen besonders kurzen Rock »verpassen«.
Bei Tätigkeiten mit Kundenkontakt werden Vorschriften, die das Äußere des Arbeitnehmers betreffen, häufig mit den Erwartungen der Kunden begründet.

Beispiel: Sie sind Kundenberater einer Bank. Nachdem Sie mehrfach im Pullover und ohne Krawatte zum Dienst erschienen sind, macht Sie der Zweigstellenleiter darauf aufmerksam, daß »Krawattenzwang« besteht.

Die Berufung auf die Kunden darf natürlich nicht nur Vorwand sein. Es muß vielmehr eine objektiv nachvollziehbare Beeinträchtigung der Geschäftsinteressen auf dem Spiel stehen. Allerdings führt ein berechtigtes geschäftliches Interesse des Arbeitgebers regelmäßig nur zu ganz allgemeinen »Richtlinien«, nicht dagegen zu detaillierten Vorschriften.

Beispiel: Eine Verkäuferin in einem Modegeschäft darf sicherlich nicht abgenutzte und erkennbar schäbige Kleidung tragen. Ein »Tausendmarkkleid« aus einem exklusiven Modehaus kann ihr aber nicht vorgeschrieben werden.

Ob sich der Streit mit Ihrem Arbeitgeber über eine solche Frage lohnt, müssen Sie selbst beantworten, vielleicht sind Sie der Auffassung, daß es im Arbeitsverhältnis wichtigere Dinge gibt.

Kann der Arbeitgeber im Betrieb das Rauchen verbieten?

Zunächst gilt der Grundsatz, daß ein Rauchverbot ohne sachlichen Grund nicht zulässig ist.

Beispiel: Herr Weber ist bei der Landesversicherungsanstalt als Rentensachbearbeiter angestellt. Er sitzt in einem Einzelbüro. Der Arbeitgeber will ihm das Rauchen mit der Begründung verbieten, daß dieses ungesund sei und letztlich zu mehr Rentenleistungen führe, die von der Landesversicherungsanstalt bezahlt werden müßten.

Herrn Weber kann das Rauchen nicht verboten werden, da sein »Qualm« keinen Kollegen belästigen kann. Auch ist nicht ersichtlich, daß die Arbeitsleistung des Herrn Weber unter der Raucherei leidet. Die Begründung des Verbots ist sozialpolitisch vielleicht richtig, aber arbeitsrechtlich falsch. Was Herr Weber seiner Gesundheit zumutet, ist seine Sache. Herr Weber ist auch nicht als Beispiel für einen gesunden Lebenswandel eingestellt, sondern als Sachbearbeiter. Wird allerdings die Schnelligkeit der Arbeitsleistung oder die Güte des Arbeitsergebnisses merklich durch das Rauchen beeinträchtigt, kann der Arbeitgeber das Rauchen bei der Arbeit verbieten. Grundsätzlich nicht eingeschränkt werden kann das Rauchen in den Pausen.
Bei Brand- oder Explosionsgefahr versteht sich ein Rauchverbot von selbst. Ebenso, wenn eine Verunreinigung des Arbeitsprodukts (z. B. Lebensmittel) durch den Tabakrauch zu befürchten ist.

Ist der Arbeitgeber verpflichtet, Vorkehrungen zum Schutz der Nichtraucher zu treffen?

Zunächst muß betont werden, daß dies nicht eine Frage des Schutzes vor der Belästigung durch den Rauch ist, sondern eine Frage des Gesundheitsschutzes. Auch Passivrauchen ist gesundheitsschädlich. Raucher und Nichtraucher haben daher nicht gleiche Rechte, die gegeneinander ausgeglichen werden müssen. Im Zweifel geht der Schutz der Nichtraucher vor.
Häufig stehen die betrieblichen Gegebenheiten einem wirksamen Nichtraucherschutz im Wege. Es fehlen oft ausreichend Räume, die eine Trennung von Rauchern und Nichtrauchern zuließen. Will man die Interessen der Raucher nicht ganz vernachlässigen, geht es nicht ohne Kompromisse, die unter dem Gesichtspunkt des Nichtraucherschutzes häufig nicht befriedigend sind.

Beispiel: Herr Fischer ist bei der Firma Tiemons als Architekt beschäftigt. Es gibt nur einen großen Raum, in dem alle Architekten arbeiten.

Herr Fischer ist Nichtraucher und von Arbeitsplätzen umgeben, an denen nur Raucher sitzen; er wird regelrecht eingeräuchert. Kann er »Abhilfe« von seinem Arbeitgeber verlangen?

So gestellt, wird man die Frage bejahen müssen. Die eigentliche Schwierigkeit besteht im »Wie«.

Eine gewisse Entlastung kann vielleicht schon dadurch geschaffen werden, daß die Sitzordnung geändert wird, aber ausreichend dürfte dies zumeist nicht sein. In der Regel wird nur ein teilweises Rauchverbot dem Nichtraucherschutz gerecht. In einem Fall hat sich gezeigt, daß eine Regelung, die das Rauchen vormittags untersagte, nicht dazu führte, daß in der übrigen Zeit mehr geraucht wurde; im Gegenteil: Das Rauchen nahm insgesamt ab. Dies ist natürlich nur ein Beispiel aus der breiten Palette möglicher Regelungen.

In der Praxis überlassen die Arbeitgeber häufig den »Ausgleich« zwischen den Interessen der Raucher und der Nichtraucher dem »freien Spiel« der Kräfte. Dies ist zumeist zum Nachteil der Nichtraucher. In einer Zeit, in der die Gesundheitsgefährdung durch den Tabakrauch immer mehr in das allgemeine Bewußtsein dringt, sollten sich auch Nichtraucher im Betrieb stärker zur Wehr setzen und vom Arbeitgeber Maßnahmen zu ihrem Schutz fordern. Die derzeit noch vorsichtige Rechtsprechung wird dem Recht der Nichtraucher bald stärkere Konturen geben.

Kann mir das Trinken von Alkohol im Betrieb untersagt werden?

Das Thema »Alkohol im Arbeitsverhältnis« wirft eine Reihe sehr wichtiger Fragen auf, die hier nicht behandelt werden (Alkoholismus als Krankheit, Gehalts- bzw. Lohnfortzahlung bei Arbeitsunfähigkeit wegen Alkoholerkrankung, Kündigung wegen Alkoholismus). In unserem Zusammenhang geht es nur darum, ob und inwieweit der Arbeitgeber den Alkoholgenuß im Betrieb untersagen kann.

Es ist zwischen der Einnahme von Alkohol während der Arbeitszeit und während der Pause zu unterscheiden. Die Gestaltung der Pause ist grundsätzlich Ihre Angelegenheit. Natürlich dürfen Sie in der Mittagspause nicht so viel Bier trinken, daß Sie nachmittags am Schreibtisch einschlafen oder eine wilde Auseinandersetzung mit Ihrem Vorgesetzten vom Zaun brechen. Das

ist aber nur eine Auswirkung Ihrer Verpflichtung, eine ordnungsgemäße Arbeitsleistung zu erbringen bzw. den Betriebsfrieden nicht zu stören, nicht aber die Folge eines auch auf die Pause erstreckten Alkoholverbotes.
Während der Arbeitszeit ist ein generelles Alkoholverbot – unabhängig von der Tätigkeit und Branche – zulässig.

Hat der Betriebsrat bei Regeln für das Verhalten der Arbeitnehmer im Betrieb mitzureden?

Regelungen, die das Äußere des Arbeitnehmers oder Verhaltensweisen wie Rauchen oder Alkoholtrinken im Betrieb betreffen, unterliegen dem Mitbestimmungsrecht des Betriebsrates, d. h., der Arbeitgeber kann sie nicht ohne Zustimmung des Betriebsrates einführen. Dies gilt selbst dann, wenn der Arbeitgeber in einem betriebsratlosen Betrieb eine Regelung (wie etwa ein Alkoholverbot während der Arbeitszeit) auch gegen den Willen der Arbeitnehmer durchsetzen könnte. Das Mitbestimmungsrecht wirkt sich in der Praxis zwar nicht als ein Instrument zur Verhinderung der Regelungsvorstellungen des Arbeitgebers aus. Der Arbeitgeber wird aber zumeist gezwungen sein, Kompromisse zu machen oder als Preis für die Durchsetzung seiner Vorstellungen einen Ausgleich für die Arbeitnehmer zu akzeptieren.

> **Beispiele:** In der Abteilung des Herrn Fischer wird ein generelles Rauchverbot während der Arbeitszeit eingeführt, dafür aber dürfen die Arbeitnehmer einmal in zwei Stunden eine fünfminütige Raucherpause außerhalb des Arbeitsraumes machen.
> Oder:
> Zwar wird der Alkoholgenuß allgemein während der Arbeit untersagt; dieses Verbot gilt aber nicht am Freitag ab 12 Uhr.

Durch welche Verhaltensweisen störe ich den Betriebsfrieden?

Zu den ungeschriebenen Regeln für das Verhalten der Arbeitnehmer im Betrieb gehört das Verbot, den Betriebsfrieden zu stören.
Je nach Harmoniebedürfnis und Interessenlage können sehr unterschiedliche Vorstellungen von Betriebsfrieden bestehen.
Bei folgenden Fällen handelt es sich ohne Frage um Störungen des Betriebsfriedens:

Tätlichkeiten gegenüber Arbeitskolleginnen/-kollegen, beleidigende Äußerungen, aber auch dauernde Sticheleien, Anschwärzen von Arbeitskollegen ohne Grund oder wegen irgendwelcher Nichtigkeiten, ungerechtes und überhartes Vorgehen von Vorgesetzten.

Wie steht es aber in folgendem Fall:

> Herr Maier schreibt an die Personalabteilung: Mein Abteilungsleiter, Herr Haimerl, weist mir immer die schwierigsten Fälle zur Bearbeitung zu. Herr Haimerl stellt dies in Abrede, und die Kolleginnen und Kollegen von Herrn Maier sind empört, weil damit der Eindruck erweckt wird, daß sie weniger belastet sind.

Der Sache nach handelt es sich um eine Beschwerde. Das Recht zur Beschwerde ist im Gesetz ausdrücklich vorgesehen. Ob sich Herr Maier zu Recht beschwert, ist nicht entscheidend. Eine Grenze besteht nur dort, wo er sich wiederholt ohne Anlaß beschwert.

Wie frei kann ich im Betrieb meine Meinung äußern?

Das Recht zur freien Meinungsäußerung hat in unserer Verfassungsordnung einen hohen Stellenwert. Das Grundrecht auf freie Meinungsäußerung gilt im Grundsatz auch im Betrieb, das wird allgemein anerkannt. Aber wo sind die Grenzen? Die Meinungsfreiheit gilt grundsätzlich auch für politische Themen.

> **Beispiel:** Hans Schettler ist als Systemberater bei einer Firma TCS Computer Systeme GmbH in Kassel beschäftigt. Diese Firma liefert ihre Systeme auch an die Bundeswehr. In einer Arbeitspause vertritt Herr Schettler die Ansicht, daß der Waffenexport der Industrieländer in die Länder der Dritten Welt den Frieden in diesen Regionen gefährde. Er gerät darüber mit einigen Kollegen in einen lebhaften Disput. Die Geschäftsleitung, die von dieser Äußerung erfährt, fordert Herrn Schettler unter Androhung einer Kündigung im Wiederholungsfalle auf, solche Äußerungen zukünftig zu unterlassen, da dadurch die positive Einstellung der Mitarbeiter zum Unternehmen gefährdet wird.
> Ist Herr Schettler zu Recht abgemahnt worden?

Nein. Herr Schettler hat in zulässiger Weise von seinem Recht zur freien Meinungsäußerung Gebrauch gemacht. Zwar darf Herr Schettler als Beschäftigter der Firma TCS nicht direkt gegen deren Lieferungen an die Bundeswehr im Betrieb agitieren. Dies bedeutet aber nicht, daß er sich auch jeder Äußerung zu einem rüstungspolitischen Thema enthalten müßte. Es ist auch nicht ersichtlich, daß er seine Meinung in einer bewußt provozierenden Weise vorgetragen hätte. Auch hat die Meinungsäußerung während der Pause stattgefunden, so daß auch der Arbeitsablauf nicht gestört werden konnte. Daß einige Kollegen – möglicherweise aufgrund einer starken Identifikation mit den Zielen der Firma TCS – überempfindlich reagiert haben, ist noch keine Betriebsfriedensstörung, die Herrn Schettler angelastet werden könnte.

Für die rechtliche Beurteilung macht es auch keinen Unterschied, ob die vertretene Ansicht eine Mehrheit findet oder ob sie bei den meisten Arbeitskollegen Widerspruch erntet. Gerade Minderheiten sind besonders auf das Recht zur freien Meinungsäußerung angewiesen.

Bei politischen Meinungsäußerungen hat die Rechtsprechung allerdings nachdrücklich gefordert, daß der Betriebsfrieden nicht gestört werden dürfe. Bei provokativen und agitatorischen Formen der politischen Meinungsäußerung ist die Neigung in der Rechtsprechung erkennbar, eine Betriebsfriedensstörung anzunehmen.

> Das Bundesarbeitsgericht hat in dem Tragen einer mehr als 12 cm breiten Plakette mit dem Konterfei des CSU-Vorsitzenden Strauß und der Aufschrift »Stoppt Strauß« eine Betriebsfriedensstörung gesehen.

Ob dies sehr demokratisch gedacht ist, mag dahinstehen. Kleinere Anstecker, die lediglich die Mitgliedschaft zu einer politischen Organisation oder die Anhängerschaft zu einer bestimmten Weltanschauung zum Ausdruck bringen, sind unproblematisch und können vom Arbeitgeber nicht verboten werden.

Welcher rechtlichen Bewertung unterliegen gewerkschaftliche Meinungsäußerungen im Betrieb?

> **Beispiel:** Sie sind gerade Mitglied einer im Betrieb vertretenen Gewerkschaft geworden. Am Tag nach einer vergeblichen Verhandlung der Tarifvertragsparteien über einen neuen Lohnrahmentarifvertrag drückt Ihnen ein gewerkschaftlich aktiver Kollege einen Stapel Flugblätter in die Hand und bittet Sie, die Flugblätter in der Pause in Ihrer Abteilung zu verteilen. Im Flugblatt heißt es u. a.: »... haben die Arbeitgeber bei der gestrigen Verhandlungsrunde wiederum nur eine Lohnerhöhung von 1 % angeboten. Das ist angesichts der hohen Gewinne der letzten Jahre ein Skandal.«

Diese Aufgabe können Sie unbesorgt übernehmen, es handelt sich um eine gewerkschaftliche Betätigung, die den besonderen Schutz des Grundgesetzes genießt.

4. Das Recht des Arbeitgebers zur Kontrolle

Ihr Arbeitgeber bestimmt nicht nur durch Anweisungen, Regelungen und »Ordnungen« die Bedingungen der Arbeitsleistung und des sonstigen Verhaltens im Betrieb, sondern übt auch Kontrolle über Sie aus.

Muß ich es hinnehmen, daß ich bei meiner Arbeit überwacht werde?

Die Kontrolle betrifft zunächst Quantität und Qualität Ihrer Arbeit. Daß Ihr Arbeitgeber Ihre Arbeitsleistung kontrollieren darf, ist unproblematisch. Dieses Recht darf aber nicht zum Anlaß für eine Totalüberwachung genommen werden. Auch das Interesse des Arbeitgebers an einer perfekten Kontrolle rechtfertigt eine solche Totalüberwachung nicht. Das Persönlichkeitsrecht des Arbeitnehmers ist wenigstens in einem Kernbereich auch gegenüber scheinbar plausiblen Zugriffen des Arbeitgebers geschützt. Die Verwendung von sog. Einwegscheiben, die zwar dem Vorgesetzten den Blick auf die zu überwachenden Arbeitsplätze ermöglicht, den Vorgesetzten selbst vor den Augen der Überwachten verbirgt, ist unzulässig.

Darf der Arbeitgeber mich bei meiner Arbeit mit einer Videokamera überwachen?

Eine Verletzung des Persönlichkeitsrechts des Arbeitnehmers liegt auch vor, wenn sein Arbeitsverhalten durch eine ständig eingeschaltete Videokamera aufgezeichnet wird. Damit werden Verhaltensweisen und Reaktionen privatester Natur miterfaßt, die für die Beurteilung der Arbeitsleistung ohne Belang sind, aber tiefe Einblicke in die Persönlichkeitsstruktur ermöglichen. Allerdings können Eingriffe in das Persönlichkeitsrecht durch die Wahrnehmung überwiegender schutzwürdiger Interessen des Arbeitgebers gerechtfertigt sein. Auch der Einsatz einer Videokamera ist nicht in jedem Fall ausgeschlossen:

> **Beispiel:** Sie sind Verkäuferin in einem großen Warenhaus. Die Diebstahlquote ist sehr hoch. Auch der Einsatz von Detektiven hat daran

nichts geändert. Es wird eine Kamera aufgestellt, die die Vorgänge an den Verkaufsständen aufnimmt, wodurch Sie auch gelegentlich »ins Bild« kommen. Das Vorhandensein der Kamera ist Ihnen bekannt. Sie wird nur in bestimmten Zeitabständen eingeschaltet. Auch das Einschalten der Kamera ist für Sie erkennbar.

Ist die Aufstellung einer solchen Kamera nachweisbar die einzige Möglichkeit, der Diebstahlsflut Herr zu werden, und ist – wie in unserem Beispiel – alles getan, um den Eingriff in das Persönlichkeitsrecht so gering wie möglich zu gestalten, so läßt die Rechtsprechung des Bundesarbeitsgerichts auch eine solche nicht unproblematische Maßnahme zu. Ein zusätzlicher Schutz besteht darin, daß die Aufstellung einer solchen Kamera nicht ohne die Zustimmung des Betriebsrates erfolgen darf.

Darf ein Arbeitgeber ein dienstliches Telefongespräch mithören?

Ja, allerdings setzt dies voraus, daß der betroffene Arbeitnehmer weiß oder zumindest damit rechnen muß, daß das Gespräch mitgehört wird. Allein der Abschluß des Arbeitsvertrages und das Wissen von der Existenz der Mithöranlage rechtfertigt das Mithören ohne vorherige Ankündigung nicht.

Darf der Arbeitgeber ein von einem Dienstapparat aus geführtes privates Telefongespräch mithören?

Sind private Telefongespräche erlaubt, darf der Arbeitgeber grundsätzlich nicht mithören. Allerdings darf der Arbeitgeber auch ein privates Telefongespräch mit einer sogenannten Aufschaltanlage unterbrechen. Der Aufschaltvorgang muß durch ein deutlich hörbares Zeichen angezeigt werden, so daß Sie sofort das Privatgespräch beenden können.

Muß ich Torkontrollen und Leibesvisitationen durch den Arbeitgeber hinnehmen?

Die Einführung von Torkontrollen und Leibesvisitationen ist nur dann zulässig, wenn nachweisbar Diebstähle vorgekommen sind oder wegen der Art des Betriebes (z. B. Gelddruckerei) zu befürchten sind. Von den Torkontrollen müssen alle Arbeitnehmer gleichmäßig betroffen sein. Werden Stichproben gemacht, darf auch nicht der äußere Anschein einer unsachlichen Auswahl der kontrollierten Arbeitnehmer entstehen. Das Öffnen von Handtaschen, Handkoffern, Tüten etc. kann regelmäßig verlangt werden. Das Abtasten der Kleidung ist dagegen nur gestattet, wenn ein konkreter Verdacht vorliegt. Die Durchführung der Kontrolle darf das Ehrgefühl der Arbeitnehmer nicht verletzen. Ist ein Abtasten der Kleidung unvermeidbar, darf dies bei Arbeitnehmerinnen nur durch weibliche Kontrollpersonen erfolgen. Gibt es einen Betriebsrat, kann eine solche Maßnahme nur mit seiner Zustimmung eingeführt werden. Der Betriebsrat hat darauf zu achten, daß das Persönlichkeitsrecht soweit wie möglich gewahrt wird.

Darf der Arbeitgeber mich durch einen Detektiv überwachen lassen?

Das Thema ist vielschichtig. Der Einsatz von Detektiven im Betrieb zur allgemeinen Abwehr von Diebstählen und sonstigen strafbaren Handlungen kann unter den für den Einsatz von Videokameras aufgestellten Kriterien zulässig sein. So ist der Einsatz von Kaufhausdetektiven auch zur Verhinderung von Diebstählen bzw. Unterschlagungen durch das Personal allgemein üblich und rechtlich nicht zu beanstanden.
Der Einsatz eines Detektivs zur Überwachung eines bestimmten Arbeitnehmers ist dagegen – wenn überhaupt – nur in Grenzfällen erlaubt.

Beispiel: Joseph Franzen ist Werkstattleiter der Firma Haustechnik in Köln. Von einer aus der Firma ausgeschiedenen Arbeitnehmerin aus der Personalabteilung erfährt er, daß er im Auftrag der Firma Haustechnik von einem Detektiv in seiner Freizeit überwacht wird, weil Gegenstände aus der Werkstatt abhanden gekommen seien. Der Personalchef habe gemeint, es käme zwar jeder im Betrieb für die Diebstähle in Betracht, irgendwo müsse man aber anfangen.
Ist der Einsatz des Detektivs zur Überwachung von Herrn Franzen zulässig?

Diese Frage ist zu verneinen. Es fehlt jeder begründete Verdacht gegen Herrn Franzen. Auch ist nicht ersichtlich, daß der Arbeitgeber die innerbetrieblichen Kontrollmöglichkeiten ausgeschöpft hat. Der Einsatz des Detektivs richtet sich in diskriminierender Weise gegen Herrn Franzen, obwohl im Grunde alle Arbeitnehmer des Betriebes für die Diebstähle in Betracht kommen.

Kann der Arbeitgeber ohne Einschränkungen Zeiterfassungsgeräte im Betrieb einführen?

Das Recht des Arbeitgebers, die Einhaltung der Arbeitszeit zu kontrollieren, ist als solches sicher unproblematisch. Schließlich verpflichten Sie sich durch den Arbeitsvertrag, dem Arbeitgeber Ihre Arbeitskraft für eine bestimmte Zeit zu überlassen, und ohne eine festgelegte Arbeitszeit wäre ein geordneter Gang der Produktion nicht denkbar. Für die Überprüfung der Einhaltung der Arbeitszeit ist regelmäßig Ihr Vorgesetzter zuständig. In vielen Betrieben geschieht die Kontrolle des Arbeitszeitverhaltens aber durch technische Einrichtungen (Zeiterfassungsgeräte). Sie stecken den maschinenlesbaren Ausweis in das Zeiterfassungsgerät, und der Computer verarbeitet diesen Vorgang zu der Information, zu welchem Zeitpunkt Sie den Betrieb betreten oder verlassen haben und ob Sie die vorgeschriebenen Arbeitszeiten (bei Gleitzeit etwa die Kernzeit) eingehalten haben. Damit entsteht eine perfekte Pünktlichkeitskontrolle, außerdem hat auf die Daten möglicherweise von vornherein auch die Personalabteilung Zugriff, die ja ansonsten bei Verstößen gegen die Arbeitszeit bei einem nachsichtigen Vorgesetzten nicht unbedingt verständigt wird.

Es ist Aufgabe des Betriebsrates, im Rahmen des Mitbestimmungsrechts Vorkehrungen gegen eine allzu rigorose Nutzung der computergestützten Zeiterfassung für die Vorbereitung von arbeitsrechtlichen Sanktionen wie Abmahnungen und Kündigungen durchzusetzen.

Ist die Auswertung von Leistungs- und Verhaltensdaten durch den Arbeitgeber beliebig zulässig?

Ist das Gerät, das der Erfassung von bestimmten Informationen über Ihr betriebliches Verhalten dient, für Sie sichtbar und ist eindeutig festgelegt, welcher Kontroll- und Überwachungszweck verfolgt wird, so sind die Gefahren für Sie kalkulierbar. Ein wachsendes Problem sowohl im gesellschaftlichen Bereich (Überwachungsstaat!) als auch im Betrieb ist die Auswertung von Daten, die entweder »erhoben« werden, ohne daß dies dem Betroffenen bewußt ist, oder zu einem anderen (meist harmlosen und unverdächtigen) Zweck.

Informationen können nun mal zu unterschiedlichen Zwecken verwendet werden:

- Die Zeiterfassungsdaten können entweder nur für die Abrechnung eingesetzt werden oder eben auch zur Pünktlichkeitskontrolle.
- Die Höhe des Akkord- oder Prämienlohns kann auch Informationen über die Leistungsfähigkeit oder Leistungsbereitschaft liefern.
- Die Telefonstatistik gibt Aufschluß, in welchem Umfang das Telefon bei der Arbeit benutzt wird.
- Die Aufzeichnung der krankheitsbedingten Fehlzeiten ist für die Gehalts- bzw. Lohnfortzahlung notwendig, kann aber auch für die Vorbereitung einer personellen Maßnahme (Übertragung einer anderen Arbeit, Kündigung) verwendet werden.

Eine Grenze für eine solche Datenauswertung ist, daß entweder der Zweck des Arbeitsverhältnisses oder doch berechtigte Belange des Arbeitgebers eine solche Auswertung erfordern. Unzulässig ist deshalb die Auswertung von Daten, die dem privaten Verhalten des Arbeitnehmers oder seinem Intimbereich zuzuordnen sind.

Eine Auswertung der Kantinendaten im Hinblick auf die Trink- und Eßgewohnheiten (Herr Huber ist Diabetiker oder trinkt regelmäßig zum Mittagessen zwei halbe Bier) ist unzulässig. Ebenso unzulässig wäre eine Auswertung des Kommunikationsverhaltens. (Wer geht mit wem regelmäßig in die Kantine, kommt zur gleichen Zeit und geht zur gleichen Zeit?)

Nicht zulässig sind Verhaltensprofile, die die verschiedensten Verhaltens- und Leistungsdaten zusammenfügen:
- Kommt häufig zu spät
- Ist viel krank
- Telefoniert oft privat
- Hat dauernden Kontakt mit dem Betriebsratsvorsitzenden
- Liegt unter dem Leistungsdurchschnitt

Eine solche Totalerfassung ist auch nicht durch die Erfordernisse des Arbeitsverhältnisses gerechtfertigt.

Welche Rechtsfragen treten bei der Auswertung von Daten über krankheitsbedingte Fehlzeiten auf?

Können Sie aus dem Gedächtnis sagen, wie viele Tage Sie im letzten Jahr wegen Krankheit ausgefallen sind? Wohl kaum. Sicherlich wäre es für Sie auch recht mühsam, dies zu rekonstruieren. Anders Ihr Arbeitgeber, der ein computergestütztes Personalinformationssystem zur Verfügung hat. Er kann in Sekundenschnelle die Arbeitsunfähigkeitszeiten des letzten Jahres, wahrscheinlich sogar aller Jahre Ihres Arbeitsverhältnisses, abrufen. Nicht nur dies: Er kann möglicherweise Ihre Arbeitsunfähigkeitszeiten mit denen Ihrer Kollegen vergleichen und vom Computer ausrechnen lassen, wie hoch der Anteil an Krankheitstagen an der Gesamtzahl der (jährlichen, monatlichen) Sollarbeitszeit ist. Natürlich könnte der Personalchef auch ohne EDV veranlassen, daß ein Mitarbeiter alle diese Angaben aus den Unterlagen heraussucht und die notwendigen Übersichten erstellt. Eine zeit- und arbeitsaufwendige Angelegenheit, die noch dazu nicht sehr zuverlässig ist. Erst der Einsatz des Computers macht aus der theoretischen Möglichkeit eine realistische Gefahr und führt zu einem erhöhten Überwachungsdruck.

> **Beispiel:** Frau Lakanidis ist bei der Firma Andruck als Hilfsarbeiterin beschäftigt. Sie erhält einen Brief des Arbeitgebers:
>
> »Sehr geehrte Frau Lakanidis,
> wir mußten feststellen, daß Sie in den letzten drei Jahren jeweils mehr als 20% der gesamten Jahresarbeitszeit arbeitsunfähig krank waren. 1985: 45 Arbeitstage. 1986: 60 Arbeitstage. 1987: 53 Arbeitstage. Auch zur Zeit fehlen Sie wieder wegen Krankheit. Wir weisen Sie darauf hin, daß nach der Rechtsprechung häufige Fehlzeiten wegen Krankheit eine Kündigung begründen können.
>
> Mit freundlichen Grüßen
>
> Frau Lakanidis wendet sich wegen dieses Schreibens an den Betriebsrat. Dieser erklärt Frau Lakanidis, daß in der Personalabteilung mit einem Computer alle Arbeitnehmer festgestellt werden, die in den letzten 3 Jahren mehr als 20% der jährlichen Arbeitszeit arbeitsunfähig krank gewesen sind. Die auf diese Weise festgestellten Arbeitnehmer hätten alle ein Schreiben mit einem solchen Text erhalten. Der Betriebsrat sei schon an der Sache dran und wolle Mißbrauch abstellen. Sind die Auswertungen zulässig? Was kann der Betriebsrat machen?

Ist bei den Arbeitnehmern eines Betriebes bekannt, daß die Krankheitsdaten in dieser Weise ausgewertet werden, wird dies auch Folgen für das Verhalten im Krankheitsfalle haben. An die Stelle der Überlegung, wie lange muß ich zu Hause bleiben, um wieder voll einsatzfähig zu sein, wird die Überlegung treten, wie lange kann ich mich arbeitsunfähig schreiben lassen, ohne daß dies Folgen für mein Arbeitsverhältnis hat.

Das Bundesarbeitsgericht hält es für zulässig, daß der Arbeitgeber über die EDV solche Auswertungen vornimmt: Diese überschreiten nach Ansicht des Bundesarbeitsgerichts nicht den Rahmen des Arbeitsverhältnisses, der Arbeitgeber hat ein berechtigtes Interesse daran, daß er die durch die krankheitsbedingten Fehlzeiten entstehenden Kosten in den Griff bekommt, und schließlich kann er sogar bei erheblichen Fehlzeiten berechtigt kündigen. Die Durchsetzung von Vorkehrungen, die den von solchen Auswertungen ausgehenden Überwachungsdruck mindern sollen, ist auch hier wieder dem Betriebsrat überlassen. So könnte der Betriebsrat mit dem Arbeitgeber vereinbaren, daß allein aufgrund dieser Auswertungen keine personellen Maßnahmen erfolgen dürfen, daß vielmehr in einem Personalgespräch eine umfassende Erörterung der Situation des betreffenden Arbeitnehmers unter Einschluß der Personalsituation zu erfolgen hat.

Wie kann ich mich gegen unzulässige Kontrollen oder rechtswidrig installierte Kontrolleinrichtungen wehren?

Bei unzulässigen Kontrollmaßnahmen des Arbeitgebers besteht ein gerichtlich durchsetzbarer Anspruch des Arbeitnehmers, daß die Maßnahme unterbleibt. So könnte etwa ein Arbeitnehmer, der ununterbrochen von der Videokamera bei seiner Arbeit aufgenommen wird, verlangen, daß der Arbeitgeber die Videokamera abstellt oder auf ein zulässiges Maß beschränkt. Auch bei einem unzulässigen Einsatz eines Detektivs zur Überwachung (siehe Beispiel »Franzen«) kann der betroffene Arbeitnehmer bei Gericht beantragen, daß der Arbeitgeber die Überwachung durch den Detektiv unterläßt. Der Arbeitnehmer hat in einem solchen Fall auch das Recht, die Arbeit unter den Bedingungen des Einsatzes einer rechtswidrigen Kontrolleinrichtung zu verweigern.

Will er dies tun, sollte er allerdings die Ratschläge in den Abschnitten 1 und 2 dieses Kapitels beachten.

5. Allgemeine arbeitsrechtliche Regeln für den Umgang des Arbeitgebers mit Personaldaten

Was hat mit vom Arbeitgeber unzulässig erlangten Personaldaten zu geschehen?

Ihr Arbeitgeber kann nicht beliebig von Ihnen Informationen erfragen. Ebenso darf er nicht durch medizinische Untersuchungen und psychologische Tests sich beliebig Wissen über Sie aneignen. Es muß vielmehr ein enger Bezug zu dem konkreten Arbeitsverhältnis bestehen. Lesen Sie hierzu Kapitel 1 Abschnitt 3. Unzulässig erlangte Informationen dürfen auch nicht aufbewahrt werden.

Hat der Arbeitgeber Informationen im Zusammenhang mit der Einstellung in unzulässiger Weise erlangt, darf er sie weder in der Personalakte noch sonst aufbewahren, sie sind vielmehr zu vernichten.

Besonderes gilt für die dem Betriebsarzt im Rahmen einer Einstellungsuntersuchung bekannt gewordenen Daten über den Gesundheitszustand des Arbeitnehmers (Befund-, Diagnose- und Therapiedaten). Sie unterliegen der ärztlichen Schweigepflicht. Mit Einwilligung des betroffenen Arbeitnehmers kann der Betriebsarzt dem Arbeitgeber das Ergebnis der Einstellungsuntersuchung im Hinblick auf die Eignung für den in Aussicht genommenen Arbeitsplatz mitteilen. Die sonstigen medizinischen Daten muß der Betriebsarzt in einer Weise aufbewahren, daß der Arbeitgeber keine Kenntnis hiervon erlangen kann. Insbesondere dürfen diese Daten nicht in ein Personalinformationssystem des Arbeitgebers eingehen, dies selbst dann nicht, wenn lediglich dem Betriebsarzt ein Zugriffsrecht hierauf eingeräumt wird.

Was muß mein Arbeitgeber mit Personalunterlagen tun, die unrichtig sind oder ein »schiefes Bild« von Vorgängen aus dem Arbeitsverhältnis geben?

Unrichtige Angaben müssen entweder berichtigt oder aus den Personalunterlagen entfernt werden.

> **Beispiel:** Elfriede Bolten ist Bankangestellte. Beim Einstellungsgespräch gab sie freimütig zu, daß sie aufgrund eines Engagements für

einen in Not geratenen Freund erhebliche Schulden hat. Die Bank stellte Frau Bolten zwar ein, über die Vermögenssituation wurde aber ein Aktenvermerk gemacht und zur Personalakte genommen. Nach zwei Jahren teilt Frau Bolten der Bank mit, daß sie nunmehr vollkommen schuldenfrei ist. Die Bank sieht keinen Anlaß, den ursprünglichen Aktenvermerk aus der Personalakte zu entfernen.
Handelt die Bank rechtmäßig?

Ist die Behauptung der Frau Bolten richtig, muß die Bank den Aktenvermerk aus der Personalakte nehmen.
Im Falle einer gerichtlichen Durchsetzung ihres Anspruchs muß allerdings Frau Bolten beweisen, daß sie nunmehr schuldenfrei ist.
Dies folgt aus der allgemeinen Regel, daß der Anspruchssteller die Voraussetzungen seines Anspruchs beweisen muß.

> **Beispiel:** Walter Anders ist im Kurhotel Lebensquell als Koch beschäftigt. In der Zeit vom 16. März bis 30. März 1988 war er arbeitsunfähig krank und hat dies auch durch eine Arbeitsunfähigkeitsbescheinigung belegt. Diese hat er allerdings erst am 21. März dem Kurhotel vorgelegt. Da Herr Anders das Gefühl hat, daß an seinem Stuhl gesägt wird, nimmt er Einsicht in die Personalakte. Unter anderem befindet sich dort eine Aufstellung über seine krankheitsbedingten Fehlzeiten. Bei der Krankheitszeit vom 16. bis 30. März ist in Klammer vermerkt: »Davon drei Tage unentschuldigt.«
> Herr Anders hält diese Aussage für unrichtig und möchte etwas dagegen unternehmen.

Auch bis zum 20. März hat Herr Anders nicht unentschuldigt gefehlt. Er hat ja eine Arbeitsunfähigkeitsbescheinigung vorgelegt, die diese Zeit abdeckt.
Daran ändert nichts, daß die Arbeitsunfähigkeitsbescheinigung nicht, wie im Lohnfortzahlungsgesetz vorgesehen, bis zum Ablauf von drei Tagen nach Beginn der Arbeitsunfähigkeit dem Arbeitgeber vorlag. Die Aussage über das unentschuldigte Fehlen ist also falsch. Darüber aber, ob Herr Anders einen Anspruch auf Entfernung dieses Vermerks hat, wird man trefflich streiten können. Die Unrichtigkeit dieser Aussage läßt sich ohne weiteres durch die Vorlage der Arbeitsunfähigkeitsbescheinigung belegen. Besonders belastet wird daher Herr Anders durch diesen Vermerk nicht. Er hat auch das Recht, die unrichtige Aussage durch eine zur Personalakte gegebene Erklärung richtigzustellen.

Was geschieht mit Personaldaten, wenn sie für die Durchführung des Arbeitsverhältnisses nicht mehr benötigt werden?

Die Aufbewahrung von Personaldaten kann das Persönlichkeitsrecht verletzen, wenn der Arbeitgeber die Daten nicht mehr benötigt.

Beispiel: Manfred Burger ist bei der Firma BMN als Ingenieur beschäftigt. Das Unternehmen stellt sowohl Panzer als auch zivile Nutzfahrzeuge her. Die Tätigkeit des Herrn Burger bezieht sich auf die Panzerproduktion. Nachdem er von einem Kollegen beim Verteilen eines Flugblattes mit Friedensparolen beobachtet worden ist, holt der Arbeitgeber eine Auskunft des Verfassungsschutzes ein, die eine Aktivität für eine linke Organisation während der Studentenzeit zutage fördert. Unter einem Vorwand wird Herr Burger in einen Betriebsteil versetzt, wo er ausschließlich mit der LKW-Produktion zu tun hat.
Darf die Auskunft des Verfassungsschutzes bei den Personalunterlagen verbleiben?

Die Verfassungsschutzauskunft ist für das Arbeitsverhältnis nach der Versetzung bedeutungslos geworden. Sie muß daher aus der Personalakte genommen und vernichtet werden. Die Firma BMN kann auch nicht argumentieren, daß sie unter Umständen später einmal, vielleicht im Rahmen einer weiteren Auseinandersetzung mit Herrn Burger, nachweisen können muß, warum es zu dieser Versetzung gekommen ist. Die Firma BMN hat aber die Versetzung des Herrn Burger nicht mit der Verfassungsauskunft begründet, sondern eine andere Begründung vorgeschoben und muß sich daran festhalten lassen.

Müssen auch richtige, aber für mich besonders belastende Vorgänge unter Umständen aus der Personalakte entnommen werden?

Beispiel: Die Verkäuferin Luise Neidhart wird verdächtigt, eine Ware in Diebstahlsabsicht aus dem Warenangebot genommen zu haben. Da Beweise fehlen, kommt es nicht zu einer Kündigung, auch nicht zu einer Abmahnung. Das staatsanwaltschaftliche Ermittlungsverfahren wird mangels eines hinreichenden Tatverdachts eingestellt. Der Bericht des Kaufhausdetektivs und das Protokoll der Anhörung der Frau Neidhart durch den Personalleiter werden in der Personalakte abgelegt.
Ist dies mit der Fürsorgepflicht des Arbeitgebers und dem Persönlichkeitsrecht der Frau Neidhart vereinbar?

Der Arbeitgeber wird geltend machen, er benötige die Unterlagen, falls erneut ein Diebstahlsfall auftritt und sich wiederum Verdachtsmomente gegen Frau Neidhart richten. Frau Neidhart wird argumentieren, die Aufbewahrung dieser Vorgänge belaste ihr Arbeitsverhältnis zu Unrecht und könne Entscheidungen des Arbeitgebers zu ihrem Nachteil beeinflussen. Die Antwort auf die Frage hängt von den Umständen des einzelnen Falles ab. Ist Frau Neidhart im Laufe der Ermittlungen reingewaschen worden und sind bei einer vernünftigen Betrachtungsweise keine Verdachtsgründe mehr erkennbar, wird die Personalakte von allen Unterlagen, die den Vorgang betreffen, »gesäubert« werden müssen. Bleiben allerdings Verdachtsmomente, auch wenn der Sachverhalt für eine Anklageerhebung durch die Staatsanwaltschaft nicht ausreicht, so wird der Arbeitgeber das Protokoll des Kaufhausdetektivs und der Anhörung der Betroffenen in der Personalakte behalten können. Die Rechte der Frau Neidhart sind dann ausreichend dadurch gewahrt, daß sie die Aufnahme aller Unterlagen, die für ihre Unschuld sprechen, in die Personalakte verlangen kann.

Darf mein Arbeitgeber die während des Arbeitsverhältnisses über mich angesammelten Personaldaten nach Beendigung des Arbeitsverhältnisses unbegrenzt aufbewahren?

Die Beendigung des Arbeitsverhältnisses führt nicht zur Auflösung der Personalakte. Allerdings darf der Arbeitgeber Vorgänge über ein beendetes Arbeitsverhältnis nur so lange aufbewahren, wie dies für berechtigte Verwendungszwecke, insbesondere zur Abwendung von Rechtsansprüchen des ausgeschiedenen Arbeitnehmers, notwendig erscheint. Muß ein Arbeitgeber wegen des Ablaufs der gesetzlichen Verjährungsfristen oder wegen einer Vereinbarung mit dem Arbeitnehmer, daß diesem keine Ansprüche aus dem Arbeitsverhältnis mehr zustehen, nicht mehr mit einer Inanspruchnahme rechnen, ist er regelmäßig zur Vernichtung der Personalunterlagen des ausgeschiedenen Arbeitnehmers verpflichtet.

Wofür kann der Arbeitgeber die Personaldaten verwenden?

Unproblematisch ist sicher die Verwendung der Personaldaten für die Gehalts- und Lohnabrechnung. Uns interessieren nachfolgend die problematischen Verwendungen.

Darf mein Arbeitgeber von mir ein umfassendes Persönlichkeitsprofil erstellen?

Auch die Verwendung der dem Arbeitgeber zur Verfügung stehenden Personaldaten ist am Persönlichkeitsrecht des Arbeitnehmers zu messen. Sie darf nicht zu einer Persönlichkeitsdurchleuchtung führen. Eine unzulässige Erstellung eines Persönlichkeitsprofils liegt dann vor, wenn tendenziell alle Ihre Lebensäußerungen erfaßt werden sollen und auch tatsächlich persönliche und private Umstände (Religion, politische Einstellung etc.) in das Profil einbezogen werden.

Welche Rechtsfragen können bei Eignungs- und Qualifikationsprofilen auftreten?

Nicht das allgemeine Persönlichkeitsrecht des Arbeitnehmers verletzen Eignungs- und Qualifikationsprofile, die dazu dienen, den geeignetsten Arbeitnehmer für einen bestimmten Arbeitsplatz zu finden. Aber auch sie sind nicht beliebig zulässig und unterliegen rechtlichen Einschränkungen.

Beispiel: Werner Heinrich ist Ingenieur bei der Firma Universalbau, die auch Bauprojekte in Afrika und Asien hat. Herr Heinrich ist bisher für Baustellen im Inland tätig. Er bewirbt sich auf eine Stelle in der Auslandsabteilung, wird aber nicht genommen. Zufällig erfährt er, daß ein Kollege vom Arbeitgeber gezielt wegen der Übernahme der Auslandsabteilung angesprochen worden ist. Herr Heinrich beschwert sich beim Betriebsrat, dessen Nachforschungen ergeben, daß eine Vorauswahl nach folgenden Kriterien durchgeführt worden ist: Qualifikation als Ingenieur – jünger als 35 Jahre – keine gesundheitlichen Einschränkungen – Sprachkenntnisse mindestens Englisch und Französisch.
Wie ist das Vorgehen der Firma Universalbau zu beurteilen?

Da die Vorauswahl dazu führt, daß alle Arbeitnehmer, die diese Kriterien nicht erfüllen, für den Arbeitsplatz in der Auslandsabteilung ausscheiden, hat der Arbeitgeber Auswahlrichtlinien aufgestellt, die der Zustimmung des Betriebsrates bedurft hätten. Problematisch erscheint auch, daß der Arbeitgeber hier eine Information über den allgemeinen Gesundheitszustand der Arbeitnehmer besitzt. Sollte der Betriebsarzt gegenüber dem Arbeitgeber nicht nur eine Aussage über die Eignung gemacht haben, sondern über den Gesundheitszustand überhaupt, wäre diese Information vom Arbeitgeber nicht verwertbar. Herrn Heinrich erwächst aus den Rechtsverletzungen des Arbeitgebers allerdings kein Anspruch auf die begehrte Stelle. Jedoch kann sich das Rennen um den Arbeitsplatz wieder offen gestalten, wenn der Betriebsrat der Versetzung des Kollegen des Herrn Heinrich widerspricht.

Was muß mein Arbeitgeber bei der Weitergabe von Personaldaten an Dritte beachten?

Der Arbeitgeber muß die Personaldaten und Unterlagen, die personenbezogene Vorgänge dokumentieren, vertraulich behandeln.

Beispiel: Egon Weißkirch ist seit einem Jahr von seiner Frau geschieden. Herr Rechtsanwalt Feindel, der Frau Weißkirch in unterhaltsrechtlichen Angelegenheiten gegen ihren Ehemann vertritt, ist ein guter Freund des Geschäftsführers der Firma, in der Herr Weißkirch beschäftigt ist. Er bittet den Geschäftsführer, ihn doch über die finanzielle Situation von Herrn Weißkirch zu informieren, insbesondere über die Höhe des Gehalts, über Sonderzahlungen, aber auch über Gehaltspfändungen. Der Geschäftsführer weist die Personalabteilung an, die Informationen an Herrn Rechtsanwalt Feindel zu geben.
Muß sich Herr Weißkirch dies gefallen lassen?

Die Weitergabe dieser Daten ist eindeutig rechtswidrig. Sie verletzt das Persönlichkeitsrecht des Herrn Weißkirch. Wenn Herr Rechtsanwalt Feindel diese Daten für die Geltendmachung eines Unterhaltsanspruchs benötigt, muß er ihre Preisangabe mit gerichtlichen Mitteln durchsetzen.

Beispiel: Sie hegen den Gedanken, den Arbeitgeber zu wechseln, und führen Gespräche über eine mögliche Anstellung. Der Personalchef der »neuen« Firma erkundigt sich bei Ihrem Arbeitgeber über Ihre vertragliche Aufgabenstellung, worauf ihm ohne Ihre Einwilligung der Arbeitsvertrag gezeigt wird.
Ist dies zulässig?

Hierin liegt ein unzulässiger Eingriff in das Persönlichkeitsrecht. Das Bundesarbeitsgericht hält es allerdings für zulässig, daß der bisherige Arbeitgeber derjenigen Person, mit der der Arbeitnehmer in Vertragsverhandlungen über den Abschluß eines neuen Arbeitsvertrages steht, auch ohne Einverständnis Auskunft über das Verhalten und die Leistung während des Arbeits-

verhältnisses gibt. Eine sicherlich problematische Ansicht. Zu beachten ist aber, daß dies kein Freibrief ist, Einzelheiten weiterzugeben; die Auskunft muß sich tatsächlich auf die Einschätzung der betrieblichen Leistung und des betrieblichen Verhaltens beziehen.
Ihre Personaldaten dürfen auch nicht anderen Arbeitnehmern zugänglich sein, soweit sie nicht zu Personalentscheidungen befugt sind oder sonst aufgrund der betrieblichen Funktion Zugang zu Personalunterlagen haben müssen.

Welche Rechte stehen mir zu, wenn ich mich gegen eine unzulässige Aufbewahrung, Verwendung oder Weitergabe meiner Personaldaten wehren will?

Der Arbeitnehmer kann verlangen, daß unrichtige Angaben in der Personalakte berichtigt oder aus der Personalakte entfernt werden. Rechtswidrige Abmahnungen oder Rügen sind ebenfalls aus der Personalakte zu entfernen. Das gleiche gilt für den Arbeitnehmer besonders belastende Vorgänge, soweit nicht berechtigte Belange des Arbeitgebers entgegenstehen (vergleiche den Fall der Frau Neidhart).
Wird durch den Zugriff des Arbeitgebers auf die Personaldaten das Persönlichkeitsrecht des Arbeitnehmers verletzt, hat dieser auch einen gerichtlich durchsetzbaren Anspruch gegen den Arbeitgeber, daß die Persönlichkeitsverletzung unterbleibt. So kann Herr Weißkirch seiner Firma verbieten lassen, die Daten über seine finanzielle Situation an Herrn Rechtsanwalt Feindel weiterzugeben.

6. Besonderer Schutz der Personaldaten im Arbeitsverhältnis durch das Bundesdatenschutzgesetz

Welche Voraussetzungen müssen erfüllt sein, damit das Bundesdatenschutzgesetz überhaupt Anwendung findet?

Das Bundesdatenschutzgesetz gilt nicht für jeden Umgang mit Daten.
Die Gewinnung der Informationen durch Vorlage und Ausfüllen des Fragebogens ist keine Verarbeitung von Daten im Sinne des Bundesdatenschutzgesetzes. Erst wenn die auf diese Weise »er-

hobenen« Daten in eine Kartei überführt werden oder am Terminal in die EDV eingegeben werden, beginnt die Datenverarbeitung (Erfassung).

Ebenso ausgenommen ist die normale Aufbewahrung von Daten, etwa in herkömmlichen Papierakten. Für die Anwendung der Bestimmungen des Bundesdatenschutzgesetzes ist Voraussetzung, daß die Daten in einer bestimmten Weise aufbereitet werden.

Anknüpfungspunkt ist dabei der Begriff der Datei, worunter das Gesetz in seiner wenig anschaulichen Sprache eine gleichartig aufgebaute Sammlung von Daten versteht, die nach bestimmten Merkmalen umgeordnet und ausgewertet werden kann. Eine Datei liegt z. B. vor, wenn die im Personalfragebogen erfragten Informationen in einer bestimmten Reihenfolge auf eine Karteikarte übertragen und die Karteikarten alphabetisch (nach den Anfangsbuchstaben der Familiennamen) in einen Kasten eingeordnet werden. Die alphabetische Anordnung kann jederzeit durch eine Anordnung nach anderen auf der Karteikarte enthaltenen Merkmalen, etwa männlich/weiblich, ersetzt werden. Damit ist die gesetzliche Voraussetzung erfüllt, daß eine »Umordnung« oder »Auswertung« möglich sein muß.

Die Dateien eines EDV-Systems kann man sich als eine Art elektronische Zettelkästen vorstellen; anstelle der Karteikarten treten sog. Datensätze.

Obwohl es doch sehr verwunderlich erscheinen mag, sieht das Bundesdatenschutzgesetz keine Regeln für die Auswertung der Daten vor.

Allerdings kann eine Auswertung von Daten zugleich eine Datenänderung sein, die den Bestimmungen des Bundesdatenschutzgesetzes unterliegt.

Beispiel: Ein Arbeitgeber speichert krankheitsbedingte Fehlzeiten in der Lohn- und Gehaltsdatei. Er übernimmt diese Fehlzeiten, wenn sie einen bestimmten Umfang überschritten haben, in eine Datei für Kündigungsgründe.

Den krankheitsbedingten Fehlzeiten kommt mit dieser Übernahme in die Datei für Kündigungsgründe eine ganz neue Bedeutung zu.

Unter Juristen ist aber umstritten, ob dies tatsächlich eine Datenänderung ist.

Welche Anforderungen stellt das Bundesdatenschutzgesetz für die Verarbeitung von personenbezogenen Daten auf, und welche Bedeutung haben diese für das Arbeitsverhältnis?

Die Grundregel lautet:

Die Verarbeitung personenbezogener Daten ist nur zulässig, wenn
1. das Bundesdatenschutzgesetz oder eine andere Rechtsvorschrift sie erlaubt oder
2. der Betroffene entweder schriftlich oder bei Vorliegen besonderer Umstände auch in anderer Weise eingewilligt hat (§ 3 Bundesdatenschutzgesetz).

Der Abschluß des Arbeitsvertrages ist nicht zugleich eine Einwilligung in die Verarbeitung personenbezogener Daten. Ebenso nicht das Ausfüllen eines Fragebogens bezüglich der darin gemachten Angaben.

Das Bundesdatenschutzgesetz selbst aber erlaubt auch ohne Einwilligung das Speichern, Verändern und Übermitteln von personenbezogenen Daten. Dafür kommt es entscheidend auf die Zweckbestimmung des Vertragsverhältnisses an. Personenbezogene Daten, die für die Durchführung des Arbeitsverhältnisses nicht notwendig sind, dürfen vom Arbeitgeber nicht verarbeitet werden. Das Bundesdatenschutzgesetz sieht aber darüber hinaus vor, daß eine Datenverarbeitung auch dann zulässig ist, wenn die Verarbeitung zur Wahrung berechtigter Interessen der speichernden Stelle, für unseren Zusammenhang also des Arbeitgebers, erforderlich ist. Dann aber dürfen die berechtigten Belange des Betroffenen, hier des Arbeitnehmers, nicht beeinträchtigt werden. Diese zweite Alternative ist für das Arbeitsverhältnis von geringerer Bedeutung, da für die Bestimmung der Daten, die der Arbeitgeber für die Durchführung des Arbeitsverhältnisses benötigt, immer schon eine Abwägung mit den Belangen des betroffenen Arbeitnehmers zu erfolgen hat.

Beispiel: Gerd Männel ist als Ingenieur in der Forschungsabteilung der Firma Strahlschutz beschäftigt. Der Arbeitgeber speichert in einem computergestützten Personalinformationssystem folgende Daten von Herrn Männel: Geschlecht – Konfession – Familienstand – Beginn Wehrdienst – Ende Wehrdienst – Schule – Ausbildung in Lehr- und anderen Berufen – Fachschulausbildung – Sprachkenntnisse.
Ist die Speicherung dieser Daten zulässig?

Unzulässig ist lediglich die Speicherung der Konfession und der Wehrdienstdaten, zulässig die Speicherung der übrigen Daten. So das Ergebnis eines arbeitsgerichtlichen Verfahrens, in dem der betroffene Arbeitnehmer Löschung der oben genannten Daten verlangt hatte.

Das Bundesarbeitsgericht vertrat als letzte Instanz die Auffassung, daß nicht nur Lohnabrechnungsdaten gespeichert werden dürften, sondern auch Daten für dispositive Zwecke. Die Speicherung des Geschlechts sei schon deshalb gerechtfertigt, weil der Arbeitgeber in regelmäßigen Abständen die Zahl der männlichen und weiblichen Arbeitnehmer melden müsse; auch handle es sich bei dem Geschlecht um ein für die allgemeine Personalplanung bedeutsames Datum.

Der Familienstand könne für Sozialleistungen, für Versetzungen, für einen auswärtigen Einsatz des Arbeitnehmers und schließlich im Falle von Kündigungen für die vom Arbeitgeber nach dem Kündigungsschutzgesetz zu treffende soziale Auswahl relevant sein.

Die Speicherung der Daten über die Schul- und Berufsausbildung sowie über die Sprachkenntnisse hielt das Bundesarbeitsgericht für zulässig, weil sie Auskunft über die Einsatzmöglichkeit des Arbeitnehmers geben.

Kann mein Arbeitgeber Personaldaten vor mir verbergen, indem er sie in der EDV speichert?

Wer nicht weiß, ob und welche Daten von ihm verarbeitet werden, hat keine Möglichkeit, sich gegen unzulässige Verarbeitungen zu wehren.

Wichtig sind daher die Rechte, die dem Arbeitnehmer eine Überprüfungsmöglichkeit gewähren.

Jeder Arbeitnehmer hat das Recht, Einsicht in seine Personalakte zu nehmen. Die Personalakte ist dabei nicht eine vom Arbeitgeber nach seinen Vorstellungen und Bedürfnissen zusammengestellte Papierakte, sondern die Gesamtheit aller das Arbeitsverhältnis betreffenden Vorgänge, die der Arbeitgeber aufbewahrt.

Das Einsichtsrecht in die Personalakte erfaßt daher auch Personaldaten, die lediglich in der EDV gespeichert sind. Der Arbeitgeber ist verpflichtet, diese so aufzubereiten, daß sie vom Arbeitnehmer gelesen werden können.

Welche Auskunftsrechte und Mitteilungsrechte stehen mir nach dem Bundesdatenschutzgesetz zu?

Der Arbeitgeber muß den Arbeitnehmer von sich aus benachrichtigen, wenn er erstmals zur Person des Arbeitnehmers Daten speichert.

Die Mitteilungspflicht über die erstmalige Speicherung ist im Arbeitsverhältnis besonders dann von Bedeutung, wenn Karteien neu angelegt werden oder eine EDV für die Personaldatenverarbeitung neu installiert wird. Das Gesetz sieht von der Benachrichtigungspflicht allerdings ab, wenn der Betroffene »auf andere Weise von der Speicherung Kenntnis erlangt« hat. Allein der Erfahrungssatz, daß für die Zwecke eines Arbeitsverhältnisses regelmäßig Dateien angelegt werden, reicht hierfür nicht aus. Ebensowenig das Wissen darum, daß im Betrieb eine EDV besteht.

Der Arbeitnehmer kann Auskunft über die zu seiner Person gespeicherten Daten verlangen, bei automatischer Verarbeitung auch Auskunft über die Personen und Stellen, an die Daten regelmäßig übermittelt werden.

Der Auskunftsanspruch deckt sich weitgehend mit dem Recht auf Einsichtnahme in die Personalakte. Obwohl das Bundesdatenschutzgesetz für die Auskunftsgewährung ein Entgelt zuläßt, kann der Arbeitgeber ein solches nicht verlangen, wenn der Arbeitnehmer Auskunft über EDV-gespeicherte Personalvorgänge verlangt. Ansonsten würde sein Recht auf Einsichtnahme in die Personalakte erschwert.

Welche besonderen Rechte habe ich nach dem Bundesdatenschutzgesetz, wenn ich mich gegen eine Speicherung meiner Daten durch den Arbeitgeber wehren will?

Personenbezogene Daten sind zu löschen, wenn die Speicherung unzulässig war.

> **Beispiel:** Im Falle des Ingenieurs Männel sind, wie wir gesehen haben, sowohl die Religionszugehörigkeit als auch die Daten über die Wehrdienstzeit unzulässig gespeichert worden.
> Was hat mit diesen Daten zu geschehen?

Die Daten müssen gelöscht werden. Was versteht man unter »Löschen«? Löschen ist das Unkenntlichmachen gespeicherter Daten. Dies kann durch Schwärzen, Überschreiben, Radieren

oder durch Vernichtung des Datenträgers erfolgen. Die Löschung von Daten auf magnetischen Datenträgern erfolgt durch Überschreiben mit neuen Informationen oder Leerzeichen.
Personenbezogene Daten sind zu berichtigen, wenn sie unrichtig sind.

> **Beispiel:** Walter Anders ist Koch im Kurhotel Lebensquell. In der Zeit vom 16. März bis 30. März 1988 ist er arbeitsunfähig krank. Eine Arbeitsunfähigkeitsbescheinigung seines Arztes hierüber liegt dem Kurhotel vor. Da diese aber erst am 21. März beim Arbeitgeber eingegangen ist, wird im computergestützten Personalinformationssystem die Zeit vom 16. bis 20. März als unentschuldigte Fehlzeit gespeichert.
> Wie kann sich Herr Anders wehren?

Gegenüber dem entsprechenden Beispiel im Abschnitt über den Umgang mit Personaldaten kommt es nicht darauf an, daß aufgrund der Arbeitsunfähigkeitsbescheinigung ohne weiteres die Unrichtigkeit dieser Aussage festgestellt werden kann und daher die Belastung für Herrn Anders sich in Grenzen hält. Das »Datum« ist unrichtig und muß daher berichtigt werden. Das Bundesdatenschutzgesetz will gerade Schutz bieten gegenüber den Gefahren der Verarbeitung von Daten durch moderne Techniken, die sowohl die Schnelligkeit des Zugriffs erhöhen als auch die Verknüpfungsmöglichkeiten erweitern. Eine Verletzung des Persönlichkeitsrechts oder anderer Rechte des Arbeitnehmers muß nicht noch zusätzlich vorliegen.
Personenbezogene Daten sind zu sperren, wenn ihre Richtigkeit vom Betroffenen bestritten wird und sich weder die Richtigkeit noch die Unrichtigkeit feststellen läßt.

> **Beispiel:** Die Bankangestellte Bolten hat im Einstellungsfragebogen angegeben, daß sie in erheblichem Umfange Schulden hat. Die Angaben wurden in der EDV gespeichert. Nach zwei Jahren behauptet sie, keine Schulden mehr zu haben. Die Bank ist skeptisch, kann aber die Behauptung der Frau Bolten nicht widerlegen.
> Welche Konsequenz muß die Bank hieraus ziehen?

Im entsprechenden Beispiel im Abschnitt über den Umgang des Arbeitgebers mit Personaldaten konnte Frau Bolten ihren Anspruch nur durchsetzen, indem sie nachwies, daß sie keine Schulden mehr hat. Findet das Bundesdatenschutzgesetz Anwendung, muß die Bank, da sie die Richtigkeit der gespeicher-

ten Information über die schlechte Vermögenslage der Frau Bolten nicht beweisen kann, dieses Datum sperren.
Was ist unter »Sperren« zu verstehen? Sperren bedeutet die Anbringung eines Sperrvermerks bei den entsprechenden Daten. Dieser hat zur Folge, daß die Daten ohne Einwilligung des Betroffenen nicht mehr verarbeitet, insbesondere nicht mehr übermittelt, aber auch sonst nicht mehr genutzt werden dürfen (Ausnahme: Nutzung zu wissenschaftlichen Zwecken, zur Behebung einer bestehenden Beweisnot, aus »überwiegendem Interesse« der speichernden Stelle oder eines Dritten).
Personenbezogene Daten sind ferner zu sperren, wenn ihre Kenntnis für die Erfüllung des Zweckes der Speicherung nicht mehr erforderlich ist. Sie sind zu löschen, wenn ihre Kenntnis für die Erfüllung des Zweckes der Speicherung nicht mehr erforderlich ist und wenn der Betroffene die Löschung verlangt.

Beispiel: Jürgen Joschka ist Kraftfahrer in der Firma Alltransport. Er hat in seiner Freizeit einen Unfall und wird wegen Trunkenheit am Steuer bestraft. Der Führerschein wird ihm für zwei Jahre entzogen. Herr Joschka wird zunächst von seiner Aufgabe als Kraftfahrer suspendiert und dann mit seinem Einverständnis in den Innendienst versetzt. Die Tatsache des Führerscheinentzugs bleibt im EDV-gestützten Personalinformationssystem auch nach der Versetzung gespeichert.
Ist dies zulässig, und was kann Herr Joschka dagegen tun?

Die Speicherung des Führerscheinentzugs ist nach der einverständlichen Versetzung des Herrn Joschka in den Innendienst für die Durchführung des Arbeitsverhältnisses nicht mehr erforderlich. Auch ohne ein dahingehendes Verlangen muß die Firma Alltransport das Datum Führerscheinentzug sperren.
Auf Verlangen des Herrn Joschka muß das Datum auch gelöscht werden.
Daten über gesundheitliche Verhältnisse, strafbare Handlungen, Ordnungswidrigkeiten sowie religiöse oder politische Anschauungen sind zu löschen, wenn ihre Richtigkeit von der speichernden Stelle nicht bewiesen werden kann.

Beispiel: Die Verkäuferin Luise Neidhart wird verdächtigt, eine Ware in Diebstahlsabsicht aus dem Warenangebot genommen zu haben. Da Beweise fehlen, kommt es nicht zu einer Kündigung, auch nicht zu einer Abmahnung. Das staatsanwaltschaftliche Ermittlungsverfahren wird mangels eines hinreichenden Tatverdachts eingestellt. Das Kaufhaus bringt bei den gespeicherten Personalstammdaten der Frau Neid-

hart ein Zeichen an, das besagt, daß sie im Zusammenhang mit einem betrieblichen Eigentumsdelikt auffällig geworden ist.
Was kann Frau Neidhart hiergegen machen?

Im entsprechenden Beispiel des Abschnitts über den Umgang des Arbeitgebers mit Personaldaten spielte das Interesse des Kaufhauses an der Dokumentation des Vorgangs eine wesentliche Rolle. Dieser Gesichtspunkt ist hier ohne Bedeutung. Das Bundesdatenschutzgesetz sieht für einen solchen Fall einen Anspruch auf Löschung ohne jede Einschränkung vor. Zwar wird lediglich der Umstand, daß sich der Verdacht gegen die Arbeitnehmerin gerichtet hat, gespeichert, doch handelt es sich auch hier um eine Information »über eine strafbare Handlung«. Wegen der Einstellung des Ermittlungsverfahrens mangels eines hinreichenden Tatverdachts ist davon auszugehen, daß der Diebstahl nicht bewiesen werden kann. Das »Merkmal« ist daher zu löschen.

7. Durchsetzung von Rechten im Betrieb

Sie werden sicher sagen: Was helfen die schönsten Rechte. Während des bestehenden Arbeitsverhältnisses kann man doch gegen die Arbeitgeber nichts unternehmen.
Wir wollen der Erfahrung gar nicht widersprechen, daß »rechtsbewußte« Arbeitnehmer vom Arbeitgeber häufig nicht geschätzt werden und daß die Inanspruchnahme der Arbeitsgerichte geradezu als Affront aufgefaßt wird. Gleichwohl kann die Schlußfolgerung nicht sein, sich überhaupt nicht zu wehren. Vielmehr ist im Einzelfall zu überlegen: Wie wichtig ist mir die Angelegenheit? Welche Folgen muß ich befürchten? Welche Mittel habe ich zur Durchsetzung meiner Rechte?
Der letzten Frage wollen wir uns zuwenden. Dabei werden wir feststellen, daß es auch während des bestehenden Arbeitsverhältnisses durchaus praktikable Schutzrechte gibt.

Welchen Vorteil kann es mir bringen, wenn der Betriebsrat in einer auch mich betreffenden Angelegenheit sein Mitbestimmungsrecht ausübt?

Wir haben schon auf die Mitbestimmungsrechte des Betriebsrates hingewiesen. Gerade bei Maßnahmen des Arbeitgebers mit kollektivem Charakter (z. B. Änderung der Arbeitszeit, Fragen der betrieblichen Lohngestaltung, allgemeine Verhaltensrichtlinien, Beurteilungsgrundsätze) wird die Rechtsposition des einzelnen Arbeitnehmers entscheidend davon bestimmt, ob und wie der Betriebsrat seine Mitbestimmungsrechte wahrnimmt. Die Mitbestimmungsrechte bedeuten daher auch einen Schutz des einzelnen Arbeitnehmers.

> **Beispiel:** Ihr Arbeitgeber ordnet Überstunden für eine Abteilung an. Sie wollen aus privaten Gründen keine Überstunden leisten und wenden sich an den Betriebsrat.
> Was kann der Betriebsrat in Ihrem Interesse tun?

Der Betriebsrat könnte im Rahmen seines Mitbestimmungsrechts eine Vereinbarung durchsetzen, daß nur Arbeitnehmer zu den Überstunden heranzuziehen sind, die diese freiwillig ableisten. Für die geleisteten Überstunden wird ein zusätzlicher Freizeitausgleich vorgesehen.
Der Betriebsrat wird sich allerdings selten in vollem Umfange gegen den Arbeitgeber durchsetzen, so daß die unter Mitwirkung des Betriebsrates getroffenen Regelungen zumeist Kompromißcharakter tragen.

> **Beispiel:** Ihr Arbeitgeber zahlt zusätzlich zum tariflichen Monatsgehalt Zulagen in unterschiedlicher Höhe. Einige Arbeitnehmer, zu denen auch Sie gehören, erhalten überhaupt keine Zulage. Gründe für diese unterschiedliche Handhabung sind für Sie nicht ersichtlich; angeblich hängt die Zulagenhöhe von der Leistung ab. Sie wenden sich an den Betriebsrat.
> Was kann dieser in Verhandlungen mit dem Arbeitgeber erreichen?

Er könnte z. B. folgendes Ergebnis erzielen: Es wird eine Zulage in gleicher Höhe an alle bezahlt, die allerdings nur die Hälfte des bisherigen Durchschnittsbetrages ausmacht. Die andere Hälfte des bisherigen »Zulagentopfes« wird nach Leistungsgesichtspunkten, die im einzelnen definiert sind, an die Arbeitnehmer verteilt.
Der Betriebsrat hat sich hier mit seiner Vorstellung, allen eine Zulage in gleicher Höhe zukommen zu lassen, nur zum Teil durchgesetzt. Außerdem reicht sein Recht, bei der Lohngestaltung mitzubestimmen, von vorneherein nicht so weit, daß alle Arbeitnehmer mehr bekommen. Der Betriebsrat kann nur bei der Verteilung mitbestimmen und damit für eine größere Gerechtigkeit sorgen.

Wie kann der Betriebsrat durch Ausübung seines Mitbestimmungsrechts meine Rechtsposition bei Versetzungen verstärken?

Bei Einstellungen, Eingruppierungen und Versetzungen kann der Betriebsrat die Zustimmung verweigern, wenn der betroffene Arbeitnehmer durch eine personelle Maßnahme benachteiligt wird, ohne daß dies aus betrieblichen oder in der Person des Arbeitnehmers liegenden Gründen gerechtfertigt ist (§ 99 Absatz 2 Ziffer 4 Betriebsverfassungsgesetz).

Beachten Sie allerdings: Der Betriebsrat kann, muß aber nicht seine Zustimmung verweigern.

In welchem Umfange er sich die Begründung des Arbeitgebers zur Notwendigkeit der personellen Maßnahme zu eigen macht, steht in seinem pflichtgemäßen Ermessen. Verweigert allerdings der Betriebsrat wegen der Benachteiligung des betroffenen Arbeitnehmers seine Zustimmung, bleibt dem Arbeitgeber nur der Weg zum Gericht, will er an der personellen Maßnahme festhalten.

Das Gericht prüft dann, ob der Betriebsrat die Zustimmung zu Recht verweigert hat.

> **Beispiel:** In einer Druckerei stehen zwei Druckmaschinen, die unterschiedlichen technischen »Generationen« angehören. Die neue Maschine leistet in der gleichen Zeit das Doppelte wie die alte. Die 50jährige schwerbehinderte Hanna Müller, die die Druckerzeugnisse daraufhin zu überprüfen hat, ob diese vollständig und ordnungsgemäß gefaltet aus der Maschine kommen, soll von der alten an die neue Maschine versetzt werden, obwohl sie aufgrund ihrer Schwerbehinderung etwas langsam ist und an der neuen Maschine die Gefahr der Erhöhung der Fehlerquote besteht.
> Was kann der Betriebsrat tun?

Verweigert der Betriebsrat die Zustimmung zur Versetzung an die neue Maschine, muß der Arbeitgeber die Zustimmung des Arbeitsgerichts einholen.

Gerade bei einem solchen Sachverhalt, der dem Arbeitgeber bei der Ausübung seiner Fürsorgepflicht nicht das beste Zeugnis ausstellt, wird möglicherweise schon eine Hemmschwelle vorhanden sein, überhaupt das Arbeitsgericht anzurufen. Dann bleibt dem Arbeitgeber nur, die Finger von der Versetzung zu lassen.

Wie kann mich der Betriebsrat durch Ausübung seines Mitbestimmungsrechts in Urlaubsfragen unterstützen?

Der Betriebsrat hat in Urlaubsfragen ein Mitbestimmungsrecht, das sich insbesondere auf die Erstellung von Urlaubsplänen und die Aufstellung von allgemeinen Urlaubsgrundsätzen bezieht. Aber mehr noch: Der Betriebsrat hat auch mitzubestimmen bei der Festsetzung der zeitlichen Lage des Urlaubs für einzelne Arbeitnehmer, wenn zwischen dem Arbeitgeber und den beteiligten Arbeitnehmern kein Einverständnis besteht.

> **Beispiel:** Julius Haffner ist seit zehn Jahren als kaufmännischer Angestellter bei der Modefirma Fleck GmbH beschäftigt. 1987 trägt er sich Anfang Februar in die Urlaubsliste für einen Urlaub vom 5. bis 26. Mai 1987 ein. Ende März teilt ihm die Personalabteilung mit, daß der Urlaub wegen Arbeitsüberlastung der Abteilung nicht gewährt werden kann.
> Was kann der Betriebsrat für Herrn Haffner tun?

Der Betriebsrat kann den Urlaubswunsch des Herrn Haffner gegenüber der Personalabteilung unterstützen. Kommt eine Einigung mit dem Arbeitgeber nicht zustande, hat er die Möglichkeit, die Einigungsstelle – eine aus Vertretern der Arbeitgeberseite und der Betriebsratsseite und einem neutralen Vorsitzenden zusammengesetzte Einrichtung – anzurufen, die dann verbindlich entscheidet. Damit wird Ihnen der während des bestehenden Arbeitsverhältnisses problematische Gang zum Gericht erspart.
Ist die Zeit nicht allzu kurz, kann auch das Einigungsstellenverfahren so rechtzeitig durchgeführt werden, daß eine Entscheidung bis zum Urlaubsbeginn vorliegt.

Welche Bedeutung hat es, wenn ich mich beim Betriebsrat beschwere?

Der Betriebsrat hat Beschwerden von Arbeitnehmern entgegenzunehmen und, falls er sie für berechtigt hält, beim Arbeitgeber auf Abhilfe einzuwirken (§ 85 Absatz 1 Betriebsverfassungsgesetz).
Bestehen zwischen Betriebsrat und Arbeitgeber Meinungsverschiedenheiten über die Berechtigung der Beschwerde, so kann der Betriebsrat die Einigungsstelle anrufen. Der Spruch der Einigungsstelle ersetzt die Einigung zwischen Arbeitgeber und

Betriebsrat. Das gilt nicht, soweit Gegenstand der Beschwerde ein Rechtsanspruch ist.

> **Beispiel:** Ein Meister, der für seine ausländerfeindliche Einstellung bekannt ist, schikaniert einen türkischen Arbeitnehmer, indem er ihm die unangenehmsten und härtesten Arbeiten zuweist und ihn außerdem bei jedem vermeintlichen Fehler anschreit. Der türkische Kollege beschwert sich beim Betriebsrat. Nachdem dieser sich vergeblich bemüht hatte, den Arbeitgeber zum Einschreiten gegen den Meister zu bewegen, ruft er die Einigungsstelle an. Die Einigungsstelle beschließt, daß der Meister nicht mehr für den türkischen Kollegen zuständig ist; dieser braucht nur noch Anweisungen des anderen in der gleichen Abteilung tätigen Meisters entgegenzunehmen. Außerdem beschließt die Einigungsstelle, daß dem Meister eine Rüge zu erteilen ist.

Die Entscheidung der Einigungsstelle muß der Arbeitgeber durchführen, auch wenn ihm das Ergebnis äußerst unangenehm ist.

Die Schwäche des Beschwerderechts besteht darin, daß eine verbindliche Einigungsstellenentscheidung dann nicht erfolgen kann, wenn Gegenstand der Beschwerde ein Rechtsanspruch ist.

> **Beispiel:** Detlev Bartels erhält einen Brief des Arbeitgebers: »Ihre Leistung hat in der letzten Zeit sehr nachgelassen. Sollte nicht alsbald eine sichtbare Besserung eintreten, sind wir gezwungen, das Arbeitsverhältnis zu kündigen.« Herr Bartels ist sich keiner Leistungsschwäche bewußt und beschwert sich beim Betriebsrat.
> Kann der Betriebsrat erreichen, daß der Arbeitgeber dieses Schreiben zurücknimmt?

Was hier Herrn Bartels zuteil wurde, nennt man eine Abmahnung. Die Rechtsprechung gibt dem betroffenen Arbeitnehmer einen Rechtsanspruch auf Rücknahme einer unberechtigten Abmahnung. Damit scheidet die Einigungsstelle als Durchsetzungsinstrument des Betriebsrates aus. Herr Bartels muß, will er die Rücknahme der Abmahnung erreichen, vor dem Arbeitsgericht klagen.

Muß der Arbeitgeber mich über meine betrieblichen Aufgaben und Zuständigkeiten informieren?

In vielen Fällen schreckt der Arbeitnehmer vor der Durchsetzung seiner Rechte während des bestehenden Arbeitsverhältnis-

ses zurück, um das Verhältnis zum Arbeitgeber nicht zu belasten. Um so wichtiger sind rechtlich abgesicherte Mittel, die ohne direkte Konfrontation mit dem Arbeitgeber die Rechtsstellung des Arbeitnehmers verbessern. So beugt Klarheit über das Aufgabengebiet Unsicherheiten und Fehlern vor.
Wir haben schon an anderer Stelle erwähnt, daß die Arbeitsverträge zumeist wichtige Fragen des Arbeitsverhältnisses nicht regeln und dem Vollzug des Arbeitsverhältnisses überlassen. Das bedeutet sowohl eine erhöhte Macht des Arbeitgebers als auch eine Unsicherheit für den Arbeitnehmer. Damit der Arbeitnehmer trotz unvollkommener vertraglicher Regelung eine gewisse »Rechtssicherheit« hat, ist der Arbeitgeber verpflichtet, ihn über sein Aufgabengebiet und andere wichtige Fragen des Arbeitsverhältnisses zu unterrichten. Es ist nicht sehr bekannt, daß dies nicht nur eine »Obliegenheit« des Arbeitgebers ist, die dieser im eigenen Interesse erfüllt (oder eben auch nicht erfüllt), sondern eine wirkliche Verpflichtung, die auch im Gesetz verankert ist. Der Arbeitgeber hat den Arbeitnehmer über dessen Aufgabe und Verantwortung sowie über die Art seiner Tätigkeit und ihre Einordnung in den Arbeitsablauf des Betriebes zu unterrichten. Er hat den Arbeitnehmer vor Beginn der Beschäftigung über die Unfall- und Gesundheitsgefahren, denen dieser bei der Beschäftigung ausgesetzt ist, sowie über die Maßnahmen und Einrichtungen zur Abwendung dieser Gefahren zu belehren. Über Veränderungen in seinem Arbeitsbereich ist der Arbeitnehmer in gleicher Weise zu unterrichten (§ 81 Betriebsverfassungsgesetz).
In der Praxis bedeutsam ist die Aufklärung über die Abgrenzung von Zuständigkeiten und über die bestehende Informationspflichten.

> **Beispiel:** Hans Leissner ist Leiter der Abteilung »Teilefertigung I«. Seine vertragliche Aufgabe ist es unter anderem, mit Lieferanten über die technische Beschaffenheit von geliefertem Material zu verhandeln. Ihm wird vorgeworfen, er habe einen Kunden zur Lieferung von geändertem Material veranlaßt, ohne den kaufmännischen Leiter hiervon zu unterrichten.
> Zu Recht?

War Herr Leissner nicht über diese Verpflichtung unterrichtet worden, kann ihm auch kein Vorwurf gemacht werden, insbesondere kann der Arbeitgeber nicht argumentieren: »Das hätten Sie wissen müssen.« Der Arbeitgeber muß sich vielmehr wegen seines Versäumnisses an die Nase fassen.

Kann ich von meinem Arbeitgeber die Erläuterung der Berechnung und Zusammensetzung meines Arbeitsentgelts verlangen?

Die Klärung von Verständnisfragen vermeidet oft den aussichtslosen Konflikt.
Besonders im Bereich der Lohngestaltung ist für den Arbeitnehmer vieles nicht ohne weiteres durchschaubar. So gibt es komplizierte Materien wie etwa in einigen Branchen die Akkordberechnung oder die Urlaubsentgeltberechnung (Baugewerbe, Fliesenlegerhandwerk). Aber häufig ist auch schon die monatliche Lohn- und Gehaltsabrechnung schwer verständlich; dies besonders dann, wenn Abweichungen von der normalen monatlichen Arbeitsleistung wie etwa bezahlte oder unbezahlte Ausfallzeiten zu berücksichtigen sind, aber auch bei einer Veränderung der Höhe der Lohnsteuer oder der Sozialversicherungsabzüge.

> **Beispiel:** Karl Herrmann macht regelmäßig Überstunden. Nachdem er zwei Wochen krank war, stellt er in seiner Lohnabrechnung fest, daß für die Zeit seiner Krankheit nur eine tägliche Arbeitszeit von acht Stunden zugrunde gelegt worden ist. Andererseits ist sein Stundenlohn von DM 12,– auf DM 12,50 für die Zeit der Krankheit angehoben worden.
> Was sollte er als erstes tun?

Herr Herrmann hat natürlich einen Anspruch darauf, daß ihm auch während seiner Krankheit soviel Lohn bezahlt wird, wie wenn er gearbeitet hätte. Also muß sein Arbeitgeber auch die Überstunden bei der Abrechnung berücksichtigen. Ob aber Herr Herrmann wirklich zu wenig Lohn erhalten hat, kann nur festgestellt werden, wenn das Rätsel der Erhöhung des Stundenlohnes für die Zeit der Erkrankung gelöst wird. Denn möglicherweise steckt in diesem Erhöhungsbetrag die Überstundenbezahlung. Hier hilft nur, daß Herr Herrmann seinen Arbeitgeber um Aufklärung bittet. Hierauf hat er einen Anspruch. Dies mag selbstverständlich erscheinen; der Gesetzgeber hat dennoch diese Frage ausdrücklich geregelt.

Der Arbeitnehmer kann verlangen, daß ihm die Berechnung und Zusammensetzung seines Arbeitsentgeltes erläutert wird (§ 82 Absatz 2 Satz 1 Betriebsverfassungsgesetz).

Wie kann ich feststellen, welche Meinung der Arbeitgeber über mich und meine beruflichen Möglichkeiten im Betrieb hat?

Für das Arbeitsverhältnis gilt der Grundsatz: Vorbeugen ist besser als Streiten. Wenn der Arbeitgeber sich einmal zu einer personellen Maßnahme entschlossen hat, besteht zumeist keine Möglichkeit, diese Entscheidung zu beeinflussen, es bleibt nur die Möglichkeit der gerichtlichen Auseinandersetzung. Diese ist aber fast immer der Anfang vom Ende eines in normalen Bahnen verlaufenden Arbeitsverhältnisses. Um so wichtiger ist es, rechtzeitig zu wissen, was auf einen zukommen kann. Nur dann kann man sich darauf einstellen, also sich entweder an die Erwartungen des Arbeitgebers anpassen oder sich nach innerbetrieblichen oder außerbetrieblichen beruflichen Alternativen umsehen. Diesem Interesse des Arbeitnehmers dient folgende gesetzliche Regelung:

Der Arbeitnehmer kann verlangen, daß mit ihm die Beurteilung seiner Leistungen sowie die Möglichkeit seiner beruflichen Entwicklung im Betrieb erörtert werden (§ 82 Absatz 2 Satz 1 Betriebsverfassungsgesetz).

Bahnen sich im Betrieb negative Entwicklungen für Sie an, spiegelt sich dies zumeist auch in der Personalakte. Dort sind Abmahnungen, Beurteilungen und Aktenvermerke Ihres Vorgesetzten abgelegt. Wollen Sie in einer solchen Situation Ihre betriebliche Wertschätzung sozusagen durch die Brille Ihres Arbeitgebers betrachten, müssen Sie in die Personalakte Einsicht nehmen. Das Recht zur Einsichtnahme in die Personalakte kann Ihnen der Arbeitgeber nicht verwehren.

In diesen Zusammenhang gehört auch Ihr Recht, unter bestimmten Voraussetzungen ein Zwischenzeugnis zu verlangen. Lesen Sie hierzu Kapitel 13 Abschnitt 1.

Wie kann ich gegenüber Maßnahmen des Arbeitgebers meinen Standpunkt zu Gehör bringen?

Die Stellungnahme des Arbeitnehmers zu ihn betreffenden Maßnahmen ist unter zweierlei Gesichtspunkten von Bedeutung: Zum einen ist es ein Versuch, dem Arbeitgeber die eigene Sichtweise, aber auch eigene Belange näherzubringen und ihn vielleicht zu überzeugen, daß er von einer negativen Einschätzung oder Maßnahme abrückt. Zum zweiten kann eine Stellung-

nahme wichtig sein, um deutlich zu machen, daß man mit einer getroffenen Maßnahme nicht einverstanden ist (Schweigen ist zwar zumeist nicht Zustimmung, aber kann im Einzelfall zusammen mit anderen Umständen als solche gewertet werden).
Damit der Arbeitnehmer Maßnahmen des Arbeitgebers nicht »sprachlos« hinnehmen muß, sieht das Gesetz vor:
Der Arbeitnehmer hat das Recht, in betrieblichen Angelegenheiten, die seine Person betreffen, von den nach Maßgabe des organisatorischen Aufbaus des Betriebs hierfür zuständigen Personen gehört zu werden. Er ist berechtigt, zu Maßnahmen des Arbeitgebers Stellung zu nehmen sowie Vorschläge für die Gestaltung des Arbeitsplatzes und des Arbeitsablaufs zu machen (§ 82 Absatz 1 Betriebsverfassungsgesetz).

Wie mache ich von meinem Recht zur Gegendarstellung sachgemäß Gebrauch?

Dazu gehört auch das »Recht zur Gegendarstellung«, das in der Praxis hauptsächlich im Zusammenhang mit Abmahnungen von Bedeutung ist. Das Recht zur Gegendarstellung muß aber auch funktionsgerecht genutzt werden. Gegendarstellungen müssen daher so abgefaßt werden, daß sie auch geeignet sind, den Arbeitgeber zur Rücknahme einer Abmahnung, Rüge oder sonstiger belastender Maßnahmen zu bewegen. Häufig wird aber das Recht zur Gegendarstellung als Recht zum Gegenschlag mißverstanden.

Beispiel: Herr Zander, Sachbearbeiter in der Vertriebsabteilung der Gen GmbH in Frankfurt, ist wegen der verspäteten Ablieferung einer ihm aufgetragenen Verkaufsanalyse von seinem neuen, ein halbes Jahr im Amt befindlichen Abteilungsleiter abgemahnt worden. Er schreibt hierauf, verärgert:
»Ich bin nun zehn Jahre bei der Firma beschäftigt und habe mich für die Unternehmensbelange aufgeopfert. Da kommt der neue Abteilungsleiter daher, der noch grün hinter den Ohren ist, und schikaniert mich wegen einer solchen Lappalie.«
War dies eine vernünftige Reaktion?

Mit einem solchen Schreiben hat der betroffene Arbeitnehmer zwar seinem Ärger Luft gemacht, seine Stellung im Betrieb aber eher verschlechtert als verbessert. Auf den Arbeitgeber macht es regelmäßig keinen (oder einen schlechten) Eindruck, wenn man seine Leistung für den Betrieb allzu hoch einschätzt. Ob die nicht rechtzeitige Ablieferung der Arbeit eine Lappalie ist, ist doch sehr die Frage; möglicherweise ist der neue Abteilungsleiter gerade auch dazu angehalten worden, die Abteilung auf Trab zu bringen. Besser wäre sicher folgende Gegendarstellung gewesen:

»Zwar trifft es zu, daß der vorgegebene Termin von mir um drei Tage überschritten wurde. Bei der Durchführung der übertragenen Aufgabe entstanden nicht vorhersehbare Schwierigkeiten. Außerdem war Herr ..., den ich vertrete, im Urlaub. Ich mußte auch dessen Arbeit erledigen. Ohne mich auf meinen Lorbeeren ausruhen zu wollen, darf ich doch darauf hinweisen, daß ich bisher meine Arbeit unbeanstandet erledigt habe. Unter Berücksichtigung dieser Gesichtspunkte bitte ich, die Abmahnung zurückzunehmen. Angesichts des Sachverhaltes erscheint mir die Abmahnung als eine unangemessene Maßnahme.«

Kann die Rücknahme der Abmahnung nicht erreicht werden, so dokumentiert dieses Schreiben doch, daß der Arbeitnehmer die Abmahnung nicht unwidersprochen hingenommen hat, und gibt die aus der Sicht des Arbeitnehmers gegen die Abmahnung sprechenden Gesichtspunkte wieder.
Ergänzt wird das Recht zur Stellungnahme durch die gesetzliche Verpflichtung des Arbeitgebers, Erklärungen des Arbeitnehmers, die den Inhalt der Personalakte betreffen, auf Verlangen des Arbeitnehmers dieser beizufügen.

Kann ich zu einem »kritischen« Gespräch mit dem Arbeitgeber bzw. einem Vorgesetzten ein Betriebsratsmitglied hinzuziehen?

Hat ein Gespräch mit dem Arbeitgeber möglicherweise Auswirkungen auf Inhalt oder Bestand des Arbeitsverhältnisses, sollte ein Arbeitnehmer es vermeiden, dieses nur allein zu führen. Zum einen kann es sein, daß bei einem solchen Gespräch ein erheblicher Druck auf ihn ausgeübt wird. Dann hat die Teilnahme einer weiteren Person, die das Vertrauen des Arbeitnehmers genießt, die Funktion der Beratung und der Unterstützung. Zum anderen besteht die Gefahr, daß über den Inhalt der vom Arbeitnehmer abgegebenen Erklärung Streit entsteht und der Arbeitnehmer seine Version nicht beweisen kann. Dann hat die Hinzuziehung einer weiteren Person die Funktion der »Beweissicherung«.
Im Zusammenhang mit den oben genannten Rechten des Arbeitnehmers auf Erläuterung der Berechnung und Zusammen-

setzung des Arbeitsentgeltes und – wichtiger – auf Erörterung der Beurteilung der Leistungen sowie der Möglichkeiten der beruflichen Entwicklung, hat der Gesetzgeber ausdrücklich vorgesehen:
Der Arbeitnehmer kann ein Mitglied des Betriebsrates hinzuziehen. Das Betriebsratsmitglied hat über den Inhalt dieser Verhandlungen Stillschweigen zu wahren, soweit es vom Arbeitnehmer im Einzelfall nicht von dieser Verpflichtung entbunden wird (§ 82 Absatz 2 Satz 2 Betriebsverfassungsgesetz).
Dieses Recht ist nicht davon abhängig, von wem die Initiative zu diesem Gespräch ausgeht.

Wie kann ich sonst vermeiden, daß ich ein für mich wichtiges Gespräch mit dem Arbeitgeber bzw. einem Vorgesetzten unter vier Augen führen muß?

Gibt es keinen Betriebsrat, stellt sich die Frage, ob dem Arbeitnehmer das Recht zusteht, bei Gesprächen mit dem Arbeitgeber, die Inhalt oder Bestand des Arbeitsverhältnisses betreffen, dritte Personen, also entweder Kolleginnen/Kollegen oder auch externe Personen wie Gewerkschaftssekretär oder Rechtsanwalt, hinzuzuziehen. Eine allgemeine Aussage kann hierzu nicht gemacht werden. Sicher wird es auf das »Thema« des Gesprächs ankommen und wieweit schon eine Konfliktlage besteht. Hier sollte im Einzelfall rechtlicher Rat eingeholt werden.

Wie bin ich davor geschützt, daß ich nicht durch die Ausübung meiner betrieblichen Rechte Nachteile erleide?

Abschließend noch ein wichtiger Hinweis: Der Arbeitnehmer darf die genannten Rechte (Auskunfts- und Erläuterungsansprüche gegen den Arbeitgeber, Beschwerderecht, Recht zur Gegendarstellung etc.) während der Arbeitszeit ausüben. Weder beim Arbeitsentgelt noch in sonstiger Hinsicht dürfen ihm durch die Ausübung der Rechte Nachteile entstehen.

Kapitel 13
Die Haftung des Arbeitnehmers

1. Schadensersatzpflicht des Arbeitnehmers im allgemeinen

Bei welchen von mir verursachten Schäden kann der Arbeitgeber Schadensersatz verlangen?

Karin Lackner denkt nur ungern an ihren letzten Arbeitsplatz. Nicht nur, daß ihr zum 30. Juni 1988 wegen mangelhafter Arbeitsleistung gekündigt wurde, vielmehr verweigert ihr der frühere Arbeitgeber, die Firma BaWO-Wohnbau GmbH & Co Baubetreuungs KG auch noch die Auszahlung ihres Juni-Gehalts 1988. Das Arbeitsverhältnis hatte am 1.1.1987 begonnen. Sie war als Buchhalterin eingestellt worden, nachdem sie hatte nachweisen können, daß sie einen Anfänger- und einen Fortgeschrittenen-Kurs in Buchhaltung mit Erfolg abgeschlossen hatte. Einige Wochen vor ihrer Kündigung stellte sich heraus, daß ihr bei der Buchführung schwerwiegende Fehler unterlaufen waren. So hatte sie bei einzelnen Konten »Soll« und »Haben« durchgängig vertauscht. Außerdem hatte sie es unterlassen, Saldenvorträge von Bestandskonten aus dem Vorjahr in die neuen Konten des laufenden Jahres einzubuchen. Infolge der Fehlbuchungen mußte die BaWO die Buchhaltung für 1987 und 1988 (teilweise) durch eine Fremdfirma komplett neu erstellen lassen, was 48.500 DM kostete.

Als Frau Lackner ihr Juni-Gehalt verlangt, weist die Firma BaWO auf den hohen Schaden hin, der ihr durch die Buchungsfehler von Frau Lackner entstanden sei. Frau Lackner klagt das Juni-Gehalt bei Gericht ein. Das Gericht holt ein Sachverständigen-Gutachten zur Art der von Frau Lackner getätigten Fehlbuchungen ein. Der Sachverständige kommt nach Überprüfung zu dem Ergebnis, daß Frau Lackner in elementarer Weise gegen die Regeln der ordentlichen Buchführung – er nennt diese Fehler »strukturelle« Fehler – verstoßen habe, ohne daß es sich um Flüchtigkeitsfehler gehandelt habe, die jedem bei der Arbeit einmal unterliefen.

Wie wird das Gericht entscheiden?

Zunächst wird es den pfändungsfreien Betrag des Juni-Gehalts Frau Lackner zusprechen, da dem Arbeitgeber eine Aufrechnung mit eigenen Gegenforderungen nur für den Teil des Gehalts gestattet ist, der den sogenannten *pfändungsfreien* Betrag übersteigt. Das Existenzminimum soll hierdurch gesichert werden. (Einzelheiten zum Pfändungsschutz finden Sie in Kapitel 8 Abschnitt 1 und 2.)

Im Hinblick auf den über den pfändungsfreien Betrag hinausgehenden Gehaltsanteil wird Frau Lackner keinen Erfolg haben. Im allgemeinen haftet der Arbeitnehmer nämlich für jeden Schaden, den er dem Arbeitgeber durch schuldhafte, d. h. vorsätzliche oder fahrlässige Verletzung seiner arbeitsvertraglichen Pflichten zufügt. Trifft den Arbeitgeber ein Mitverschulden, so ist das selbstverständlich zu berücksichtigen und führt zu einer Verringerung des Ersatzanspruchs des Arbeitgebers.

Der Umfang der dem Arbeitnehmer obliegenden Pflichten wird durch Auslegung des Arbeitsvertrags festgestellt. Im Fall von Frau Lackner wird das Gericht zu dem Schluß kommen, daß Frau Lackner bei ihren Buchungen die Regeln der Buchführung zu beachten hatte.

Bei der Durchführung der Arbeit muß der Arbeitnehmer die für die Berufsgruppe üblichen Fertigkeiten und Kenntnisse einsetzen und erteilte Weisungen beachten. Ein Handwerker hat also z. B. fach- und sachgerecht zu arbeiten. Zu den Pflichten eines Kraftfahrers gehört die unbedingte Einhaltung der Straßenverkehrsvorschriften.

Frau Lackner wird mit ihrem Gehaltsanspruch abgewiesen werden und muß möglicherweise damit rechnen, daß ihr Arbeitgeber auch noch den restlichen Schaden von ihr einklagt.

Ein hartes Ergebnis, werden Sie möglicherweise sagen. Bedenken Sie aber, daß es sich hier nicht um Fehler handelte, die einem »mal so unterlaufen«, sondern um handfeste Verstöße gegen die buchhalterischen Grundregeln.

2. Haftungserleichterungen im Arbeitsverhältnis

Gibt es Haftungserleichterungen für Arbeitnehmer?

Was die »alltäglichen« Fehler betrifft, läßt die Rechtsprechung den Arbeitnehmer nicht völlig im Regen stehen, wie Sie folgendem Fall entnehmen können:

> Josef Veit arbeitet als Taxifahrer für Hanspeter Groß. An einem sonnigen Frühjahrsnachmittag verursacht er infolge eines fahrlässigen Fahrfehlers einen Unfall, bei dem am Taxi von Herrn Groß ein Schaden im

Wert von 3.500 DM entsteht. Herr Groß klagt von dem zahlungsunwilligen Herrn Veit 3.500 DM ein. Herr Veit weigert sich. Er ist der Ansicht, der Schaden gehöre zum Unternehmerrisiko von Herrn Groß. Wie wird das Gericht entscheiden?

Zunächst: Herrn Veit kommen gewisse Haftungserleichterungen zugute, da der Schaden bei Ausführung einer sogenannten *gefahrgeneigten Arbeit* entstanden ist.
Diese Haftungserleichterungen sehen so aus, daß der Arbeitnehmer bei leichtester Fahrlässigkeit nicht haftet. Verursacht er den Schaden grob fahrlässig, so haftet er voll. Ist mittlere Fahrlässigkeit im Spiel, so wird der Schaden zwischen Arbeitgeber und Arbeitnehmer unter Berücksichtigung aller Umstände (z. B. Dauer der Betriebszugehörigkeit, Lebensalter und bisheriges Verhalten, gefahrenerhöhende Momente u. a. m.) aufgeteilt. Das muß also keineswegs bedeuten, daß im Verhältnis 50 zu 50 aufgeteilt wird. Das Gericht kann – je nach Bewertung der Begleitumstände – auch jede andere Aufteilung wählen. Hat es der Arbeitgeber z. B. versäumt, sich etwa durch eine Vollkaskoversicherung gegen den eingetretenen Schaden abzusichern, so kann die Aufteilung auch so aussehen, daß lediglich die übliche Selbstbeteiligungsquote einer solchen Versicherung vom Arbeitnehmer gefordert werden kann.
Hat Herr Groß es also unterlassen, das Fahrzeug Vollkasko zu versichern, so spricht einiges dafür, daß das Gericht der Klage des Herrn Groß lediglich in Höhe der üblichen Selbstbeteiligung stattgeben wird.
Für die Abgrenzung von leichter, mittlerer und grober Fahrlässigkeit gelten im übrigen die gleichen Faustregeln, wie sie bereits im 11. Kapitel Abschnitt 2 beschrieben wurden. Welche Art von Fahrlässigkeit Herrn Veit in unserem Beispiel vorzuwerfen war, ist nicht näher ausgeführt. Eine Beurteilung ist im übrigen auch nur möglich, wenn man die Begleitumstände sehr genau kennt.

Was versteht man unter »gefahrgeneigter« Arbeit?

Von gefahrgeneigter Arbeit spricht man, wenn die Eigenart der vom Arbeitnehmer zu leistenden Arbeit es mit großer Wahrscheinlichkeit mit sich bringt, daß auch dem sorgfältigen Arbeitnehmer gelegentlich Fehler unterlaufen. Fehler, die – für sich allein betrachtet – zwar jedesmal vermeidbar wären, mit denen

aber angesichts der menschlichen Unzulänglichkeit erfahrungsgemäß zu rechnen ist – sagt das Bundesarbeitsgericht.
Wichtig ist, daß die genannten Voraussetzungen *situationsbezogen* vorliegen müssen. Das heißt, in der Situation, in der der Schaden entstanden ist, muß eine konkrete Gefahrenlage der beschriebenen Art bestanden haben. Solche »Gefahrenlagen« sind meistens dort anzutreffen, wo rasche Entschlüsse gefaßt werden müssen.

Beispiele: Kraftfahrer, Maschinenmeister, Straßenbahnführer, Kranführer, Lokomotivführer.

In unserem Fall mit Herrn Veit finden sich zwar keine näheren Angaben über die Situation, in der es zum Unfall kam, Kfz-Unfälle sind jedoch häufig Ergebnis von Gefahrenlagen, in denen vom Fahrer rasche Entschlüsse verlangt werden.
Keine gefahrgeneigte Arbeit hat das Bundesarbeitsgericht andererseits in folgender Fahrsituation gesehen:

Ein angestellter Kraftfahrer kommt bei gutem Wetter auf einer verkehrsarmen, übersichtlichen Nebenstraße mit guter Fahrbahn von der Straße ab und verursacht dadurch einen Unfall.

Wie Sie sehen, kann man nach der Rechtsprechung Autofahren nicht ohne weiteres mit gefahrgeneigter Arbeit gleichsetzen.

Gelten die beschriebenen Haftungserleichterungen auch dann, wenn ich in Ausübung einer gefahrgeneigten Arbeit dritten Personen einen Schaden zufüge?

Hat der Arbeitnehmer im Rahmen seines Arbeitsverhältnisses einen Dritten, z. B. einen Kunden oder Passanten, geschädigt, so haftet er diesem gegenüber ohne irgendwelche Haftungserleichterungen nach den allgemeinen Regeln des Schadensersatzrechts. Gegenüber diesen dritten Personen gelten also die Haftungserleichterungen bei gefahrgeneigter Arbeit nicht. Dennoch wird der Arbeitnehmer nach den von der Rechtsprechung entwickelten Grundsätzen auch in diesen Fällen wirtschaftlich entlastet, wie Sie an folgendem Fall sehen können:

Reinhold Felke ist Baggerführer bei der Bauunternehmung Tiefbau GmbH in Fulda. Während seiner bisher zehnjährigen Beschäftigungsdauer zeigte er sich als zuverlässige Kraft. Die Deutsche Bundespost beauftragt die Tiefbau GmbH mit der Verlegung des Breitbandkabels in Fulda im Rahmen des Verkabelungsprogramms. Die Tiefbau GmbH betraut Herrn Felke damit, die erforderlichen Gräben auszuheben. An einem diesigen und regnerischen Tag legt Herr Felke kurz vor Arbeitsschluß beim Rangieren des Baggers statt des Vorwärtsgangs den Rückwärtsgang ein. Auf der durch feuchten Lehm verschmierten engen und steilen Altstadtstraße rutscht der Bagger deshalb einige Meter weg und schlägt gegen eine Hauswand. Am Bagger entsteht geringer, an der Hauswand nicht unerheblicher Schaden. Der Hausbesitzer verlangt von Herrn Felke die zur Beseitigung des Schadens erforderlichen DM 4300,–. Muß Herr Felke zahlen?

Herr Felke ist zwar gegenüber dem Hausbesitzer in voller Höhe zur Zahlung verpflichtet. Er kann jedoch von der Tiefbau GmbH verlangen, den Teil des Schadens zu begleichen, den sie hätte übernehmen müssen, wenn es sich um einen Schaden der Tiefbau GmbH gehandelt hätte. Nehmen wir also an, das Gericht sieht im Verhalten von Herrn Felke einen Fall leichtester Fahrlässigkeit, so müßte die Tiefbau GmbH Herrn Felke in voller Höhe von den Ansprüchen des Hausbesitzers »freistellen«. »Freistellen« heißt, daß die Firma Tiefbau GmbH anstelle von Herrn Felke den Betrag von DM 4300,– an den Hausbesitzer zahlen müßte. Hat Herr Felke den Betrag vorab voll an den Hausbesitzer bezahlt, kann er den Betrag im Rückgriff von der Tiefbau GmbH ersetzt verlangen.

Abwandlung: Herr Felke verursacht den gleichen Schaden durch ein Verhalten, das als mittlere Fahrlässigkeit einzustufen ist. Das Gericht hält eine Schadensaufteilung im Verhältnis 40% (Herr Felke) zu 60% (Tiefbau GmbH) für angemessen.
Wie ist hier die Zahlung an den Hausbesitzer abzuwickeln?

Herr Felke muß endgültig und direkt 40% von DM 4300,–, also DM 1720,–, an den Hausbesitzer bezahlen. Vom Restbetrag von DM 2580,– muß die Tiefbau GmbH ihn freistellen, d. h. diesen Betrag für Herrn Felke an den Hausbesitzer zahlen. Hat Herr Felke bereits in voller Höhe an den Hausbesitzer gezahlt, kann er den Betrag von DM 2580,– von der Tiefbau GmbH zurückverlangen.

Kommen die Haftungserleichterungen bei jeder gefahrgeneigten Arbeit zum Zuge?

Peter Brinkmann ist Gymnasiast und steht kurz vor dem Abitur. Um seine Abiturreise finanzieren zu können, hat er mit der Firma Leihauto

GmbH – Filiale Bremen – einen »Rahmenvertrag« geschlossen, demzufolge er von Fall zu Fall für einen Stundenlohn von DM 10,50 im Rahmen eines Arbeitsverhältnisses PKWs und Kleintransporter zu anderen Filialen in der Bundesrepublik Deutschland überführt. Im Rahmenvertrag heißt es u. a.:

»Der Aushilfsarbeitnehmer ist verpflichtet, die vorgeschriebene Fahrtroute einzuhalten.«

An einem sonnigen Sommernachmittag erhält Peter Brinkmann von der Firma Leihauto den Auftrag, einen PKW von Bremen nach Berlin zu überführen. Mit den Fahrzeugpapieren erhält er einen Zettel: »Vorgeschriebene Fahrtroute: Autobahn Bremen – Hannover – Helmstedt – Berlin.«

Bevor Peter Brinkmann aufbricht, telefoniert er mit seiner Freundin Annette Ostermayer, die spontan ihr Interesse bekundet, mitzufahren. Die beiden beschließen, mit dem zu überführenden Fahrzeug noch einen kleinen Ausflug an die Ostsee zu machen, um dann gegen Abend, »wenn die Straßen leer sind«, nach Berlin aufzubrechen. Auf dem Parkplatz eines Restaurants in Travemünde passiert es: Beim Einrangieren in eine enge Lücke gibt es einen Kratzer am Wagen. Schaden: 600 DM. Die Firma Leihauto verlangt von Peter Brinkmann die 600 DM. Herr Brinkmann will nicht zahlen: Ihn treffe allenfalls leichteste Fahrlässigkeit, da er erst seit einem halben Jahr den Führerschein besitze und das große Fahrzeug für ihn völlig ungewohnt sei.

Muß er zahlen?

Er muß.

Die Haftungserleichterungen bei gefahrgeneigter Arbeit gelten nämlich dann nicht, wenn der Arbeitnehmer mit einem Wagen seines Arbeitgebers eine Schwarzfahrt unternimmt oder auf einer Dienstfahrt Umwege für private Zwecke macht. Diese Voraussetzungen sind hier erfüllt, da Peter Brinkmann entgegen der arbeitsvertraglichen Bestimmung von der vorgeschriebenen Fahrtroute ohne zwingenden Anlaß abgewichen ist. Das Ergebnis kann sich allerdings noch verändern, falls das Gericht zu dem Ergebnis kommt, daß ein Mitverschulden der Firma Leihauto im Spiel war und der Ersatzanspruch gegenüber Herrn Brinkmann sich aus diesem Grund noch verringert.

Zum Problem der Haftungserleichterungen im Arbeitsverhältnis noch eine abschließende Bemerkung:

Bei den in diesem Kapitel beschriebenen Grundsätzen handelt es sich nicht um Regeln, die in Gesetzen zu finden sind. Vielmehr ergeben sie sich aus der Rechtsprechung, dem sogenann-

ten Richterrecht. (Einzelheiten zum Richterrecht finden Sie in Kapitel 2 Abschnitt 5.) Das Richterrecht ist allerdings in diesem Bereich in laufender Veränderung. Was heute gilt, kann u. U. morgen schon überholt sein.
Die hier dargestellten Regeln geben die Rechtslage wieder, wie sie seit den sechziger Jahren gegolten hat. Im Jahre 1983 hat das Bundesarbeitsgericht die Regelung der Haftungserleichterungen dahingehend abgeändert, daß Arbeitnehmer bei gefahrgeneigter Arbeit nur noch bei grober Fahrlässigkeit haften sollten. Im Jahre 1987 ist es dann allerdings wieder zu den hier dargestellten Prinzipien zurückgekehrt (also kein Haftungsausschluß, sondern lediglich eine Haftungsmilderung bei mittlerer und leichter Fahrlässigkeit). Es bleibt abzuwarten, wie es weitergeht.

3. Haftung für Fehlbestände im Warenbestand oder in der Kasse

Birgit Lohmann hat einen Job mit angenehmen Arbeitsbedingungen. Sie ist Verkäuferin bei der Kolibri GmbH, einem Konfektionsgeschäft mit Boutique-Charakter in München-Schwabing. Frau Lohmann hat als Alleinkraft die Kinderabteilung zu betreuen. Diese ist in einem eigenen Ladengeschäft gegenüber dem Hauptgeschäft untergebracht. In der einstündigen Mittagspause wird Frau Lohmann jeweils von einer Kollegin aus dem Hauptgeschäft abgelöst. Etwa vier Monate nach Arbeitsaufnahme wird eine Inventur durchgeführt. Dabei wird ein Fehlbestand von 1.545,26 DM festgestellt. Die Kolibri GmbH verlangt diesen Betrag von Frau Lohmann.
Muß Frau Lohmann zahlen?

Unter welchen Voraussetzungen muß ich als Arbeitnehmer Fehlbeträge ersetzen, die in meinem Arbeitsbereich entstanden sind?

Frau Lohmann muß nur dann zahlen, wenn es der Kolibri GmbH gelingt, zu erklären und ggf. zu beweisen, daß Frau Lohmann ein Verschulden an dem Fehlbetrag trifft.
Für ein *Manko* – so nennt man den Unterschied zwischen Soll- und Ist-Bestand im Warenbestand und/oder in der Kasse – haftet der Arbeitnehmer, wenn nichts anderes vereinbart ist, nur bei Verschulden, also nicht für Schwund durch Witterungseinflüsse oder nicht vermeidbare Diebstähle durch Dritte.

Eine Haftung des Arbeitnehmers für ein Manko ohne Nachweis des Verschuldens kommt allenfalls dann in Betracht, wenn der Arbeitnehmer den alleinigen Zugang zu der Kasse und/oder den Waren hatte. (Zur Haftung des Kassenverwalters werden wir uns am Ende dieses Abschnitts noch einen Fall anschauen.)
Im Fall von Frau Lohmann kann von einem alleinigen Zugang zur Kasse und den Waren nicht die Rede sein, weil Frau Lohmann jeden Mittag im Laden durch eine Kollegin vertreten wurde und damit keine Kontrolle über das Geschehen im Laden hatte.

> Abwandlung: Frau Lohmann macht in der Mittagspause den Laden zu, so daß sie die einzige ist, die zu Kasse und Waren Zugang hat. Ladendiebstähle sind praktisch ausgeschlossen, da die Ware elektronisch gesichert ist. Frau Lohmann will den Fehlbetrag nicht ersetzen. Sie bestreitet den von der Firma Kolibri behaupteten Fehlbetrag. Die Firma Kolibri beruft sich hinsichtlich des Anfangsbestandes auf die Lieferlisten der bei Arbeitsaufnahme von Frau Lohmann neu eingerichteten Kinderabteilung. Die zweite Inventur war von Frau Lohmann selbst durchgeführt worden.
> Wie ist die rechtliche Position von Frau Lohmann zu bewerten?

Wann liegt überhaupt ein Fehlbetrag (= Manko) vor?

Die Firma Kolibri wird sich schwertun, ihren Anspruch durchzusetzen. Sie muß nämlich beweisen, daß der ermittelte Fehlbetrag nicht nur ein Fehlbetrag »auf dem Papier« ist, sondern zugleich auch ein tatsächlicher (effektiver) Fehlbetrag ist, das heißt, daß wirklich etwas fehlt.
Das bedeutet, es muß klar sein bzw. gegebenenfalls bewiesen werden, wie viele Teile zu welchem Verkaufswert bei der ersten Inventur vorhanden waren, wie viele Teile zu welchem Verkaufswert bei der zweiten Inventur vorhanden waren und wie viele Teile zu welchem Verkaufswert bei der zweiten Inventur hätten vorhanden sein müssen (Soll-Ist-Vergleich). Es reicht also nicht, wenn die Firma Kolibri den Umfang der Warenbestände zum Zeitpunkt der Arbeitsaufnahme von Frau Lohmann etwa lediglich anhand von durch Frau Lohmann nicht gegengezeichneten Lieferpapieren rekonstruiert.
Anders sieht es aus, wenn Frau Lohmann bei beiden Inventuren selbst beteiligt war und das Ergebnis dieser Inventuren gegengezeichnet hat.

Was versteht man unter einer Mankovereinbarung?

Um sich Erleichterungen bei der Beweisführung zu verschaffen, nehmen Arbeitgeber, insbesondere im Einzelhandel, häufig eine sogenannte *Mankovereinbarung* in den Arbeitsvertrag auf. Diese sieht normalerweise vor, daß der Arbeitnehmer auch ohne Nachweis eines Verschuldens für auftretende Fehlbeträge haften soll. Das hört sich für den Arbeitnehmer nicht gut an, werden Sie sagen.

Sind Mankovereinbarungen überhaupt zulässig?

Mankovereinbarungen sind zulässig. Sie sind allerdings nur dann wirksam, wenn das Abwälzen des Haftungsrisikos auf den Arbeitnehmer den betrieblichen Verhältnissen angemessen ist und wenn dem erhöhten Risiko für den Arbeitnehmer ein angemessener wirtschaftlicher Ausgleich gegenübersteht.

> **Beispiel einer Mankoabrede:** Der Arbeitnehmer haftet mit den übrigen Mitarbeitern der gleichen Filiale für alle Fehlbeträge in der Geschäftskasse oder am Warenbestand gesamtschuldnerisch, solange der Schuldige nicht zweifelsfrei ermittelt ist.

Eine solche Mankoabrede ist unwirksam.
Zunächst eine Erläuterung des Begriffs: »gesamtschuldnerische Haftung«. Er besagt, daß der Arbeitgeber von jedem der in Frage kommenden Mitarbeiter den vollen und nicht etwa nur einen anteiligen Schadensbetrag verlangen kann, solange eine Zahlung noch nicht erfolgt ist.
Die Mankoabrede ist aus folgender Überlegung heraus unwirksam: Die Mitarbeiter einer Verkaufsstelle haben über ihr gegenseitiges Verhalten im allgemeinen keine nennenswerte Kontrollmöglichkeit, sollen aber trotzdem haften. Eine solche weitgehende, vom Verschulden unabhängige Haftung des Arbeitnehmers kann kaum mit betrieblichen Erfordernissen gerechtfertigt werden. Diese Vereinbarung verlagert vielmehr das unternehmerische Risiko in unzumutbarer Weise auf den Arbeitnehmer. Eine solche Mankovereinbarung wäre also nichtig.
Zulässig wäre andererseits in unserem vorigen Fall, wenn Frau Lohmann mit der Kolibri GmbH folgendes vereinbart hätte:

> »Die Mitarbeiterin kann sich nicht auf die Unrichtigkeit von Inventuren berufen, an denen sie selbst teilgenommen oder an denen teilzunehmen sie sich zu Unrecht geweigert hat.«

Eine solche Vereinbarung ist nicht zu beanstanden, da sie dem Arbeitgeber die Möglichkeit gibt, sich im Streitfall auf vorliegende Inventurergebnisse zu berufen, und andererseits sichergestellt ist, daß der Arbeitnehmer die Möglichkeit hatte, das Zustandekommen der Ergebnisse zu kontrollieren.

Wie sieht es mit meiner Haftung aus, wenn ich eine Kasse allein zu verwalten habe?

Helga Moll ist kaufmännische Angestellte und Kassenführerin des Luftfrachtunternehmens Air-Freight GmbH mit Sitz in Frankfurt/Main, das im Flughafen München-Riem eine Filiale unterhält. Frau Moll ist u. a. mit der Führung der Kasse sowie des Kassenbuchs betraut. Im Herbst 1987 geht das Arbeitsverhältnis einvernehmlich zu Ende. Bei ihrem Ausscheiden wird beim Vergleich von Einnahmen und Ausgaben lt. Kassenbuch sowie dem Inhalt der Kasse ein Fehlbetrag von 25394,12 DM festgestellt, den die Air-Freight GmbH von Frau Moll ersetzt verlangt.
Frau Moll ist nicht bereit zu zahlen. Sie bestreitet nicht, daß in den Büchern ein Fehlbestand dieser Größenordnung vorliege. Sie ist aber der Auffassung, daß bei der Firma kein tatsächlicher Fehlbestand eingetreten sei. Sie habe nämlich häufiger, wenn größere Zahlungen eingegangen seien, diese Beträge auf Betreiben der Frankfurter Zentrale sofort beim Münchener Flughafenpostamt per Zahlkarte auf das Frankfurter Postgirokonto der Firma eingezahlt. Die Einzahlungsbelege habe sie dann mit einer Büroklammer an die Rückseite des Einbanddeckels des Kassenbuchs geheftet. Wahrscheinlich habe sie vergessen, diese Ausgabevorgänge dann im Kassenbuch zu vermerken.
Im Schadensersatzprozeß sind die von Frau Moll behaupteten Einzahlungsbelege nicht auffindbar. Sowohl die Deutsche Bundespost wie auch ein Sachverständiger kommen zu dem Ergebnis, daß die von Frau Moll behaupteten Einzahlungen auf dem Frankfurter Postgirokonto der Firma Air-Freight nicht auszumachen sind.
Wer hat den Schaden zu tragen?

Frau Moll wird den Schaden ersetzen müssen.
Frau Moll war Kassenführerin mit alleinigem Zugang zur Kasse. Sie muß daher beweisen, wohin die Beträge gelangt sind, die nach ihren eigenen Buchungen in die Kasse geflossen sind, die sich aber nicht mehr in der Kasse befinden. Außerdem muß sie beweisen, daß diese Beträge für betriebliche Zwecke verwendet worden sind.
Dieser Nachweis ist Frau Moll weder durch den Nachfor-

schungsauftrag bei der Post noch durch das Sachverständigengutachten gelungen. Ihre Behauptung, es habe sich lediglich um ein buchmäßiges (auf dem Papier stehendes), nicht aber um ein tatsächliches Manko der Firma gehandelt, konnte also von ihr nicht unter Beweis gestellt werden. Das wäre aber erforderlich gewesen, um Frau Moll zu entlasten.

Die Regel, die die Rechtsprechung hierzu aufgestellt hat, lautet dementsprechend folgendermaßen:

Der Kassierer, der den alleinigen Zugang zur Kasse hat, muß sich im Rahmen eines Arbeitsverhältnisses einen buchmäßigen Fehlbestand so lange entgegenhalten lassen, bis er beweist, daß es sich nicht um einen tatsächlichen Fehlbestand handelt.

4. Vertragsstrafe

Was ist eine Vertragsstrafe?

Will ein Arbeitgeber von seinem Arbeitnehmer wegen einer Pflichtverletzung des Arbeitnehmers Schadensersatz einklagen, so kommt der Arbeitgeber oft schon deswegen in Schwierigkeiten, weil es vielfach nur schwer möglich ist, anzugeben, wo der Schaden genau entstanden ist und wie hoch er ist.

> **Beispiel:** Sie haben sich neben anderen um eine ab 1. September ausgeschriebene Stelle beworben. Nach der ersten Vorstellungsrunde teilt Ihnen der Personalleiter mit, daß er Sie am 15. August zur Unterzeichnung des Arbeitsvertrages erwartet. Sie telegrafieren am 14. August, daß Sie die Stelle aus persönlichen Gründen doch nicht nehmen wollen. Der Personalleiter hat zu diesem Zeitpunkt bereits den anderen Mitbewerbern abgesagt und muß erneut eine Stellenanzeige in die Zeitung setzen. Die neue Stellenanzeige bleibt zunächst ohne Erfolg. Das Unternehmen findet erst zum 15. Oktober eine Ersatzkraft. Die Zeit zwischen dem 1. September und dem 15. Oktober wird durch personelle Umschichtung überbrückt, was aber letztlich auf Kosten der Pflege der Kundenkontakte des Unternehmens geht und mit Wahrscheinlichkeit dazu führt, daß Aufträge verlorengehen.

Hier wird es dem Unternehmen schwerfallen, zu erklären und zu beweisen, worin genau der Schaden liegt, den Sie verursacht haben, und wie hoch dieser sein soll. Man kennt ja u. U. die Aufträge gar nicht, die man hereinbekommen hätte, wenn die Mannschaft in der vorgesehenen Stärke bei der Arbeit gewesen wäre.

Um so etwas zu verhindern und gleichzeitig indirekt durch finanziellen Druck die Einhaltung von wichtigen vertraglichen Vereinbarungen zu sichern, werden häufig Vertragsstrafen vereinbart.

> **Beispiel** einer Vertragsstrafenregelung eines Arbeitnehmerüberlassungs-Unternehmens:
> »Tritt der Arbeitnehmer das Arbeitsverhältnis schuldhaft nicht zu dem vereinbarten Zeitpunkt an oder bleibt der Arbeitnehmer vertragswidrig der Arbeit fern oder beendet er das Arbeitsverhältnis ohne Einhaltung der vertraglichen Kündigungsfrist, so ist er zur Zahlung einer Vertragsstrafe verpflichtet.
> Als Vertragsstrafe bei Nichtantritt gelten 300 DM als vereinbart. Als Vertragsstrafe bei vertragswidriger Beendigung des Arbeitsverhältnisses gilt für jeden nicht eingehaltenen Kündigungstag eine Tagesbruttovergütung als vereinbart. Als Vertragsstrafe bei vertragswidrigem Fernbleiben von der Arbeit gilt ein Tagesbruttoverdienst als vereinbart.«

Welche vertraglichen Pflichten können mit einer Vertragsstrafenregelung versehen werden?

Das vorstehende Beispiel veranschaulicht die Hauptanwendungsfälle für Vertragsstrafen, nämlich den Nichtantritt der Arbeit einerseits und die (schuldhafte) Arbeitsniederlegung andererseits. Ein weiterer wichtiger Anwendungsfall ist die Vereinbarung einer Vertragsstrafe zur Sicherung der Einhaltung eines Verbots einer Konkurrenztätigkeit während oder im Anschluß an das Arbeitsverhältnis.

Vertragsstrafen können sich aber auch auf andere Pflichten aus dem Arbeitsverhältnis beziehen. Mitunter sehen auch Tarifverträge Vertragsstrafenregelungen vor.

Ist jede Vertragsstrafenregelung für mich bindend?

Sind Sie zu Ihrer Berufsausbildung beschäftigt, so sind Vertragsstrafen von vornherein unwirksam.

> *§ 5 Absatz 2 des Berufsbildungsgesetzes:*
> *Nichtig ist eine Vereinbarung über*
> 1. *die Verpflichtung des Auszubildenden, für die Berufsausbildung eine Entschädigung zu zahlen,*
> 2. ***Vertragsstrafen,***
> 3. *den Ausschluß oder die Beschränkung von Schadensersatzansprüchen,*

4. die Festsetzung der Höhe eines Schadensersatzes in Pauschbeträgen.

Bei allen übrigen Arbeitsverhältnissen werden Vertragsstrafenregelungen mit gleichen Maßstäben gemessen wie auch andere vertragliche Regeln, d. h., sie dürfen insbesondere nicht gegen zwingende Gesetze verstoßen. Verstoßen sie gegen zwingende Gesetze, so sind sie unwirksam und nicht verbindlich.

Beispiel: Helmut Kolb war vom 1. Oktober 1985 bis 31. Dezember 1987 bei der Firma Blumenmarkt GmbH, einer Blumengroßhandlung, als angestellter Verkaufsfahrer mit einem Bruttomonatsgehalt von 2.400 DM zuzüglich Provision beschäftigt. Die Blumenmarkt GmbH betreibt ihr Geschäft nur während einer vom 15. Oktober bis Pfingsten des darauffolgenden Jahres währenden Saison.
Der Arbeitsvertrag von Herrn Kolb enthielt u. a. folgende Bestimmung:
»Beendet der Arbeitnehmer das Arbeitsverhältnis während der Saison, so ist er zur Zahlung einer Vertragsstrafe verpflichtet. Als Vertragsstrafe gilt eine Bruttomonatsvergütung als vereinbart.«
Herr Kolb beendete das Arbeitsverhältnis durch ordentliche Kündigung vom 6. November 1987 zum 31. Dezember 1987. Die Blumenmarkt GmbH behielt daraufhin vom November- und Dezember-Gehalt die jeweils pfändbaren Beträge bis zur Gesamthöhe von DM 2400,– ein.
Herr Kolb zieht vors Gericht und klagt die DM 2400,– ein. Die Firma Blumenmarkt GmbH beruft sich auf die Vertragsstrafenregelung: Das Ausscheiden eines Verkaufsfahrers während der Saison führe zu erheblichen betrieblichen Schwierigkeiten. Es habe daher ein sachlicher Grund für die Vertragsstrafenregelung bestanden.
Wer hat recht?

Die Motive der Firma Blumenmarkt mögen verständlich sein. Dennoch ist die Vereinbarung wegen Verstoßes gegen § 622 Absatz 5 BGB nichtig.

§ 622 Absatz 5 BGB lautet:
Für die Kündigung des Arbeitsvertrags durch den Arbeitnehmer darf einzelvertraglich keine längere Frist vereinbart werden als für die Kündigung durch den Arbeitgeber.

Nach dem Wortlaut des Arbeitsvertrags liegt zwar keine Vereinbarung verschiedener Kündigungsfristen vor. Das Bundesarbeitsgericht hat jedoch einen Verstoß gegen § 622 Absatz 5 BGB

auch darin gesehen, daß der Arbeitgeber jederzeit, der Arbeitnehmer aber nur zu bestimmten Terminen kündigen darf, wenn er nicht eine Vertragsstrafe riskieren will.
Kurz gesagt: Die Vereinbarung einer einseitigen Vertragsstrafe für den Fall einer fristgemäßen Kündigung durch den Arbeitnehmer ist unzulässig.

Unter welchen weiteren Voraussetzungen können Vereinbarungen über Vertragsstrafen unwirksam sein?

Abreden über Vertragsstrafen sind unwirksam, wenn sie die Verpflichtung zu einem Verhalten oder einer Leistung sichern sollen, welche vom Gesetz verboten sind.

> **Beispiel:** Der Arbeitnehmer wird im Arbeitsvertrag verpflichtet, Mehrarbeit auch über die nach der Arbeitszeitordnung zulässige Höchstarbeitszeit hinaus zu leisten. Zur Sicherung dieser Verpflichtung wird eine Vertragsstrafe vereinbart.

Eine solche Vereinbarung ist nichtig, da die Bestimmungen der Arbeitszeitordnung über einzuhaltende Höchstarbeitszeiten zwingend, eine darüber hinausgehende Arbeitsleistung also verboten ist.
Schließlich können Vertragsstrafenabreden auch unwirksam sein, weil sie zu unbestimmt gehalten sind.

> **Beispiel** einer solchen Vereinbarung: »Für den Fall, daß der Arbeitnehmer seine Verpflichtungen dem Arbeitgeber gegenüber nicht oder nicht genügend erfüllt, ist ungeachtet des tatsächlich entstandenen Schadens eine einmalige Ausgleichszahlung in Höhe von DM 1000,– vereinbart.«

Wie Sie sehen, kann eine Vertragsstrafe auch unter anderen Begriffen (hier: Ausgleichszahlung) auftauchen. Wesentlich ist, daß eine Zahlungsverpflichtung unabhängig von der Entstehung eines Schadens lediglich bei Vorliegen einer Vertragsverletzung entstehen soll.
Zurück zur Unbestimmtheit der Vereinbarung. Die – der Praxis entnommene – beispielhaft wiedergegebene Regelung läßt nicht erkennen, welche vertraglichen Pflichten in besonderer Weise gesichert werden sollen. Eine solche Vertragsstrafenvereinbarung mit »Gießkannenwirkung« für nicht näher bezeichnete bedeutende und unbedeutende Vertragsverstöße ist unwirksam.

Was ist, wenn die vereinbarte Vertragsstrafe empfindlich hoch ist?

Haben Sie Ihrem Arbeitgeber im Arbeitsvertrag die Möglichkeit gegeben, eine »saftige« Vertragsstrafe zu verhängen, so wird die Vereinbarung im allgemeinen nicht deswegen unwirksam, weil die vorgesehene Vertragsstrafe unverhältnismäßig hoch ist.
Trotzdem sind Sie nicht schutzlos. Kommt es zum Streit, kann das Gericht nämlich die Vertragsstrafe auf einen angemessenen Betrag herabsetzen. Sie sollten im Prozeß aber darauf hinweisen, daß Ihnen die Vertragsstrafe zu hoch erscheint. Da das Gericht bei seiner Entscheidung über die Herabsetzung alle Umstände zu berücksichtigen hat, die für oder gegen eine Vertragsstrafe in der vom Arbeitgeber beabsichtigten Höhe sprechen, ist es wichtig, daß Sie entsprechende Argumente beisteuern (z. B. Hinweis auf persönliche Situation, geringes Verschulden u. a.).
Sofern in Ihrem Betrieb ein Betriebsrat existiert, kann eine Vertragsstrafenregelung mitbestimmungspflichtig sein.

Kapitel 14
Die Abmahnung

Im Arbeitsrecht gilt der Grundsatz der Verhältnismäßigkeit. Dieser verbietet es, »mit Kanonen auf Spatzen zu schießen«.

Bevor ein Arbeitgeber zu dem denkbar einschneidendsten arbeitsrechtlichen Mittel, der Kündigung, greift, muß er demnach zuvor den Arbeitnehmer erfolglos abgemahnt haben.

> **Beispiel:** Herr Lang ist Sachbearbeiter bei der Firma Huber GmbH. Jahrelang hat er pünktlich und zuverlässig gearbeitet.
> In letzter Zeit jedoch ist er morgens häufig zu spät dran. Seinem Vorgesetzten ist es lästig, sich mit Herrn Lang, der immer eine Ausrede parat hat, deswegen in lange Diskussionen einzulassen. Als er Herrn Lang morgens um 9.30 Uhr zum dritten Mal innerhalb von zwei Wochen nicht antrifft, obwohl es um wichtige Angelegenheiten geht, regt er bei der Personalabteilung die Kündigung von Herrn Lang an. Herrn Lang wird gekündigt. Er klagt vor dem Arbeitsgericht gegen die Kündigung. Ist die Kündigung wirksam?
> Das Arbeitsgericht erklärt die Kündigung für unwirksam, da ihr keine »Abmahnung« vorausgegangen ist!

1. Bedeutung der Abmahnung

Will ein Arbeitgeber ein bestimmtes Fehlverhalten eines Arbeitnehmers nicht hinnehmen – etwa wiederholte Unpünktlichkeit, langsames Arbeiten, Alkoholgenuß während der Arbeit trotz bestehenden Verbots, unfreundliches Verhalten gegenüber Kunden –, so darf er deswegen nicht gleich kündigen.

Vielmehr muß er zunächst den Mitarbeiter darauf hinweisen, mündlich oder auch schriftlich, daß er das genau zu bezeichnende Verhalten nicht billigt. Ein allgemein gehaltener Hinweis auf »Unpünktlichkeit« oder »Schlechtleistung« reicht dabei nicht aus.

Vielmehr muß der Arbeitgeber das Fehlverhalten genau kennzeichnen, also an welchen Tagen um welche Uhrzeit der Arbeitnehmer sich um wieviele Stunden oder Minuten verspätet hat oder welche Fehler der Sekretärin beim Schreiben von Briefen bei welcher Gelegenheit unterlaufen sind.

Muß in der Abmahnung die Kündigung angedroht werden?

Das allein reicht aber noch nicht aus. Der Arbeitgeber muß diese Beanstandung überdies mit dem Hinweis verbinden, daß im Wiederholungsfall das Arbeitsverhältnis in seinem Bestand gefährdet ist. Der Arbeitnehmer muß erkennen können, daß er bei neuerlichem Fehlverhalten u. U. mit einer Kündigung zu rechnen hat. Bestimmte kündigungsrechtliche Maßnahmen (ordentliche oder fristlose Kündigung) braucht der Arbeitgeber dabei nicht ausdrücklich anzudrohen. Bei Arbeitsleistungen, die nach Auffassung des Arbeitgebers unzulänglich waren, ist vor Ausspruch einer ordentlichen Kündigung schon deshalb regelmäßig eine vorherige vergebliche Abmahnung erforderlich, damit der Arbeitnehmer ausreichend Zeit und Gelegenheit hat, sich auf die Erwartungen des Arbeitgebers einzustellen und sein Verhalten zu ändern.

Gibt es Fälle, in denen der Arbeitgeber auch ohne vorherige Abmahnung kündigen darf?

Andererseits liegt es für jeden Arbeitnehmer von vornherein auf der Hand, daß er seinen Arbeitgeber nicht betrügen, bestehlen, bedrohen oder beleidigen darf. Darauf braucht ihn der Arbeitgeber nicht noch eigens hinzuweisen. Hier kann der Arbeitgeber dem Arbeitnehmer u. U. auch ohne vorherige Abmahnung kündigen.

2. Gegenmaßnahmen bei einer Abmahnung

Gegen eine Abmahnung kann sich der Arbeitnehmer mit einer Gegendarstellung wehren. Diese ist zu den Personalakten zu nehmen. Er kann auch auf Entfernung einer Abmahnung aus der Personalakte klagen, wenn die Abmahnung seiner Ansicht nach zu Unrecht ausgesprochen worden ist.

Beispiele: Der Arbeitgeber beanstandet »häufiges Zuspätkommen« des Mitarbeiters – zu Unrecht, wenn dieser sich nur ein- oder zweimal verspätet hat.
Der Arbeitgeber rügt, daß der Angestellte seine Arbeitsunfähigkeitsbescheinigung für seine beiden Krankheitstage nicht eingereicht hat und daß er während der Arbeitsunfähigkeit spazieren gegangen ist – zu Unrecht, wenn der einschlägige Tarifvertrag erst für eine Krankheitsdauer von mehr als zwei Tagen einen entsprechenden Nachweis ver-

langt und wenn der Angestellte entsprechend der ärztlichen Anordnung während seiner Erkrankung nicht das Bett hüten mußte.
Herr Frisch verteilt während der Mittagspause in der Kantine Einladungen der örtlichen Friedensinitiative »Friedenstaube«. Sein Arbeitgeber, die Firma Zahnrad GmbH, mahnt ihn wegen unzulässiger politischer Betätigung ab. Diese Abmahnung ist zu Unrecht erfolgt. Das Grundrecht der freien Meinungsäußerung macht vor den Werkstoren nicht halt. Das gilt jedoch nur, wenn der Arbeitnehmer hierdurch den Betriebsfrieden nicht stört. (Lesen Sie hierzu auch die Erläuterungen in Kapitel 4 Abschnitt 3 – allgemein interessierende Einschränkungen des Weisungsrechts im Bereich sonstiger arbeitsvertraglicher Pflichten – sowie Kapitel 12 Abschnitt 3.)
Ein Krankenhaus mahnt eine Krankenschwester ab, weil sie sich als einzige unter Berufung auf ihre sittliche Überzeugung wiederholt geweigert hat, an »sozial indizierten« Schwangerschaftsabbrüchen mitzuwirken. Das Verhalten der Krankenschwester ist vom Grundrecht auf Gewissensfreiheit geschützt. Dieses hat auch der Arbeitgeber bei Ausübung seines Direktionsrechts zu beachten. Auch sie kann vor dem Arbeitsgericht die Entfernung der Abmahnung aus der Personalakte durchsetzen.

Empfiehlt es sich, gegen eine Abmahnung zu klagen?

Der Mitarbeiter kann gegen die Abmahnung vor dem Arbeitsgericht klagen. Ob er dies tut, ist eine Frage der Zweckmäßigkeit. Besonders häufig werden die Arbeitnehmer diesen Weg sicherlich nicht wählen, da sie während des bestehenden Arbeitsverhältnisses ungern ihren Arbeitgeber vor Gericht zitieren werden, zumal den Arbeitnehmern aus dem Unterlassen der Klage nicht unbedingt Nachteile erwachsen.

Beispiel: Den Fernmeldehandwerker Felix Sanft hatte sein Arbeitgeber in den vergangenen Jahren wegen angeblichen Zuspätkommens wiederholt abgemahnt.
Gegen diese Abmahnungen hat er nichts unternommen. Auch Lohnkürzungen wegen der behaupteten Verspätungen nahm er widerspruchslos hin. Erst als ihm der Arbeitgeber wegen behaupteter erneuter Verspätungen kündigte, wehrte er sich mit einer Klage vor dem Arbeitsgericht – mit Erfolg?

Ja. Der Arbeitgeber konnte die Verspätungen im einzelnen nicht (mehr) beweisen. Der Mitarbeiter hatte sich gegen die Abmahnungen zuvor nicht gewehrt. Das brauchte er jedoch nicht zu tun.

Dies hat ihm nicht das Recht genommen, die abgemahnten Pflichtwidrigkeiten in dem Kündigungsrechtsstreit zu bestreiten.
So erklärte das Arbeitsgericht die Kündigung für unwirksam. Felix Sanft durfte an seinen Arbeitsplatz zurückkehren.

Wann wird eine Abmahnung wirkungslos?

Es kann für einen Arbeitnehmer sogar von Vorteil sein, wenn er gegen eine Abmahnung zunächst nichts unternimmt. Zum einen verliert eine länger zurückliegende Abmahnung mit wachsendem Zeitabstand immer mehr an Bedeutung und Gewicht. Eine Abmahnung etwa, die drei Jahre zurückliegt, kann der Arbeitgeber nicht mehr zur Begründung einer Kündigung heranziehen. Feste Fristen lassen sich indes nicht nennen.
Zum anderen dürfte es dem beweispflichtigen Arbeitgeber mit wachsendem Zeitabstand immer schwerer fallen, die der Abmahnung zugrundeliegenden Vorgänge und Tatsachenbehauptungen im einzelnen zu beweisen. Mit einer Klage gegen eine Abmahnung geben Sie also dem Arbeitgeber die Möglichkeit, frühzeitig Beweise für das Ihnen vorgeworfene Fehlverhalten im Rahmen eines Gerichtsverfahrens zu sichern.

Kann ich beim Betriebsrat mit Unterstützung rechnen?

Sinnvoller als vor dem Arbeitsgericht auf Entfernung der Abmahnung aus der Personalakte zu klagen, kann es u. U. sein, sich an den Betriebsrat zu wenden. Dieser kann dann mit dem Arbeitgeber darüber verhandeln, wie nicht zu beweisende oder sonst zu Unrecht erfolgte Vorwürfe geklärt und gegebenenfalls aus der Welt geschafft werden können.

Kapitel 15

Die Beendigung des Arbeitsverhältnisses

Die vom Grundgesetz geschützte freie Entfaltung der Persönlichkeit ist in unserer Industriegesellschaft normalerweise an die Ausübung einer abhängigen Beschäftigung gebunden.

Bei dem Schutz der Persönlichkeit, der die Arbeit und den Beruf miteinzubeziehen hat, geht es vor allem auch darum, den Bestand des eingegangenen Arbeitsverhältnisses in einem Mindestumfang zu sichern. Diese Bestrebungen finden ihren gesetzlichen Niederschlag vor allem in den Vorschriften über die Kündigungsfristen für Arbeiter und Angestellte, in dem allgemeinen Kündigungsschutzgesetz und in einer Reihe von Arbeitsplatzschutzgesetzen für bestimmte Personengruppen, wie werdende Mütter, Schwerbehinderte, Auszubildende, Wehrpflichtige und Zivildienstleistende. In diesen Zusammenhang gehören auch die Mitwirkungsrechte der Betriebs- und Personalräte bei Kündigungen.

Arbeitsverhältnisse sind in der Regel auf Dauer angelegt. Sie enden – sofern sie nicht von vornherein befristet abgeschlossen werden – nicht von sich aus, sondern nur, wenn ein besonderer Beendigungsgrund vorliegt.

Möglich ist das durch

(1) die einverständliche Aufhebung des Arbeitsvertrages und
(2) vor allem die Beendigung des Arbeitsverhältnisses durch die ordentliche fristgemäße und
(3) in Ausnahmefällen auch die außerordentliche fristlose Kündigung.

1. Kündigung

Erklärung der Kündigung

Die Kündigung des Arbeitsverhältnisses erfolgt durch eine einseitige Willenserklärung des Arbeitgebers oder des Arbeitnehmers. Durch sie wird das Arbeitsverhältnis aufgelöst.

Was ist eine ordentliche Kündigung, und wann spricht man von einer außerordentlichen Kündigung?

Von einer *ordentlichen* oder *fristgemäßen* Kündigung spricht man, wenn das Arbeitsverhältnis unter Einhaltung der vereinbarten, der tarifvertraglich oder gesetzlich vorgeschriebenen Kündigungsfrist beendet werden soll.

Eine *außerordentliche* Kündigung liegt vor, wenn das Arbeitsverhältnis aus einem wichtigen Grund, meist fristlos, aufgelöst werden soll. Sie wird häufig einfach als fristlose Kündigung bezeichnet.

Muß ich die Kündigung annehmen?

Die Kündigungserklärung muß dem Empfänger zugehen, damit sie wirksam werden kann. Sie bedarf jedoch keiner Annahme. Manchmal erklärt der Kündigungsempfänger, »er nehme die Kündigung an« oder »er lehne sie ab«. Das ist für die Kündigung und ihre Wirkungen ohne Bedeutung. Sie muß lediglich dem Kündigungsempfänger zugehen, damit sie das Arbeitsverhältnis beenden kann.

Beispiel: Der Chef will Herrn Sturm das Kündigungsschreiben übergeben. Der erklärt, er nehme die Kündigung nicht an, zerreißt das Schreiben und wirft es dem Chef vor die Füße.

Diese Kündigung ist Herrn Sturm wirksam zugegangen und setzt die Kündigungsfrist in Lauf, da Herr Sturm die Möglichkeit hatte, vom Inhalt des Schreibens Kenntnis zu nehmen.

Wann ist eine schriftliche Kündigung zugegangen?

Wenn eine Kündigungserklärung übergeben wird, ist sie mit der Übergabe des Schriftstücks zugegangen. Wird die Kündigung zugeschickt, so geht sie in dem Augenblick dem Empfänger zu, wo dieser »unter normalen Verhältnissen von ihr Kenntnis erlangen kann«.

Beispiel: Herr Leicht nimmt vom 15. Februar bis 22. Februar Urlaub. Er verbringt ihn zu Hause und will sich durch nichts stören lassen.
Am 15.2. morgens wirft der Postbote ihm ein Kündigungsschreiben seines Arbeitgebers in den Briefkasten. Er leert den Briefkasten erst am 23.2.
Wann ist ihm die Kündigung zugegangen?

Die Kündigung ist ihm am 15.2. zugegangen.
Anders wäre es, wenn er bis einschließlich 22.2. in die Berge gefahren und dem Arbeitgeber die Urlaubsanschrift bekannt gewesen wäre. In diesem Falle wäre ihm die Kündigung erst am 23.2. zugegangen.
Die Kündigung kann mündlich, telegrafisch und schriftlich erfolgen. Sie bedarf keiner bestimmten Form. Insbesondere brauchen die Kündigungsgründe nicht angegeben zu werden. Schriftform schreiben die Gesetze nur für die Kündigung eines Auszubildenden oder gegenüber Seeleuten vor.
Wird diese Form, sofern sie vorgeschrieben ist, nicht beachtet, d. h. hat der Aussteller die Kündigung nicht eigenhändig namentlich unterschrieben, so ist die Erklärung nichtig und ohne Wirkung.
Nach Ablauf der Probezeit eines Ausbildungsverhältnisses reicht die Schriftform allein nicht mehr aus. Jetzt müssen auch die Kündigungsgründe schriftlich angegeben werden.

> **Beispiel:** Fräulein Susanne Frisch befindet sich seit dem 1.4. im Ausbildungsverhältnis. Die Probezeit beträgt drei Monate. Am 28.6., zwei Tage vor Ablauf der Probezeit, kündigt der Lehrherr ihr mündlich fristlos. Am 1.7. wiederholt er die Kündigung schriftlich.
> Sind die Kündigungserklärungen wirksam?

Beide Erklärungen sind unwirksam. Das Ausbildungsverhältnis besteht ungekündigt fort. Die zunächst mündlich erklärte Kündigung verstößt gegen das Gebot der Schriftform.
Am 1. Juli – nach Ablauf der Probezeit – war die Kündigung nur noch aus wichtigem Grund möglich; dessen Angabe fehlt jedoch im Kündigungsschreiben.

Kann eine Kündigung einseitig zurückgenommen werden?

Eine wirksam erklärte Kündigung kann nicht zurückgenommen werden.

> **Beispiel:** Arbeitgeber Harten erklärt dem Arbeiter Schnell am 1. April die Kündigung zum 15. April. Am 13. April sagt er ihm, er nehme die Kündigung zurück. Schnell antwortet, er wolle jetzt nicht mehr bleiben. Er habe eine andere Stelle.
> Muß Herr Schnell bei Herrn Harten weiterarbeiten?

Schnell braucht bei seinem bisherigen Arbeitgeber nicht weiterzuarbeiten. Das Arbeitsverhältnis endet am 15.4. mit Ablauf der

Kündigungsfrist, da Herr Harten seine Kündigung nicht einseitig, d. h. ohne Zustimmung von Herrn Schnell, zurücknehmen konnte. Die Fortsetzung eines wirksam gekündigten Arbeitsverhältnisses bedarf einer neuen Vereinbarung. In der Erklärung der Rücknahme der Kündigung oder in der Weiterbeschäftigung über die Kündigungsfrist hinaus liegt das Angebot, das Arbeitsverhältnis so fortzusetzen, als sei es nicht gekündigt gewesen.

Beispiel: Arbeitgeber Harten erklärt die Kündigung am 1. April zum 15. April, nimmt sie aber nicht zurück. Am 16. April und an den darauf folgenden Tagen kommt Schnell trotzdem weiter zur Arbeit. Harten sieht es.
Erst am 18. April schickt er Schnell unter Berufung auf die Kündigung vom 1. April ohne Einhaltung der Kündigungsfrist nach Hause.
Kann Schnell die Fortsetzung des Arbeitsverhältnisses verlangen?

Die am 1. April erklärte Kündigung hat keine Wirkung mehr. Das Arbeitsverhältnis gilt vielmehr als auf unbestimmte Zeit verlängert, weil Herr Schnell nach Ablauf der Kündigungsfrist die Arbeit fortgesetzt hat, Herr Harten davon wußte und auch nicht widersprochen hat. Arbeitgeber Harten muß erneut kündigen und die Kündigungsfrist einhalten.

Muß in der Kündigungserklärung das Wort »Kündigung« vorkommen?

In der Kündigungserklärung braucht das Wort »Kündigung« nicht vorzukommen. Die Erklärung muß aber eindeutig ergeben, daß das Arbeitsverhältnis zu einem bestimmten Zeitpunkt enden soll.

Beispiele: Für eine Kündigung kann es genügen, wenn der Arbeitgeber sagt: »Mir reicht es. Holen Sie sich im Lohnbüro die Papiere. Ich will Sie hier nicht mehr sehen!«
Nicht wirksam gekündigt würde das Arbeitsverhältnis hingegen durch eine Erklärung wie: »Ich glaube, es ist besser, wenn Sie sich nach einer anderen Stelle umsehen.« Oder: »Wenn sich Ihre Leistungen in der nächsten Zeit nicht bessern, sind Sie entlassen.« Hier weiß der Arbeitnehmer nämlich nicht, ob und wann das Arbeitsverhältnis zu Ende geht.

Was ist eine Änderungskündigung?

Denkbar ist hingegen, daß der Arbeitgeber das Arbeitsverhältnis kündigt und dem Arbeitnehmer gleichzeitig die Fortsetzung des Arbeitsverhältnisses zu anderen Bedingungen anbietet (Änderungskündigung).

> **Beispiel:** Frau Lang arbeitet bei der Reinigungsfirma Heinzelmänner bisher wöchentlich 45 Stunden. Anfang Mai teilt ihr die Firmenleitung mit: »Hiermit kündigen wir Ihr Arbeitsverhältnis zum 30.6. aus betrieblichen Gründen wegen Auftragsrückgangs. Wir sind jedoch bereit, Sie ab dem 1.7. zu 37 Stunden wöchentlich bei entsprechend herabgesetztem Lohn weiterzubeschäftigen.«

Zur Änderungskündigung lesen Sie die ausführlichen Erläuterungen in Kapitel 4 Abschnitt 5 und Kapitel 15 Abschnitt 3.

Anhörung des Betriebsrats

Bevor der Arbeitgeber Ihnen kündigt, muß er den Betriebsrat bzw. Personalrat anhören, soweit eine solche Arbeitnehmervertretung besteht.

Welche Folgen hat es, wenn der Arbeitgeber den Betriebsrat vor Ausspruch der Kündigung nicht anhört?

Unterläßt der Arbeitgeber die Anhörung des Betriebsrats, so ist die Kündigung nichtig. Die unterbliebene Anhörung kann der Arbeitgeber nicht mehr nachholen.

> **Beispiel:** Der Geschäftsführer der Firma Schnell GmbH übergibt dem seit einem Monat beschäftigten Arbeiter Mayer am Vormittag des 2. November ein Kündigungsschreiben, weil er vier Tage unentschuldigt gefehlt hat.
> Gleich anschließend händigt der Geschäftsführer dem Betriebsratsvorsitzenden eine Kopie des Kündigungsschreibens aus.
> Die fünf Mitglieder des Betriebsrats treten sofort zusammen. Sie stimmen der Kündigung zu. Der Vorsitzende teilt dies anschließend dem Geschäftsführer mit.
> Ist die Kündigung wirksam?

Nach dem Gesetz muß der Arbeitgeber den Betriebsrat *vor* Ausspruch der Kündigung anhören. Das hat die Firma Schnell GmbH nicht getan. Die fehlende Anhörung kann nicht nachgeholt werden. Daran ändert auch die erklärte Zustimmung des Betriebsrats nichts.
Die Kündigung ist nichtig. Das Arbeitsverhältnis besteht fort.

Die Anhörung des Betriebsrats muß umfassen:

(1) Angabe der Personalien des Arbeitnehmers,
(2) Art der Kündigung,
(3) Termin, zu dem das Arbeitsverhältnis enden soll,
(4) Gründe für die Kündigung. Die Gründe muß der Arbeitgeber so genau angeben, daß sich der Betriebsrat über die Umstände, die zur Kündigung führen, ein Bild machen kann.

> **Beispiel:** Die Bau AG Stark teilt dem Betriebsrat mit: »Wir beabsichtigen, Fräulein Weiler wegen häufigen Zuspätkommens trotz vorangegangener Abmahnungen zu kündigen.«
> Ist die Anhörung wirksam?

Diese Angaben würden nicht ausreichen. Die dennoch ausgesprochene Kündigung wäre unwirksam.
Bei korrekter Anhörung müßte der Arbeitgeber dem Betriebsrat mitteilen, an welchen Kalendertagen Fräulein Weiler um wieviele Minuten zu spät gekommen ist, ob und wie sich dies betrieblich ausgewirkt hat und wann die Firma die Mitarbeiterin mit welchem Ergebnis abgemahnt hat. (Zur Abmahnung vgl. Kapitel 14.)
Eine nur pauschale, schlagwort- oder stichwortartige Bezeichnung des Grundes genügt ebenso wenig wie die Mitteilung eines Werturteils wie z. B. »Schlechtleistung« ohne Angabe der für die Bewertung maßgebenden Tatsachen.

Wie lange hat der Betriebsrat Zeit zur Stellungnahme?

Der Betriebsrat kann sich bei der ordentlichen Kündigung dazu innerhalb einer Woche, bei der außerordentlichen Kündigung innerhalb von drei Tagen schriftlich äußern, er braucht es jedoch nicht zu tun.
Er kann zustimmen oder Bedenken äußern. Vor allem aber kann er der beabsichtigten Kündigung auch widersprechen. Von dieser Möglichkeit machen die Betriebsräte erfahrungsgemäß eher zurückhaltend Gebrauch.

Was bringt dem Arbeitnehmer der Widerspruch des Betriebsrats für Vorteile?

Bedeutung hat der Widerspruch nur bei einem Arbeitsverhältnis, das dem Kündigungsschutz unterliegt. Bei ordnungsgemäßem Widerspruch des Betriebsrats kann der Arbeitnehmer, wenn ihm dennoch gekündigt wird, vom Arbeitgeber Weiterbe-

schäftigung bis zum rechtskräftigen Abschluß des Verfahrens verlangen. Hierauf wird später (unter Kapitel 15 Abschnitt 2) noch näher eingegangen werden.
Hat der Betriebsrat der Kündigung widersprochen und der Arbeitgeber kündigt trotzdem, so ist er verpflichtet, dem Arbeitnehmer eine Abschrift der Stellungnahme des Betriebsrats zuzuleiten. Im Normalfall muß der Arbeitgeber dem Arbeitnehmer gegenüber die Kündigungsgründe nur angeben, wenn er außerordentlich kündigt, und auch dann nur, wenn der Arbeitnehmer dies verlangt.

Kündigungsfristen

Wann kann ein Arbeitsverhältnis ordentlich gekündigt werden?

»Ordentlich« muß ein Arbeitsverhältnis gekündigt werden, wenn der andere Teil mit einer Aufhebung im gegenseitigen Einvernehmen (Aufhebungsvertrag) nicht einverstanden ist.

> **Beispiel:** Der Arbeitgeber sagt am 13.5. zu seinem Mitarbeiter: »Ich glaube, es ist das beste, wenn wir uns zum Quartalsende trennen.«
> Der Mitarbeiter lehnt ab oder äußert sich nicht. Somit hat er das Angebot auf eine einvernehmliche Vertragsbeendigung nicht angenommen.
> Er kann – sofern der Arbeitgeber die Kündigung zum 30.6. nicht rechtzeitig erklärt – Weiterbeschäftigung über den 30.6. hinaus verlangen.

Die ordentliche Kündigung ist in der Regel nur bei Arbeitsverhältnissen zulässig, die auf unbestimmte Zeit geschlossen sind. Befristete Arbeitsverhältnisse (Zeitverträge) können nur bei Vorliegen eines wichtigen Grundes außerordentlich gekündigt werden, wenn nicht ausnahmsweise vertraglich die Möglichkeit der ordentlichen Kündigung eindeutig vorgesehen ist.

> **Beispiel:** Im Anstellungsvertrag steht lediglich: »Das Arbeitsverhältnis wird mit Wirkung zum 1.5. für die Dauer eines Jahres befristet geschlossen.«
> Das Arbeitsverhältnis endet, ohne daß es einer Kündigung bedarf, zum 30.4. des folgenden Jahres.
> Eine frühere Beendigung ist nur bei Vorliegen eines wichtigen Grundes durch außerordentliche Kündigung möglich.
> Etwas anderes gilt, wenn der Anstellungsvertrag hingegen so lautet: »Der Arbeitsvertrag wird für die Dauer eines Jahres befristet geschlossen. Darüber hinaus kann er unter Einhaltung einer Kündigungsfrist von einem Monat zum Monatsende gekündigt werden.« In diesem

Falle endet das Arbeitsverhältnis zwar mit Fristablauf von selbst. Eine vorzeitige Beendigung durch ordentliche Kündigung wäre aber daneben möglich.

Wann ist das Recht zur ordentlichen Kündigung ausgeschlossen?

Das Recht des Arbeitgebers zur ordentlichen Kündigung kann zugunsten des Arbeitnehmers durch Tarifvertrag ausgeschlossen sein – etwa nach einer bestimmten Beschäftigungszeit und bei einem bestimmten Lebensalter des Arbeitnehmers.

> **Beispiel:** Der Bundesangestelltentarifvertrag für den öffentlichen Dienst bestimmt (in § 53 Absatz 3), daß Angestellte nach einer Beschäftigungszeit von 15 Jahren, frühestens jedoch nach Vollendung des 40. Lebensjahres, unkündbar sind.

Für den begünstigten Arbeitnehmer selbst bleibt das Recht zur ordentlichen Kündigung jedoch bestehen.

In bestimmten Fällen schließen besondere Schutzgesetze im Interesse besonders schutzbedürftiger Arbeitnehmer das Recht des Arbeitgebers zur ordentlichen Kündigung aus. Das ist der Fall bei Auszubildenden nach Ablauf der Probezeit, Wehrpflichtigen und Zivildienstleistenden, Frauen während der Schwangerschaft und bis zum Ablauf von vier Monaten nach der Entbindung sowie während eines möglichen Erziehungsurlaubs. Betriebs- und Personalräte sind während ihrer Amtszeit und bis zu einem Jahr danach vor ordentlichen Kündigungen geschützt. (Siehe dazu Kapitel 15 Abschnitt 5)

Die Gesetze sehen noch immer unterschiedliche Kündigungsfristen für Angestellte und Arbeiter vor. Einige neuere Tarifverträge indes haben diese unterschiedliche Behandlung inzwischen überwunden und die Kündigungsfristen für Arbeiter und Angestellte vereinheitlicht.

Welche Kündigungsfrist muß der Arbeitgeber bei Angestellten einhalten?

Bei Angestellten beträgt die gesetzliche Kündigungsfrist sechs Wochen zum Ende eines Kalendervierteljahres. Kürzere Fristen können vereinbart werden. Sie müssen jedoch mindestens einen Monat betragen und für Arbeitgeber und Arbeitnehmer gleich lang sein. Die Kündigung kann nur zum Ende eines Kalendermonats ausgesprochen werden.

Wann muß der Arbeitgeber längere Kündigungsfristen beachten?

Bei Angestellten, die in Unternehmen mit mehr als zwei Angestellten (die zu ihrer Berufsausbildung Beschäftigten nicht mitgezählt) beschäftigt sind, gelten von einem bestimmten Lebensalter an für die Kündigung durch den Arbeitgeber verlängerte Kündigungsfristen.

Sie betragen bei einer

Betriebszugehörigkeit von mindestens	Kündigungsfrist
5 Jahren	3 Monate
8 Jahren	4 Monate
10 Jahren	5 Monate
12 Jahren	6 Monate

jeweils zum Ende eines Kalendervierteljahres. Bei Berechnung der Beschäftigungsdauer bleiben Zeiten unberücksichtigt, die vor Vollendung des 25. Lebensjahres liegen. Dagegen sind Beschäftigungszeiten, die ein Angestellter nach Vollendung des 25. Lebensjahres als Arbeiter in demselben Betrieb verbracht hat, mitzuzählen.

Für den Fall, daß der Angestellte von sich aus kündigt, gelten die verlängerten Kündigungsfristen nur, wenn dies besonders vereinbart ist.

Welche Kündigungsfrist gilt für Arbeiter?

Bei Arbeitern beträgt die gesetzliche Kündigungsfrist zwei Wochen vor dem Zeitpunkt, zu dem die Beendigung des Arbeitsverhältnisses beabsichtigt ist. Die Kündigung kann jederzeit, also ohne Bindung an bestimmte Termine (Wochenschluß o. ä.), ausgesprochen werden.

Andere, auch kürzere Kündigungsfristen finden sich zum Teil in Tarifverträgen, so im Baugewerbe oder für kurzfristig, bis zu drei Monaten beschäftigten Aushilfskräften.

Wo Tarifverträge gelten, sei es aufgrund beiderseitiger Tarifbindung, Allgemeinverbindlichkeit oder einzelvertraglicher Vereinbarung, sind die tariflichen Kündigungsfristen maßgebend.

Wann verlängern sich die Kündigungsfristen zugunsten der Arbeiter?

Bei älteren Arbeitern gelten gleichfalls verlängerte Kündigungsfristen für die Kündigung durch den Arbeitgeber. Ihre Geltung kann auch für den Fall vereinbart werden, daß der Arbeiter von sich aus kündigt. Die Kündigungsfristen richten sich nach der Dauer der Betriebszugehörigkeit:

Betriebszugehörigkeit von mindestens	*Kündigungsfrist*
5 Jahren	1 Monat zum Monatsende
10 Jahren	2 Monate zum Monatsende
20 Jahren	3 Monate zum Ende eines Kalendervierteljahres

Bei den Arbeitern wurden nach der bisherigen Gesetzeslage nur Beschäftigungszeiten in demselben Betrieb berücksichtigt, die nach Vollendung des 35. Lebensjahres lagen, während bei den Angestellten bereits Zeiten nach Vollendung des 25. Lebensjahres anzurechnen sind. Das Bundesverfassungsgericht hat diese unterschiedliche Behandlung von Arbeitern und Angestellten im Jahre 1982 für verfassungswidrig erklärt. Eine gesetzliche Neuregelung steht noch aus.

In der Praxis berücksichtigen die Arbeitgeber bereits jetzt weitgehend auch bei Arbeitern Zeiten der Betriebszugehörigkeit ab dem vollendeten 25. Lebensjahr.

Kündigung in der Probezeit

Die Vereinbarung einer Probezeit ist in der Regel bis zu höchstens sechs Monaten zulässig.
Ein Probearbeitsverhältnis ist ein vollwertiges Arbeitsverhältnis. Alle arbeitsrechtlichen Gesetze, Tarifverträge und Betriebsvereinbarungen sind anzuwenden.

Welche Kündigungsfristen gelten für die Probezeit?

Auch in der Probezeit sind die gesetzlichen Kündigungsfristen zu beachten und ist der Betriebsrat vor Ausspruch der Kündigung zu hören.

Jedoch bedeutet die Vereinbarung einer Probezeit im Zweifel, daß bis zu dessen Ende mit der kürzestmöglichen Kündigungsfrist gekündigt werden kann – also bei Angestellten mit einer einmonatigen Frist zum Monatsende, bei Arbeitern mit zweiwöchiger Frist.

In der Regel vereinbaren Arbeitgeber und Arbeitnehmer ein unbefristetes Arbeitsverhältnis mit vorgeschalteter Probezeit.

> **Beispiel:** Herr Norbert Müller wird zum 1. Januar als Angestellter eingestellt.
> Im Vertrag steht: »Die ersten drei Monate gelten als Probezeit.«

Nach Ablauf der Probezeit geht das Arbeitsverhältnis, wenn es vorher nicht gekündigt wurde, automatisch in ein normales Dauerarbeitsverhältnis über.
Gelegentlich vereinbaren Arbeitgeber und Arbeitnehmer auch ein selbständiges befristetes Probearbeitsverhältnis.

> **Beispiel:** Der Arbeitsvertrag lautet so: »Herr N. N. wird zum 1. Januar als Angestellter für die Dauer von sechs Monaten in ein Probearbeitsverhältnis eingestellt. Dieses endet zum 30. Juni, ohne daß es einer Kündigung bedarf.«

Dieses Probearbeitsverhältnis endet also von selbst mit Ablauf der vereinbarten Frist.

Kann ein befristetes Probearbeitsverhältnis gekündigt werden?

Während der Dauer des befristeten Probearbeitsverhältnisses ist eine ordentliche Kündigung, wie auch sonst bei befristeten Arbeitsverhältnissen, ausgeschlossen. Eine ordentliche Kündigung wäre hier nur dann möglich, wenn dies eindeutig vertraglich vereinbart wäre. Solche Vereinbarungen sind möglich, werden aber selten getroffen.
Das Entstehen eines Dauerarbeitsverhältnisses nach Ablauf der befristeten Probezeit hängt davon ab, ob der Arbeitgeber mit dem Arbeitnehmer einen entsprechenden Vertrag schließt. Das kann auch stillschweigend geschehen, etwa dadurch, daß der Arbeitgeber den Mitarbeiter wissentlich über den zunächst vereinbarten Beendigungszeitpunkt hinaus – etwa den 30. Juni – arbeiten läßt. Am 1. Juli entsteht dann ein unbefristetes Dauerarbeitsverhältnis. Um dieses zu beenden, müßte der Arbeitgeber oder der Arbeitnehmer kündigen.

2. Allgemeiner Kündigungsschutz

Was versteht man unter allgemeinem Kündigungsschutz?

> Die Firma Lang GmbH, die 20 Mitarbeiter beschäftigt, kündigt Herrn Dauer unter Einhaltung der Kündigungsfrist. Er hatte drei Jahre dem Betrieb angehört.
> Er meint, allein die Einhaltung der Kündigungsfrist reiche nicht aus, um die Kündigung wirksam werden zu lassen. Er habe sich nichts zuschulden kommen lassen und er habe gute Arbeit geleistet.
> Er klagt vor dem Arbeitsgericht gegen die Kündigung – zu Recht?

Herr Dauer kann sich auf den allgemeinen gesetzlichen Kündigungsschutz berufen. Danach ist eine fristgemäß erklärte Kündigung nur wirksam, wenn sie sozial gerechtfertigt ist, also ein Grund für sie vorliegt. Das ist hier nicht der Fall. Somit ist die Kündigung unwirksam. Er verlangt zu Recht die Fortsetzung des Arbeitsverhältnisses.

Die ordentliche Kündigung schützt die Partner des Arbeitsvertrages nicht vor einer Beendigung, sie schiebt lediglich den Beendigungszeitpunkt hinaus.

Arbeitsverhältnisse sind für die Arbeitnehmer jedoch regelmäßig deren einzige wirtschaftliche Existenzgrundlage. Deshalb hat der Gesetzgeber das Recht des Arbeitgebers zur ordentlichen Kündigung beschränkt. Eine solche Kündigung ist nur zulässig, wenn sachliche Gründe vorliegen (allgemeiner Kündigungsschutz).

Zugunsten besonders schutzbedürftiger Arbeitnehmer wie werdender Mütter oder Schwerbehinderter hat der Gesetzgeber das Recht des Arbeitgebers zu kündigen noch weiter eingeengt oder sogar ganz ausgeschlossen (besonderer Kündigungsschutz).

Der allgemeine Kündigungsschutz umfaßt die weitaus meisten Arbeitsverhältnisse. Danach bedarf die ordentliche Kündigung des Arbeitsverhältnisses durch den Arbeitgeber eines rechtfertigenden Grundes.

Wann gilt für mich der allgemeine Kündigungsschutz?

Damit das Kündigungsschutzgesetz, das diesen Schutz regelt, anwendbar ist, müssen folgende Umstände vorliegen:

(1) Eine ordentliche Kündigung des Arbeitgebers. Der allgemeine Kündigungsschutz gilt nicht für sonstige Beendi-

gungsgründe, wie den Fristablauf bei einem Zeitvertrag oder die vertragliche Aufhebung des Arbeitsverhältnisses im gegenseitigen Einvernehmen.
(2) Der Kündigungsempfänger muß Arbeitnehmer sein. Geschäftsführer einer GmbH, Vorstandsmitglieder einer AG oder vertretungsberechtigte Gesellschafter einer Personengesellschaft sind keine Arbeitnehmer. Sie genießen keinen Kündigungsschutz. Für leitende Angestellte gilt dagegen der allgemeine Kündigungsschutz mit der Einschränkung, daß der Arbeitgeber ohne Begründung die Auflösung des Arbeitsverhältnisses gegen Zahlung einer Abfindung verlangen kann, wenn die Kündigung unwirksam ist.
(3) Das Arbeitsverhältnis des betroffenen Arbeitnehmers muß vor Zugang der Kündigung in demselben Betrieb oder Unternehmen länger als sechs Monate rechtlich bestanden haben. Den rechtlichen Bestand unterbrechen nicht etwa ein etwaiger Wechsel des Inhabers des Betriebes, Krankheit oder Urlaub des Arbeitnehmers.
(4) Der allgemeine Kündigungsschutz gilt nur für Betriebe, in denen außer den zu ihrer Berufsausbildung Beschäftigten regelmäßig mehr als fünf Arbeitnehmer beschäftigt werden, deren Arbeitszeit wöchentlich zehn oder monatlich 45 Stunden übersteigt.

Beispiel: Keinen Kündigungsschutz genießen eine Friseuse in einem Friseurgeschäft mit insgesamt fünf Arbeitnehmern und zwei Auszubildenden oder eine Arzthelferin in einer Praxis mit acht Arbeitnehmern, wenn sie erst seit fünf Monaten dort angestellt ist.

Wann ist eine Kündigung unwirksam?

Soweit der Kündigungsschutz gilt, ist eine Kündigung unwirksam, »wenn sie sozial ungerechtfertigt ist« (§ 1 Absatz 1 des Kündigungsschutzgesetzes).

Sozial ungerechtfertigt ist eine Kündigung immer dann, wenn sie nicht bedingt ist

(1) durch Gründe, die in der Person oder
(2) in dem Verhalten des Arbeitnehmers liegen, oder
(3) durch dringende betriebliche Erfordernisse, die einer Weiterbeschäftigung in diesem Betrieb entgegenstehen.

Der Arbeitgeber muß in dem Verfahren vor dem Arbeitsgericht die Tatsachen vortragen und beweisen, welche die Kündigung rechtfertigen.

Kündigung wegen Krankheit

Wann kann mir der Arbeitgeber wegen Krankheit kündigen?

Eine Kündigung aus Gründen, die in der Person des Arbeitnehmers liegen (personenbedingte Kündigung), kommt vor allem bei mangelnder körperlicher oder geistiger Eignung in Betracht. Hierzu rechnen auch häufige Kurzerkrankungen oder eine langdauernde Erkrankung. Deswegen kündigen darf der Arbeitgeber jedoch nur dann, wenn auch in Zukunft mit weiteren Ausfällen zu rechnen ist und diese zu erheblichen betrieblichen Schwierigkeiten führen.

> **Beispiele:** Der langjährig beschäftigte und dem Alkohol zuneigende Schlepperfahrer Grün fiel gelegentlich wegen seines Hangs zum Alkohol aus. Außerdem unterlief ihm eine Reihe von Fehlern. So verteilte er einmal den Kalk, den er auf den Feldern ausstreuen sollte, überwiegend auf der Dorfstraße und fuhr dabei eine historisch wertvolle Pumpe um. Nach diesem Vorfall kam er zur Einsicht. Er nahm eine erfolgversprechende Entziehungskur auf sich.
> Die dennoch einige Zeit später ausgesprochene Kündigung, gegen die er sich wandte, erklärte das Arbeitsgericht für unwirksam. Es wertete die Alkoholabhängigkeit als Krankheit. Und da die Zukunftsprognose und die Heilungsaussichten für Grün günstig waren, bestand kein ausreichender Grund, das Beschäftigungsverhältnis zu beenden.
> *Oder:* Als der langjährig in der Versandabteilung beschäftigte Angestellte Eifrig seinem Arbeitgeber mitteilte, daß er eine AIDS-Infektion habe, kündigte der Arbeitgeber. – Eifrig erhob arbeitsgerichtlich Klage.

Er hatte Erfolg. Das Arbeitsgericht erklärte die Kündigung für unwirksam. Die AIDS-Infektion allein beeinträchtigt nämlich nicht die Leistungsfähigkeit des Angestellten. Eine Ansteckungsgefahr für die Arbeitskollegen besteht im Rahmen normaler arbeitsbezogener Kontakte ebenfalls nicht. Anders bei einer akuten AIDS-Erkrankung: Diese ist in ihrem Verlauf meist so schwer, daß die Eignung für die vorgesehene Tätigkeit erheblich eingeschränkt oder ganz aufgehoben ist. Der Arbeitgeber könnte sich von einem solchen Mitarbeiter durch eine ordentliche Kündigung trennen.

Rechtfertigen häufige Fehlzeiten in der Vergangenheit immer eine Kündigung?

Legt der Arbeitgeber im Verfahren vor dem Arbeitsgericht dar, daß der Arbeitnehmer in der letzten Zeit – etwa in den letzten drei Jahren – häufige oder langdauernde krankheitsbedingte Fehlzeiten aufzuweisen hat, so ist es Sache des Arbeitnehmers, ggf. vorzutragen, daß und warum sich das in Zukunft ändern wird. Sofern der Arzt den Arbeitnehmer über seine gesundheitliche Verfassung nicht ausreichend aufgeklärt hat, reicht es aus, wenn der Arbeitnehmer den ihn behandelnden Arzt von der ärztlichen Schweigepflicht entbindet und ihn als Zeugen für eine günstige Zukunftsprognose benennt. Bei einem älteren langjährig Beschäftigten muß der Arbeitgeber längere Fehlzeiten hinnehmen als bei einem jüngeren Arbeitnehmer, der dem Betrieb erst kurze Zeit angehört.
Bei der Abwägung der Interessen des Arbeitnehmers am Erhalt des Arbeitsplatzes und des Arbeitgebers an einer Kündigung, muß auch die Stellung des Arbeitnehmers berücksichtigt werden. Einem Arbeitnehmer in einer Schlüsselposition kann der Arbeitgeber eher kündigen, als wenn ein leicht ersetzbarer oder gar entbehrlicher Mitarbeiter wegen Krankheit ausfällt.

> **Beispiel:** Die seit sieben Jahren beschäftigte Frau Franziska Gut hat schon lange nicht mehr genug zu tun. Sie fühlt sich nicht ausgelastet und langweilt sich an ihrem Arbeitsplatz. Schließlich erkrankt sie für fünf Monate. Daraufhin kündigt ihr der Arbeitgeber. Ist die Kündigung wirksam?

Der krankheitsbedingte Arbeitsausfall von Frau Gut hatte hier den Betriebsablauf sicher nicht gestört. Die Kündigung war demnach nicht berechtigt, sie hat das Arbeitsverhältnis nicht beendet.

Darf mir der Arbeitgeber kündigen, wenn er mich zu anderen Bedingungen weiterbeschäftigen kann?

Bevor der Arbeitgeber kündigt, muß er prüfen, ob er den Arbeitnehmer nicht zu geänderten Bedingungen weiterbeschäftigen kann. Nur wenn dies nicht möglich ist oder der Arbeitnehmer ein entsprechendes Angebot, zu geänderten Bedingungen weiterzuarbeiten, abgelehnt hat, darf der Arbeitgeber das Arbeitsverhältnis durch eine Kündigung beenden.

Beispiel: Ein bisher als Kraftfahrer beschäftigter Arbeitnehmer kann wegen zunehmender Seh- und Reaktionsschwäche seine Aufgaben nicht mehr wahrnehmen. Allerdings könnte er als Pförtner, Hausmeister, Lagerverwalter oder in der Werkstatt zu geänderten Arbeitsbedingungen weiterbeschäftigt werden. Eine Beendigungskündigung kommt hier erst in Betracht, wenn der Arbeitgeber ihm diese anderen Möglichkeiten zuvor erfolglos angeboten hat.

Verhaltensbedingte Kündigung

Welche Gründe berechtigen den Arbeitgeber zur verhaltensbedingten Kündigung?

Wegen schuldhafter Pflichtverletzungen darf der Arbeitgeber dem Arbeitnehmer nur kündigen, wenn diese erheblich sind. Zudem muß er den Arbeitnehmer vorher vergeblich abgemahnt haben. Er muß dem Arbeitnehmer gegenüber deutlich machen, welches Verhalten er beanstandet, und – das ist entscheidend – ihm Gelegenheit geben, sein Verhalten zu ändern. Dabei muß er auch klarlegen, daß der Arbeitnehmer mit einer Kündigung rechnen muß, wenn er sein Verhalten nicht ändert. (Zur Abmahnung siehe im einzelnen Kapitel 14.)

Beispiele: Vertragsverletzungen, die der Arbeitgeber nicht hinzunehmen braucht, sind beispielsweise:
- wiederholte Unpünktlichkeit,
- mangelhafte Arbeitsleistungen,
- unbefugter Urlaubsantritt,
- eigenmächtige Freizeitnahme,
- verbotener Alkoholgenuß während der Arbeit,
- wiederholte Verletzung der Pflicht, dem Arbeitgeber die Arbeitsunfähigkeit mitzuteilen,
- Arbeitsverweigerung.

All dies sind Vertragsverletzungen, die den Arbeitgeber zur Kündigung berechtigen können. Zuvor muß er den Arbeitnehmer wegen des entsprechenden Fehlverhaltens allerdings erfolglos abgemahnt haben.

Muß der Arbeitgeber vor Ausspruch einer verhaltensbedingten Kündigung immer abmahnen?

Nein, nicht in jedem Fall. Keiner Abmahnung bedarf es in folgenden Fällen:
Spesenbetrug ist im allgemeinen ein Grund zur verhaltensbe-

dingten fristgerechten – auch zur außerordentlichen fristlosen – Kündigung, ebenso Diebstahl zum Nachteil des Arbeitgebers, ohne daß es einer vorausgegangenen Abmahnung bedarf.
Jeder Arbeitnehmer weiß nämlich von vornherein, daß ein solches Verhalten für keinen Arbeitgeber tragbar ist und in der Regel die Grundlage für eine vertrauensvolle Zusammenarbeit zerstört.

Welchen im Kündigungsrecht wesentlichen Grundsatz muß der Arbeitgeber auch bei Ausspruch einer verhaltensbedingten Kündigung beachten?

Der Grundsatz der Verhältnismäßigkeit, dem zufolge eine Kündigung stets nur als letztes Mittel in Betracht kommt, gilt auch für die verhaltensbedingte Kündigung.

> **Beispiel:** Der Türke Ali M. und der Grieche Nikolaos Z. sind Arbeitskollegen in einem großen Betrieb.
> Trotz verschiedener Abmahnungen befehden sie sich immer wieder. Sie stören damit den Arbeitsablauf und ihre Arbeitskollegen. Nach einem neuerlichen heftigen Streit kündigt der Arbeitgeber beiden. Zu Recht?

Der Arbeitgeber hatte die Möglichkeit, die beiden »Streithähne« durch Umsetzen auseinanderzubringen, nicht genutzt. Die ausgesprochenen Kündigungen waren deshalb unwirksam.

Betriebsbedingte Kündigung

Wann ist eine betriebsbedingte Kündigung möglich?

Von einer betriebsbedingten Kündigung wird gesprochen, wenn im Zeitpunkt der Kündigung dringende betriebliche Erfordernisse sowohl einer Weiterbeschäftigung am bisherigen Arbeitsplatz als auch einer anderweitigen Beschäftigung an einem freien Arbeitsplatz im selben oder auch in einem anderen Betrieb des Unternehmens entgegenstehen.
Bei der Auswahl des zu kündigenden Arbeitnehmers muß der Arbeitgeber soziale Gesichtspunkte wie insbesondere Dauer der Betriebszugehörigkeit und Lebensalter ausreichend berücksichtigen.
Im Rechtsstreit um die Wirksamkeit einer betriebsbedingten Kündigung kann das Gericht die wirtschaftlichen, technischen

oder organisatorischen Maßnahmen, die der Arbeitgeber etwa zur Anpassung des Betriebes an Umsatz oder Gewinnrückgang trifft, nicht auf ihre wirtschaftliche Zweckmäßigkeit hin überprüfen.

Beispiel: Emma Fest war viele Jahre als Reinigungskraft beschäftigt. Ihr Arbeitgeber entschloß sich aus Kostengründen, den Reinigungsdienst mit fünf Arbeitnehmern zum 30.9. aufzulösen und die Reinigungsarbeiten der Firma Heinzelmänner OHG zu übertragen. Der Arbeitgeber kündigte ihr. Hatte ihre Klage gegen die Kündigung Erfolg?

Das Gericht hatte die Maßnahme lediglich daraufhin zu überprüfen, ob der Arbeitgeber soziale Auswahlgesichtspunkte ausreichend berücksichtigt hatte. Da der Arbeitgeber hier allen Arbeiterinnen gleichzeitig gekündigt hatte, konnte ein Fehler bei der sozialen Auswahl nicht vorliegen.
Die Kündigung war wirksam. Die Klage wurde abgewiesen. Das Gericht hat hingegen in vollem Umfang nachzuprüfen, ob tatsächlich Gründe vorliegen, die der Weiterbeschäftigung oder anderweitigen Beschäftigung entgegenstehen.

Beispiel: Würde Emma Fest, deren Arbeitsplatz wegen Auflösung des betrieblichen Reinigungsdienstes entfallen ist, darlegen, daß der Arbeitsplatz einer Pförtnerin zu besetzen ist und sie diese Aufgabe übernehmen könnte und würde, so wäre die dennoch ausgesprochene Kündigung unwirksam.
Oder: Die Firma Schnell KG würde dem 45 Jahre alten und 10 Jahre als technischer Zeichner beschäftigten Karl Dauer »wegen 15% Umsatzrückgangs und der deshalb erforderlichen Rationalisierungsmaßnahmen« kündigen. Die Kündigung wäre nicht wirksam.
Zwar liegt es im Ermessen des Unternehmers, ob er den Umsatzrückgang zum Anlaß von Rationalisierungsmaßnahmen nehmen will. Der Arbeitgeber muß jedoch im einzelnen darlegen, zu welchen Rationalisierungsmaßnahmen er sich entschlossen hat und inwieweit diese zur Auflösung des Arbeitsplatzes führen.

Es reicht nicht aus, wenn der Arbeitgeber nur pauschal eine Verringerung des Personalbestandes für erforderlich erklärt.
Er muß deutlich machen, wie die beschlossenen Rationalisierungsmaßnahmen den Aufgabenbereich des betroffenen Arbeitnehmers berühren und daß sie dessen Arbeitsplatz (in unserem Beispiel: im Konstruktionsbüro als technischer Zeichner) auf Dauer entfallen lassen.

Kann die fehlende Berücksichtigung sozialer Gesichtspunkte die betriebsbedingte Kündigung unwirksam machen?

Liegen dringende betriebliche Erfordernisse für eine Kündigung vor, so kann sie dennoch sozial ungerechtfertigt und damit unwirksam sein. Dies ist dann der Fall, wenn der Arbeitgeber bei der Auswahl des Arbeitnehmers, dem er die Kündigung erklärt hat, soziale Gesichtspunkte nicht ausreichend berücksichtigt hat.

> **Beispiel:** Arbeitgeber Lang entläßt wegen Umsatzrückgangs die 50 Jahre alte und seit zehn Jahren als Warenkontrolliererin beschäftigte Frau Edeltraud Bleibtreu. Die vor einem Jahr eingestellte, 20 Jahre alte Sieglinde Frischholz beschäftigt er hingegen weiter.
> Frau Bleibtreu klagt gegen die Kündigung. Mit Recht?

Ja. Das Arbeitsgericht erklärt die Kündigung für unwirksam, da der Arbeitgeber bei der Auswahl des zu kündigenden Arbeitnehmers Gesichtspunkte der sozialen Auswahl nicht beachtet hatte.

Darf der Arbeitgeber mir kündigen, wenn er mich zu anderen Bedingungen weiterbeschäftigen kann?

Wegen des Grundsatzes der Verhältnismäßigkeit gilt insbesondere auch für die betriebsbedingte Kündigung der Vorrang der Änderungs- vor der Beendigungskündigung. Das bedeutet, daß der Arbeitgeber die Pflicht hat, vor jeder Beendigungskündigung dem Arbeitnehmer eine beiden Parteien zumutbare Weiterbeschäftigung auf einem freien Arbeitsplatz, auch zu geänderten Bedingungen, anzubieten.

> **Beispiel:** Der Arbeitgeber entschließt sich, den betrieblichen Reinigungsdienst aufzulösen und die Arbeiten an eine Fremdfirma zu vergeben.
> Bevor er der langjährig beschäftigten Emma Fest kündigt, muß er ihr erfolglos den frei gewordenen Teilzeitarbeitsplatz als Küchenhilfe in der betriebseigenen Kantine angeboten haben.

Der Widerspruch des Betriebsrats

Vor Ausspruch der Kündigung muß der Arbeitgeber den Betriebsrat – im Bereich der öffentlichen Verwaltungen den Personalrat – von seiner Kündigungsabsicht unterrichten und ihm die Kündigungsgründe mitteilen. Unterläßt der Arbeitgeber es, den

Betriebsrat vor Ausspruch der Kündigung anzuhören, so ist die dennoch ausgesprochene Kündigung schon allein aus diesem Grunde unwirksam.
Auch dann, wenn der Betriebsrat der dann ausgesprochenen Kündigung vorher zugestimmt, ja sogar, wenn er sie selbst betrieben hat, muß immer noch geprüft werden, ob die Kündigung auch sozial gerechtfertigt ist.

Wie kann der Widerspruch des Betriebsrats die Stellung des Arbeitnehmers stärken?

Der Betriebs- oder Personalrat kann der beabsichtigten ordentlichen Kündigung innerhalb der Frist von einer Woche schriftlich widersprechen.
Der Betriebsrat kann widersprechen, wenn

(1) der Arbeitgeber bei der Auswahl des zu kündigenden Arbeitnehmers soziale Gesichtspunkte nicht oder nicht ausreichend berücksichtigt hat,
(2) die Kündigung gegen eine möglicherweise bestehende, zwischen Arbeitgeber und Betriebsrat vereinbarte Auswahlrichtlinie verstößt,
(3) der zu kündigende Arbeitnehmer an einem anderen Arbeitsplatz weiterbeschäftigt werden kann,
(4) die Weiterbeschäftigung des Arbeitnehmers nach zumutbaren Umschulungs- oder Fortbildungsmaßnahmen möglich ist oder
(5) eine Weiterbeschäftigung des Arbeitnehmers unter geänderten Vertragsbedingungen möglich ist und der Arbeitnehmer hiermit sein Einverständnis erklärt hat.

Der Widerspruch des Betriebsrats gegen eine vom Arbeitgeber geplante ordentliche Kündigung hindert den Arbeitgeber nicht daran, die Kündigung dennoch auszusprechen.
Jedoch begünstigt der Widerspruch den Arbeitnehmer, sofern er vor dem Arbeitsgericht gegen die Kündigung Klage erhebt, aus folgendem Grund:
Auf Verlangen des Arbeitnehmers muß der Arbeitgeber den gekündigten Arbeitnehmer bis zum endgültigen Abschluß des Kündigungsschutzverfahrens zu unveränderten Arbeitsbedingungen weiterbeschäftigen.
Voraussetzung hierfür ist ein frist- und ordnungsgemäßer Wider-

spruch. Ein Widerspruch ist nicht bereits dann ordnungsgemäß, wenn der Betriebsrat bloß das Gesetz zitiert. Vielmehr muß er einen bestimmten Sachverhalt zur Begründung des Widerspruchs anführen.

> **Beispiel:** Der Betriebsrat widerspricht der beabsichtigten Kündigung von Frau Edeltraud Bleibtreu, weil beim Wegfall von Arbeitsplätzen in ihrer Abteilung sie als die älteste und am längsten beschäftigte Arbeitnehmerin nicht als erste entlassen werden darf. Bei der Auswahl der zu kündigenden Arbeitnehmerin wurden soziale Gesichtspunkte nicht ausreichend beachtet.
>
> Oder: Der Betriebsrat widerspricht der Kündigung von Frau Emma Fest wirksam so:
> »Zwar trifft es zu, daß ihr Arbeitsplatz als Reinigungskraft wegen Vergabe des Reinigungsdienstes an eine Fremdfirma entfällt. Frau Emma Fest könnte jedoch in Teilzeit auf dem frei gewordenen Arbeitsplatz als Küchenhilfe in der Kantine beschäftigt werden. Damit wäre sie, wie sie auch dem Betriebsrat erklärt hat, einverstanden.«

Der durch einen ordnungsgemäßen Widerspruch des Betriebsrats ausgelöste Weiterbeschäftigungsanspruch beseitigt den Schwebe- und Wartezustand, der normalerweise bei Kündigungsschutzklagen für den Arbeitnehmer auftritt: Mit Ablauf der Kündigungsfrist scheidet der Arbeitnehmer aus dem Betrieb auch dann aus, wenn er Klage erhoben hat. Eine Rückkehr muß dem Arbeitnehmer erst dann ermöglicht werden, wenn das Arbeitsgericht die Kündigung für unwirksam erklärt und den Arbeitgeber zur Weiterbeschäftigung verurteilt hat. Bis dahin vergehen meist viele Monate.

Bei Widerspruch des Betriebsrats gibt es diesen Warte- und Schwebezustand nicht. Der Arbeitnehmer kann Weiterbeschäftigung an seinem bisherigen Arbeitsplatz verlangen, bis das Arbeitsgericht »rechtskräftig« die Klage abgewiesen hat, wenn also das Verfahren nicht nur vor dem Arbeits-, sondern auch vor dem Landesarbeitsgericht (ggf. auch vor dem Bundesarbeitsgericht in Kassel) endgültig verloren wurde.

> **Beispiel:** Trotz Widerspruchs des Betriebsrats kündigt der Arbeitgeber Frau Edeltraud Bleibtreu am 30.4. zum 30.6. Am 20.5. erhebt sie gegen die Kündigung Klage vor dem Arbeitsgericht. Am 20.12. weist das Arbeitsgericht die Klage ab.
> Es hält die Kündigung für begründet. Frau Bleibtreu legt gegen das Urteil Berufung beim Landesarbeitsgericht ein.

Der Arbeitgeber mußte sie wegen des Widerspruchs des Betriebsrats bisher weiterbeschäftigen – auch nach Erlaß des klageabweisenden Urteils des Arbeitsgerichts.
Frau Bleibtreu obsiegt endgültig erst ein Jahr später vor dem Landesarbeitsgericht: Dank des Widerspruchs des Betriebsrats konnte sie nicht nur ihre Bezahlung, sondern auch ihre Beschäftigung für die ganze zurückliegende Zeit verlangen und durchsetzen.
Dies wäre ihr aufgrund des Widerspruchs des Betriebsrats hier übrigens auch dann möglich gewesen, wenn sie die Klage gegen die Kündigung vor dem Landesarbeitsgericht verloren hätte.

Gesetz und Rechtsprechung stellen allerdings sehr hohe Anforderungen an die Ordnungsgemäßheit eines Widerspruchs. Wenn der Betriebsrat diesen nicht ordnungsgemäß begründet, löst er die Weiterbeschäftigungspflicht des Arbeitgebers nicht aus.
Wichtig kann in diesem Zusammenhang sein, daß der Betriebsrat vor Abgabe seiner Stellungnahme auch den betroffenen Arbeitnehmer anhört. Dann kennt er dessen Vorstellungen und Wünsche. Er weiß, welche besonderen sozialen Gesichtspunkte eine Rolle spielen können, und auch, ob der zur Kündigung vorgesehene Arbeitskollege u. U. zu einer Weiterarbeit an einem anderen Arbeitsplatz, ggf. auch zu anderen Vertragsbedingungen, bereit wäre.
Erfährt der Mitarbeiter von der Kündigungsabsicht des Arbeitgebers, kann es nützlich sein, wenn er von sich aus den Betriebsrat anspricht, ohne dessen Aufforderung zu einem Gespräch abzuwarten. In dem Gespräch kann er dem Betriebsrat sein Interesse am Erhalt des Arbeitsplatzes bekunden und ihn über seine persönliche Lage unterrichten.
Ein ordnungsgemäß eingelegter Widerspruch des Betriebsrats kann im übrigen die Stellung des von einer Kündigung bedrohten Arbeitnehmers auch unabhängig vom Weiterbeschäftigungsanspruch erheblich stärken.
So hat sich in der Praxis gezeigt, daß bei einem Widerspruch des Betriebsrats die Arbeitgeber in vielen Fällen ihre ursprüngliche Kündigungsabsicht fallen lassen.
Allerdings widersprechen die Betriebsräte nur selten der Kündigungsabsicht des Arbeitgebers.

3. Kündigungsschutzverfahren vor dem Arbeitsgericht

Andreas Klingelhöfer ist Buchhalter bei den Keramikwerken. Am 16. Februar erhält er eine ordentliche Kündigung zum 31. März. Die Kündigung ist aus seiner Sicht wegen der im Kündigungsschreiben angegebenen Gründe nicht gerechtfertigt. Herr Klingelhöfer möchte daher gegen die Kündigung vorgehen. – Welche Maßnahmen kann er ergreifen und welche Fristen sind dabei zu beachten?

Als ersten Schritt sieht das Kündigungsschutzgesetz den Einspruch beim Betriebsrat vor.

> § 3 Kündigungsschutzgesetz:
> *Hält der Arbeitnehmer eine Kündigung für sozial ungerechtfertigt, so kann er binnen einer Woche nach der Kündigung Einspruch beim Betriebsrat einlegen. Erachtet der Betriebsrat den Einspruch als begründet, so hat er zu versuchen, eine Verständigung mit dem Arbeitgeber herbeizuführen. Er hat seine Stellungnahme zu dem Einspruch dem Arbeitnehmer und dem Arbeitgeber auf Verlangen schriftlich mitzuteilen.*

Was bewirkt der Einspruch beim Betriebsrat?

Zunächst: Dieser Einspruch ist zu unterscheiden vom Widerspruch. Den Widerspruch legt der *Betriebsrat* ein. Er ist an den Arbeitgeber gerichtet und erfolgt *vor* Ausspruch der Kündigung, wenn der Arbeitgeber den Betriebsrat von seiner Kündigungsabsicht unterrichtet hat. Der Einspruch nach § 3 Kündigungsschutzgesetz erfolgt demgegenüber nach Ausspruch der Kündigung und wird vom Arbeitnehmer an den Betriebsrat gerichtet.

Der Einspruch des bereits gekündigten *Arbeitnehmers* beim Betriebsrat ändert an der Kündigung und deren Wirkungen nichts. Der Betriebsrat soll jedoch, wenn er den Einspruch als begründet erachtet, zwischen dem Arbeitgeber und dem Arbeitnehmer vermitteln.

Welche Frist muß der Arbeitnehmer für die Kündigungsschutzklage einhalten?

Der Arbeitnehmer braucht jedoch nicht erst Einspruch gegen die Kündigung beim Betriebsrat einzulegen. Er kann unmittelbar nach Erhalt der Kündigung Klage gegen diese beim Arbeits-

gericht einreichen. Unabhängig davon, ob er beim Betriebsrat Einspruch gegen die Kündigung eingelegt hat oder nicht, muß der Arbeitnehmer in jedem Fall spätestens innerhalb von drei Wochen nach Erhalt der Kündigung die Klage beim Arbeitsgericht eingereicht haben.
Versäumt er diese Frist, so wird die Kündigung wirksam.

> **Beispiel:** Dem Angestellten Lang ist am Mittwoch, dem 30.3.1988, ein Kündigungsschreiben seiner Firma zugegangen. In diesem kündigt sie ihm zum 30.6.1988. Am 20.4. gibt er die Kündigungsschutzklage zur Post. Sie geht am Freitag, dem 22.4.1988, beim Arbeitsgericht ein.
> Hat die Klage Erfolgsaussicht?

Nein. Die Dreiwochenfrist begann am 30.3.1988. Sie lief am 20.4.1988 ab. Die am 22.4. bei Gericht eingegangene Klage ist verspätet. Die Kündigung gilt somit als von Anfang an rechtswirksam. Das Arbeitsgericht wird die Klage abweisen.

Gibt es Ausnahmen von der Dreiwochenfrist für die Kündigungsschutzklage?

In besonderen seltenen Ausnahmefällen kann das Gericht die Klage auf Antrag auch noch nachträglich zulassen.

> **Beispiel:** Wegen eines Autounfalls am Tage nach Erhalt der Kündigung und einer dabei erlittenen Gehirnerschütterung war der Arbeitnehmer drei Wochen lang gehindert, eine Klage gegen die Kündigung zu erheben oder durch einen Rechtsanwalt erheben zu lassen. In diesem Fall könnte er noch innerhalb von zwei Wochen nach »Behebung des Hindernisses« – also etwa der Entlassung aus dem Krankenhaus – einen schriftlichen Antrag beim Arbeitsgericht auf nachträgliche Zulassung der Klage stellen.

Versäumt ein Arbeitnehmer die Dreiwochenfrist zur Erhebung der Klage, weil er diese Frist nicht kennt, so hilft ihm dies nicht. Schweben Verhandlungen zwischen Arbeitnehmer und Arbeitgeber oder zwischen Betriebsrat und Arbeitgeber über eine mögliche Rücknahme der Kündigung oder eine Abfindung, so sollte der Arbeitnehmer trotzdem vorsorglich die Kündigungsschutzklage einreichen, wenn er seine Rechte wahren will.

Welchen Inhalt muß die Kündigungsschutzklage haben?

An die Form der Klage gegen die Kündigung stellen die Gerichte keine strengen Anforderungen. Es genügt, wenn der Arbeitnehmer deutlich macht, daß er die Kündigung bekämpft. Für den Fall einer Änderungskündigung gibt das Gesetz dem Arbeitnehmer die Möglichkeit, daß er die Änderungskündigung unter dem Vorbehalt annimmt, daß die Änderung der Vertragsbedingungen sozial gerechtfertigt ist. Diesen Vorbehalt muß der Arbeitnehmer dem Arbeitgeber innerhalb der Kündigungsfrist, spätestens jedoch innerhalb von drei Wochen nach Zugang der Kündigung, erklären.

Klagt der Arbeitnehmer gegen die Änderungskündigung und verliert er dann seinen Kündigungsschutzprozeß, so behält er, wenn auch zu geänderten Bedingungen, seinen Arbeitsplatz. Gewinnt er, dann besteht das Arbeitsverhältnis zu den alten Bedingungen fort. Wichtig ist auch hier, daß der Arbeitnehmer die Klage spätestens innerhalb von drei Wochen nach Erhalt der Kündigung beim Arbeitsgericht eingereicht hat. Zur Abgrenzung zwischen Maßnahmen im Rahmen des Weisungsrechts und einer Änderungskündigung sowie zu anderen Fragen in diesem Zusammenhang lesen Sie auch Kapitel 4 Abschnitt 5.

Muster für eine Klage gegen eine Kündigung (1) sowie für eine Klage gegen eine Änderungskündigung (2).

Klage gegen eine Kündigung:

An das
Arbeitsgericht München   München, 1. Mai 1988
Winzererstraße 104
8000 München 40

In Sachen

der Angestellten Freya Frank
Kuckucksweg 21
8000 München 21

– Klägerin –

gegen
die Firma Althaus GmbH,
vertreten durch den Geschäftsführer Franz Althaus
Wurzelstraße 1
8000 München 3

– Beklagte –

wegen einer Kündigung
erhebe ich Klage.

Ich beantrage, wie folgt zu entscheiden:
1. Es wird festgestellt, daß das Arbeitsverhältnis durch die von der Beklagten mit Schreiben vom 29.4.1988 zum 30.6.1988 erklärte Kündigung nicht aufgelöst wird.
2. Die Beklagte wird verurteilt, die Klägerin zu den bisherigen Bedingungen über den Ablauf der Kündigungsfrist (30.6.) hinaus weiterzubeschäftigen.

Begründung:

Die Klägerin wurde am 8.5.1945 geboren. Sie ist seit dem 1.5.1985 bei der Beklagten als Sekretärin gegen ein Monatsgehalt von 3.000 DM brutto beschäftigt.

Die Beklagte beschäftigt – die zu ihrer Berufsausbildung Beschäftigten nicht mitgerechnet – regelmäßig mehr als fünf Arbeitnehmer, deren regelmäßige Arbeitszeit wöchentlich zehn oder monatlich 45 Stunden übersteigt.

Die von der Beklagten ausgesprochene Kündigung ist nichtig, weil die Beklagte den Betriebsrat nicht vorher angehört hat.

Die Kündigung ist außerdem sozial nicht gerechtfertigt. Der behauptete Kündigungsgrund – Wegfall des Arbeitsplatzes – liegt nämlich nicht vor.

Da die Kündigung unwirksam ist, verlangt die Klägerin auch Weiterbeschäftigung über die Kündigungsfrist hinaus.

Klage gegen eine Änderungskündigung:

An das
Arbeitsgericht Darmstadt   Lorsch, 24. August 1988
Adelungstraße 33
6100 Darmstadt

Klage

der Arbeiterin Hilde Volker
Am Wingertsberg 11
6143 Lorsch (Bergstraße)
– Klägerin –
gegen
die Firma Gebrüder Huber OHG,
vertreten durch Stephan und Melchior Huber
Herzog-Tassilo-Straße 17
6140 Bensheim-Zell
– Beklagte –
wegen einer Änderungskündigung.

Ich erhebe Klage und werde beantragen, wie folgt zu entscheiden: Es wird festgestellt, daß die Änderung der Arbeitsbedingungen durch die Kündigung vom 12.8.1988 unwirksam ist und das Arbeitsverhältnis über den 30.9.1988 hinaus zu unveränderten Bedingungen fortbesteht.

Gründe:

Die Klägerin ist 41 Jahre alt, verheiratet, und seit sechs Jahren bei der Beklagten als Arbeiterin beschäftigt. Der Monatslohn beträgt gegenwärtig 2.400 DM. Die Beklagte beschäftigt etwa 30 Arbeitnehmer.
Mit Schreiben vom 12. August 1988 kündigte die Beklagte das Arbeitsverhältnis aus angeblich betriebsbedingten Gründen und bot gleichzeitig die Fortsetzung des Arbeitsverhältnisses mit einer von 38 auf 19 Stunden herabgesetzten Arbeitszeit und entsprechend geminderter Bezahlung an.
Die Klägerin hat das Angebot mit Schreiben vom 20. August 1988 unter dem Vorbehalt angenommen, daß die Änderung der Arbeitsbedingungen sozial gerechtfertigt ist.
Die Klägerin hält die Änderungskündigung für sozial nicht gerechtfertigt. Insbesondere bestreitet die Klägerin, daß die behauptete Rationalisierungsmaßnahme den Arbeitsanfall für die Klägerin um 50 % reduziert hätte.

Katharina Schwarz

Die Weiterbeschäftigung während des Kündigungsschutzverfahrens

Kündigungsschutzprozesse dauern häufig viele Monate. Zuweilen dauert es sogar Jahre, bis sie ihren endgültigen gerichtlichen Abschluß vor dem Landes- oder in besonderen Fällen vor dem Bundesarbeitsgericht finden.

Wann kann ich meine Weiterbeschäftigung verlangen?

In dieser Zeit ist es ungewiß, ob das Arbeitsverhältnis fortbesteht oder nicht. Ein Recht auf tatsächliche Beschäftigung über den Ablauf der Kündigungsfrist haben Sie dann, wenn der Betriebsrat der beabsichtigten Kündigung vor deren Ausspruch ordnungsgemäß widersprochen und Sie nach dem Kündigungsschutzgesetz Klage gegen die Kündigung vor dem Arbeitsgericht erhoben und vom Arbeitgeber Weiterbeschäftigung ver-

langt haben. (Hierauf wurde in diesem Kapitel unter Abschnitt 2 näher eingegangen.)
Gibt es keinen Betriebsrat oder hat dieser der Kündigung nicht ordnungsgemäß widersprochen, so kann der gekündigte Arbeitnehmer einen Anspruch auf vertragsgemäße Beschäftigung bis zum Abschluß des Kündigungsschutzverfahrens normalerweise erst geltend machen, sobald das Arbeitsgericht die Kündigung für unwirksam erklärt hat.
Diesen Anspruch kann der Arbeitnehmer mit der Klage gegen die Kündigung verbinden.

> **Beispiel:** Frau A. Huber wurde am 12.5. zum 31.5. gekündigt. Sie erhebt am 1.6. Klage gegen die Kündigung. Gleichzeitig verlangt sie vor dem Arbeitsgericht Weiterbeschäftigung.
> Am 1.10. obsiegt sie vor dem Arbeitsgericht. Es erklärt die Kündigung für unwirksam und verurteilt den Arbeitgeber zur Weiterbeschäftigung. Erst jetzt kann sie ihre Weiterbeschäftigung durchsetzen.

Wann soll ich den Weiterbeschäftigungsantrag stellen?

Diesen Antrag gleichzeitig mit der Klage gegen die Kündigung gerichtlich geltend zu machen, empfiehlt sich immer dann, wenn der gekündigte Arbeitnehmer vor allem am Erhalt seines bisherigen Arbeitsplatzes interessiert ist.
Andernfalls stellt das Gericht lediglich die Unwirksamkeit der Kündigung fest. Läßt der Arbeitgeber, nachdem der Arbeitnehmer seinen Kündigungsschutzprozeß gewonnen hat, ihn trotzdem nicht in den Betrieb, so muß der Arbeitnehmer in einem neuen Prozeß seinen Anspruch auf tatsächliche Beschäftigung einklagen.

> **Beispiel:** Hätte im vorigen Beispiel Frau A. Huber, der zum 31.5. gekündigt war, lediglich die Klage gegen die Kündigung gerichtet, so wäre demgemäß im Urteil vom 1.10. auch nur die Kündigung für unwirksam erklärt worden. Frau A. Huber müßte nun, um ihre tatsächliche Rückkehr an den Arbeitsplatz zu erreichen, eine neue, eigenständige Klage auf Beschäftigung einreichen. Wieder würden wertvolle Monate bis zu einer Entscheidung verstreichen.

Wann habe ich bei unwirksamer Kündigung einen Lohnanspruch?

Der Arbeitnehmer hat, wenn das Gericht die Kündigung für unwirksam erklärt hat, in der Regel auch einen Anspruch auf

Nachzahlung des Lohnes für die Zeit zwischen dem Ende der Kündigungsfrist und dem Wiedereintritt in den Betrieb. Eines gesonderten »Angebots der Arbeitskraft« durch den gekündigten Arbeitnehmer bedarf es hier nicht.

> **Beispiel:** Der Arbeitgeber kündigt Frau Huber am 12.5. zum 31.5. Er bezahlt ihr den Lohn nur bis zum 31.5. Sie reicht am 1.6. ihre Klage gegen die Kündigung ein. Am 1.10. erklärt das Arbeitsgericht die Kündigung für unwirksam.
> Kann Frau Huber Lohn für Juni bis September verlangen?

Frau Huber kann jetzt zugleich auch den Lohn für die zurückliegenden Monate Juni bis September verlangen, da es nicht an ihr lag, daß sie nicht beschäftigt wurde.

Wann muß ich meine Arbeitskraft gesondert anbieten?

Nur dann, wenn der Arbeitnehmer bei Ablauf der Kündigungsfrist arbeitsunfähig war, muß der arbeitswillige Arbeitnehmer dem Arbeitgeber mitteilen, wann er wieder arbeitsfähig ist, und ihn um Zuweisung von Arbeit bitten.

> **Beispiel:** Wäre Frau Huber – vor oder nach Erhalt der Kündigung – bis zum 15.6. erkrankt gewesen und hätte sie am 1.6. ihre Klage gegen die Kündigung eingereicht, so müßte sie dem Arbeitgeber mitteilen, daß sie ab dem 16.6. wieder arbeitsfähig und zur Arbeitsleistung bereit ist.

Was muß ich mir auf meinen Lohnnachzahlungsanspruch anrechnen lassen?

Auf den Lohnnachzahlungsanspruch muß sich der Arbeitnehmer einen zwischenzeitlichen Verdienst anrechnen lassen oder auch das, was zu erwerben er »böswillig unterlassen« hat.
Hat er sich beim Arbeitsamt ergebnislos arbeitslos gemeldet, so hat er alles ihm Zumutbare getan.
Den möglichen Lohnnachzahlungsanspruch kann der Arbeitnehmer zusammen mit der Klage gegen die Kündigung geltend machen.

Abfindung für den Verlust des Arbeitsplatzes

Das Kündigungsschutzgesetz ist ein Gesetz, das den Bestand des zu Unrecht gekündigten Arbeitsverhältnisses aufrechterhalten und sichern will. Es ist kein Abfindungsgesetz.

Entsprechend der Begründung im Gesetzentwurf will es »dem Arbeitnehmer den Arbeitsplatz in den Grenzen des sozial und wirtschaftlich Vertretbaren sichern«. Das Gesetz geht davon aus, daß im Falle einer unberechtigten Kündigung das Arbeitsverhältnis und die Beziehungen zwischen Arbeitgeber und Arbeitnehmer unverändert fortbestehen.

Wann kann ich eine Abfindung gerichtlich durchsetzen?

Nur in Ausnahmefällen soll das Arbeitsgericht das Arbeitsverhältnis auf Antrag gegen Zahlung einer Abfindung auflösen können. Dabei werden an den Auflösungsantrag des Arbeitnehmers strengere Anforderungen als an den entsprechenden Antrag des Arbeitgebers gestellt. Der Arbeitnehmer kann die Auflösung nicht schon dann verlangen, wenn die Kündigung unwirksam ist. Hinzu kommen muß, daß ihm die Fortsetzung des Arbeitsverhältnisses nicht mehr zuzumuten ist.

Beispiel: Der Arbeitgeber hat die Kündigung darauf gestützt, daß der Arbeitsplatz wegen Auftragsrückgangs entfallen sei.
Im Verfahren vor Gericht stellt sich heraus, daß dies zwar zutrifft, der Arbeitgeber den Arbeitnehmer jedoch in einer anderen Abteilung in vergleichbarer Tätigkeit weiterbeschäftigen könnte.
Der Arbeitnehmer stellt in der mündlichen Verhandlung vor dem Arbeitsgericht den Antrag, das Arbeitsverhältnis gegen Zahlung einer Abfindung aufzulösen.
Wie wird das Gericht entscheiden?

Das Gericht wird feststellen, daß die Kündigung rechtsunwirksam ist.
Dem Arbeitnehmer wäre jedoch die Fortsetzung des Arbeitsverhältnisses zuzumuten. Den Antrag auf Auflösung des Arbeitsverhältnisses und Verurteilung des Arbeitgebers zur Zahlung einer Abfindung wird es deshalb abweisen.
Hätte der Arbeitgeber die fristgerechte Kündigung ohne nähere Nachprüfung auf den vor anderen erhobenen Vorwurf des Spesenbetrugs gestützt und ließen sich die Vorwürfe nicht halten, so wäre die Kündigung unwirksam.
Wegen des leichtfertig vor anderen erhobenen Vorwurfs wäre dem Arbeitnehmer die Fortsetzung des Arbeitsverhältnisses jedoch nicht zuzumuten. In diesem Falle würde das Gericht auf Antrag des Arbeitnehmers das Arbeitsverhältnis auflösen und den Arbeitgeber zur Zahlung einer Abfindung verurteilen.

Der Arbeitgeber kann die Auflösung des Arbeitsverhältnisses, das er zu Unrecht gekündigt hat, leichter, nämlich schon dann verlangen, wenn »Gründe vorliegen, die eine den Betriebszwecken dienliche weitere Zusammenarbeit zwischen Arbeitgeber und Arbeitnehmer nicht erwarten lassen«. Diesen Antrag auf Auflösung des Arbeitsverhältnisses kann der Arbeitgeber jedoch nur stellen, wenn er zu Unrecht *ordentlich* gekündigt hat. Handelt es sich um einen leitenden Angestellten, etwa einen Betriebsleiter, mit der Befugnis, Arbeitnehmer einzustellen, so braucht der Arbeitgeber den Auflösungsantrag nach dem Gesetz nicht zu begründen. Bei einer unwirksamen *außerordentlichen* Kündigung steht das Recht auf gerichtlich ausgesprochene Auflösung nur dem *Arbeitnehmer* zu.

In welcher Höhe kann ich eine Abfindung erwarten?

Die Abfindung, die das Gericht zugleich mit der Auflösung des Arbeitsverhältnisses festsetzt, ist eine Entschädigung für den Verlust des Arbeitsplatzes. Bei der Bemessung der Höhe der Abfindung haben die Richter alle Umstände des Einzelfalles zu berücksichtigen – insbesondere Lebensalter, Dauer der Betriebszugehörigkeit, Unterhaltspflichten, die Chancen, eine neue Stelle zu finden, wirtschaftliche Lage des Arbeitnehmers.
Nach einer sehr groben Faustregel wird zuweilen pro Beschäftigungsjahr ein halber Bruttomonatslohn angesetzt. Die Abfindung kann bis zu zwölf, bei älteren, länger beschäftigten Arbeitnehmern auch bis zu 18 Monatsverdiensten betragen.

Gibt es Abzüge von der Abfindung?

Die Abfindung wegen einer vom Arbeitgeber veranlaßten Beendigung des Arbeitsverhältnisses ist im Rahmen gewisser Höchstbeträge frei von der Lohnsteuer- und der Sozialversicherungspflicht, und zwar bis zu DM 24000,–. Bei Arbeitnehmern, die das 50. Lebensjahr vollendet und bestimmte Beschäftigungszeiten zurückgelegt haben, kann die Steuerfreiheit bis zu DM 36000,– gehen.

Welche Aussichten hat ein Verfahren vor dem Arbeitsgericht?

Nach dem Gesetz müßten die meisten Arbeitsverhältnisse, wenn die Kündigung unwirksam war, fortgesetzt werden.
Die Praxis sieht jedoch anders aus. Die Arbeitnehmer erheben

gegen ungefähr 8% aller ausgesprochenen Kündigungen eine Klage vor dem Arbeitsgericht.
Von diesen Verfahren, bei denen Arbeitnehmer vor dem Arbeitsgericht klagen, enden nur etwa 15% mit einem Urteil. In der weit überwiegenden Zahl aller Verfahren, etwa 60%, einigen sich Arbeitgeber und Arbeitnehmer vor Gericht durch einen Vergleich. Ganz überwiegend wird dabei die Beendigung des Arbeitsverhältnisses bei Zahlung einer Abfindung vereinbart. Nur gelegentlich wird das Arbeitsverhältnis nach Ausspruch der Kündigung einvernehmlich wieder fortgesetzt. In rund 20% aller Fälle nehmen die Arbeitnehmer die Klage zurück. In weniger als 2% aller Verfahren erreichen Arbeitnehmer auf streitigem gerichtlichem Weg die Rückkehr an den Arbeitsplatz.

Kann ich einen Abfindungsvergleich auch außergerichtlich abschließen?

Auch in der betrieblichen Praxis wird häufig die Kündigung bereits vorgerichtlich durch eine »einvernehmliche Aufhebung« des Arbeitsverhältnisses bei Zahlung einer Abfindung abgelöst. Verbreitet ist diese Praxis vor allem in Großbetrieben. So haben große Automobilhersteller in der Vergangenheit ihre durch Konjunkturschwankungen bedingten Beschäftigungsprobleme bewältigt, ohne eine einzige Kündigung aussprechen zu müssen.

4. Die außerordentliche fristlose Kündigung

Wann ist eine fristlose Kündigung möglich?

Eine fristlose Kündigung ist nur ausnahmsweise zulässig, wenn ein wichtiger Grund vorliegt. Arbeitsverhältnisse sind in der Regel auf eine gewisse Dauer angelegt. Die tägliche Zusammenarbeit zwischen Arbeitgeber und Arbeitnehmern setzt ein Mindestmaß an Vertrauen und Verständigung voraus.
Kann diese Zusammenarbeit einer Seite aus einem Grunde nicht mehr zugemutet werden, so kommt als letztes und schärfstes Mittel, wenn eine ordentliche Kündigung ausgeschlossen ist oder nicht mehr zumutbar erscheint, die außerordentliche Kündigung ohne Einhaltung einer Kündigungsfrist in Frage.

Das Gesetz formuliert dies so (§ 626 Bürgerliches Gesetzbuch):
Das Dienstverhältnis kann von jedem Vertragsteil aus wichtigem Grund ohne Einhaltung einer Kündigungsfrist gekündigt werden,

wenn Tatsachen vorliegen, auf Grund derer dem Kündigenden unter Berücksichtigung aller Umstände des Einzelfalles und unter Abwägung der Interessen beider Vertragsteile die Fortsetzung des Arbeitsverhältnisses bis zum Ablauf der Kündigungsfrist oder bis zu der vereinbarten Beendigung des Dienstverhältnisses nicht zugemutet werden kann.

Die außerordentliche Kündigung wird in der Regel als fristlose Kündigung mit sofortiger Wirkung ausgesprochen. Doch bewilligen nicht selten Arbeitgeber auch im Falle der außerordentlichen Kündigung den Arbeitnehmern eine »soziale Auslauffrist«.

Beispiel: Die seit sieben Jahren in der Schallplattenabteilung der Kaufhaus AG beschäftigte und 53 Jahre alte Verkäuferin S. Leicht wird am 13. November dabei erwischt, wie sie aus dem Warenlager einen braunen Stoffbären im Wert von 15 DM heimlich mitnimmt, ohne ihn zu bezahlen.
Bei Einhaltung der Frist für eine ordentliche Kündigung wäre hier eine Kündigung zum 31.3. möglich.
Der Arbeitgeber kündigt ihr aus wichtigem Grund außerordentlich mit Schreiben vom 25.11. und unter Gewährung einer sozialen Auslauffrist zum 31. Januar.

Wer muß nachweisen, daß ein wichtiger Grund vorliegt?

Eine außerordentliche Kündigung aus wichtigem Grund kann sowohl der Arbeitnehmer wie der Arbeitgeber aussprechen.
Daß ein wichtiger Grund vorliegt, muß jeweils derjenige beweisen, der die Kündigung erklärt. Der Grund muß im Zeitpunkt des Ausspruchs der Kündigung vorgelegen haben. Nach dem Ausspruch der Kündigung entstandene Gründe können nur zur Begründung einer neuen Kündigung angeführt werden.

Beispiel: Arbeitgeber Streng übergibt dem Bauarbeiter Hitze wegen angeblicher wiederholter beharrlicher Arbeitsverweigerung die fristlose Kündigung. Der zerreißt die Kündigungserklärung, wirft sie dem Arbeitgeber vor die Füße, nennt ihn einen üblen Ausbeuter und beschimpft ihn mit einer Reihe anderer beleidigender Ausdrücke. Außerdem bedroht er ihn tätlich.
Hitze klagt beim Arbeitsgericht gegen die Kündigung. Streng kann die Arbeitsverweigerung des Hitze vor Gericht nicht beweisen, begründet aber die bereits ausgesprochene Kündigung mit dem nachfolgenden beleidigenden Verhalten des Hitze.
Hat die Klage des Hitze Erfolg?

Da Streng die Arbeitsverweigerung nicht beweisen kann, erklärt das Gericht die Kündigung für unwirksam. Mit dem nach Ausspruch der Kündigung liegenden beleidigenden Verhalten läßt sich die Kündigung nicht begründen.
Dieses könnte Streng nur zum Anlaß nehmen, dem Hitze deswegen erneut zu kündigen.
Der Kündigungsempfänger kann verlangen, daß derjenige, der kündigt, ihm die Kündigungsgründe ohne schuldhaftes Zögern schriftlich mitteilt.
Die Wirksamkeit der Kündigung hängt jedoch von der Angabe des Kündigungsgrundes nicht ab – außer bei einem Berufsausbildungsverhältnis, bei diesem muß der Kündigungsgrund bei Ausspruch der Kündigung schriftlich mitgeteilt werden.

Wann muß die fristlose Kündigung spätestens erklärt werden?

Die fristlose Kündigung kann nur innerhalb von zwei Wochen erklärt werden.
Die Frist beginnt mit dem Zeitpunkt, in dem der zur Kündigung Berechtigte von den für die Kündigung maßgeblichen Tatsachen sichere Kenntnis erlangt.

> **Beispiel:** Am 13. November wird die langjährig beschäftigte Verkäuferin Leicht beim Diebstahl eines Stoffbären erwischt.
> Mit Schreiben von 25. November erklärt die Kaufhaus AG die außerordentliche Kündigung.
> Wenn Frau Leicht das Schreiben z. B. erst am 29. November – und damit nach Ablauf der Zweiwochenfrist – zugeht, ist die Kündigung als außerordentliche Kündigung unwirksam.
> Das Arbeitsverhältnis bestünde weiter, zumindest bis zum 31.3., dem nächsten zulässigen Kündigungstermin für eine ordentliche fristgerechte Kündigung.

Muß einer fristlosen Kündigung stets eine Abmahnung vorausgehen?

Nach dem Grundsatz der Verhältnismäßigkeit, wonach insbesondere eine außerordentliche Kündigung stets nur als letztes Mittel in Frage kommt, ist vor Ausspruch einer Kündigung aus wichtigem Grund in der Regel eine Abmahnung erforderlich.
Hiervon kann dann abgesehen werden, wenn der Arbeitnehmer einen besonders schwerwiegenden Vertrauensbruch begangen hat.

Beispiel: Der Versicherungsangestellte Raffke hat von Versicherungsnehmern verlangt, daß diese sich für »kulante Schadensabwicklungen« erkenntlich zeigen durch das »Geschenk« eines Teppichs, eines Bildes oder eines Fernsehgerätes.
Die von der Versicherungs AG Confidentia, die davon am 2.5. erfahren hat, am 15.5. erklärte außerordentliche Kündigung wäre auch ohne vorausgegangene Abmahnung wirksam, weil Raffke einen schwerwiegenden Vertrauensbruch begangen hat. Der macht es dem Arbeitgeber unzumutbar, ihn auch nur kurzfristig weiterzubeschäftigen.

Welche Gründe berechtigen zur fristlosen Kündigung?

Als Gründe, die für eine außerordentliche Kündigung durch den Arbeitgeber in Betracht kommen, hat die Rechtsprechung der Arbeitsgerichte insbesondere folgende Verhaltensweisen angesehen:

(1) Vortäuschen einer Krankheit.
(2) Erschleichen einer Arbeitsunfähigkeitsbescheinigung. Jedoch kann daraus, daß der Arbeitnehmer sich in der Vergangenheit häufig von seinem Hausarzt hat krank schreiben lassen, nicht geschlossen werden, daß er eine Krankheit vortäuscht, auch nicht daraus, daß er während seiner Arbeitsunfähigkeit spazierengeht oder an einer Wallfahrt teilnimmt.
Für das Vortäuschen einer Krankheit, das zur außerordentlichen Kündigung berechtigen könnte, würde folgendes Verhalten sprechen: Als der Arbeitgeber dem Angestellten Stark statt der beantragten drei Wochen nur zwei Wochen Urlaub bewilligt, übergibt der, bevor er in Urlaub fährt, einem Arbeitskollegen seinen Vogel für drei Wochen in Pflege und legt für die letzte, die dritte Woche eine Arbeitsunfähigkeitsbescheinigung vor.
(3) Nimmt ein Arbeitnehmer längere Zeit nach Beendigung seiner ärztlichen Krankschreibung die Arbeit nicht auf, so kann hierin ein wichtiger Grund zur fristlosen Kündigung liegen.
(4) Macht der Arbeitnehmer seinem Arbeitgeber Konkurrenz, verrät er Geschäftsgeheimnisse oder nimmt er Schmiergelder an, so kommt eine fristlose Kündigung in Betracht, ebenso bei Spesenbetrug, tätlicher Auseinandersetzung im Betrieb, Beleidigung des Arbeitgebers.
(5) Sachliche Kritik an betrieblichen Verhältnissen berechtigt nicht zur außerordentlichen Kündigung, auch nicht die Mitgliedschaft in einer Gewerkschaft oder politischen Partei. Die politische Meinungsäußerung, auch im Betrieb, ist im Normalfall vom Grundrecht auf Meinungsäußerung gedeckt. Etwas anderes gilt jedoch,

wenn diese in beleidigender Form erfolgt und der Mitarbeiter wiederholt und trotz vorangegangener Abmahnung durch politische Agitation sich oder andere von der Arbeit abhält.
(6) Straftaten außerhalb des Arbeitsverhältnisses können eine außerordentliche Kündigung nur dann begründen, wenn sie sich konkret auf das Arbeitsverhältnis auswirken, z. B. Diebstähle in anderen Kaufhäusern, die zum selben Unternehmen gehören.

Das in den vorgenannten Beispielen dargestellte Verhalten berechtigt den Arbeitgeber jedoch nicht immer und in jedem Fall zur fristlosen Kündigung.
Es kommt jeweils auf die Umstände und Besonderheiten des einzelnen Falles an. Dabei hat eine Abwägung des Interesses des Arbeitgebers an der sofortigen Beendigung des Arbeitsverhältnisses mit dem Interesse des Arbeitnehmers an dessen Fortbestand stattzufinden.

Beispiel: Die enge Freundschaft zwischen der seit sieben Jahren in einer Klinik angestellten Ärztin Dr. Maria Heiß und dem dortigen Verwaltungsleiter K. Frost geht plötzlich in die Brüche. Der Verwaltungsleiter zieht aus der gemeinsamen Wohnung aus. Vergeblich bemüht Dr. Maria Heiß sich um eine Aussprache mit ihm über ihre Beziehung. Nachdem er sich dieser außerhalb der Klinik entzieht, sucht sie ihn in seinem Büro auf. Er lehnt ein Gespräch ab und fordert sie auf, sofort sein Büro zu verlassen. Sie weigert sich. Es kommt zu einer handgreiflichen Auseinandersetzung. K. Frost trägt im Gesicht einen leichten Kratzer davon.
Er kündigt Dr. Maria Heiß fristlos.
Zu Recht?

In der Regel stellt eine Tätlichkeit gegen einen Vorgesetzten einen wichtigen Grund für eine fristlose Kündigung dar.
Die hier ausgesprochene Kündigung hatte jedoch die aus dem privaten Bereich herrührende Besonderheit der Auseinandersetzung nicht berücksichtigt und nicht beachtet, daß der Angriff der Angestellten sich nicht gegen K. Frost als Vorgesetzten gerichtet, sondern dem bisherigen Freund und Lebensgefährten gegolten hatte.
Die Klinik hat allerdings ein Recht, daß private Streitigkeiten nicht im Betrieb ausgetragen werden.
Angemessen und ausreichend wäre hier eine Abmahnung durch den Geschäftsführer des Krankenhauses als gemeinsamem Vorgesetzten gewesen. Hätte Dr. Maria Heiß den Verwaltungsleiter

dennoch weiterhin im Dienst »verfolgt«, so hätte dies eine Kündigung rechtfertigen können. Die fristlose Kündigung war demnach voreilig ausgesprochen und somit unwirksam.

Was ein Arbeitnehmer gegen eine außerordentliche Kündigung tun kann, hängt davon ab, ob das Kündigungsschutzgesetz für sein Arbeitsverhältnis gilt, das heißt, ob er in einen Betrieb mit mindestens sechs Arbeitnehmern mindestens sechs Monate beschäftigt war.

Wie ist die Rechtslage bei Arbeitnehmern, für die das Kündigungsschutzgesetz nicht anzuwenden ist?

Arbeitnehmer, für die das Kündigungsschutzgesetz nicht gilt, können jederzeit unter Einhaltung der Kündigungsfrist entlassen werden. Kündigt der Arbeitgeber fristlos, ohne daß er einen wichtigen Grund hatte, so kann die Kündigung in eine fristgemäße umgedeutet werden, wenn – wie meistens – anzunehmen ist, daß der Arbeitgeber das Arbeitsverhältnis auf jeden Fall beenden wollte. Arbeitnehmer, die nicht unter das Kündigungsschutzgesetz fallen, können normalerweise lediglich Zahlung des Lohnes bis zum Ablauf der Kündigungsfrist verlangen. Sie brauchen deshalb auch nicht gegen die fristlose Kündigung als solche zu klagen.

> **Beispiel:** Späth hat seit dem 2.5. eine neue Arbeitsstelle. Gleich am ersten Tag verspätet er sich um eine Stunde. Er hat verschlafen.
> Daraufhin kündigt ihm die Firma Blitz GmbH sofort fristlos. Gegen seinen Widerspruch schickt der Geschäftsführer ihn nach Hause. Späth klagt am 2.6. den Lohn für zwei Wochen in Höhe von DM 1000,– ein.
> Kann Späth die Zahlung der DM 1000,– verlangen?

Das Kündigungsschutzgesetz ist nicht anzuwenden, da Späth noch keine sechs Monate im Arbeitsverhältnis stand. Er konnte also direkt den Lohn einklagen und brauchte nicht innerhalb von drei Wochen gegen die Kündigung zu klagen.

Die Kündigung ist als fristlose Kündigung unwirksam. Die einmalige Verspätung hat den Arbeitgeber nicht berechtigt, deswegen gleich fristlos zu kündigen.

Die Kündigung hat das Arbeitsverhältnis zum nächstzulässigen Termin, d. h. mit Ablauf der zweiwöchigen Kündigungsfrist für Arbeiter, beendet. Späth hat zu Recht Zahlung des Lohnes für die zwei Wochen Kündigungsfrist verlangt.

Wie ist die Rechtslage, wenn für den Arbeitnehmer das Kündigungsschutzgesetz gilt?

Arbeitnehmer hingegen, die unter das Kündigungsschutzgesetz fallen, können die Unwirksamkeit einer fristlosen Kündigung nur durch Klage beim Arbeitsgericht innerhalb von drei Wochen nach Zugang der Kündigung geltend machen.
Hält der Arbeitnehmer die Klagefrist nicht ein, so wird die Kündigung von Anfang an wirksam.

> **Beispiel:** Die Firma Blitz GmbH beschäftigt zehn Arbeitnehmer.
> Der seit einem Jahr bei ihr beschäftigte Arbeiter Langer legt seine Arbeitsunfähigkeitsbescheinigung erst nach vier Tagen krankheitsbedingter Abwesenheit vor. Daraufhin kündigt ihm die Blitz GmbH am 1.6. fristlos.
> Am 1.7. reicht er eine Klage gegen die Kündigung ein und verlangt den Lohn für Juni in Höhe von DM 2500,– brutto.
> Hat seine Klage Erfolg?

Die verspätete Vorlage der Arbeitsunfähigkeitsbescheinigung gab dem Arbeitgeber nicht das Recht, deswegen gleich fristlos zu kündigen.
Da das Kündigungsschutzgesetz hier angesichts der Zahl der Beschäftigten und der Beschäftigungsdauer von Herrn Langer anzuwenden ist, hätte er innerhalb von drei Wochen gegen die Kündigung vorgehen müssen. Da er die Klagefrist versäumt hat, wird die fristlose Kündigung als von Anfang an wirksam behandelt. Sie hat somit das Arbeitsverhältnis zum 1.6. beendet und damit auch keinen Lohnanspruch für Herrn Langer mehr entstehen lassen. Das Arbeitsgericht weist seine Klage ab.
Klagt der Arbeitnehmer rechtzeitig gegen eine fristlose Kündigung, so kann er, wenn ihm die Fortsetzung des Arbeitsverhältnisses nicht mehr zuzumuten ist, auch den Antrag stellen, das Arbeitsverhältnis aufzulösen und den Arbeitgeber zur Zahlung einer Abfindung zu verurteilen.

> **Beispiel:** Hätte in unserem Beispiel der seit einem Jahr beschäftigte Herr Langer gegen die fristlose Kündigung rechtzeitig, z. B. am 22.6., geklagt, so könnte er die Unwirksamkeit der Kündigung geltend machen und Lohnzahlung sowie Weiterbeschäftigung verlangen.
> Wäre ihm jedoch die Fortsetzung des Arbeitsverhältnisses nicht zuzumuten, etwa weil der Arbeitgeber ihn im Verlauf des Verfahrens vor dem Arbeitsgericht als »asozialen Taugenichts« und »notorischen Drückeberger« bezeichnet hätte, der in seinem Betrieb nie mehr

glücklich werden würde, so könnte er statt dessen die Auflösung des Arbeitsverhältnisses zum 1.6. und Zahlung einer angemessenen Abfindung für den Verlust des Arbeitsplatzes gegenüber dem Arbeitgeber gerichtlich durchsetzen.

Können auch Arbeitnehmer fristlos kündigen?

Auch Arbeitnehmer können in besonderen Fällen zur außerordentlichen Kündigung aus wichtigem Grund berechtigt sein, wenn ihnen nicht zuzumuten ist, das Arbeitsverhältnis ordentlich zu kündigen und bis zum Ablauf der ordentlichen Kündigungsfrist fortzusetzen. Die Möglichkeit für den Arbeitnehmer, eine andere, bessere Stelle zu finden, zählt hierzu nicht, auch nicht der bisherige geringe Verdienst.

Hingegen kann der Arbeitnehmer das Arbeitsverhältnis außerordentlich kündigen, wenn der Arbeitgeber mit einem erheblichen Teil des Lohnes für eine längere Zeit im Rückstand ist und der Arbeitnehmer ihn vor Ausspruch der Kündigung vergeblich zur Zahlung aufgefordert hatte oder wenn der Arbeitgeber jeden Monat den Lohn erheblich verspätet zahlt.

Verdächtigt der Arbeitgeber leichtfertig und vor Dritten den Arbeitnehmer etwa eines Diebstahls, einer Unterschlagung oder eines Betrugs, so berechtigt dies den Arbeitnehmer auch ohne vorherige Abmahnung zur fristlosen Kündigung.

5. Der besondere Kündigungsschutz

Werdende Mütter und Erziehungsurlauber, Schwerbehinderte, Auszubildende, Wehr- und Zivildienstleistende sowie Betriebs- und Personalräte sind besonders schutzbedürftig.

Für sie reicht der allgemeine Kündigungsschutz nicht aus. Zu ihren Gunsten besteht deshalb zusätzlich ein jeweils besonders ausgestalteter gesetzlicher Kündigungsschutz.

Der Kündigungsschutz für Frauen und Erziehungsurlauber

Gilt das Kündigungsverbot während des Mutterschutzes ausnahmslos für alle Kündigungen?

Während der Schwangerschaft und bis zum Ablauf von vier Monaten nach der Entbindung darf einer Frau nicht gekündigt werden.

Dieses Kündigungsverbot gilt ohne Einschränkungen.
Es bezieht sich auf ordentliche fristgemäße und auf außerordentliche Kündigungen aus wichtigem Grund.

Unzulässig sind auch Kündigungen während der Schutzfristen, die erst nach deren Ablauf wirksam werden. Schutzfristen sind die Zeiten vor und nach der Entbindung, in denen die Mutter bzw. werdende Mutter nicht beschäftigt werden darf (sechs Wochen vor und acht Wochen nach der Entbindung.)

Was ist, wenn dem Arbeitgeber die Schwangerschaft zur Zeit der Kündigung nicht bekannt war?

Das Verbot der Kündigung gilt aber nur, wenn dem Arbeitgeber die Schwangerschaft oder Entbindung bekannt war oder ihm innerhalb von zwei Wochen nach Zugang der Kündigung mitgeteilt wird.
Wußte die Frau nichts von ihrer Schwangerschaft, so reicht es aus, wenn sie nach Kenntniserlangung dem Arbeitgeber ohne schuldhaftes Zögern ihre Schwangerschaft mitteilt.

> **Beispiel:** Brigitte Klar ist seit 1.7. als Schreibkraft beschäftigt. Am 15.11. hat der Arbeitgeber ihr zum 31.12. gekündigt.
> Am 5.12. erfährt sie von ihrem Arzt verbindlich, daß sie seit dem 10.11. schwanger ist. Es reicht aus, daß sie dies ihrem Arbeitgeber z. B. am 8.12. mitgeteilt hat. Die Kündigung ist unwirksam.

Die Arbeitnehmerin selbst darf jederzeit kündigen.
Sie kann auch durch einen Aufhebungsvertrag mit dem Arbeitgeber das Arbeitsverhältnis beenden.
Bei befristeten Arbeitsverhältnissen schützt der besondere Kündigungsschutz nicht vor einer Beendigung des Arbeitsverhältnisses.

> **Beispiel:** Ein Arbeitgeber stellt eine Frau für die Zeit vom 1.1. bis zum 30.9. befristet ein. Am 20.9. erklärt sie, daß sie seit einem Monat schwanger ist. Da das Arbeitsverhältnis am 30.9. ohne Kündigung endet, kommt ein Kündigungsschutz nicht in Frage.

Der besondere Kündigungsschutz für Frauen nach dem Mutterschutzgesetz verhindert nicht in allen Fällen eine Kündigung: Die zuständige Arbeitsbehörde kann die Kündigung gegenüber einer unter Mutterschutz stehenden Frau in ganz besonderen Fällen für zulässig erklären.

Zuständig für eine solche Erklärung sind in Baden-Württemberg, Bayern, Bremen, Niedersachsen und Schleswig-Holstein die Gewerbeaufsichtsämter, in Nordrhein-Westfalen und Hessen die Regierungspräsidenten, in Rheinland-Pfalz das Landesgewerbeamt und im Saarland der Minister für Umwelt, Raumordnung und Bauwesen.

Die Ausnahmegenehmigung muß bereits vor Ausspruch der Kündigung vorliegen. Sie kann nicht rückwirkend erteilt werden.

Diese Zustimmung zur Kündigung kommt nur in Betracht, wenn ganz besondere Umstände dies rechtfertigen. Z. B. bei einer unmittelbar bevorstehenden Betriebsschließung, bei Diebstählen der Schwangeren oder Unterschlagungen oder tätlichen Bedrohungen des Arbeitgebers.

Jegliche ohne Zustimmung der zuständigen Behörde erklärte Kündigung ist unwirksam.

Der Arbeitgeber, der verbotswidrig kündigt, bleibt zur Weiterbeschäftigung und Gehaltszahlung verpflichtet.

Zur gerichtlichen Geltendmachung der Unwirksamkeit der Kündigung ist die Mutter bzw. werdende Mutter nicht an die Dreiwochenfrist des Kündigungsschutzgesetzes gebunden.

Gilt das Kündigungsverbot auch zugunsten der sich in Erziehungsurlaub befindenden Väter?

Ein entsprechendes Kündigungsverbot gilt auch gegenüber allen Arbeitnehmern, die sich in Erziehungsurlaub befinden, Müttern wie Vätern.

Während die Arbeitnehmerin oder der Arbeitnehmer das Arbeitsverhältnis zum Ende des Erziehungsurlaubs kündigen können, darf der Arbeitgeber während des Erziehungsurlaubs des Arbeitnehmers eine Kündigung nicht aussprechen.

Kündigungsschutz der Schwerbehinderten

Ab wann und für wen gilt der Kündigungsschutz für Schwerbehinderte?

Schwerbehinderte und ihnen Gleichgestellte genießen einen besonderen Kündigungsschutz, wenn das Arbeitsverhältnis im Zeitpunkt des Zugangs der Kündigung länger als sechs Monate bestanden hat. Schwerbehinderte sind alle Personen, die körperlich, geistig oder seelisch um wenigstens 50 % behindert sind. Auf Antrag des Behinderten stellen die Vorsorgeämter den Grad der Behinderung fest.

Das Arbeitsamt kann auf Antrag den Schwerbehinderten solchen Personen gleichstellen, die infolge ihrer Behinderung nicht nur vorübergehend um weniger als 50 % aber wenigstens um 30 % behindert sind. Auf Antrag stellt das Versorgungsamt für Angehörige beider Personengruppen entsprechende Ausweise aus.

Dieser Schutz gilt auch dann, wenn der Arbeitgeber die Schwerbehinderteneigenschaft nicht kannte. Jedoch muß der Schwerbehinderte in diesem Falle seine Schwerbehinderteneigenschaft gegenüber dem Arbeitgeber innerhalb einer angemessenen Frist (normalerweise weniger als ein Monat) nach Erhalt der Kündigung geltend machen. Häufig haben Schwerbehinderte im Zeitpunkt der Kündigung zwar einen Antrag auf Feststellung der Schwerbehinderteneigenschaft gestellt. Der Feststellungsbescheid des Versorgungsamts kommt dann einige Zeit später. Für diesen Fall gilt folgendes: Schwerbehinderte müssen im Zeitpunkt der Kündigung beim Versorgungsamt zumindest einen Antrag auf Feststellung der Schwerbehinderteneigenschaft, Gleichgestellte beim Arbeitsamt einen Antrag auf Gleichstellung gestellt haben, um den besonderen Kündigungsschutz in Anspruch nehmen zu können.

Wie wirkt sich der besondere Kündigungsschutz für Schwerbehinderte aus?

Der besondere Kündigungsschutz für Schwerbehinderte besteht darin, daß die Kündigung eines Schwerbehinderten nur dann wirksam ist, wenn eine bestimmte Verwaltungsbehörde, nämlich die Hauptfürsorgestelle, vorher zugestimmt hat.

Bedarf jede Kündigung eines Schwerbehinderten der vorherigen Zustimmung der Hauptfürsorgestelle?

Unter den genannten Voraussetzungen bedarf jede Kündigung – die ordentliche wie die fristlose – der vorherigen Zustimmung der Hauptfürsorgestelle. Eine ohne die erforderliche Zustimmung ausgesprochene Kündigung ist unwirksam.

Erteilt diese Stelle die Zustimmung und spricht der Arbeitgeber danach die Kündigung aus, so kann der Arbeitnehmer dennoch gegen diese Kündigung auch noch durch Klage beim Arbeitsgericht vorgehen und sie auf das Vorliegen eines wichtigen Grundes bzw. auf ihre soziale Rechtfertigung hin überprüfen lassen. Das Arbeitsgericht ist an den Zustimmungsbescheid der Verwaltungsbehörde und die darin enthaltene Begründung nicht gebunden.

<u>Kündigungsschutz der Auszubildenden</u>

Wie kann das Ausbildungsverhältnis während der Probezeit gekündigt werden?

Zu Beginn eines Ausbildungsverhältnisses liegt immer eine Probezeit. Deren Dauer können die Partner des Ausbildungsvertrages zwischen ein bis drei Monaten festlegen.
Während der Probezeit können beide Seiten das Ausbildungsverhältnis jederzeit ohne Kündigungsfrist kündigen. Die Kündigung muß schriftlich erklärt werden.
Nach Ablauf der Probezeit kann das Ausbildungsverhältnis vor seinem regulären Ende nur noch ausnahmsweise beendet werden.
Das Ausbildungsverhältnis endet normalerweise mit dem Ablauf der Ausbildungszeit. Besteht der Auszubildende vorher die Abschlußprüfung, so endet das Ausbildungsverhältnis damit. Besteht der Auszubildende die Prüfung nicht, so verlängert sich das Ausbildungsverhältnis bis zur nächsten Wiederholungsprüfung, höchstens jedoch um ein Jahr – immer aber nur, wenn der Auszubildende selbst dies so verlangt.
Im übrigen, nach Ablauf der Probezeit, kann der Auszubildende nur kündigen, wenn er die Ausbildung aufgeben will, und zwar muß er dann eine Kündigungsfrist von vier Wochen einhalten. Eine ordentliche Kündigung durch den Ausbilder ist nach Ablauf der Probezeit ausgeschlossen.

Wann ist eine fristlose Kündigung aus wichtigem Grund möglich?

Eine fristlose Kündigung aus wichtigem Grund durch den Auszubildenden wie durch den Ausbilder ist nur in besonderen Ausnahmefällen zulässig. Hierbei muß die Eigenart als Ausbildungsverhältnis berücksichtigt werden.
Bei Pflichtverletzungen wie Unpünktlichkeit oder unentschuldigtem Fehlen, schlechten Leistungen oder leichten Unredlich-

keiten kann der Ausbilder dem Auszubildenden fristlos erst dann kündigen, wenn trotz aller Ermahnungen und Abmahnungen keine Besserung eintritt oder wenn bei ungenügenden Leistungen trotz aller Hinweise das Erreichen des Ausbildungsziels völlig ausgeschlossen erscheint. Insbesondere berechtigen schlechte Leistungen und Faulheit in der Berufsschule den Ausbilder nicht zur außerordentlichen Kündigung. Die Anforderungen an den wichtigen Grund sind um so strenger, je weiter die Ausbildungszeit bereits fortgeschritten ist. Kurz vor ihrem Ende ist eine Kündigung in der Regel ausgeschlossen.

Wie muß die außerordentliche Kündigung erklärt werden?

Die außerordentliche Kündigung muß unter Angabe der konkreten Gründe schriftlich ausgesprochen werden, und zwar spätestens innerhalb von zwei Wochen nachdem der zur Kündigung Berechtigte von den maßgeblichen Tatsachen erfahren hat.

> **Beispiel:** Der Ausbilder kündigt am 20.12. fristlos und gibt als Kündigungsgrund »ungenügende Arbeitsleistung und fehlendes Interesse« an.
> Die Kündigung ist, weil zu allgemein gehalten, unwirksam.
> Der Vorwurf, der Auszubildende habe vom 1. bis 15. Dezember unentschuldigt gefehlt, konnte vor Gericht nicht berücksichtigt werden, weil der Arbeitgeber diesen Grund im Kündigungsschreiben nicht erwähnt hatte.

Die Kündigung gegenüber einem minderjährigen Auszubildenden muß der Ausbilder gegenüber den Eltern oder sonstigen gesetzlichen Vertretern erklären.

Welche Bedeutung haben die Schlichtungsausschüsse?

Zur Beilegung von Streitigkeiten zwischen dem ausbildenden Arbeitgeber und dem Auszubildenden können im Bereich des Handwerks die Handwerksinnungen, in den übrigen Bereichen die Industrie- und Handelskammern sowie die sonst nach dem Berufsbildungsgesetz zuständigen Stellen mit Arbeitgebern und Arbeitnehmern gleichmäßig besetzte Schlichtungsausschüsse bilden.
Bestehen solche Ausschüsse, so müssen diese bei Streitigkeiten zunächst angerufen werden.
Erst wenn der Streit dort nicht beigelegt wird, können sich die Arbeitsgerichte auf eine entsprechende Klage hin mit der Ange-

legenheit – also etwa der Klage des Auszubildenden gegen die fristlose Kündigung – befassen.

Kündigungsschutz der Wehr- und Zivildienstleistenden

Kann der Arbeitgeber das Arbeitsverhältnis während oder wegen des Dienstes kündigen?

Wird ein Arbeitnehmer zum Grundwehrdienst, zu einer Wehrübung oder zur Ableistung des zivilen Ersatzdienstes einberufen, so endet das Arbeitsverhältnis nicht, es ruht nur.
Während dieser Zeit kann der Arbeitgeber das Arbeitsverhältnis nicht kündigen. So regelt dies das Gesetz über den Schutz des Arbeitsplatzes bei Einberufung zum Wehrdienst bzw. das Zivildienstgesetz. Überdies darf der Arbeitgeber weder vor noch nach diesen Zeiten aus Anlaß der Ableistung des Wehr- oder des Zivildienstes kündigen.

> **Beispiel:** Alexander Frisch teilt seinem Arbeitgeber mit, daß er entsprechend dem Einberufungsbescheid demnächst seinen Wehrdienst antreten muß. Einen Tag später händigt sein Chef ihm die betriebsbedingte Kündigung aus. Alexander Frisch reicht gegen die Kündigung folgende Klage ein:
> »Ich beantrage festzustellen, daß das Arbeitsverhältnis durch die Kündigung vom 1.10. nicht aufgelöst wird.
> Gründe: Ich bin 21 Jahre alt und wurde zum 1.5.1988 von der Beklagten eingestellt. Am 30.9. habe ich dem Arbeitgeber mitgeteilt, daß ich entsprechend dem mir am 20.9. zugestellten Einberufungsbescheid Anfang November meinen Wehrdienst antreten muß. Einen Tag später, am 1.10., hat der Beklagte gekündigt. Diese Kündigung ist nach dem Arbeitsplatzschutzgesetz unwirksam.«

Alexander Frisch hat vor dem Arbeitsgericht Erfolg. Denn von der Zustellung des Einberufungsbescheides an darf der Arbeitgeber das Arbeitsverhältnis nicht kündigen.

Kündigungsschutz der Betriebs- und Personalräte

Weshalb darf der Arbeitgeber Betriebsräten nicht ordentlich kündigen?

Betriebs- und Personalräte sowie Wahlvorstände und Wahlbewerber sollen ohne Furcht vor einer Entlassung ihr Amt ausüben bzw. sich um die Wahl bemühen können.

Deshalb darf Betriebsräten, Personalräten, Jugendvertretern, Wahlbewerbern und den Mitgliedern des Wahlvorstandes nicht gekündigt werden. Eine Ausnahme gilt nur für den Fall der Stilllegung des Betriebes oder einer Betriebsabteilung, wenn die Beschäftigung in einer anderen Abteilung nicht möglich ist.
Das Kündigungsverbot gilt nach Beendigung der Amtszeit noch ein Jahr weiter, bei Wahlbewerbern sowie Mitgliedern des Wahlvorstandes jedoch nur sechs Monate nach Beendigung ihrer Funktionen. Eine dennoch erfolgende Kündigung wäre unwirksam.

Wann ist eine Kündigung aus wichtigem Grund möglich?

Eine außerordentliche Kündigung aus wichtigem Grund bleibt jedoch zulässig. Dazu muß aber die vorherige Zustimmung des Betriebs- bzw. Personalrats vorliegen oder, wenn diese die Zustimmung versagen, durch eine Entscheidung des Arbeitsgerichts ersetzt sein.
Dabei kann immer nur die Verletzung arbeitsvertraglicher Pflichten, niemals aber ein Verstoß gegen die Amtspflichten als Betriebs- oder Personalratsmitglied einen wichtigen Grund für eine Kündigung abgeben.
Aus der Tätigkeit als Betriebsrat sollen dem Arbeitnehmer nämlich keine Nachteile erwachsen.

Was ist, wenn ein Betriebsratsmitglied eine Amtspflicht verletzt?

Für Verstöße gegen die Amtspflichten kommt allein der Ausschluß aus dem Betriebsrat in Betracht. Ihn kann allein das Arbeitsgericht bei »grober Verletzung« der Pflichten aus dem Betriebsratsamt aussprechen.

> **Beispiel:** Arbeitgeber Rasch wirft dem Betriebsratsmitglied Frank vor, er habe auf der letzten Betriebsversammlung Geschäftsgeheimnisse über geplante Betriebsänderungen und erwogene Personalumstrukturierungen ausgeplaudert, die er nur aufgrund der dem Betriebsrat gegebenen vertraulichen Informationen kennen könne. Dadurch habe er erhebliche Unruhe in Teile der Belegschaft getragen, die – überwiegend grundlos – um ihre Arbeitsplätze fürchteten.
> Der Betriebsrat lehnt die vom Arbeitgeber beantragte Zustimmung zur außerordentlichen Kündigung ab.
> Zu Recht?

Das Arbeitsgericht, das der Arbeitgeber daraufhin anruft, lehnt es ab, die Zustimmung zur beabsichtigten Kündigung anstelle des Betriebsrats zu erteilen. Das Verhalten Franks hat nichts mit seinen Pflichten als Arbeitnehmer zu tun. Es kann deshalb nie Grund für eine Kündigung sein, sondern lediglich Anlaß für den Arbeitgeber (oder auch den Betriebsrat), Franks Ausschluß aus dem Betriebsrat beim Arbeitsgericht zu beantragen.

6. Beendigung des Arbeitsverhältnisses bei Befristung

Müssen Zeitverträge gekündigt werden oder enden sie von selbst?

Arbeitsverhältnisse sind normalerweise auf Dauer angelegt. Arbeitsverträge werden deshalb üblicherweise auf unbestimmte Zeit abgeschlossen.

Um überhaupt einen Arbeitsplatz zu finden, haben sich in den letzten Jahren jedoch Arbeitssuchende in wachsender Zahl dazu bereit gefunden, einen Arbeitsvertrag einzugehen, der von vornherein befristet ist. Mit dem Ablauf der vorgesehenen Zeit endet das Arbeitsverhältnis von selbst. Der Arbeitnehmer scheidet aus dem Betrieb aus. Einer Kündigung bedarf es in diesem Fall nicht.

Die Befristung bringt regelmäßig erhebliche Nachteile für den Arbeitnehmer mit sich: Der Zeitvertrag nimmt dem Arbeitnehmer jeglichen Kündigungsschutz. Auch die bei Kündigungen erforderliche Anhörung des Betriebsrats entfällt.

Für die Befristung muß deshalb nach der Rechtsprechung der Arbeitsgerichte ein sachlicher Grund vorliegen, damit der gesetzliche Kündigungsschutz nicht leichthin umgangen werden kann. Fehlt es an einem sachlichen Grund, ist die Befristung unwirksam und das Arbeitsverhältnis wie ein unbefristetes zu behandeln.

Welche Gründe rechtfertigen die Befristung von Arbeitsverträgen?

Als sachliche Gründe für eine Befristung gelten insbesondere:

– Arbeitsverträge zur Probe, wobei die Probezeit sechs Monate in der Regel nicht überschreiten darf;

- Arbeitsverträge zur Vertretung eines wegen Krankheit, Erziehungsurlaubs, Wehr- oder Zivildienstes verhinderten Arbeitnehmers;
- Arbeitsverträge im Saisongewerbe oder mit Künstlern und Musikern oder wegen eines aus sonstigen Gründen nur vorübergehend auftretenden Bedarfs, wenn etwa Kellnerinnen für die Dauer eines zwei Wochen währenden Volksfestes eingestellt oder Verkäuferinnen zusätzlich für die Zeit des Sommer- oder Winterschlußverkaufs beschäftigt werden;
- Befristungen auf besonderen Wunsch des Arbeitnehmers, z. B. weil er sich ein Jahr lang Geld verdienen will, um anschließend eine Weltreise mit unbestimmter Dauer zu unternehmen.

Was ist ein Kettenarbeitsvertrag?

Von einem Kettenarbeitsvertrag spricht man, wenn mindestens zwei befristete Verträge aufeinander folgen. Solche Befristungen sind nur dann wirksam, wenn für die jeweilige Befristung ein sachlicher Grund vorgelegen hat, und zwar für die Befristung als solche sowie für deren Dauer.
Fehlt ein solcher sachlicher Grund für die Befristung, so ist die Befristungsabrede nichtig. Es liegt dann ein normaler Arbeitsvertrag mit unbestimmter Dauer vor. Zu dessen Beendigung bedarf es einer Kündigung.

> **Beispiel:** Der bisherige Pförtner des Kreiskrankenhauses ist zum 31.12.1987 in den Ruhestand gegangen. Die Stelle mußte neu besetzt werden. Entgegen seiner Bitte erhielt Franz Huber zum 1.1.1988 nur einen auf ein Jahr bis zum 31.12.1988 befristeten Vertrag. Als er am 1.1.1989 wieder zur Arbeit kommt, schickt der Verwaltungsleiter ihn unter Hinweis auf die Befristung nach Hause.
> Kann F. Huber Weiterbeschäftigung verlangen?

Für die Befristungsabrede hatte kein sachlicher Grund vorgelegen, da ein Dauerarbeitsplatz zu besetzen war. Die Befristung war somit unwirksam.
Das Arbeitsverhältnis bestand demnach über den 31.12.1987 hinaus fort.
Franz Huber kann Weiterbeschäftigung verlangen. Das Kreiskrankenhaus könnte den fortbestehenden Vertrag nur durch eine Kündigung für die Zukunft beenden.

Für welche Zeitverträge gilt das Beschäftigungsförderungsgesetz?

Für die Zeit vom 1.5.1985 bis vorläufig zum 1. Januar 1990 kann aufgrund des Beschäftigungsförderungsgesetzes, das die Anwendbarkeit der vorgenannten Grundsätze vorübergehend einschränkt, auch ohne sachlichen Grund ein befristeter Vertrag bis zur Dauer von 18 Monaten abgeschlossen werden.

Diese Möglichkeit des erleichterten Abschlusses befristeter Verträge, mit denen die arbeitsrechtlichen Schutzvorschriften zu Lasten des Arbeitnehmers legal umgangen werden können, gilt nur für Neueinstellungen und den erstmaligen und einmaligen Abschluß des befristeten Vertrages.

Für mögliche weitere daran anschließende Zeitverträge muß jeweils ein sachlicher Grund für die Befristungsabrede vorliegen.

Beispiel: Die Textilfirma Nadler stellt Fräulein Kluge für zwölf Monate befristet nach dem Beschäftigungsförderungsgesetz ein, und zwar für die Zeit vom 1.1.1987 bis zum 31.12.1987.
Am 1.1.1988 schließt die Firma einen weiteren Zeitvertrag auf ein Jahr ab, ohne einen besonderen sachlichen Grund für die Befristung zu haben: Die zweite Befristung ist unwirksam. Das Arbeitsverhältnis besteht über den 31.12.1988 hinaus als unbefristetes Arbeitsverhältnis fort.
Fräulein Kluge kann ihre Weiterbeschäftigung und Bezahlung der vereinbarten Vergütung auch für die Zeit ab 1.1.1989 verlangen.

Gehen für Arbeitnehmer günstigere Tarifverträge dem Beschäftigungsförderungsgesetz vor?

Dem Beschäftigungsförderungsgesetz gehen übrigens Tarifverträge, die den Abschluß von Zeitverträgen nur eingeschränkt zulassen, vor.
So läßt der Bundesangestelltentarifvertrag für die Angestellten des öffentlichen Dienstes auch den erstmaligen Abschluß eines Zeitvertrages nur zu, wenn ein sachlicher Grund für die Befristung vorliegt. Und die Manteltarifverträge für die Metallindustrie in Bayern bzw. des früheren Nordverbunds (Schleswig-Holstein, Hamburg, nordwestliches Niedersachsen, Unterwesergebiet) beschränken die Möglichkeit, Zeitverträge abzuschließen, auf besondere Ausnahmefälle und auf die Dauer von drei bzw. sechs Monaten.

Welche Rechte kann der Arbeitnehmer geltend machen, wenn die Befristung unwirksam ist?

Wenn der Arbeitgeber den Arbeitnehmer nach Ablauf der unwirksamen Befristung nicht weiterbeschäftigt, kann der Arbeitnehmer Weiterbeschäftigung und Weiterzahlung des Lohnes verlangen. Beharrt der Arbeitgeber auf seinem Standpunkt, der befristete Vertrag sei aus- und abgelaufen, so kann der Arbeitnehmer vor dem Arbeitsgericht auf Feststellung klagen, daß ein unbefristetes Arbeitsverhältnis besteht, ferner auch auf Weiterbeschäftigung und Zahlung des jeweils fälligen Lohnes.

> **Beispiel:** Die Firma Nadler schließt allgemein mit den Textilarbeiterinnen befristete Verträge ab. So hat auch Frau Kluge Anfang 1988 ihren zweiten befristeten Vertrag für ein weiteres Jahr abgeschlossen, zu einem Monatslohn von DM 2200,–. Anfang 1989 verlangt sie vergeblich Weiterbeschäftigung.
> Was kann sie tun?

Sie geht noch in Januar 1989 zum Arbeitsgericht und erhebt Klage mit folgenden Anträgen:

1. Es wird festgestellt, daß das Arbeitsverhältnis über den 31.12.1988 hinaus fortbesteht.
2. Die Beklagte wird verurteilt, die Klägerin über den 31.12.1988 hinaus weiterzubeschäftigen.

Mit diesen Anträgen wird Frau Kluge Erfolg haben, wenn die Firma Nadler nicht darlegen kann, daß ein sachlicher Grund für die Befristung vorlag. Nachdem die Firma Nadler generell befristete Verträge abschließt, ist kaum damit zu rechnen, daß sie entsprechende Gründe im Gerichtsverfahren vorbringen kann.

7. Beendigung des Arbeitsverhältnisses durch Aufhebungsvertrag

Kann ein Aufhebungsvertrag auch mündlich geschlossen werden?

Arbeitgeber und Arbeitnehmer können das Arbeitsverhältnis jederzeit auch einvernehmlich durch Vertrag aufheben und beenden. Das geschieht in der Praxis sehr häufig.
Nicht selten wird eine vom Arbeitgeber veranlaßte Beendigung auf Wunsch des Mitarbeiters in die Form eines Aufhebungsver-

trages gekleidet, damit er sich bei möglichen Bewerbungen als »ungekündigt« bezeichnen kann. Einen solchen Vertrag können die Beteiligten auch formlos mündlich schließen. Für solche Verträge entfallen die Vorschriften des Kündigungsschutzgesetzes und das Mitwirkungsrecht des Betriebsrates.

Auch besonders geschützte Arbeitnehmer wie Schwangere, Schwerbehinderte, Betriebs- und Personalratsmitglieder können einen solchen Vertrag schließen, ohne daß dazu eine besondere behördliche Genehmigung oder die Mitwirkung des Betriebsrats erforderlich ist. Voraussetzung ist jedoch, daß der betroffene Mitarbeiter sich unmißverständlich mit der Beendigung des Arbeitsverhältnisses einverstanden erklärt hat.

Liegt in der Entgegennahme der Kündigung eine Aufhebungsvereinbarung?

Allein in der widerspruchslosen Entgegennahme der Kündigung oder der Empfangsbestätigung der Kündigung liegt noch keine Zustimmung zur Beendigung. Auch die Bitte des Arbeitnehmers um Aushändigung der Arbeitspapiere nach einer vom Arbeitgeber ausgesprochenen Kündigung muß dies nicht bedeuten. Möglicherweise will der Arbeitnehmer sich lediglich rasch nach einer anderen Arbeitsstelle umsehen können, ohne daß er deshalb auf seine Rechte aus dem bisherigen Arbeitsverhältnis verzichten und einen Aufhebungsvertrag schließen wollte.

Beispiel: Karlheinz Groß, Inhaber einer Schraubenfabrik, sagt zu seinem Arbeiter F. Flink, ihm reiche es, er solle sofort seine Sachen packen und sich hier nicht wieder blicken lassen.
Der sagt: »Na schön«, packt seine Sachen und geht. Als Herr Flink bei Gericht auf Feststellung des Fortbestands des Arbeitsverhältnisses klagt, stellt sich Herr Groß auf den Standpunkt, das Arbeitsverhältnis sei durch einen Aufhebungsvertrag zu Ende gegangen.
Auf das Vorhandensein etwaiger Kündigungsgründe komme es daher nicht mehr an.
Hat Herr Groß recht?

Der Ausdruck »Nun gut«, »Na schön« kann ein Einverständnis mit der Beendigung bedeuten, kann aber auch lediglich dafür sprechen, daß der Mitarbeiter die Kenntnisnahme von der Kündigung bestätigt und sich – einstweilen – in das unabänderlich scheinende Schicksal fügt.
Flink hat hier sein Einverständnis mit der Beendigung des Ar-

beitsvertrages nicht eindeutig erklärt. Er kann sich gegen die fristlose Kündigung noch gerichtlich zur Wehr setzen.
Im gegebenen Falle ist immer zu fragen, ob der Arbeitnehmer wirklich auf sein Arbeitsverhältnis und die damit verbundenen Rechte freiwillig verzichten wollte. Hierfür kann z. B. eine Gegenleistung des Arbeitgebers sprechen, etwa in Gestalt eines vorher abgesprochenen wohlwollenden Zeugnisses.
Zuweilen erklärt ein Arbeitnehmer sich gegen Zahlung einer Abfindung mit der einvernehmlichen Beendigung des Arbeitsverhältnisses einverstanden. Auch das ist möglich und unbedenklich.

Kann ein Aufhebungsvertrag rückgängig gemacht werden?

Vor übereilten Aufhebungsverträgen muß jedoch dringend gewarnt werden.
Sie sind – anders als etwa ein Abzahlungskauf – unwiderruflich.
Wenn der Arbeitgeber den Mitarbeiter mit dem Vorschlag, den Vertrag kurzfristig einvernehmlich zu beenden, überrascht, sollte er sich, wenn er sich nicht ganz sicher ist, für seine Entscheidung Bedenkzeit ausbitten. Er sollte sich zuvor – etwa durch Rückfrage beim Arbeitsamt – vergewissern, daß er nicht etwa ohne Not seinen Anspruch auf Arbeitslosengeld vorübergehend aufgibt. Bedenken Sie, daß sowohl eine einvernehmliche Auflösung des Arbeitsverhältnisses (Aufhebungsvertrag) wie auch eine Arbeitnehmerkündigung zur Folge haben können, daß Sie Ansprüche auf Arbeitslosengeld verlieren. Unter Umständen sollte man die Sache überschlafen und in Ruhe mit einer Person seines Vertrauens besprechen. Es kann auch sinnvoll sein, daß der Arbeitnehmer zu dem Gespräch mit dem Arbeitgeber eine weitere Person, etwa ein Miglied des Betriebsrats, hinzuzieht.
Wenn der Arbeitgeber ein wirklich angemessenes Angebot machen will, wird er in der Regel keinen Grund sehen, diesen Vorschlag des Arbeitnehmers abzulehnen.

Kapitel 16
Zeugnis und Arbeitspapiere

1. Das Zeugnis

Was ist unter einem »einfachen«, was unter einem »qualifizierten« Zeugnis zu verstehen?

Ein *einfaches* Zeugnis enthält die Dauer der Beschäftigung und eine Beschreibung der ausgeübten Tätigkeit.

Beispiel für ein einfaches Zeugnis:

Frau Helene Markmann war in der Zeit vom 1. April 1984 bis 30. September 1988 bei uns als Buchhalterin in der Debitorenbuchhaltung beschäftigt.

Das *einfache* Zeugnis darf keine Bewertung von Leistung und Führung enthalten, auch nicht »verpackt« in die Tätigkeitsbeschreibung.

Ein *qualifiziertes* Zeugnis enthält zunächst wie das einfache Zeugnis eine Tätigkeitsbeschreibung. Darüber hinaus muß es eine Beurteilung von Führung und Leistung vornehmen. Im Zeugnis der Frau Markmann könnte es dann beispielsweise weiter heißen:

Sie erledigte alle ihr übertragenen Aufgaben zu unserer vollsten Zufriedenheit.
Bei ihren Kolleginnen und Kollegen war sie wegen ihrer Hilfsbereitschaft und wegen ihres freundlichen Wesens sehr geschätzt. Ihr Verhalten gegenüber den Vorgesetzten war stets einwandfrei.

Welchen Inhalt muß ein vollständiges »qualifiziertes« Zeugnis haben?

– Vor- und Zuname des Arbeitnehmers, Geburtsdatum, Geburtsort, Daten des Beginns und des Endes des Arbeitsverhältnisses, Berufsbezeichnung oder Bezeichnung der betrieblichen Funktion. Diese Angaben sind meist in einem Einleitungssatz zusammengefaßt, der den Arbeitnehmer »vorstellt«.

- Genaue und vollständige Tätigkeitsbeschreibung einschließlich der beruflichen Veränderung und Entwicklung im Betrieb.
- Eine Bewertung der Leistung und der Führung des Arbeitnehmers, wobei unter letzterer das Sozialverhalten des Arbeitnehmers im Betrieb zu verstehen ist.
- Einen Schlußsatz, der einen Hinweis auf die Form des Ausscheidens und – soweit für den Arbeitnehmer positiv – den Grund des Ausscheidens enthält.

Beispiel:

ZEUGNIS

Frau Helene Markmann, geboren am 24. Juni 1942 in Kassel, war vom 1. April 1984 bis 30. September 1988 bei uns als Buchhalterin in der Debitorenbuchhaltung beschäftigt.

Sie erledigte alle ihr übertragenen Aufgaben zu unserer vollsten Zufriedenheit.

Bei ihren Kolleginnen und Kollegen war sie wegen ihrer Hilfsbereitschaft und ihres freundlichen Wesens geschätzt. Ihr Verhalten gegenüber Vorgesetzten war stets einwandfrei.

Frau Markmann verläßt uns auf eigenen Wunsch. Für ihre berufliche Zukunft wünschen wir ihr alles Gute.

Auf welche Formalien muß ich bei einem Zeugnis achten?

- Das Zeugnis muß auf dem Briefbogen des Unternehmens geschrieben sein.
- Das Zeugnis muß sauber und fehlerfrei geschrieben sein.
- Im Zeugnis müssen Ausstellungsort und -datum angegeben sein.
- Das Zeugnis muß die Unterschrift des Arbeitgebers oder einer hierfür vom Arbeitgeber beauftragten Person tragen.

Wann kann ich die Ausstellung eines Zeugnisses verlangen?

Es ist zwischen einem Endzeugnis und einem Zwischenzeugnis zu unterscheiden.

Ein Endzeugnis muß der Arbeitgeber auf Verlangen des Arbeitnehmers bei Beendigung des Arbeitsverhältnisses ausstellen. Dabei kommt es auf die tatsächliche Beendigung an.

Spricht der Arbeitgeber eine Kündigung aus und beschäftigt er den Arbeitnehmer deshalb nach Ablauf der Kündigungsfrist nicht weiter, kann der Arbeitnehmer ein Endzeugnis auch dann verlangen, wenn er gegen die Kündigung Kündigungsschutzklage erhebt.

Stellt sich später die Unwirksamkeit der Kündigung heraus, muß der Arbeitnehmer das Zeugnis zurückgeben; wurde im Verfahren durch das Gericht oder durch einen Vergleich ein späterer Beendigungszeitpunkt festgelegt, erhält der Arbeitnehmer gegen Rückgabe des erteilten Endzeugnisses ein auf das neue Beendigungsdatum berichtigtes Endzeugnis.

In einem ungekündigten Arbeitsverhältnis hat der Arbeitnehmer nur bei einem berechtigten Interesse Anspruch auf ein Zeugnis (Zwischenzeugnis).

Als berechtigtes Interesse werden drei Fälle anerkannt:

– Der Arbeitnehmer will sich bewerben.
– Der Arbeitnehmer benötigt das Zwischenzeugnis für die Teilnahme an einer Fortbildungsmaßnahme.
– Dem Arbeitnehmer wird eine gänzlich andere Arbeitsaufgabe übertragen, oder die für die Beurteilung zuständige Person wechselt.

Kann sich mein Arbeitgeber mit einer globalen Beschreibung meiner Tätigkeit im Zeugnis begnügen?

Die Tätigkeitsbeschreibung muß vollständig, genau und so ausführlich sein, daß sich ein unbeteiligter, aber fachkundiger »Dritter«, insbesondere ein zukünftiger Arbeitgeber, ein zutreffendes klares Bild von der Gesamttätigkeit des Arbeitnehmers machen kann.

Beispiel: Herr Bernhard Heinemann war in der Zeit vom 1.9.1985 bis 15.9.1987 bei der Fa. E. Raubach im Lager beschäftigt. Die Fa. E. Raubach vertreibt wissenschaftliche Meßgeräte. Herr Heinemann war im Lager allein und erledigte dort völlig selbständig alle anfallenden Arbeiten. Er gab die Bestellungen auf und war für den Versand der Ware zuständig.

Nach seinem Ausscheiden erhielt er folgendes Zeugnis:

ZEUGNIS

Herr Bernhard Heinemann, geboren am 10.6.1966, trat am 1.9.1985 als Lagerarbeiter in unsere Firma ein. Aufgrund seiner Ausbildung als Chemie-Facharbeiter war ihm der Umgang mit Meßgeräten nicht fremd. In kurzer Zeit hat er sich eingearbeitet und auch die Reparatur von Pipetten und die Überprüfung von Photometern durchgeführt.

Mit seinen Leistungen waren wir sehr zufrieden. Das Arbeitsverhältnis endete mit dem 15.9.88.

Freiburg, den 20.9.1988
gez. Raubach

Ist die Tätigkeit des Herrn Heinemann in diesem Zeugnis richtig beschrieben?

Nein. Mit der Bezeichnung Lagerarbeiter wird beim Leser der Eindruck erweckt, Herr Heinemann habe nur die manuellen Tätigkeiten im Lager ausgeübt.

In Wirklichkeit hat Herr Heinemann aber das Lager geführt. Dies hätte im Zeugnis zum Ausdruck gebracht werden müssen. Da die Darstellung der selbständigen Tätigkeit des Herrn Heinemann im Lager fehlt, könnte man meinen, die Reparatur der Pipetten und die Überprüfung von Photometern sei das eigentlich Erwähnenswerte an der Lagertätigkeit des Herrn Heinemann. Damit wird der Leser in die Irre geführt.

Hat ein Arbeitnehmer im Laufe seines Arbeitsverhältnisses mehrer unterschiedliche Tätigkeiten ausgeübt, müssen diese – und nicht nur die zuletzt ausgeübte Tätigkeit – erwähnt werden.

Beispiel:

ZEUGNIS

Frau Ursula Riedmeier, geboren am 12. September 1947, trat bei uns am 2. August 1972 als Sekretärin ein.
Sie war zunächst in der Kraftfahrt-Abteilung unserer Generaldirektion tätig. Sie übte dort alle anfallenden Sekretariatsaufgaben aus wie:

– Schreibarbeiten (deutsch und englisch),
– Telefondienst/Besucherempfang,
– Ablage,
– Erstellung von Reisekostenabrechnungen.

Mit Erweiterung ihrer Kenntnisse ließ sich Frau Riedmeier im Rahmen einer innerbetrieblichen Stellenausschreibung am 1. Juni 1976 in die Abteilung Vertrieb-Industrie versetzen, wo sie zusätzlich mit Sachbearbeiteraufgaben betraut wurde.
Darüber hinaus wurden ihr ab 1. Januar 1986 anspruchsvolle Sonderaufgaben und die Organisation von Tagungen übertragen, u. a.

Bamberger Versicherungen 1990
Generaldirektion
i. A. Bloch

Gibt es Zeugnisformulierungen, die allgemein als Benotung innerhalb einer Notenskala angesehen werden?

Bei bestimmten Formulierungen besteht im Arbeitsleben weitgehend Übereinstimmung, daß sie einer Note innerhalb einer Notenskala zugeordnet werden können.

Frau/Herr ... (Name des Arbeitnehmers) hat die ihr/ihm übertragenen Aufgaben

– stets zu unseren vollsten Zufriedenheit erledigt	1
– zu unserer vollsten Zufriedenheit erledigt	1–2
– stets zu unserer vollen Zufriedenheit erledigt	2
– zu unserer vollen Zufriedenheit erledigt	3
– stets zu unserer Zufriedenheit erledigt	3–4
– zu unserer Zufriedenheit erledigt	4
– hat sich stets bemüht, die übertragenen Aufgaben zu unserer Zufriedenheit zu erledigen	5
– hat sich bemüht, die übertragenen Aufgaben zu unserer Zufriedenheit zu erledigen	6

Es gibt aber auch andere Formulierungen. Sie können hier nicht im einzelnen behandelt werden.

Ist mein Arbeitgeber gezwungen, sich bei der Beurteilung meiner Leistung im Zeugnis an gebräuchliche Formulierungen zu halten?

Der Wortlaut eines Zeugnisses ist Sache des Arbeitgebers. Er muß jedoch beachten, daß mit bestimmten Formulierungen in einem Zeugnis abweichend vom sonstigen Sprachgebrauch negative Bewertungen verbunden sind. Dies gilt insbesondere für Formulierungen, die dem Arbeitnehmer bescheinigen, daß er sich bemüht hat. Nicht nur bei den oben wiedergegebenen Standardbeurteilungen, auch sonst (hat sich bemüht, einen guten Kontakt zu den Kunden herzustellen; hat sich bemüht, die Termine einzuhalten, usw.) wird damit im Zeugnis ein schlechtes Leistungsergebnis zum Ausdruck gebracht.

Bedient sich der Arbeitgeber im Zeugnis bei der Gesamtbewertung der Leistung des Arbeitnehmers nicht einer der oben wiedergegebenen oder in der Literatur oder Rechtsprechung als gleichwertig anerkannten Standardformulierungen, muß er besonders sorgfältig darauf achten, daß die tatsächliche Einschätzung des Arbeitnehmers auch unzweideutig zum Ausdruck kommt. Bei sehr guten Leistungen stellt die deutsche Sprache ausreichend Attribute zur Verfügung, um diese Beurteilung auch klar und eindeutig zum Ausdruck zu bringen.

Beispiel:

Herr Knef hat seine Aufgabe als Einkaufsleiter hervorragend erfüllt.
»Herr Knef hat durch seine Arbeit unsere allerhöchste Wertschätzung erlangt.«

Damit wird für jedermann verständlich eine »Spitzenbewertung« zum Ausdruck gebracht.
Problematischer ist der Gebrauch untypischer Formulierungen, wenn der Arbeitnehmer in eine der Zwischenstufen einzuordnen ist. Dadurch können beim Leser erhebliche Mißverständnisse über die Wertschätzung eines Mitarbeiters entstehen. Der Arbeitgeber muß daher eine unüblich formulierte Gesamtbewertung durch eine detaillierte Bewertung einzelner für die Arbeitserledigung wesentlicher Eigenschaften des Arbeitnehmers ergänzen.

Beispiel:

Frau Helma Neder, geb. am 23. Dezember 1939, war in der Zeit vom 1. Januar 1969 bis 30. Juni 1988 als Verkaufsstellenleiterin in unserer Lebensmittelfiliale im Hansa-Einkaufszentrum beschäftigt.
Ihre Aufgabe bestand in der Führung der Filiale einschließlich des Warenlagers.
Dazu gehörte die ansprechende und übersichtliche Anordnung des Warenangebots, die Warendisposition und die Waren- und Kassenabrechnung. Frau Neder war für die Führung und den Einsatz von vier Mitarbeitern zuständig.
Frau Neder hat die ihr übertragenen Aufgaben sehr gut bewältigt. Aufgrund ihrer beachtlichen organisatorischen Fähigkeiten, ihrer überdurchschnittlichen Fachkenntnisse und ihre Durchsetzungsfähigkeit gegenüber den Mitarbeitern erzielte sie hervorragende Verkaufserfolge.
Ihr Verhalten gegenüber Vorgesetzten und Mitarbeitern war korrekt.
Frau Neder verläßt uns auf eigenen Wunsch. Wir wünschen ihr für ihre berufliche Zukunft alles Gute.

Ohne die aussagefähige Detailbeschreibung könnte sich ein Leser nicht sicher sein, daß die Leistung der Frau Neder wirklich »sehr gut« war. Was heißt »bewältigt«?

Steckt darin nicht das Element des Bemühens? Durch die weiteren Formulierungen wird klar, daß Frau Neder mit großem Erfolg gearbeitet hat. Ebenso deutlich wird aber, daß es dabei nicht ohne Schwierigkeiten mit dem unterstellten Personal abgegangen ist (Hervorhebung der Durchsetzungsfähigkeit gegenüber den unterstellten Mitarbeitern und neutrale Aussage über das Sozialverhalten).

Was bedeutet der Grundsatz, daß ein Zeugnis wahr und wohlwollend sein muß?

Hat ein Arbeitnehmer schwerwiegende Mängel, so muß dies auch im Zeugnis zum Ausdruck kommen.

> **Beispiel:** Frau Evi Henslein war in einem Einkaufsmarkt der Fa. Super-Spar als Kassiererin beschäftigt. Durch eine Testkäuferin wurde Frau Henslein überführt, daß sie gezielt an Kunden zuwenig Geld herausgab und, wenn sich die Gelegenheit ergab, diese Beträge in die eigene Tasche steckte. Nach einer fristlosen Kündigung und einem Arbeitsgerichtsverfahren, das durch Vergleich endete, verlangt Frau Henslein ein Zeugnis, in dem ihr bestätigt wird, daß sie ihre Tätigkeit als Kassiererin »einwandfrei« ausgeübt hat.
> Darf die Fa. Super-Spar ein solches Zeugnis ausstellen?

Nein. Auch wenn das Zeugnis der Frau Henslein nicht den bei einer Kassiererin im Zeugnis üblichen Hinweis auf Ehrlichkeit oder Zuverlässigkeit enthält, könnte ein Leser des Zeugnisses annehmen, die Ehrlichkeit sei in der Bewertung »einwandfrei« eingeschlossen.
Damit würde er sich von der Arbeit der Frau Henslein als Kassiererin ein falsches Bild machen.
Die Würdigung der Leistung und des Verhaltens des Arbeitnehmers muß zwar die eines verständigen und wohlwollenden Arbeitgebers sein. Dies bedeutet aber nicht, daß ungünstige Umstände, Eigenschaften und Verhaltensweisen nicht im Zeugnis ihren Niederschlag finden dürften. Im Gegenteil: Vorrang hat der Grundsatz, daß das Zeugnis dem Leser ein wahrheitsgetreues Bild von der Leistung des Arbeitnehmers vermitteln muß.
Zum Grundsatz der Zeugniswahrheit gehört auch, daß Vorfälle, die für die Leistung und Führung des Arbeitnehmers während der Zeit seiner Beschäftigung nicht charakteristisch sind, bei der Beurteilung unberücksichtigt bleiben.

Beispiel: Herr Norbert Langer ist 52 Jahre alt und seit fast 15 Jahren als Sachbearbeiter in der Schadensabteilung der Neu-Ulmer Versicherungs AG beschäftigt. Sein Verhalten war immer untadelig. Nachdem ihm ein wesentlich jüngerer Abteilungsleiter vor die Nase gesetzt wird, kommt es zu Spannungen. Schließlich erhält Herr Langer eine Abmahnung wegen unzureichender Leistung. Als ihm diese von seinem Vorgesetzten überreicht wird, beschimpft Herr Langer ihn als »Menschenschinder«. Nach einer durch einen Vergleich beendeten arbeitsgerichtlichen Auseinandersetzung erhält Herr Langer ein Zeugnis, in dem jede Aussage zum Verhalten gegenüber Kollegen und Vorgesetzten fehlt. Herr Langer verlangt, daß sein Arbeitgeber folgenden Satz in das Zeugnis aufnimmt: »Herr Langer war bei seinen Kolleginnen und Kollegen wegen seiner freundlichen und hilfsbereiten Art sehr geschätzt. Sein Verhalten gegenüber Vorgesetzten war einwandfrei.«
Zu Recht?

Ja. Wenn eine Aussage zum Sozialverhalten des Herrn Langer unterbleibt, wird einem Leser signalisiert, daß dieses nur schlecht gewesen sein kann. Dies ist aber trotz der einmaligen Entgleisung des Herrn Langer gegenüber seinem Vorgesetzten nicht zutreffend. Betrachtet man die gesamte Zeit des Arbeitsverhältnisses, gibt nur eine positive Beurteilung ein richtiges Bild des Verhaltens gegenüber Mitarbeitern und Vorgesetzten.
Ein Zeugnis muß zwar Leistung und Führung eines Arbeitnehmers zutreffend charakterisieren, es darf aber nicht »schonungslos« sein.
Dies bedeutet, daß negative Details nicht erwähnt werden dürfen, wenn dies nicht zur Charakterisierung von Leistung und Führung unausweichlich ist. Bestimmte Vorfälle im Laufe des Arbeitsverhältnisses können zwar als Beurteilungsgrundlage durchaus von Bedeutung sein, ihre Darstellung im Zeugnis führt aber möglicherweise beim Leser deshalb zu falschen Schlußfolgerungen, weil dieser das Gewicht des Vorfalls im Rahmen des Arbeitsverhältnisses nicht nachvollziehen kann.

Beispiel: Herr Joseph Lux war bei der Fa. Wander, einem kleinen Spielzeughersteller, vom 1. November 1985 bis 30. September 1986 als Werkzeugmacher beschäftigt. Überstunden waren an der Tagesordnung. Im letzten Vierteljahr vor dem Ausscheiden lehnte Herr Lux es in drei Fällen ab, am Samstag zu arbeiten. Nach seinem Ausscheiden erhielt Herr Lux ein Zeugnis, das ihm eine stets zufriedenstellende Leistung bescheinigt. Daran anschließend enthält das Zeugnis folgenden Satz: »In immerhin drei Fällen konnten wir Herrn Lux trotz wichtiger Terminarbeiten nicht von der Notwendigkeit der Überstundenleistung überzeugen.« – Muß Herr Lux diesen Satz hinnehmen?

Nein. Obwohl die Fa. Wander sich darauf berufen kann, daß sie damit doch nur Tatsachen angeführt hat, muß sie den Satz aus dem Zeugnis streichen. Die Erwähnung dieser Vorfälle bewirkt beim Leser ein vernichtendes Urteil über die Einsatzbereitschaft des Herrn Lux. Der Leser weiß weder etwas von der bei der Fa. Wander ansonsten geforderten Arbeitsleistung noch etwas von den Umständen, die Herrn Lux möglicherweise bewogen haben, an drei Samstagen nicht zu arbeiten. Die Fa. Wander wird sich daher darauf beschränken müssen, die Einsatzbereitschaft in der in Zeugnissen üblichen und allgemeinen Weise zu charakterisieren, also sie entweder nicht zu erwähnen oder mehr oder weniger stark hervorzuheben. Es kann durchaus sein, daß bei verständiger Würdigung der während der gesamten Dauer des Arbeitsverhältnisses erbrachten Arbeitsleistung die Einsatzbereitschaft des Herrn Lux trotz der dreimaligen Nichtleistung von Samstagsarbeit hervorgehoben werden muß.

Auch wenn sie wahr sind, darf der Arbeitgeber Tatsachen und Beurteilungen nur insoweit in ein Zeugnis aufnehmen, als ein künftiger Arbeitgeber hieran ein berechtigtes und verständliches Interesse haben kann. Nicht in ein Zeugnis gehören daher persönliche Eigenschaften und private Vorgänge, soweit sie nicht das betriebliche Verhalten wesentlich beeinflussen.

Beispiel:

ZEUGNIS

Fräulein Schmeil war vom 1. Januar bis 31. Dezember 1987 in meiner Praxis als Zahnarzthelferin beschäftigt.

Fräulein Schmeils Leistungen bei der Assistenz am Stuhl waren stets tadellos. Für die Lehrlingsausbildung sowie für Abrechnungsarbeiten war sie nicht zu gewinnen.

Fräulein Schmeil zeigte sich bei ihrer Arbeit von chronisch guter Laune und gewann mit den Patienten schnell guten Kontakt. Hierbei kamen ihr ihr freundliches Wesen und ihr Hang zu modischer Bekleidung zugute.

Fräulein Schmeil verläßt meine Praxis auf eigenen Wunsch, um mit ihrem Freund nach Hamburg umzuziehen.

Vaterhausen, den 3.2.1988
Dr. Hans Grein
Zahnarzt

Dieses Zeugnis verdient eher die Bezeichnung »Charakterbild«.
Wir erfahren, daß Fräulein Schmeil »chronisch guter Laune« war, daß sie mit Patienten Kontakte knüpfte und daß sie modische Bekleidung bevorzugte.
Diese Beobachtungen mögen für einen Mann, der Fräulein Schmeil gerne persönlich kennenlernen will, interessant sein. In einem Zeugnis haben sie nichts zu suchen. Herr Dr. Grein bringt damit Fräulein Schmeil in die Situation, durch Vorlage des Zeugnisses bei einer Bewerbung Dinge offenbaren zu müssen, die den neuen Arbeitgeber nichts angehen. Das gleiche gilt auch für den Hinweis im Schlußsatz, daß Fräulein Schmeil »mit ihrem Freund« nach Hamburg umzieht.

Anders als in den meisten Zeugnissen hat Herr Dr. Grein die Aufgabenerledigung durch Fräulein Schmeil (zweiter Absatz) im Klartext beschrieben:
Ihre Assistenz am Stuhl war tadellos, sonst hat sie nichts gemacht. Selbst wenn diese Aussage richtig ist, stellt sich die Frage, ob dies Herr Dr. Grein nicht etwas weniger kraß zum Ausdruck bringen könnte.
Der Grundsatz, daß ein wohlwollendes Zeugnis ausgestellt werden muß, bedeutet auch, daß eine »milde« Ausdrucksweise zu wählen ist, wenn dies ohne Minderung des Wahrheitsgehalts möglich ist. Das wird aber bei diesem Sachverhalt nicht ganz einfach sein. Das Beispiel zeigt deutlich das Spannungsverhältnis zwischen Wahrheit und Wohlwollen, das unter Umständen bei der Erstellung eines Zeugnisses auftreten kann.

Müssen in einem Zeugnis besondere Eigenschaften und Fähigkeiten hervorgehoben werden?

Werden in einem Zeugnis Eigenschaften oder Fähigkeiten nicht erwähnt, die für die Aufgabenerledigung wesentlich sind, wird damit dem Leser bedeutet, daß diese Eigenschaften und Fähigkeiten nicht vorhanden sind.
Ein bekanntes Beispiel ist das Fehlen eines Hinweises auf die Ehrlichkeit oder Vertrauenswürdigkeit einer Kassiererin. Das bedeutet, ohne es direkt auszudrücken, daß ihre Arbeit an der Kasse nicht korrekt war.
Aber auch sonst kann ein Zeugnis durch das Fehlen wesentlicher Eigenschaften entwertet sein.

Beispiel:

ZEUGNIS

Herr Walter Mewitz, geb. am 23.9.1942, trat am 1. Juli 1964 in unser Unternehmen ein.
Bis 30.6.1977 war er als Arbeitsvorbereiter und Fertigungstechniker eingesetzt. Ab dem 1.7.1977 wurde er in die neu zu besetzende Stelle eines »Einkaufsleiters« berufen.
Alle ihm obliegenden Aufgaben erledigte Herr Mewitz stets zu unserer vollen Zufriedenheit.
Gegenüber den Mitarbeiterinnen und Mitarbeitern, aber auch gegenüber Vorgesetzten verhielt er sich jederzeit zuvorkommend und korrekt.
Das Arbeitsverhältnis endete im beiderseitigen Einvernehmen zum 31.3.1988.

Das Zeugnis enthält eigentlich eine gute Benotung. Gleichwohl wird ein Leser fragen: Warum hat sich der Arbeitgeber bei der Beschreibung der Fähigkeiten des Herrn Mewitz nach einer solch langen Betriebszugehörigkeit nicht mehr Mühe gemacht? Aussagen über Fachkenntnisse, Einsatzbereitschaft, Kundenkontakt und Erfolg der Tätigkeit fehlen, obwohl ihre Erwähnung im Zeugnis für einen Einkaufsleiter sicherlich erwartet werden kann. Auch wenn es das Zeugnis nicht direkt sagt, irgend etwas hat mit dem Arbeitsverhältnis nicht gestimmt. Dieser Eindruck wird durch das Ausscheiden im »gegenseitigen Einvernehmen« verstärkt.

Gibt es Formulierungen im Zeugnis, die zwar positiv erscheinen, in Wahrheit aber eine negative Aussage enthalten?

Teilweise im Bemühen, das Zeugnis wohlwollend zu formulieren, teilweise aber auch zur Vermeidung unangenehmer Zeugnisprozesse werden negative Bewertungen in Zeugnissen möglichst in scheinbar neutralen oder gar freundlich klingende Formulierungen »verpackt«. In Büchern über Zeugnisse wird von der Verwendung sogenannter Codes gesprochen. Wirkliche Codes, die nur von dem verstanden werden, der den Code kennt, spielen in Zeugnissen aber nur am Rande eine Rolle. Dagegen gibt es Formulierungstechniken, die in den verschiedensten Zusammenhängen zu Verschleierungszwecken verwendet werden. Diese können von einem erfahrenen (oder auch nur skeptischen) Zeugnisleser ohne Schwierigkeiten in ihrer Bedeutung verstanden werden. Dazu gehört insbesondere die Hervorhebung oder Betonung bestimmter Eigenschaften und Fähigkeiten. Geschickt eingesetzt, kann damit zum Ausdruck gebracht werden, daß der Arbeitnehmer sich unangebracht hervorgetan hat oder andere wichtigere Eigenschaften oder Fähigkeiten nicht aufweist.

Beispiel 1:

ZEUGNIS

Herr Dr. med. Hans-Jörg Köster, geboren am 18. August 1937 in Berlin, trat am 1. Januar 1983 in die Firma Süd-Pharm GmbH als Referatsleiter Virologie ein.
Ihm waren folgende Aufgaben übertragen:

. . . .

. . . .

Die genannten Aufgabengebiete hat Herr Dr. Köster voll beherrscht. Er baute persönlich gute Kontakte zu führenden Virologen und anderen Wissenschaftlern auf. Herr Dr. Köster zeichnete sich durch ein bis ins Detail gehendes wissenschaftliches Interesse aus. Besonders erwähnt werden soll, daß sich Herr Dr. Köster vor allem anderen von seinem ärztlichen Ethos leiten ließ.
Herr Dr. Köster wurde von seinen Mitarbeitern aufgrund seines Grundverständnisses geschätzt. Im Rahmen seines durch Kollegialität geprägten Führungsstils hatte er stets volles Verständnis für die persönlichen und privaten Probleme.
Herr Dr. Köster hat seinen Arbeitsvertrag zum September 1987 fristgemäß gekündigt.
Für seinen weiteren Berufsweg wünschen wir Herrn Dr. Köster alles Gute.

Iserlohn, den 31. September 1987
Fa. Süd-Pharm GmbH
ppa. Kellner

Hier hat sich der Arbeitgeber schon bei der Gesamtbeurteilung ungewöhnlich ausgedrückt. Welche Bewertung sich hinter der Aussage, Herr Dr. Köster habe seine Aufgabengebiete »voll beherrscht«, steht, ist zumindest unklar. Anders aber als in dem Beispiel der Frau Neder wird die Leistung nicht durch unbestreitbar positive Aussagen über einzelne Eigenschaften ins rechte Licht gerückt, sondern durch eine Fülle von höchst zweifelhaften Formulierungen weiter entwertet.

Die Formulierung, Herr Dr. Köster habe »persönlich« gute Kontakte zu Virologen etc. hergestellt, legt den Schluß nahe, daß er diese Verbindungen nur zu seinem Vorteil, nicht aber zum Nutzen der Fa. Süd-Pharm GmbH geknüpft hat.

Die Hervorhebung des ärztlichen Ethos als Handlungsmaxime läßt vermuten, daß Herr Dr. Köster die ökonomischen Interessen des Unternehmens in seine Überlegungen nicht einbezog.

Da Herr Dr. Köster nur wegen seines »Grundverständnisses« von den Mitarbeitern geschätzt wurde, war sein aktives Sozialverhalten im Betrieb unterentwickelt.

Sein Führungsstil sei von Kollegialität »geprägt« gewesen: Da jeder Hinweis auf Durchsetzungsvermögen fehlt, kann damit nur Schwäche gemeint sein.

Der Arbeitgeber bescheinigt Herrn Dr. Köster außerdem »volles Verständnis für die prsönlichen und privaten Probleme« der Mitarbeiter.

Für das Verhalten im zwischenmenschlichen Bereich ist dies sicher ein Lob, für das Führungsverhalten eines betrieblichen Vorgesetzten aber eine vernichtende Kritik. Zumindest wird damit dem Leser bedeutet, daß Herr Dr. Köster die persönlichen und privaten Belange der Mitarbeiter bei seinen Entscheidungen stärker berücksichtigt hat als die betrieblichen Notwendigkeiten.

Beispiel 2:

ZEUGNIS

Frau Elvira Reinecke, geb. am 21. April 1950 in Hamburg, trat am 5. September 1970 bei uns als Sekretärin ein.

Zu ihren Aufgaben gehörten alle anfallenden Sekretariatsaufgaben wie:

．．
．．

Frau Reinecke erledigte die ihr übertragenen Aufgaben zu unserer vollen Zufriedenheit. Ihre Einsatzbereitschaft war lobenswert und zeigte sich ganz besonders dann, wenn sie anspruchsvolle und vielschichtige Tätigkeiten wahrzunehmen hatte.

Hanau, den 22.3.1988
ppa. Heinze

Hier wird innerhalb einer insgesamt positiven Beurteilung eine besondere Eigenschaft hervorgehoben, die möglicherweise Frau Reinecke schmeichelt, die aber manchen Personalchef davon abhalten wird, Frau Reinecke einzustellen. Aus der Erwähnung der »Steigerung« der Einsatzbereitschaft bei anspruchsvollen und vielschichtigen Tätigkeiten im Zeugnis muß geschlossen werden, daß die einfacheren Tätigkeiten, die ja ganz wesentlich zum Tätigkeitsbild einer Sekretärin gehören, nicht die gleiche Gegenliebe bei Frau Reinecke fanden.

Was kann ich tun, wenn mir der Arbeitgeber die Ausstellung eines Zeugnisses verweigert oder mir ein unrichtiges bzw. unvollständiges Zeugnis erteilt?

Ein qualifiziertes Zeugnis muß der Arbeitgeber Ihnen nur ausstellen, wenn Sie es verlangen. Haben Sie allerdings ein qualifiziertes Zeugnis vergeblich verlangt, können Sie Ihren Anspruch auf ein Zeugnis beim Arbeitsgericht einklagen.
Auch die Berichtigung oder Ergänzung des Zeugnisses kann in einem Verfahren vor dem Arbeitsgericht durchgesetzt werden. In dem gestellten Antrag müssen Sie genau angeben, welche Passagen des Zeugnisses Sie geändert haben wollen und welche Formulierungen an die Stelle der vom Arbeitgeber gewählten treten sollen. Läßt sich eine »punktuelle« Änderung wegen des Gesamtzusammenhangs nicht durchführen, muß Ihr Antrag ein vollständig neu formuliertes Zeugnis enthalten.

Merke: Wenn Sie eine Änderung des Zeugnisses wollen, müssen Sie dies auch alsbald Ihrem Arbeitgeber mitteilen. Der Anspruch auf die Berichtigung eines Zeugnisses kann nämlich nicht mehr durchgesetzt werden, wenn Sie den Arbeitgeber längere Zeit in dem Glauben gelassen haben, es würde mit dem ausgestellten Zeugnis sein Bewenden haben. Haben Sie sechs Monate geschwiegen, geht normalerweise nichts mehr.

Kann ich von meinem Arbeitgeber den Schaden verlangen, der mir dadurch entstanden ist, daß das Zeugnis unrichtig war oder verspätet ausgestellt worden ist?

Zeugnisse sind eine wichtige Bewerbungsunterlage. Eine Bewerbung kann scheitern, weil ein Zeugnis nicht vorgelegt werden kann. Ebenso kann eine Bewerbung wegen der schlechten

Beurteilung im Zeugnis scheitern. Falls Sie dadurch einen Schaden erleiden, muß Ihnen dieser von Ihrem Arbeitgeber ersetzt werden. Aber: Das gilt natürlich nur, wenn das fehlende oder unrichtige Zeugnis die Ursache für den Mißerfolg war. Dabei ist es nicht so, daß das Gericht aufgrund der Lebenserfahrung diesen Zusammenhang annimmt, vielmehr müssen Sie beweisen, daß die Bewerbung an der Nichtvorlage des Zeugnisses oder der unrichtigen Beurteilung gescheitert ist.

2. Die Arbeitsbescheinigung

Wozu benötige ich eine Arbeitsbescheinigung?

Die Arbeitsbescheinigung muß zur Entscheidung über Ihren Antrag auf Arbeitslosengeld beim Arbeitsamt vorliegen. Verzögerungen bei der Vorlage der Arbeitsbescheinigung führen daher auch zu einer verzögerten Auszahlung des Arbeitslosengeldes.

Wann muß mir mein Arbeitgeber eine Arbeitsbescheinigung ausstellen?

Die Arbeitsbescheinigung ist »bei Beendigung« eines Beschäftigungsverhältnisses vom Arbeitgeber zu erstellen und dem Arbeitnehmer auszuhändigen. Dies bedeutet, daß immer dann, wenn ein Arbeitnehmer nicht mehr beschäftigt und nicht mehr bezahlt wird, vom Arbeitgeber eine Arbeitsbescheinigung ausgestellt werden muß. Ob die Beendigung des Arbeitsverhältnisses rechtswirksam erfolgt ist, ist dagegen ohne Belang. Ein Arbeitgeber kann auch nicht unter Hinweis auf einen noch nicht abgeschlossenen Kündigungsschutzprozeß die Ausstellung der Arbeitsbescheinigung verweigern.

Welche Angaben muß der Arbeitgeber in der Arbeitsbescheinigung machen, und welche Bedeutung haben diese Angaben für mich?

In der Arbeitsbescheinigung muß der Arbeitgeber Art und Dauer der Beschäftigung und die Höhe des Verdienstes angeben.
Diese Umstände sind für die Bezugsdauer des Arbeitslosengeldes und die Höhe des Arbeitslosengeldes maßgeblich. Sie müssen sie daher in jedem Fall überprüfen.

Der Arbeitgeber muß weiter angeben, wie das Arbeitsverhältnis beendet wurde (Kündigung des Arbeitgebers, Kündigung des Arbeitnehmers, Auflösungsvertrag, Befristung), und im Fall einer Arbeitgeberkündigung, ob ein vertragswidriges Verhalten des Arbeitnehmers die Kündigung veranlaßt hat.
Diese Angaben sollen es dem Arbeitsamt ermöglichen zu prüfen, ob eine Sperrfrist zu verhängen ist. Eine Sperrfrist bedeutet, daß nach der Beendigung des Arbeitsverhältnisses für zwölf Wochen kein Arbeitslosengeld bezahlt wird. Die Dauer des Arbeitslosengeldbezugs verkürzt sich entsprechend.
Eine Sperrfrist kann nur verhängt werden, wenn der Arbeitnehmer vorsätzlich oder grob fahrlässig die Arbeitslosigkeit herbeigeführt hat.
Unabhängig von der Form der Beendigung ist daher der Grund der Beendigung des Arbeitsverhältnisses der maßgebliche Gesichtspunkt bei der Verhängung einer Sperrfrist.

Beispiel 1:

Wolfgang Feldmann hat trotz einer berechtigten Abmahnung wegen unentschuldigten Fernbleibens von der Arbeit erneut »blaugemacht« und wird deshalb ordentlich und fristgemäß gekündigt.
Muß er mit einer Sperrfrist rechnen?

Der Arbeitgeber hat zwar nicht außerordentlich und fristlos gekündigt. Gleichwohl wird das Arbeitsamt eine Sperrfrist verhängen, da Herr Feldmann die Arbeitslosigkeit grob fahrlässig herbeigeführt hat.

Beispiel 2:

Frau Heim kündigt selbst, da ihr der Arbeitgeber trotz wiederholter Aufforderungen schon für drei Monate keinen Lohn bezahlt hat.
Wird das Arbeitsamt eine Sperrfrist verhängen?

Angesichts der bestehenden Massenarbeitslosigkeit handelt normalerweise ein Arbeitnehmer zumindest grob fahrlässig, wenn er ohne die sichere Aussicht auf einen neuen Arbeitsplatz seinen bisherigen aufgibt. Eine andere Beurteilung ist aber angebracht, wenn der Arbeitnehmer einen wichtigen Grund für die Beendigung des Arbeitsverhältnisses hat. Dies ist bei Frau Heim der Fall. Da der Arbeitgeber den Lohn nicht zahlt, ist ihr die Fortsetzung des Arbeitsverhältnisses nicht zumutbar. Das Arbeitsamt kann keine Sperrfrist verhängen.

Beispiel 3:

Herrn Köster wird in der Personalabteilung eröffnet, daß aufgrund einer Rationalisierungsmaßnahme sein Arbeitsplatz wegfalle. Man sei allerdings bereit, ihm eine Abfindung in einer bestimmten Höhe zu zahlen. Herr Köster unterschreibt daraufhin einen Auflösungsvertrag. Wird das Arbeitsamt eine Sperrfrist verhängen?

Nein. Die Beendigung des Arbeitsverhältnisses beruht auf einer Rationalisierungsmaßnahme des Arbeitgebers. Herr Köster hat deshalb auch nicht grob fahrlässig oder vorsätzlich seine Arbeitslosigkeit herbeigeführt.

Beachte: Die Tatsache, daß Herr Köster eine Abfindung erhalten hat, ist für die Frage der Sperrfrist ohne Bedeutung. Allerdings kann u. U. die Zahlung einer Abfindung zum Ruhen des Arbeitslosengeldes führen. Darüber erfahren Sie unten mehr.
In der Arbeitsbescheinigung muß der Arbeitgeber außerdem angeben, mit welcher Frist er nach den gesetzlichen, tariflichen oder vertraglichen Bestimmungen kündigen konnte.
Dieser Angabe kommt besondere Bedeutung zu, wenn der Arbeitnehmer eine Abfindung oder ähnliche Leistung für den Verlust des Arbeitsplatzes erhält. Das Arbeitsamt muß dann nämlich prüfen, ob und wie lange der Anspruch auf Arbeitslosengeld »ruht«. Das Ruhen des Arbeitslosengeldes führt praktisch zu einem Hinausschieben des Bezugszeitraumes. Anders aber als bei der Sperrzeit wird dieser nicht verkürzt.
Eine Abfindungszahlung wirkt sich dann nicht auf das Arbeitslosengeld aus, wenn das Arbeitsverhältnis nicht zu einem Zeitpunkt vor Ablauf der Kündigungsfrist beendet wird.

Beispiel: Herr Hans Fischer ist seit 1. Juli 1983 bei der Adler-Fluggesellschaft als Bordmechaniker beschäftigt. Sein Vertrag sieht für die ersten fünf Jahre des Arbeitsverhältnisses eine Kündigungsfrist für beide Seiten von einem Monat zum Monatsende vor, danach von sechs Wochen zum Quartalsende. Am 24. Juni 1988 erhält Herr Fischer eine Kündigung zum 31. Juli des gleichen Jahres. Herr Fischer erhebt Kündigungsschutzklage. In einem Arbeitsgerichtstermin Mitte Juli 1988 kommt es zu einem Vergleich, der vorsieht, daß das Arbeitsverhältnis aufgrund der ausgesprochenen Kündigung zum 31. Juli 1988 beendet ist und die Adler-Fluggesellschaft an Herrn Fischer noch 5000,– DM zahlt, womit alle gegenseitigen Ansprüche abgegolten sind. Herr Fischer will ab 1. August 1988 Arbeitslosengeld beziehen.
Kann ihm die Abfindung dabei im Wege stehen?

Am 24. Juni 1988 bestand das Arbeitsverhältnis des Herrn Fischer noch keine fünf Jahre. Die Adler-Fluggesellschaft konnte daher fristgerecht zum 31. Juli 1988 kündigen. Die Abfindung führt daher nicht zu einem Ruhen des Arbeitslosengeldes. Dabei spielt es keine Rolle, wann der Vergleich geschlossen wurde. Der Vergleich hat lediglich zu einer Bestätigung der Kündigung als dem eigentlichen Beendigungstatbestand geführt und nicht selbst die Beendigung des Arbeitsverhältnisses bewirkt.

Wird das Arbeitsverhältnis zu einem Zeitpunkt vor Ablauf der maßgeblichen Kündigungsfrist beendet, führt eine Abfindungszahlung zu einem Ruhen des Arbeitslosengeldes. Die Dauer des Ruhens ist im Gesetz sehr differenziert geregelt. Die Einzelheiten können hier nicht behandelt werden. In keinem Fall aber ruht das Arbeitslosengeld länger als bis zu dem Zeitpunkt, zu dem das Arbeitsverhältnis bei Einhaltung der Kündigungsfrist geendet hätte.

> **Beispiel:** Herr Fischer hat sich in dem arbeitsgerichtlichen Vergleich auf den Beendigungstermin 30. Juni 1988 und eine Abfindung von 10000,– DM geeinigt.
> Wie lange kann der Arbeitslosengeldanspruch des Herrn Fischer allenfalls ruhen?

Wie wir oben gesehen haben, konnte am 24. Juni das Arbeitsverhältnis unter Einhaltung der Kündigungsfrist zum 31. Juli beendet werden.

Der Anspruch auf Arbeitslosengeld des Herrn Fischer ruht daher längstens bis zu diesem Zeitpunkt.

Was kann ich tun, wenn mein Arbeitgeber seiner Pflicht zur unverzüglichen Ausstellung und Aushändigung der Arbeitsbescheinigung nicht nachkommt?

Die Ausstellung der Arbeitsbescheinigung ist in erster Linie eine Verpflichtung des Arbeitgebers gegenüber dem Arbeitsamt. Das Arbeitsamt muß daher den Arbeitgeber zur Erfüllung seiner Verpflichtung anhalten.

Ein Arbeitgeber, der vorsätzlich oder fahrlässig eine Arbeitsbescheinigung nicht, nicht richtig, nicht vollständig oder nicht rechtzeitig ausstellt, begeht eine Ordnungswidrigkeit, die mit einer Geldbuße bis zu 1000,– DM geahndet werden kann. Es ist sicher ein wirksames Mittel, wenn das Arbeitsamt unter Androhung eines Ordnungsgeldes den Arbeitgeber zur Ausstellung

der Arbeitsbescheinigung auffordert. In der Praxis geschieht dies allerdings selten.
Die Erstellung der Arbeitsbescheinigung und die Aushändigung an den Arbeitnehmer sind Nebenpflichten des Arbeitgebers aus dem Arbeitsverhältnis. Sie können daher auch mit einer arbeitsgerichtlichen Klage durchgesetzt werden. Bei Eilbedürftigkeit besteht die Möglichkeit, eine einstweilige Verfügung auf Ausstellung und Herausgabe der Arbeitsbescheinigung zu beantragen.

Was kann ich tun, wenn die Arbeitsbescheinigung unrichtig ausgefüllt ist?

Der Arbeitnehmer hat gegen den Arbeitgeber keinen Anspruch auf Berichtigung einer unrichtigen Arbeitsbescheinigung. Kommt es aufgrund der unrichtig ausgestellten Arbeitsbescheinigung zu einem für den Arbeitnehmer nachteiligen Bescheid des Arbeitsamtes, kann er Anfechtungsklage gegen diesen Bescheid beim Sozialgericht erheben.
Dieses Ergebnis ist unbefriedigend. Deshalb werden trotz dieser Rechtslage immer wieder Klagen auf Berichtigung einer Arbeitsbescheinigung auch bei den Arbeitsgerichten erhoben. Die Hoffnung der Betroffenen ist nicht ganz unberechtigt, daß eine Berichtigung der Arbeitsbescheinigung im Rahmen eines arbeitsgerichtlichen Vergleichs erreicht werden kann. Auch ohne Klage ist es empfehlenswert, streitige Fragen aus einer Arbeitsbescheinigung nach Möglichkeit in einem arbeitsgerichtlichen Vergleich zu klären und damit eine Auseinandersetzung mit dem Arbeitsamt überflüssig zu machen.

3. Die Lohnsteuerkarte

Welche Bedeutung hat die Lohnsteuerkarte im Arbeitsverhältnis?

Die Lohnsteuerkarte enthält die für die Besteuerung des Arbeitnehmers wesentlichen Merkmale und liefert dem Arbeitgeber die für den Steuerabzug notwendigen Informationen.
Auf der Lohnsteuerkarte muß der Arbeitgeber am Ende des Kalenderjahres die Lohnsteuerbescheinigung erteilen.
Dazu gehören die Angaben über die Dauer der Beschäftigung

im abgelaufenen Kalenderjahr, über das bezogene Arbeitsentgelt und über die einbehaltene Lohn- und Kirchensteuer. Der Arbeitnehmer benötigt diese Lohnsteuerbescheinigung für die Einkommensteuererklärung oder den Lohnsteuerjahresausgleich.

Die gleiche Verpflichtung trifft den Arbeitgeber, wenn das Arbeitsverhältnis vor Ablauf des Kalenderjahres endet. Der Arbeitnehmer benötigt die Lohnsteuerkarte mit Lohnsteuerbescheinigung zur Vorlage bei einem neuen Arbeitgeber, aber auch beim Arbeitsamt.

Was kann ich machen, wenn mir mein Arbeitgeber die Lohnsteuerbescheinigung nicht, nicht vollständig oder unrichtig erteilt?

Erteilt der Arbeitgeber die Lohnsteuerbescheinigung nicht, können Sie beim Finanzamt anregen, daß der Arbeitgeber zur Erteilung der Lohnsteuerbescheinigung angehalten wird.

Sie können auch bei den Arbeitsgerichten auf Erteilung der Lohnsteuerbescheinigung klagen. Fehlt in der Lohnsteuerbescheinigung eine der notwendigen Angaben, also etwa die einbehaltene Lohn- und Kirchensteuer, so können Sie ebenfalls arbeitsgerichtliche Klage mit dem Ziel erheben, daß die Lohnsteuerbescheinigung vollständig ausgefüllt wird.

Geht dagegen der Streit nur um die Richtigkeit der Angaben, sind die Arbeitsgerichte nicht zuständig. In diesem Fall können Sie sich nur an das Finanzamt wenden.

4. Das Sozialversicherungs-Nachweisheft

Was enthält das Versicherungsnachweisheft?

Das Versicherungsnachweisheft enthält neben dem Deckblatt den Ausweis über die Versicherungsnummer und die Versicherungsnachweise für die An- und Abmeldung und die Jahresmeldung.

Der Ausweis über die Versicherungsnummer steht dem Arbeitnehmer zu und ist von diesem sorgfältig aufzubewahren. Das übrige Heft mit den Versicherungsnachweisen steht dem Arbeitgeber zu, der diese für die gesetzlich vorgeschriebenen Meldungen an die Krankenkasse benötigt.

Was muß der Arbeitgeber in die Versicherungsnachweise eintragen?

Einzutragen sind insbesondere der Zeitraum, in dem der Arbeitnehmer gegen Entgelt beschäftigt war, das beitragspflichtige Bruttoentgelt, der Name der Krankenkasse und der Firmenname mit Unterschrift.

Welche Rechte habe ich bezüglich des Versicherungsnachweisheftes?

Eine Durchschrift der Versicherungsnachweise (Versicherungskarte) ist für Sie bestimmt.
Nach Beendigung des Arbeitsverhältnisses muß Ihnen der Arbeitgeber das Sozialversicherungsnachweisheft zurückgeben.

Welche Rechte habe ich, wenn der Arbeitgeber den Versicherungsnachweis nicht ausfüllt?

Sie können vor dem Arbeitsgericht klagen. Das gilt auch, wenn der Arbeitgeber eine Berichtigungsmeldung an die Krankenkasse wegen nachträglich zugeflossener Vergütung nicht vornimmt.

Welche Rechte habe ich, wenn der Versicherungsnachweis unrichtig ausgefüllt ist?

Für einen Streit über die inhaltliche Richtigkeit der Versicherungsnachweise sind nicht die Arbeitsgerichte, sondern die Sozialgerichte zuständig.

5. Die Urlaubsbescheinigung

Wann muß mir der Arbeitgeber eine Urlaubsbescheinigung ausstellen?

Der Anspruch auf eine Urlaubsbescheinigung besteht bei Beendigung des Arbeitsverhältnisses.

Welchen Inhalt hat die Urlaubsbescheinigung?

Der Arbeitgeber muß Ihnen bescheinigen, wie viele Urlaubstage er Ihnen in Freizeit gewährt und wie viele Urlaubstage er finanziell abgegolten hat.

Wozu nützt mir die Urlaubsbescheinigung?

Nach dem Bundesurlaubsgesetz besteht ein Urlaubsanspruch nicht, soweit dem Arbeitnehmer schon von einem früheren Arbeitgeber Urlaub gewährt worden ist. Der neue Arbeitgeber könnte daher einem Urlaubsbegehren eines Arbeitnehmers einfach entgegenhalten, daß dieser seinen Urlaub schon bei dem früheren Arbeitgeber erhalten hat. Die Urlaubsbescheinigung hilft, einen solchen Streit zu vermeiden.

Was kann ich tun, wenn der Arbeitgeber die Urlaubsbescheinigung nicht oder nicht richtig ausstellt?

Sie können auf Ausstellung und Aushändigung der Urlaubsbescheinigung, aber auch auf Berichtigung vor dem Arbeitsgericht klagen.

Kapitel 17

Die Verfolgung Ihrer Rechte

1. Anspruchswahrendes Verhalten

Sicher ist es ein guter Rat, die Klärung und Entscheidung eines Konflikts mit dem Arbeitgeber nicht auf die lange Bank zu schieben. Aber auch wenn Sie diesen Rat beachten, kann es unter Umständen schon zu spät sein, nämlich dann, wenn Sie aus Unkenntnis etwas versäumt haben, was zur Anspruchswahrung notwendig ist.

Welche Fristen muß ich beachten?

Der Gang zum Gericht kann sich als zwecklos erweisen, wenn das behauptete Recht zwar unzweifelhaft bestand, aber die für seine Geltendmachung vorgesehenen Fristen verstrichen sind.

> **Beispiel:** Gerda Meder ist seit zwei Jahren bei der Firma Daimler-Vertrieb (40 Beschäftigte) als Buchhalterin angestellt. Mehrmals gab es Meinungsverschiedenheiten mit der Geschäftsführerin über die Richtigkeit von Buchungen. Am 22. Februar 1988 erhält Frau Meder eine fristgerechte Kündigung zum 30. Juni 1988. Noch am selben Tag läßt sie sich bei der Geschäftsführerin einen Termin geben und versucht, die Mißverständnisse, die zur Kündigung geführt haben, aufzuklären. Sie hat den Eindruck, daß das Gespräch gut verlaufen ist, und erwartet, daß die Kündigung zurückgenommen wird. Als nach zwei Wochen diese Erwartung nicht eingetreten ist, bespricht sie sich mit ihrem Freund, einem Studenten der Rechtswissenschaft, der ihr rät, nicht gleich zu klagen, sondern es noch einmal »gütlich« zu versuchen. Sie schreibt daher an die Geschäftsführerin und bittet, die »Entscheidung noch einmal zu überprüfen«. Erst am 17. März 1988, nachdem seitens der Firma keine Reaktion gekommen war, geht sie zum Rechtsanwalt und bittet diesen, die Kündigung gerichtlich anzugreifen.
> Kann die Kündigungsschutzklage noch rechtzeitig erhoben werden?

Nein: Bei Kündigungen muß innerhalb von drei Wochen nach Zugang der Kündigung Kündigungsschutzklage erhoben werden. Ein Brief, mit dem Sie innerhalb dieser Frist beim Arbeitgeber gegen die Kündigung protestieren, wahrt die Frist nicht. Für wiederkehrende Ansprüche aus dem Arbeitsverhältnis, also insbesondere für alle Ansprüche auf Arbeitsentgelt, gilt die zweijährige Verjährungsfrist. Sie beginnt zu laufen am 1. Januar des auf das Jahr der Fälligkeit folgenden Jahres.

> **Beispiel:** Frau Pertl ist seit Januar 1983 Verkäuferin und Kassiererin im Regen-Einkaufszentrum in der Nähe von Regensburg. In den ersten drei Jahren des Arbeitsverhältnisses hat sie ein Gehalt erhalten, das 100 DM unter dem Tarifgehalt lag. Schon im August 1985 hat sie in einem Brief an die Geschäftsleitung darauf hingewiesen. Nachdem ihr Gehalt aber Anfang 1984 an das Tarifgehalt angepaßt worden war, hat sie nichts weiter unternommen. Mitte Februar kündigt ihr das Regen-Einkaufszentrum fristgemäß zum 31. März 1987. Sie will jetzt nicht nur gegen die Kündigung vorgehen, sondern auch die Gehaltsdifferenzen aus der Zeit vom 31. Januar 1983 bis 31. Dezember 1985 einklagen.
> Bestehen Erfolgsaussichten?

Nur zum Teil: Die Gehaltsansprüche aus den Jahren 1983 und 1984 waren am 1. Januar 1986 bzw. 1. Januar 1987 verjährt. Die Verjährungsfrist für die Ansprüche aus dem Jahre 1985 begann am 1. Januar 1986 und läuft erst am 31. Dezember 1987 ab. Diese konnten daher zum Zeitpunkt der Kündigung noch erfolgreich eingeklagt werden.

Beachten Sie auch hier: Nur eine Klage – nicht etwa ein Schreiben, mit dem Sie den Arbeitgeber zur Zahlung auffordern – »unterbricht« die Verjährungsfrist.

In vielen Fällen sind aber wesentlich kürzere Fristen einzuhalten. Dies ist immer dann der Fall, wenn ein Tarifvertrag gilt, der eine sogenannte Verfallfrist (auch Ausschlußfrist genannt) enthält.

> **Beispiel:** Frau Pertl kündigt selbst zum 31. März 1987. Erst Mitte Juli 1987 fällt ihr ein, daß sie aus früheren Zeiten gegenüber dem Regen-Einkaufszentrum »etwas gut« hat.
> Wird eine Klage Erfolg haben?

Nein. Jetzt geht nichts mehr. Die Ansprüche der Frau Pertl aus dem Jahre 1985 sind zwar nicht verjährt, aber nach dem allgemeinverbindlichen Manteltarifvertrag für den Einzelhandel in Bayern verfallen. Dieser Tarifvertrag sieht in § 23 zunächst für einige Ansprüche auf Entgelt (Bezahlung von Mehrarbeit, Nachtarbeit etc.) und den Urlaubsanspruch besondere Fristen für die Geltendmachung vor. Anschließend heißt es dann: »Alle übrigen aus dem Tarifvertrag und dem Arbeitsverhältnis entstan-

denen gegenseitigen Ansprüche sind spätestens innerhalb von drei Monaten nach Beendigung des Arbeitsverhältnisses geltend zu machen ...« Unter diese Klausel fallen auch die Ansprüche der Frau Pertl. Sie hätten daher innerhalb von drei Monaten nach der Beendigung des Arbeitsverhältnisses geltend gemacht werden müssen.
Sieht der Tarifvertrag nur vor, daß die Ansprüche geltend gemacht werden müssen, genügt auch eine mündliche Geltendmachung. Aber schon aus Beweisgründen ist zur Schriftform zu raten. Zur Geltendmachung gehört auch, daß Sie dem Arbeitgeber mitteilen, um welchen Anspruch es sich handelt (Weihnachtsgeld, Provision etc.) und wie hoch der geforderte Betrag ist. Ist eine gerichtliche Geltendmachung im Tarifvertrag nicht vorgesehen, würden zur Geltendmachung folgende Zeilen genügen:

An die
Firma Industrieanlagen Huber

Sehr geehrte Damen und Herren,
für die Monate Oktober, November und Dezember 1987 haben Sie mir die Leistungszulage in Höhe von monatlich 200 DM nicht mehr bezahlt. Ich fordere hiermit die Nachzahlung dieser Beträge.

Hochachtungsvoll

Wie kann ich mich über die tariflichen Verfallfristen informieren?

Während die tariflich vorgesehenen Leistungen relativ bekannt sind, ist dies bei den tariflichen Verfallfristen nicht der Fall.
Sie werden vielleicht sagen, daß Sie nicht Gewerkschaftsmitglied sind und daher nicht unter einen Tarifvertrag fallen können. So einfach ist die Sache nicht. Möglicherweise enthält Ihr Arbeitsvertrag eine Bestimmung, die die Anwendung eines bestimmten Tarifvertrages vorsieht. Steht in diesem Tarifvertrag eine Verfallfrist, so gilt diese auch dann für Sie, wenn Sie nicht Gewerkschaftsmitglied sind. Oder Sie arbeiten, wie in unserem Beispiel Frau Pertl, in einer Branche, für die ein allgemeinverbindlicher Tarifvertrag mit einer Verfallklausel gilt. Auch dann kommt es nicht darauf an, ob Sie Gewerkschaftsmitglied sind (ebensowenig ist von Bedeutung, ob Ihr Arbeitgeber Mitglied im Arbeitgeberverband ist). Siehe auch Kapitel 2 Abschnitt 3.

Wie erfahren Sie nun, welcher Tarifvertrag gilt und ob er eine solche tückische Verfallfrist enthält? Wenn Sie Gewerkschaftsmitglied sind, wird Ihnen Ihre Gewerkschaft die einschlägigen Tarifverträge aushändigen.
Ansonsten ist darauf hinzuweisen, daß der Arbeitgeber gesetzlich verpflichtet ist, die im Betrieb geltenden Tarifverträge für jeden zugänglich im Betrieb auszulegen.

Bestehen noch weitere Gefahren eines Rechtsverlustes, wenn ich mich längere Zeit wegen eines mir zustehenden Anspruchs gegenüber dem Arbeitgeber nicht rühre?

Sie dürfen sich nicht so verhalten, daß der Arbeitgeber daraus schließen kann, Sie würden Ihre Rechte nicht wahrnehmen. Dies kann nämlich dazu führen, daß das Recht »verwirkt« ist.

> **Beispiel:** Frau Vogel ist als »betriebswirtschaftliche Assistentin« bei einer Firma Roter-Verlag in Mainz. Sie hat über zwei Jahre hinweg monatlich zwischen zehn und 15 Überstunden geleistet. Ohne ausdrückliche Vereinbarung erhielt sie zusätzlich zu ihrem Monatslohn eine Pauschale von DM 100,–, und zwar unabhängig von der Anzahl der Überstunden. Nachdem sie selbst gekündigt hat, stellte sie fest, daß die Überstunden durch die Pauschale nicht ausreichend abgegolten sind, und will die Differenz für die letzten zwei Jahre einklagen.
> Wird sie damit Erfolg haben?

Wohl nicht. Indem sie über eine so lange Zeit hinweg ohne Widerspruch die monatliche Pauschale angenommen hat und niemals eine korrekte Abrechnung ihrer Überstunden reklamiert hat, konnte der Roter-Verlag darauf vertrauen, daß er nicht mit weiteren Überstundenforderungen durch Frau Vogel konfrontiert werden würde.

Was muß ich beachten, um meinen Gehaltsanspruch nicht zu verlieren, wenn der Arbeitgeber mich gegen meinen Willen nicht beschäftigt?

Werden Sie vom Arbeitgeber gegen Ihren Willen nicht beschäftigt, was etwa bei einer einseitig vom Arbeitgeber angeordneten Freistellung von der Arbeit (Suspendierung) oder bei einer Kündigung (bei einer ordentlichen Kündigung nach Ablauf der Kündigungsfrist) der Fall ist, muß der Arbeitgeber Ihnen nur dann Gehalt oder Lohn bezahlen, wenn er sich im »Verzug der Annahme der Dienste« befindet. Sie müssen also Ihre Dienste anbieten. Auch dies gehört zum anspruchswahrenden Verhalten, mit dem Sie nicht immer warten können, bis Sie von einem Rechtsanwalt oder Gewerkschaftssekretär entsprechend belehrt worden sind.

> **Beispiel:** Der Maurer Hochleitner ist bei der Firma Hoch und Tief Regionalbau GmbH beschäftigt. Nach einer Auseinandersetzung mit dem Polier wird ihm von der »Hoch-Tief« am 19. September 1988 zum 25. September 1988 gekündigt. Nach der Kündigung ruft er einen Rechtsanwalt an, der für ihn schon in anderen Rechtsstreitigkeiten tätig war. Er erfährt, daß dieser bis 5. Oktober 1988 in Urlaub ist. Die Sekretärin gibt ihm einen Besprechungstermin am 6. Oktober.
> Ist es empfehlenswert, daß Herr Hochleitner am 26. September seine Arbeitskraft anbietet?

Sie werden vielleicht sagen: Das ist doch absurd, daß Herr Hochleitner, nachdem er hinausgeworfen worden ist, dem Arbeitgeber seine Arbeitskraft anbieten muß, obwohl er genau weiß, daß dieser das Angebot nicht annimmt. Wegen dieser sicherlich richtigen Überlegung hat die Rechtsprechung in solchen Fällen entschieden, daß zuerst der Arbeitgeber dem Arbeitnehmer mitteilen muß, daß er ihn wieder vertragsgemäß beschäftigt, und erst dann der Arbeitnehmer verpflichtet ist, seine Arbeitskraft anzubieten. Da aber Vorsicht geboten ist, würden wir auch Herrn Hochleitner raten, seine Arbeitskraft anzubieten.

Wenn Sie Ihre Arbeitskraft anbieten wollen, schreiben Sie etwa:

> An die
> Hoch und Tief Regionalbau GmbH
>
> Sehr geehrter Herr Wutz,
> ihre Kündigung vom 19. September zum 25. September habe ich erhalten. Da ich die Gründe hierfür nicht anerkenne, werde ich gegen die Kündigung Klage erheben und biete daher meine Dienste für die Zeit nach dem 25. September ausdrücklich an.
>
> Hochachtungsvoll
> Hochleitner

Besonders häufig versäumen Arbeitnehmer, ihre Arbeitsleistung nach Ablauf einer Erkrankung anzubieten.

> **Beispiel:** Herr Hochleitner ist unmittelbar nach Ausspruch der Kündigung zum Arzt gegangen, der ihn bis einschließlich 30. September arbeitsunfähig krank schrieb. Da er bei seinem Rechtsanwalt keinen

schnellen Besprechungstermin erhielt, reichte er am 26. September Klage bei der Geschäftsstelle des Arbeitsgerichts ein. Diese wurde dem Arbeitgeber am 29. September zugestellt. Damit glaubte Herr Hochleitner, alles Notwendige getan zu haben, und unterließ es, seine Arbeitskraft ab 1. Oktober der Firma Hoch und Tief Regionalbau GmbH anzubieten. Herr Hochleitner gewinnt den Kündigungsschutzprozeß und möchte für die Zeit seiner Nichtbeschäftigung Lohn verlangen.
Wird er damit durchdringen?

Nein. Herr Hochleitner hat versäumt, nach Ablauf seiner Arbeitsunfähigkeit seine Arbeitskraft anzubieten. Sein Arbeitgeber ist daher nicht in Annahmeverzug geraten. Dies wäre aber Voraussetzung für den Lohnanspruch nach Ablauf der Arbeitsunfähigkeit gewesen.

2. Die Beratung in arbeitsrechtlichen Angelegenheiten

Welche Bedeutung hat meine Gewerkschaftsmitgliedschaft, wenn ich mich arbeitsrechtlich beraten lassen möchte?

Wenn Sie Gewerkschaftsmitglied sind, haben Sie Anspruch auf Rechtshilfe, die auch die Beratung und Auskunftserteilung in arbeitsrechtlichen Angelegenheiten umfaßt. Die Gewerkschaften bzw. die Dachverbände der Gewerkschaften beschäftigen hierfür qualifizierte Gewerkschaftssekretäre (z. B. Rechtssekretäre des Deutschen Gewerkschaftsbundes).

Wie finde ich einen auf Arbeitsrecht spezialisierten Rechtsanwalt?

Sind Sie nicht Gewerkschaftsmitglied, ist der Gang zum Rechtsanwalt naheliegend. Wie komme ich nun an den richtigen Rechtsanwalt? Einige Rechtsanwälte beschäftigen sich schwerpunktmäßig mit Arbeitsrecht. Allerdings gibt es keine offizielle Stelle, die Ihnen Auskunft über Rechtsanwälte mit dieser Spezialisierung erteilt. Letztlich sind Sie auf eine Empfehlung angewiesen.

Abgesehen von Zufallsempfehlungen, die von Arbeitskollegen, Verwandten und Bekannten kommen, ist es einen Versuch wert, den Betriebsrat zu fragen, denn er muß oft selbst arbeitsgerichtliche Verfahren mit einem Rechtsanwalt durchführen und erhält auch häufig Rückmeldungen von Arbeitnehmern über die von diesen geführten Arbeitsgerichtsverfahren.

Seit dem Jahre 1987 ist der Fachanwalt für Arbeitsrecht anerkannt. Da die Führung dieser Bezeichnung nur bei Nachweis entsprechender Kenntnisse durch die Rechtsanwaltskammern gestattet wird, dürften Sie im Zweifel mit einer arbeitsrechtlichen Beratung (und natürlich auch Vertretung) bei einem Fachanwalt für Arbeitsrecht gut aufgehoben sein.

Darf mich die Geschäftsstelle des Arbeitsgerichts (Antragstelle) arbeitsrechtlich beraten?

Keine Rechtsberatung dürfen die Antragstellen der Arbeitsgerichte durchführen. Ihre Aufgabe besteht lediglich darin, Klagen und andere Anträge aufzunehmen. Die in den Antragstellen tätigen Rechtspfleger haben auch nicht die Qualifikation für eine umfassende arbeitsrechtliche Beratung. Soweit sie doch Hinweise zur Rechtslage geben, können Sie sich hierauf nur mit Einschränkungen verlassen. In den arbeitsgerichtlichen Antragstellen darf Ihnen auch kein Rechtsanwalt empfohlen werden.

Darf der Betriebsrat mich arbeitsrechtlich beraten?

Der Betriebsrat darf keine Rechtsberatung durchführen. Dies schließt aber nicht aus, daß er Ihnen für Ihren Fall wichtige Hinweise geben kann. So erfahren Sie dort aus erster Hand, ob er vor der Kündigung ordnungsgemäß gehört worden ist. Aufgrund seiner Kenntnis der Betriebsinterna kann er Ihnen darüber Auskunft geben, ob die Kündigung etwa durch eine Versetzung auf einen freien Arbeitsplatz hätte abgewendet werden können oder ob sozial weniger schutzwürdige Arbeitnehmer weiterbeschäftigt werden. Fragen, die von entscheidender Bedeutung für den Ausgang eines Kündigungsschutzprozesses sind.

3. Die Erreichbarkeit des Prozeßziels

Kann ich mich gegen alles, was der Arbeitgeber gegen mich unternimmt, mit einer Klage beim Arbeitsgericht wehren?

Nicht für alles, was einem gegen den Strich geht, ist der Weg zum Arbeitsgericht eröffnet.

> **Beispiel:** Sie sind mehrmals zu spät zur Arbeit gekommen. Der Arbeitgeber schreibt Ihnen: »Bitte achten Sie in Zukunft auf die Einhaltung der Arbeitszeit.« Sie sind der Auffassung, daß diese Beanstandung zu Unrecht erfolgt ist, weil sie jeweils durch einen Verkehrsstau aufgehalten worden sind.
> Können Sie gerichtlich feststellen lassen, daß diese Beanstandung zu Unrecht erfolgt ist?

Hierbei handelt es sich um einen einfachen Hinweis auf Ihre arbeitsvertraglichen Pflichten. Auch wenn dieser nicht gerechtfertigt war, besteht keine Möglichkeit, durch ein arbeitsgerichtliches Verfahren die Rücknahme dieser Entscheidung zu erreichen. Sie können Ihre Einwendungen allerdings in Form einer Gegendarstellung vorbringen und zur Personalakte nehmen lassen. Auch eine Beschwerde beim Betriebsrat ist möglich.
Hätte sich allerdings der Arbeitgeber nicht mit einem Hinweis auf Ihre arbeitsvertraglichen Pflichten begnügt, sondern eine Kündigung für den Fall weiterer Verspätungen angedroht, wäre eine Überprüfung in einem arbeitsgerichtlichen Verfahren möglich gewesen.

Ist das Arbeitsgerichtsverfahren geeignet, mich von einem falschen oder ehrenrührigen Vorwurf meines Arbeitgebers reinzuwaschen?

Manchmal empfinden Arbeitnehmer Vorwürfe, die ihnen vom Arbeitgeber im Zusammenhang mit einer Kündigung gemacht werden, als ehrenrührig und erwarten, daß im Kündigungsschutzverfahren geklärt wird, daß die erhobenen Vorwürfe nicht zutreffen.

> **Beispiel:** Herr Makarani arbeitet seit zehn Jahren als Diplom-Chemiker in der Forschungsabteilung der Firma Tiemons in Ellwangen. Zu seinen Aufgaben gehörten die Untersuchung der Produktionstauglichkeit von Stoffen und die Erarbeitung von Vorschlägen für den Einsatz von Stoffen in der Produktion. Herr Makarani war niemals wegen seiner Arbeit abgemahnt worden, dennoch erhält er eine ordentliche Kündigung, die unter anderem damit begründet wird, daß eine von ihm erarbeitete Analyse unbrauchbar gewesen sei und die Qualität einer »Anfängerarbeit« gehabt habe. Obwohl er einen neuen Job in Aussicht hat, möchte Herr Makarani den Kündigungsschutzprozeß auf jeden Fall durchziehen, um die Qualität seiner Arbeit zu beweisen. Wird ihm dies gelingen?

Wohl nicht. Das Gericht wird der Frage, ob die Arbeit tatsächlich so schlecht war, nicht weiter nachgehen, sondern der Klage einfach stattgeben, weil die Firma Tiemons nur eine einmalige Schlechtleistung behauptet und daher auch keine Abmahnung wegen einer früheren Schlechtleistung vorliegt. Herr Makarani wird also den Prozeß zwar gewinnen, aber sein Ziel, nämlich seine »Rehabilitation«, nicht erreichen. Da er schon einen neuen Arbeitsplatz hat, wird ihm die Entscheidung des Arbeitsgerichts auch sonst nichts nützen.

Das Gericht muß zur Klärung der Rechtmäßigkeit einer Kündigung nicht immer den gesamten Sachverhalt aufklären. Es kann zum Beispiel auch argumentieren: Selbst wenn der Vorwurf zutrifft, ist die Kündigung rechtswidrig, weil der Vorwurf unter Abwägung aller Umstände nicht schwerwiegend genug ist oder weil es an einer vorausgegangenen Abmahnung fehlt oder weil der Betriebsrat nicht ordnungsgemäß gehört worden ist usw.

Kann ich durch ein arbeitsgerichtliches Verfahren gegen eine Kündigung eine Abfindung erreichen?

Die Vorstellung, daß das Arbeitsgericht aufgrund eines Kündigungsschutzverfahrens dem gekündigten Arbeitnehmer eine Abfindung »zusprechen« kann, ist weit verbreitet.

> **Beispiel:** Frau Leicht ist seit zehn Jahren bei einem Mütter und Kinder Fürsorge-Verein in Nürnberg beschäftigt. Wegen der Übertragung der Reinigungsarbeiten auf die Firma Schmutzfrei wird sie zum 31. März 1988 ordentlich gekündigt. Durch Vermittlungen des Mütter und Kinder Fürsorge-Vereins erhält sie eine neue Stelle als Reinigungskraft bei der Stadt Nürnberg. Zur Zahlung einer Abfindung besteht keine Bereitschaft. Frau Leicht ist auf das äußerste empört, auf diese Weise nach zehnjähriger Betriebszugehörigkeit »abgeschoben« zu werden. Sie geht zum Arbeitsgericht und will Klage auf Abfindung erheben. Wird diese Klage Erfolgsaussichten haben?

Nein. Nach deutschem Recht haben Sie auch bei einer noch so langen Betriebszugehörigkeit normalerweise keinen gesetzlichen Abfindungsanspruch. Vielleicht wissen Sie von Arbeitskollegen, daß diese wegen einer Kündigung einen Arbeitsgerichtsprozeß geführt und eine Abfindung erreicht haben. Das widerspricht aber unserer Aussage nicht. Fragen Sie nach, Sie werden sehen: Die Abfindung beruht auf einem Vergleich, nicht auf einem Urteil des Gerichts. Sie ist also das Ergebnis einer Einigung mit dem Arbeitgeber. Will dieser nicht, gibt es auch normalerweise keine Abfindung!

Kann mein Arbeitgeber während des Kündigungsschutzprozesses die Kündigung zurückziehen?

Beispiel: Manfred Lutter ist seit 15 Jahren bei der Maschinenfabrik Heckel im Außendienst tätig. Anfang 1987 kam ein neuer Vertriebsleiter, der die Verkaufsgebiete der Mitarbeiter änderte, im Falle des Herrn Lutter mit erheblichen negativen Auswirkungen auf die Provision. Herr Lutter überlegte schon von sich aus, ob er das Arbeitsverhältnis nicht beenden solle. Im Januar 1988 wurde ihm mit der Begründung mangelnder Leistung fristgerecht zum 30. Juni 1988 gekündigt. Nachdem Herr Lutter Kündigungsschutzklage erhoben hatte, fand ein Gerichtstermin statt, bei dem der Richter deutlich zu erkennen gab, daß der Kündigungsgrund nicht ausreichend sei. Daraufhin erklärte die Firma Heckel, sie ziehe die Kündigung zurück. Herr Lutter will das nicht gelten lassen und verlangt eine Abfindung. – Hat er Erfolg?

Nein. Wenn Sie gegen die Kündigung prozessieren, kann der Arbeitgeber auch die Kündigung zurückziehen. Er macht damit nichts anderes, als daß er Ihr Klageziel anerkennt. Sie haben dann nur die Wahl, die Beschäftigung wieder aufzunehmen oder sich selbst aus dem Arbeitsverhältnis zu verabschieden, mit der Abfindung wird es nichts.

Das heißt nicht, daß der Kündigungsschutzprozeß nicht eine realistische Chance für die Vereinbarung einer Abfindung bietet. Dies wird jedenfalls dann der Fall sein, wenn für den Arbeitgeber das Risiko besteht, Sie weiterbeschäftigen zu müssen, und er diese Konsequenz in jedem Falle vermeiden will.

Gibt es einen gesetzlich vorgesehenen Fall, in dem das Arbeitsgericht den Arbeitgeber zur Zahlung einer Abfindung verurteilen kann?

Ja, dabei kann man aber getrost von einem Ausnahmefall sprechen. Zu den Voraussetzungen siehe Kapitel 15 Abschnitt 3.

Kann ich durch ein Arbeitsgerichtsverfahren erreichen, daß ich nach Ablauf der Kündigungsfrist vom Arbeitgeber weiterbeschäftigt werden muß?

Richtet sich das Interesse des gekündigten Arbeitnehmers auf die Fortsetzung des Arbeitsverhältnisses, so ist es von großer Bedeutung, daß eine Unterbrechung seiner tatsächlichen Beschäftigung im Betrieb von vorneherein vermieden wird.

Beispiel: Herr Günter Mateika ist Pharmareferent bei der Firma Süd-Pharm in Freiburg. Er erhält am 15. August 1988 eine ordentliche Kündigung zum 30. September 1988. Begründung: Unzulässige Abgabe von Ärztemustern in Krankenhäusern. Herr Mateika bestreitet den Vorwurf entschieden. Nachdem er zunächst versucht hat, mit der Süd-Pharm zu einer Einigung zu kommen, hat er selbst bei der Geschäftsstelle des Arbeitsgerichts Klage erhoben. Auch den ersten Termin vor dem Arbeitsgericht am 28. September hat er noch selbst wahrgenommen. Als auch in diesem Termin die Süd-Pharm sich nicht zu einer Weiterbeschäftigung bewegen läßt, ruft er am 29. September einen Rechtsanwalt an und bittet ihn, den Fall zu übernehmen. Als erstes müsse sichergestellt werden, daß er nicht am 1. Oktober arbeitslos sei. Wegen der von ihm erhobenen Klage müsse die Süd-Pharm ihn weiterbeschäftigen.
Ist das Anliegen des Herrn Mateika zu realisieren?

Normalerweise nicht. Solange das Arbeitsgericht nicht zugunsten von Herrn Mateika entschieden hat, daß die Kündigung das Arbeitsverhältnis nicht aufgelöst hat, ist die Kündigung zu beachten.
Aber selbst wenn ein solches Urteil vorliegt, kann damit die Beschäftigung nicht erzwungen werden.

Beispiel: Herr Mateika hat mit seinem Rechtsanwalt Dr. Lux das Kündigungsschutzverfahren weitergeführt. Dr. Lux ändert den bei der Geschäftsstelle des Arbeitsgerichts von Herrn Mateika selbst gestellten Antrag, die Unwirksamkeit der Kündigung festzustellen, nicht mehr. Das Arbeitsgericht gibt der Klage statt. Die Firma Süd-Pharm legt gegen dieses Urteil Berufung beim zuständigen Landesarbeitsgericht ein.
Kann Herr Mateika aufgrund des Urteils des Arbeitsgerichts Weiterbeschäftigung verlangen?

Leider nicht. Diese Tatsache hängt mit dem Wesen des Kündigungsschutzverfahrens zusammen. Der Kündigungsschutzprozeß bezweckt die Feststellung, daß das Arbeitsverhältnis durch die Kündigung nicht aufgelöst worden ist (einen solchen Antrag hat auch Herr Mateika beim Arbeitsgericht zu Protokoll gegeben); aus einem solchen Urteil kann nicht die Beschäftigung erzwungen werden, dazu wäre ein weiteres Urteil notwendig, das dem Arbeitgeber ausdrücklich die Beschäftigung befiehlt. Aber selbst wenn der Rechtsanwalt Dr. Lux einen solchen Antrag gestellt hätte, würde es je nach Schwierigkeit des Verfahrens mehrere Monate, ein halbes Jahr oder vielleicht sogar ein Jahr bis zu einem solchen Urteil dauern.

Besteht eine Chance, die Weiterbeschäftigung nach Ablauf der Kündigungsfrist durchzusetzen, wenn der Betriebsrat der Kündigung widersprochen hat?

Hat der Betriebsrat einer Kündigung fristgerecht und ordnungsgemäß widersprochen, ist der Arbeitgeber auf Antrag des Arbeitnehmers verpflichtet, den Arbeitnehmer bis zum rechtskräftigen Abschluß des Kündigungsschutzverfahrens weiterzubeschäftigen. Lesen Sie dazu Kapitel 15 Abschnitt 2 (S. 263).
Sie müssen sich die Stellungnahme des Betriebsrats besorgen und sie Ihrem Prozeßvertreter weitergeben, damit dieser – immer vorausgesetzt, der Widerspruch ist »ordnungsgemäß und fristgemäß« – sofort die Weiterbeschäftigung durchsetzen kann. Jetzt geht es auch schnell, da ja die Weiterbeschäftigung bis zum Ende des Kündigungsschutzprozesses gesichert werden muß.
Der Weiterbeschäftigungsanspruch aufgrund des Widerspruchs des Betriebsrats kann im Wege der einstweiligen Verfügung, also in einem Eilverfahren, durchgesetzt werden.
Er bietet daher eine echte Chance, eine nahtlose Weiterbeschäftigung zu erreichen.

4. Die Beurteilung der Prozeßaussichten

Wie kann ich die Rechtslage abschätzen?

Ob Sie hoffen können, Ihr Ziel auch beim Arbeitsgericht zu erreichen, also »Recht« zu bekommen, hängt natürlich davon ab, wie die Rechtslage ist. Diese richtig zu beurteilen, ist Sache des Sie beratenden Rechtsanwalts oder Gewerkschaftssekretärs. Dabei können häufig keine sicheren Voraussagen gemacht werden, da die Gesetze für den Einzelfall nicht immer eindeutig sind und von den Gerichten eine Bewertung verlangen, die unterschiedlich ausfallen kann.

Welche Rolle spielt die Beweislage für den Prozeßausgang?

»Recht haben« bedeutet nicht immer auch »Recht bekommen«. Dies hängt damit zusammen, daß es nicht immer gelingt, das

Recht (genauer: die Tatsachen, aus denen sich das Recht ergibt) auch zu beweisen. Wer was zu beweisen hat, richtet sich nach strengen Regeln.
Wenn nichts anderes durch Gesetz festgelegt ist, muß der, der einen Anspruch geltend macht, die »anspruchsbegründenden« Tatsachen, wenn sie bestritten werden, auch beweisen.

Beispiel: Frau Lerchenfelder ist als Apothekenhelferin in der Beta-Apotheke in München beschäftigt. Bei der Einstellung wurde ihr von ihrem Chef mündlich zugesagt, sie erhalte jeweils im Dezember eines Jahres eine Sonderzahlung in Höhe eines Monatsgehalts. Das Gespräch fand unter vier Augen statt. Als Frau Lerchenfelder Ende Dezember feststellt, daß eine Sonderzahlung nicht erfolgt ist, erinnert sie ihren Chef an seine Zusage. Dieser streitet aber ab, eine solche Zusage gegeben zu haben. – Frau Lerchenfelder möchte wissen, wie ihre Aussichten sind, die Sonderzahlung erfolgreich einzuklagen.

Frau Lerchenfelder kann keine Zeugen für die behauptete Zusage anbieten. Das Gericht kann zwar auf ihren Antrag hin als letztes Mittel zur Aufklärung des Sachverhalts auch ihren Chef vernehmen. Aber was wird er wohl sagen?
Das beste Beweismittel ist bei arbeitsgerichtlichen Auseinandersetzungen immer noch ein Schriftstück, in dem der Arbeitgeber Ihnen das bestätigt, was Sie im Prozeß beweisen müssen. Hätte Frau Lerchenfelder einen schriftlichen Vertrag in Händen, in dem ihr die Sonderzahlung zugesagt worden ist, wäre es ihr ohne weiteres möglich, den Beweis zu führen.
Für den Kündigungsschutzprozeß ist gesetzlich festgelegt, daß der Arbeitgeber die Kündigungsgründe darlegen und beweisen muß.

Beispiel: Herr Winkler ist Fernfahrer bei einer Spedition in Nürnberg. Er ist arbeitsunfähig krank und hat auch eine Arbeitsunfähigkeitsbescheinigung vorgelegt. Ein Kollege trifft ihn in der Stadt beim Einkaufen und teilt dies dem Arbeitgeber mit. Dieser spricht eine fristgerechte Kündigung aus und begründet sie im Prozeß damit, daß Herr Winkler entgegen der Aussage in der vorgelegten Arbeitsunfähigkeitsbescheinigung nicht krank war, also unberechtigt der Arbeit ferngeblieben ist. Wie sind die Chancen des Arbeitgebers, daß er mit seiner Begründung durchdringt?

Ganz entschieden schlecht. Er muß beweisen, daß Herr Winkler trotz der vorgelegten Arbeitsunfähigkeitsbescheinigung nicht

arbeitsunfähig war. Dazu müßte er erst einmal Tatsachen vortragen, die es plausibel machen, daß Herr Winkler nicht krank war. Daran fehlt es hier schon: Nur eine sehr schwere oder besondere Krankheit hätte einem Einkaufsgang des Herrn Winkler entgegengestanden. Und selbst wenn: Es kann immer noch sein, daß Herr Winkler trotzdem krank war. Dem Arbeitgeber bleibt nur, den Arzt des Herrn Winkler vom Gericht befragen zu lassen. Aber was wird dieser wohl aussagen, nachdem er die Arbeitsunfähigkeitsbescheinigung ausgestellt hat?
Häufig wird der Arbeitgeber aber in Kündigungsschutzprozessen Zeugen anbieten können, die aufgrund ihrer arbeitsvertraglichen Stellung seine Interessen vertreten, möglicherweise sogar auf der Arbeitgeberseite an dem Konflikt, der zur Kündigung geführt hat, beteiligt waren.

> **Beispiel:** Herr Mikiadis ist technischer Leiter in einer kleinen Maschinenfabrik in einer hessischen Stadt. Als er vom Tod eines Familienmitglieds in Griechenland erfährt, bittet er den Betriebsleiter, ihm Urlaub für »eine oder zwei Wochen« zu gewähren, damit er in seinen der Firma bekannten Heimatort nach Griechenland zur Teilnahme an den Trauerfeierlichkeiten fahren könne. Der Betriebsleiter macht zwar Einwendungen wegen der anfallenden Arbeit, stimmt aber letztlich zu. Weitere Personen sind bei diesem Gespräch nicht anwesend. Als Herr Mikiadis nach zwei Wochen aus Griechenland zurückkommt, findet er in seinem Briefkasten eine Kündigung vor. Diese wird damit begründet, daß er unberechtigt der Arbeit ferngeblieben sei. Nach Ablauf des einwöchigen Urlaubs sei er trotz des großen Arbeitsanfalls nicht zur Arbeit erschienen, man habe auch nicht gewußt, wo er zu erreichen sei. Wie ist die Beweislage für Herrn Mikiadis in einem Kündigungsschutzprozeß zu beurteilen?

Zwar muß der Arbeitgeber beweisen, daß die Behauptung des Herrn Mikiadis über die Zustimmung des Betriebsleiters zu einem Urlaub, der auch zwei Wochen dauern konnte, nicht zutrifft. Aber er wird Betriebsleiter Weber als Zeugen benennen. Wie dieser aussagen wird, kann natürlich nicht vorausgesagt werden, doch wird man bei der Einschätzung der Prozeßchancen wohl eher eine für Herrn Mikiadis negative Aussage unterstellen müssen.
Merke: Die verbreitete Meinung, daß Vorgesetzte des Arbeitnehmers nicht als Zeugen vom Arbeitgeber benannt werden können, ist falsch.

Ebenso wie die Beurteilung der Rechtslage ist auch die Einschätzung der Beweismöglichkeiten Sache Ihres Prozeßvertreters. Sie sollten unbedingt darüber mit ihm reden. Sprechen Sie diese Fragen, falls er es nicht tut, von sich aus an. Sie müssen ja wissen, woran Sie sind. Nur so können Sie – auch unter Einbeziehung der zu erwartenden Kosten – eine begründete Entscheidung treffen, ob Sie den Prozeß überhaupt führen.

5. Die Kosten eines arbeitsgerichtlichen Verfahrens

Wer muß die Kosten des Verfahrens vor dem Arbeitsgericht tragen?

Das Gericht entscheidet nicht nur über Ihr Begehren, sondern auch darüber, wer die Kosten des Verfahrens trägt.

Beispiel: Sie haben in einem Kündigungsschutzverfahren gewonnen. Das Urteil lautet.

1. Es wird festgestellt, daß das Arbeitsverhältnis durch die Kündigung nicht aufgelöst worden ist.
2. Die Beklagte trägt die Kosten des Verfahrens.

In diesem Fall muß Ihr Arbeitgeber als »unterliegende Partei« die Kosten des Verfahrens tragen.

Oder Sie haben den Prozeß verloren. Das Urteil lautet:

1. Die Klage wird abgewiesen.
2. Der Kläger trägt die Kosten des Verfahrens.

Jetzt sind Sie die »unterliegende Partei« und müssen daher die Kosten des Verfahrens tragen.

Was gehört zu den Kosten des Verfahrens?

Hierzu gehören zunächst die Gerichtskosten und die gerichtlichen Auslagen. Außerdem sind die der »obsiegenden Partei« entstandenen Kosten zu erstatten. Davon gibt es im Verfahren vor dem Arbeitsgericht (erste Instanz) eine ganz wichtige Ausnahme:

Die Partei, die den Prozeß gewonnen hat, hat keinen Anspruch gegen die andere Partei auf eine Entschädigung wegen Zeitversäumnis und auf Erstattung der Kosten für die Zuziehung eines Prozeßbevollmächtigten.

Obwohl im ersten der beiden Urteile unseres Beispiels der Arbeitnehmer gewonnen hat und der Arbeitgeber die Kosten des Verfahrens tragen muß, erhält der Arbeitnehmer seine Rechtsanwaltskosten nicht erstattet und bekommt auch nichts für die durch den Prozeß entstandene Zeitversäumnis.

Umgekehrt kann der Arbeitnehmer im zweiten Urteil des Beispiels, obwohl er verloren hat, nicht vom Arbeitgeber für dessen Rechtsanwaltskosten in Anspruch genommen werden und muß diesem auch nicht die durch den Prozeß entstandene Zeitversäumnis entschädigen.

<u>Merke:</u> Bei dem Verfahren vor dem Landesarbeitsgericht und vor dem Bundesarbeitsgericht gilt diese Einschränkung der Kostenerstattung nicht. Wer beim Landesarbeitsgericht oder beim Bundesarbeitsgericht verliert, muß seinem Prozeßgegner die Rechtsanwaltsgebühren bezahlen und ihm auch die Zeitversäumnis entschädigen.

Welche Bedeutung hat der Streitwert des Verfahrens für die Kosten?

Sowohl die Gerichtskosten als auch die Rechtsanwaltsgebühren werden wesentlich vom sogenannten Streitwert bestimmt. Der Streitwert ist der wirtschaftliche Wert, um den es im Verfahren geht.

Beispiel: Herr Meißner ist als Fliesenleger bei einer Ulmer Firma beschäftigt. Wegen einer angeblichen Schlechtleistung zieht ihm sein Arbeitgeber vom Lohn einen Betrag von DM 500,– ab. Meißner erhebt beim zuständigen Arbeitsgericht Klage mit dem Antrag, daß der Arbeitgeber zur Zahlung von DM 500,– verurteilt wird.
Wie hoch ist der Streitwert?

Streitwert ist in diesem Fall der Betrag von DM 500,–.
Nicht immer kann der Streitwert so einfach bestimmt werden. In Kündigungsschutzprozessen geht es nicht um eine bestimmte Summe Geld, sondern um den Fortbestand des Arbeitsverhältnisses. Dieser läßt sich nicht ohne weiteres in einem einsichtigen Geldbetrag ausdrücken. Der Gesetzgeber hat deshalb die Frage dahingehend geregelt, daß »höchstens der Betrag des für die Dauer eines Vierteljahres zu leistenden Arbeitsentgelts« maßgebend ist. In der Praxis der Arbeitsgerichte wird – außer bei sehr kurzen Arbeitsverhältnissen – in Kündigungsschutzverfahren

das Quartalseinkommen des gekündigten Arbeitnehmers als Streitwert angesetzt.

> **Beispiel:** Herr Weber war insgesamt drei Jahre als Kundenberater bei der D.-Bank beschäftigt und wurde dann gekündigt. Er hat monatlich DM 4000,– brutto verdient.
> Wie hoch ist der Streitwert im Kündigungsschutzverfahren?

Sieht man einmal von jährlichen Einmalzahlungen wie zusätzliches Urlaubsgeld und 13. Monatseinkommen ab, die anteilig zu berücksichtigen wären, beträgt der Streitwert DM 12000,–.

Was kostet mich mein Rechtsanwalt?

Da im Verfahren vor dem Arbeitsgericht (erste Instanz) kein Anspruch auf Erstattung der Rechtsanwaltskosten bei gewonnenem Prozeß besteht, müssen Sie die Kosten »Ihres Rechtsanwalts« in jedem Fall tragen.
Aber lassen sich diese Kosten des Rechtsanwalts voraussagen? Hängen sie nicht vom Arbeitsaufwand ab?
Die Bezahlung eines Rechtsanwalts für seine Tätigkeit im Prozeß hängt nicht von der geleisteten Arbeit ab. Neben dem Streitwert, der die Höhe seiner Gebühren bestimmt, kommt es auf die Anzahl der Gebühren an, die »anfallen«. Es gibt vier Gebühren, die der Rechtsanwalt im Verfahren vor dem Arbeitsgericht verdienen kann:

- Die *Prozeßgebühr*. Diese bekommt er dafür, daß er den Prozeß führt.

- Eine *Verhandlungs-* oder *Erörterungsgebühr*. Um diese zu verdienen, muß die Sache vor Gericht verhandelt oder erörtert werden. Auf die Anzahl der Verhandlungstermine kommt es nicht an; auch wenn fünfmal verhandelt wird, erhält er nur eine Verhandlungsgebühr.

- Die *Beweisgebühr*. Beschließt das Gericht eine Zeugenvernehmung oder die Einholung eines Sachverständigengutachtens, entsteht eine Beweisgebühr; aber wie bei der Verhandlungsgebühr nur einmal, *gleich wie oft* Beweis »erhoben« wird.

- Die *Vergleichsgebühr*. Diese erhält der Rechtsanwalt, wenn er beim Abschluß eines Vergleichs mitwirkt.

Um Ihnen einen Eindruck von den finanziellen Größenordnungen zu geben, hier zwei Fälle:

Es soll zunächst in beiden Fällen angenommen werden, daß aufgrund mündlicher Verhandlung ohne Beweisaufnahme vom Gericht entschieden wird.
Abrechnung des Rechtsanwalts im Fall Meißner unter Zugrundelegung eines Streitwerts von DM 500,−:

Prozeßgebühr:	DM 55,−
Verhandlungsgebühr:	DM 55,−
Auslagenpauschale:	DM 16,50
Mehrwertsteuer:	DM 17,71
Gesamt:	**DM 144,21**

Fand in diesem Fall eine Beweisaufnahme statt, kommt eine Gebühr in Höhe von DM 55,− hinzu. Insgesamt (inkl. Mehrwertsteuer) erhöht sich der Kostenbetrag auf DM 216,32.
Abrechnung im Fall Weber unter Zugrundelegung eines Streitwerts von DM 12 000,−:

Prozeßgebühr:	DM 601,−
Verhandlungsgebühr:	DM 601,−
Auslagenpauschale:	DM 40,−
Mehrwertsteuer:	DM 173,88
Gesamt:	**DM 1415,88**

Fand im Fall Weber eine Beweisaufnahme statt, erhöht sich der Kostenbetrag auf DM 2101,02.
Wurden die Verfahren durch Vergleich beendet, kann der Rechtsanwalt eine Vergleichsgebühr abrechnen. Ohne Beweisaufnahme würde sich dann die Abrechnung im Fall Weber wie folgt darstellen:

Prozeßgebühr:	DM 601,−
Verhandlungsgebühr:	DM 601,−
Vergleichsgebühr:	DM 601,−
Auslagenpauschale:	DM 40,−
Mehrwertsteuer:	DM 258,02
Gesamt:	**DM 2101,02**

Was muß ich an Gerichtskosten zahlen, wenn ich den Prozeß verliere?

Auch dies zeigen wir anhand der Fälle Meißner und Weber. Dabei lassen wir Besonderheiten wie Zeugen-, Sachverständigen- und Dolmetscherentschädigungen außer Betracht, obwohl sie den Gesamtkostenbetrag erheblich verändern können. Postgebühren und Schreibauslagen sind nicht streitwertabhängig und fallen naturgemäß in unterschiedlicher Höhe an.

Die Abrechnung des Arbeitsgerichts im Falle Meißner auf der Grundlage eines Streitwerts von DM 500,–:

Gerichtsgebühr:	DM 15,–
Postgebühren:	DM 10,–
Schreibauslagen:	DM 2,–
Gesamt:	**DM 27,–**

Die Abrechnung des Arbeitsgerichts im Falle Weber auf der Grundlage eines Streitwerts von DM 12 000,–:

Gerichtsgebühr:	DM 360,–
Postgebühren:	DM 10,–
Schreibauslagen:	DM 5,–
Gesamt:	**DM 375,–**

Die Gerichtsgebühr beträgt im arbeitsgerichtlichen Verfahren höchstens DM 500,–.

Wie sieht es mit den Gerichtskosten aus, wenn der Prozeß durch einen Vergleich beendet wird?

Kommt es zu einem Vergleich im arbeitsgerichtlichen Verfahren, entfällt die Gerichtsgebühr. Da die Vergleichsgebühr, die Sie Ihrem Rechtsanwalt zahlen müssen, höher ist als die Gerichtsgebühr, erhöht der Vergleich Ihre Kosten.

Welches Kostenrisiko habe ich, wenn das Verfahren in die zweite Instanz geht?

Gerade bei den Kosten ist es wichtig, von vornherein schon an die zweite Instanz zu denken. Ist nämlich ein Fall rechtlich oder tatsächlich problematisch, so bleibt er dies auch in der zweite Instanz. Selbst wenn Sie vor dem Arbeitsgericht gewonnen haben, ist dies keine Garantie, daß auch das Landesarbeitsgericht so entscheidet. Durch die Einlegung der Berufung durch Ihren Arbeitgeber haben Sie im Grunde wieder das volle Prozeßrisiko und ein gegenüber der ersten Instanz erhöhtes Kostenrisiko.

Verlieren Sie in zweiter Instanz, zahlen Sie:

- Gerichtskosten und gerichtliche Auslagen beider Instanzen, also sowohl des Arbeitsgerichts als auch des Landesarbeitsgerichts;
- die Rechtsanwaltskosten der zweiten Instanz, und zwar nicht nur die eigenen, sondern auch die Kosten des Rechtsanwalts Ihres Arbeitgebers.

6. Übernahme der Kosten durch die Gewerkschaft, durch eine Rechtsschutzversicherung, Prozeßkostenhilfe

Was zahlt mir meine Gewerkschaft, wenn ich ein arbeitsgerichtliches Verfahren durchführen muß?

Wenn Sie Mitglied einer Gewerkschaft sind, wird Ihnen nicht nur eine qualifizierte Prozeßvertretung gestellt, auch die sonstigen Kosten des Verfahrens werden von der Gewerkschaft bezahlt. Allerdings sehen die Satzungen der im DGB zusammengeschlossenen Industriegewerkschaften Wartefristen (regelmäßig drei Monate) vor.
Der den Prozeß auslösende Konflikt darf nicht vor Ablauf dieser Wartefrist entstanden sein. Werden Sie also nicht erst Gewerkschaftsmitglied, wenn »das Kind schon in den Brunnen gefallen« ist!

Kommt meine Rechtsschutzversicherung für die Kosten eines arbeitsgerichtlichen Verfahrens auf?

Die Kostensorge sind Sie auch dann los, wenn Sie eine Rechtsschutzversicherung haben, die einen Kostenschutz in arbeitsrechtlichen Angelegenheiten einschließt. Auch hier besteht regelmäßig eine dreimonatige Wartefrist. Bei zu häufiger Inanspruchnahme kann allerdings die Rechtsschutzversicherung den Versicherungsvertrag kündigen.

Was bedeutet Prozeßkostenhilfe, und was nützt sie mir?

Die mit einem Gerichtsverfahren verbundenen Kosten, insbesondere die Kosten der Vertretung durch einen Rechtsanwalt, können dazu führen, daß eine Partei auch einen aussichtsreichen Prozeß unterläßt. Dies ist dann der Fall, wenn die Kosten des Verfahrens die Partei finanziell überfordern. Die Prozeßkostenhilfe (bis zum 31. Dezember 1980 »Armenrecht«) soll auch der »armen Partei« die Prozeßführung ermöglichen. Je nach den Einkommens- und Vermögensverhältnissen kann die Prozeßkostenhilfe zu einem Erlaß oder nur zu einer Kreditierung der Prozeßkosten führen.

Kann ich mir bei der Gewährung der Prozeßkostenhilfe den Rechtsanwalt, der mich vertreten soll, selbst aussuchen?

Die Prozeßkostenhilfe bedeutet auch, daß Ihnen auf Ihren Antrag hin ein zur Prozeßführung bereiter Rechtsanwalt beigeordnet wird.
Diesen Rechtsanwalt können Sie selbst benennen.

Welche Voraussetzungen muß ich erfüllen, damit mir Prozeßkostenhilfe gewährt wird?

Das Gesetz bestimmt die Voraussetzungen folgendermaßen:

Prozeßkostenhilfe wird auf Antrag bewilligt, wenn

- die Partei aufgrund ihrer persönlichen und wirtschaftlichen Verhältnisse die Kosten der Prozeßführung nicht, nur zum Teil oder nur in Raten aufbringen kann und
- die beabsichtigte Rechtsverfolgung oder Rechtsverteidigung hinreichend Aussicht auf Erfolg bietet und nicht mutwillig ist.

Welche Faktoren sind für die Feststellung meiner wirtschaftlichen Bedürftigkeit maßgeblich?

Entscheidend sind:

- das regelmäßige Einkommen (Gehalt oder Lohn, Arbeitslosengeld, Arbeitslosenhilfe, Krankengeld, Rente usw.),
- die Unterhaltsverpflichtungen (gegenüber Ehefrau und Kindern),
- das einzusetzende Vermögen.

Wie wird festgestellt, ob ich aufgrund meiner persönlichen und wirtschaftlichen Verhältnisse Prozeßkostenhilfe erhalten kann?

Ob Sie aufgrund Ihrer persönlichen und wirtschaftlichen Verhältnisse Prozeßkostenhilfe erhalten und ob Sie die vorgestreckten Kosten des Verfahrens wieder in Raten an die Staatskasse zurückzahlen müssen, können Sie aus der folgenden Tabelle (Stand 1988) ablesen.

Monatliches Nettoeinkommen auf volle Deutsche Mark abgerundet						monatliche Rückzahlung der Kosten in DM
Bei Unterhaltsleistungen auf Grund gesetzlicher Unterhaltspflicht für ... Personen						
keine	1	2	3	4	5	
bis 850	1300	1575	1850	2125	2400	0
900	1350	1625	1900	2175	2450	40
1000	1450	1725	2000	2275	2550	60
1100	1550	1825	2100	2375	2650	90
1200	1650	1925	2200	2475	2750	120
1300	1750	2025	2300	2575	2850	150
1400	1850	2125	2400	2675	2950	180
1500	1950	2225	2500	2775	3050	210
1600	2050	2325	2600	2875	3150	240
1800	2250	2525	2800	3075	3350	300
2000	2450	2725	3000	3275	3550	370
2200	2650	2925	3200	3475	3750	440
2400	2850	3125	3400	3675	3950	520

* Bei Unterhaltsleistungen für mehr als 5 Personen erhöhen sich die in dieser Spalte angeführten Beträge um DM 275,– für jede weitere Person.

Die Beträge in der Tabelle beziehen sich auf das monatliche Nettoeinkommen. Sie sind nach Unterhaltsverpflichtungen gestaffelt. Aus der Tabelle können Sie zunächst ablesen, ob bei einem bestimmten Nettoeinkommen und bei einer bestimmten Anzahl der Unterhaltsverpflichtungen eine vollkommene Entlastung von den Prozeßkosten stattfindet.

Beispiel: Für eine Partei ohne Unterhaltsverpflichtung, die ein monatliches Nettoeinkommen von weniger als DM 850,– bezieht, gilt der Nulltarif, d. h., sie ist von den Kosten des Verfahrens befreit. Das gleiche gilt z. B. für einen Familienvater mit einer Ehefrau ohne eigenes Einkommen und zwei unterhaltspflichtigen Kindern, wenn er unter DM 1850,– netto verdient.

Liegt das Monatseinkommen über der Minimalgrenze, müssen die Kosten in monatlichen Raten an die Staatskasse zurückbezahlt werden.
Die Höhe dieser Raten ist je nach Nettoeinkommen aus der Tabelle auf Seite 339 abzulesen.

Wie ist das für die Prozeßkostenhilfe maßgebliche Nettoeinkommen zu berechnen?

Vom Bruttoeinkommen werden abgezogen:

- die hierauf entrichteten Steuern und die Pflichtbeiträge zur Sozialversicherung,
- sonstige Beiträge zu öffentlichen und privaten Versicherungen oder ähnlichen Einrichtungen, soweit diese Beträge gesetzlich vorgeschrieben sind, z. B. Beiträge zur Kfz-Haftpflichtversicherung,
- freiwillige Beiträge, wenn sie nach Grund und Höhe angemessen sind, z. B. Beiträge zu einer freiwilligen Krankenversicherung,
- die mit der Erzielung des Einkommens verbundenen notwendigen Ausgaben, z. B. Fahrtkosten zur Arbeitsstelle.

Darüber hinaus können auch Aufwendungen im Zusammenhang mit familiären Ereignissen, etwa die Beschaffung einer Wohnungseinrichtung oder die Kosten für die Beerdigung eines Familienmitglieds, angerechnet werden.

Spielt es für die Gewährung von Prozeßkostenhilfe auch eine Rolle, ob und wieviel Vermögen ich habe?

Auch wenn Ihnen nach der Tabelle Prozeßkostenhilfe zu gewähren wäre, kann diese entfallen (beziehungsweise eingeschränkt sein), wenn Sie verfügbares Vermögen haben. Der Einsatz von Vermögen für die Prozeßkosten wird Ihnen aber nur in sehr begrenztem Umfange zugemutet. Die Einzelheiten können hier nicht behandelt werden.

Haben die Prozeßchancen Einfluß auf die Entscheidung über die Prozeßkostenhilfe?

Ist das Verfahren für Sie von vornherein aussichtslos, erhalten Sie auch dann keine Prozeßkostenhilfe, wenn die wirtschaftlichen Voraussetzungen dafür gegeben sind.

Beispiel: Angelika Hartl, ledig, ein fünfjähriges Kind, ist seit drei Jahren in der Arztpraxis des Dr. Willig beschäftigt. Außer ihr ist dort nur noch eine weitere Arzthelferin, eine Auszubildende, eine Sekretärin und gelegentlich die Ehefrau des Arztes für Buchhaltungsarbeiten beschäftigt. Frau Hartl erhält eine Kündigung. Die Kündigungsfrist ist eingehalten. Frau Hartl will gegen die Kündigung Kündigungsschutzklage erheben. Sie stellt einen Prozeßkostenhilfeantrag und gibt als ihr einziges Einkommen ein Arbeitslosengeld von monatlich DM 1000,– an.
Wird ihr Prozeßkostenhilfe gewährt?

Nein. Zwar erreicht ihr Nettoeinkommen nicht den Mindestbetrag von DM 1300,– (Unterhaltsverpflichtung gegenüber einer Person), die Prozeßkostenhilfe scheitert aber daran, daß das Verfahren aussichtslos ist. Voraussetzung für den gesetzlichen Kündigungsschutz ist, daß der Arbeitnehmer in einem Betrieb mit mindestens sechs Arbeitnehmern beschäftigt ist. Das ist hier nicht der Fall.
Das Gericht darf sich allerdings bei der Frage, ob das Verfahren hinreichend Aussicht auf Erfolg hat, nicht als Hellseher betätigen oder bei Zweifelsfragen einen negativen Ausgang vorwegnehmen. Vielmehr ist eine großzügige Betrachtung anzustellen.

Beispiel: Frau Hartl war zusammen mit drei weiteren Arzthelferinnen und einer Sekretärin bei Dr. Willig beschäftigt und kann Tatsachen dafür anführen, daß auch Frau Dr. Willig Arbeitnehmerin mit einer wöchentlichen Arbeitszeit von etwa 15 Stunden war.
Wie ist jetzt die Frage nach der Prozeßkostenhilfe zu beantworten?

Da es nicht ganz unwahrscheinlich ist, daß sich Frau Hartl doch auf das Kündigungsschutzgesetz berufen kann, wird ihr das Gericht die Prozeßkostenhilfe gewähren, auch wenn ihre Behauptung von Herrn Dr. Willig bestritten wird.

Was muß ich unternehmen, damit mir die Prozeßkostenhilfe gewährt wird?

Prozeßkostenhilfe wird nur auf Antrag bewilligt. Der Antrag muß rechtzeitig gestellt werden. Ist das Urteil schon ergangen oder ist das Verfahren durch einen Vergleich beendet, kann der Antrag nicht mehr gestellt werden.
Zur Darlegung der persönlichen und wirtschaftlichen Verhältnisse müssen Sie ein Formblatt verwenden. Es ist mit einigen beispielhaften Eintragungen auf Seite 342/343 abgedruckt.

Erklärung über die persönlichen und wirtschaftlichen Verhältnisse
– Anlage zum Antrag auf Bewilligung der Prozeßkostenhilfe –

Antragsteller (Name, Vorname, ggf. Geburtsname)	Beruf	Geburtsjahr	Verheiratet?
Maier Rosemarie	Prüferin	1944	ja
Anschrift (Straße, Hausnummer, Postleitzahl, Wohnort)		Telefonisch tagsüber erreichbar unter Nr.	

Besteht eine Rechtsschutzversicherung?	Bezieht der Antragsteller vom Sozialamt laufende Leistungen zum Lebensunterhalt?
☒ Nein ☐ Ja. Sie tritt aber im vorliegenden Fall nicht ein. Den Versicherungsschein füge ich bei.	☒ Nein ☐ Ja. Den letzten Bewilligungsbescheid füge ich bei. [In diesem Fall brauchen Sie den Vordruck unter Ⓑ bis Ⓔ nicht auszufüllen]

Angehörige, denen der Antragsteller Unterhalt gewährt Name, Vorname (Anschrift nur, wenn abweichend von der des Antragstellers)	Geburtsjahr	Familienverhältnis (z.B. Ehegatte, Kind, Schwiegermutter)	Hat der Angehörige eigene Einkünfte?	Wenn Unterhalt ausschließlich durch Zahlung gewährt wird: Monatsbetrag in DM
1 Maier Heinz	1940	Ehegatte	☐ Nein ☒ Ja, DM mtl. netto 1000,-	
2 Maier Anna	1983	eh. Kind	☒ Nein ☐ Ja, DM mtl. netto	
3 Maier Christian	1979	eh. Kind	☒ Nein ☐ Ja, DM mtl. netto	
4			☐ Nein ☐ Ja, DM mtl. netto	
5			☐ Nein ☐ Ja, DM mtl. netto	

	Antragsteller		Ehegatte	
Welche **Einkünfte** (brutto) haben der Antragsteller und sein Ehegatte im Monat?	Einkünfte aus	Monatsbetrag in DM	Einkünfte aus	Monatsbetrag in DM
	nichtselbständiger Arbeit? ☒ Nein ☐ Ja		nichtselbständiger Arbeit? ☒ Nein ☐ Ja	
	selbständiger Arbeit? ☒ Nein ☐ Ja		selbständiger Arbeit? ☒ Nein ☐ Ja	
	Vermietung und Verpachtung? ☒ Nein ☐ Ja		Vermietung und Verpachtung? ☒ Nein ☐ Ja	
	Kapitalvermögen? ☒ Nein ☐ Ja		Kapitalvermögen? ☒ Nein ☐ Ja	
	Unterhaltsleistungen? ☒ Nein ☐ Ja		Unterhaltsleistungen? ☒ Nein ☐ Ja	
	Einkünfte anderer Art? ☒ Nein ☐ Ja		Einkünfte anderer Art? ☐ Nein ☒ Ja	
Einkünfte anderer Art bitte kurz bezeichnen z.B.: Rente, Kindergeld, Wohngeld, Arbeitslosengeld, Krankengeld, Ausbildungsförderg.	Antrag auf Arbeitslosengeld gestellt, zurzeit ca. DM 260 Witwenrente.		Arbeitslosengeld DM 1000,-	
Abzüge	① Steuern auf die Einkünfte		① Steuern auf die Einkünfte	
Bitte kurz bezeichnen z.B.: ① Lohnsteuer ② Pflichtbeiträge ③ Lebensversich. ④ Fahrt zur Arbeit	② Sozialversicherungsbeiträge		② Sozialversicherungsbeiträge	
	③ Sonstige Versicherung		③ Sonstige Versicherung	
	④ Werbungskosten		④ Werbungskosten	
Besondere Belastungen	Miete 615,28 →			
Bitte kurz bezeichnen z.B.: Körperbehinderung des/der..., Hohe Unterhaltsleistungen für...				

Form.-Nr. K 430 Erklärung über die persönlichen und wirtschaftlichen Verhältnisse bei Prozeßkostenhilfe (9369 - VI. 82)

ⓓ	Vermögen des Antragstellers und seines Ehegatten		Verkehrswert, Betrag in DM
	Ist **Grundvermögen** (z. B. Grundstück, Familienheim, Wohnungseigentum, Erbbaurecht) vorhanden? ☒ Nein ☐ Ja	Kurze Bezeichnung nach Lage, Größe, Nutzungsart, Jahr der Bezugsfertigkeit. Bitte Feuerversicherungsschein beifügen	
	Sind **Bausparguthaben** vorhanden? ☒ Nein ☐ Ja Ist das Guthaben auszahlbar? ☐ Nein ☐ Ja	Bezeichnung der Bausparkasse. Falls Guthaben auszahlbar, bitte angeben, ob es alsbald für ein Familienheim des Antragstellers verwendet wird	
	Sind **Bank-** oder **Sparguthaben** u. dgl. vorhanden? ☒ Nein ☐ Ja	Bezeichnung der Bank, Sparkasse oder des sonstigen Kreditinstituts	
	Sind **Wertpapiere** vorhanden? ☒ Nein ☐ Ja	Bezeichnung der Wertpapiere	
	Sind (von Hausrat, Kleidung, Berufsbedarf, soweit nicht Luxus, abgesehen) **sonstige Vermögenswerte** einschl. Bargeld oder Wertgegenstände vorhanden? ☒ Nein ☐ Ja	Bezeichnung des Gegenstandes	
ⓔ	**Verbindlichkeiten** (Bitte nur ausfüllen, wenn Vermögenswerte angegeben sind)		Betrag der Restschuld in DM
	Darlehnsschulden **für die Beschaffung oder die Erhaltung des Familienheims** des Antragstellers	Bezeichnung des Gläubigers/Kreditinstituts Darlehen von Fa. Denk Trauerhilfe monatl. Raten DM 300,-	DM 6000,-
	Anschaffungsdarlehn oder dgl. für **einen oben angegebenen Vermögenswert**	Bezeichnung des Gläubigers/Kreditinstituts und des Gegenstandes	
	Sonstige Verbindlichkeiten	Bezeichnung des Gläubigers/Kreditinstituts und des Verwendungszwecks	

Ich versichere hiermit, daß meine Angaben vollständig und wahr sind.

Zahl der Anlagen: ....

Ort, Datum

München, 3.5.88   Rosemarie Maier

(Unterschrift des Antragstellers/ges. Vertreters)

Aufgenommen:

(Unterschrift, Amtsbezeichnung)

7. Die Durchführung des Arbeitsgerichtsverfahrens

Kann und soll ich den Prozeß selbst führen?

Vor dem Arbeitsgericht, also in der sogenannten ersten Instanz, können Sie selbst auftreten.
Diese Möglichkeit werden Sie allerdings erst in Erwägung ziehen, wenn feststeht, daß die Kosten eines Rechtsanwalts nicht von Ihrer Gewerkschaft, einer Rechtsschutzversicherung oder von der Staatskasse (Prozeßkostenhilfe) übernommen werden. Aber auch dann bleibt die Frage, ob Sie nicht doch einen Rechtsanwalt mit der Prozeßvertretung beauftragen. Dafür können wir keinen allgemeingültigen Rat geben. Die Kosten der Prozeßvertretung müssen jedenfalls in einem vernünftigen Verhältnis zu dem zu erwartenden wirtschaftlichen Ergebnis des Prozesses stehen. In jedem Fall ist es empfehlenswert, sich zunächst von einem Rechtsanwalt über die Prozeßaussichten beraten zu lassen. Er kann Sie vor einem unnötigen Prozeß bewahren. Natürlich kostet auch eine solche Beratung Geld, der Betrag steht aber in keinem Verhältnis zu den Rechtsanwaltskosten des Verfahrens.

Was muß ich beachten, wenn ich die Klage bei der Geschäftsstelle des Arbeitsgerichts einreiche?

Nicht nur, wenn Sie selbst den Prozeß führen wollen, sondern auch, wenn eine Klageerhebung durch einen Gewerkschaftssekretär oder einen Rechtsanwalt nicht rechtzeitig möglich ist, können Sie in die Situation kommen, eine Klage selbst einreichen zu müssen. Sie können die Klage durch ein Schreiben an das Gericht erheben. Dies ist normalerweise nicht zu empfehlen. Gerade bei der Klageerhebung ist auf viele Formalitäten zu achten. Machen Sie bei der Klageerhebung Fehler, kann dies irreparable Folgen haben. Davon wird noch die Rede sein. Vorzuziehen ist daher die Einreichung der Klage bei der Geschäftsstelle des Arbeitsgerichts.
Erkundigen Sie sich telefonisch, wann die Antragstellen Sprechstunden haben, und gehen Sie zu den entsprechenden Zeiten dorthin. Wir haben schon darauf hingewiesen, daß die Geschäftsstellen der Arbeitsgerichte nicht zur Rechtsberatung befugt sind. Ihre Aufgabe besteht vielmehr darin, Ihre Klage auf-

zunehmen. Wenn Sie die Geschäftsstelle des Arbeitsgerichts aufsuchen, müssen Sie sich also im klaren darüber sein, was Sie wollen.

> **Beispiel:** Herr Kröh ist Arbeiter bei der Varia-Sanitäranlagen GmbH. Er ist der Auffassung, daß ihm seine Firma über einen Zeitraum von einem Jahr hinweg nicht den vollen Lohn ausbezahlt hat. Er nimmt alle Abrechnungen, die er noch findet, und verschiedene handschriftliche Belege über gezahlte Vorschüsse und legt diese dem Rechtspfleger beim Arbeitsgericht vor mit den Worten: »Prüfen Sie mal nach, ob ich alles bekommen habe, was mir zusteht.«
> Was wird ihm der Rechtspfleger antworten?

Wenn er nicht von der besonders gutmütigen Sorte ist, wird er Herrn Kröh auffordern, eine verständliche Forderungsberechnung zu erstellen und dann wiederzukommen.
Wenn Sie bei der Geschäftsstelle des Arbeitsgerichts eine Klage gegen Ihren Arbeitgeber erheben wollen, müssen Sie die genaue Bezeichnung Ihres Arbeitgebers und seine Adresse mitbringen. Bei Firmennamen von Gesellschaften ist dies manchmal gar nicht so einfach.

> **Beispiel:** Sie sind bei einer Firma Hans Rosenmeier GmbH & Co KG beschäftigt. Sie haben zwar einen schriftlichen Vertrag unterschrieben, wovon Ihnen allerdings keine Ausfertigung ausgehändigt worden ist. Bei der Geschäftsstelle des Arbeitsgerichts, wo Sie gegen eine Kündigung klagen wollen, geben Sie an, daß Sie »beim Rosenmeier« beschäftigt sind. Befragt nach dem genauen Firmennamen, sagen Sie, der Hans Rosenmeier hat mich eingestellt. Die Klage wird gegen Herrn Hans Rosenmeier gerichtet.
> Ist damit die Klage korrekt erhoben?

Nein. Sie haben den Falschen verklagt. Herr Rosenmeier ist nicht identisch mit der Firma Hans Rosenmeier GmbH & Co KG. Daran ändert nichts, daß Herr Hans Rosenmeier Geschäftsführer dieser Firma ist. Auch die Firma Hans Rosenmeier GmbH wäre die falsche Beklagte gewesen. Sie werden meinen, das sei doch alles nicht so schlimm, da Sie ja im Prozeß diesen Fehler korrigieren können. Vielleicht vertrauen Sie darauf, daß Ihnen das Gericht schon helfen wird.
Die falsche Bezeichnung des Arbeitgebers, den Sie verklagen wollen, kann verhängnisvolle Folgen haben. Es kann sein, daß Sie mit einer späteren Richtigstellung Fristen (Frist für die Erhe-

bung der Kündigungsschutzklage, tarifliche Verfallfristen) nicht mehr einhalten können. Sie müssen daher bei der Erhebung der Klage auf diese Frage höchste Sorgfalt verwenden. Schauen Sie vor Ihrem Gang zur Geschäftsstelle des Arbeitsgerichts Ihre Unterlagen durch, ob sich hieraus die genaue Bezeichnung Ihres Arbeitgebers einschließlich der Vertretungsverhältnisse ergibt. Und nehmen Sie diese auch mit! Das gleiche gilt selbstverständlich für die Vorbereitung eines der Klageerhebung dienenden Besprechungstermins bei einem Rechtsanwalt oder einem Gewerkschaftssekretär.

Was die Vertretung Ihres Arbeitgebers anbelangt, so kann auch diese Frage Schwierigkeiten bereiten. In unserem Beispiel wird die Firma Hans Rosenmeier GmbH & Co KG durch die persönlich haftende Gesellschafterin Firma Hans Rosenmeier GmbH und diese wiederum durch Herrn Hans Rosenmeier als Geschäftsführer vertreten. Alles das muß in der Klage angegeben werden.

Bestehen Unsicherheiten bei der genauen Bezeichnung des Namens und der Vertretungsverhältnisse, können diese durch einen Anruf beim Handelsregister geklärt werden. Dies wird Ihnen zwar der Urkundsbeamte beim Arbeitsgericht, ebenso der mit der Klageerhebung beauftragte Rechtsanwalt oder Gewerkschaftssekretär abnehmen, sorgen Sie aber selbst dafür, daß möglichst auf einfachere Weise anhand Ihrer Unterlagen die genaue Bezeichnung Ihres Arbeitgebers festgestellt werden kann.

Kommen Sie bei der Geschäftsstelle des Arbeitsgerichts nicht mit leeren Händen an. Sie müssen alle Unterlagen, die von Bedeutung sein können, mitbringen.

Dazu gehört immer ein bestehender *schriftlicher Arbeitsvertrag* einschließlich etwaiger Änderungen.

Ebenso gehören dazu immer, auch wenn nicht Gehalt oder Lohn eingeklagt werden soll, Unterlagen, die über die Höhe Ihres Gehalts oder Lohns Auskunft geben, also normalerweise die letzten *Lohn- oder Gehaltsabrechnungen.*

Eine *Vorkorrespondenz,* die Sie selbst in dieser Angelegenheit mit Ihrem Arbeitgeber geführt haben, gehört ebenfalls zu den notwendigen Unterlagen.

Ansonsten hängt das, was Sie mitbringen müssen, vom Einzelfall ab. Jedenfalls sollten Sie sich überlegen, was für die Geltendmachung Ihres Rechts notwendig ist. Sie ersparen sich damit, daß Sie nach Hause geschickt werden, um die notwendigen Unterlagen beizubringen.

Was bedeutet es, wenn ich »Klage erhoben« habe?

Mit der Klageerhebung haben Sie das arbeitsgerichtliche Verfahren in Gang gebracht. Das Gericht muß über Ihren Klageantrag nach Durchführung eines ganz genau vorgeschriebenen Verfahrens entscheiden. Beachten Sie: Die Geschäftsstelle des Arbeitsgerichts, bei der Sie die Klage erhoben haben, hat mit diesem Verfahren nichts zu tun. Mit der Protokollierung der Klage ist die Aufgabe der Geschäftsstelle erledigt, und die Klage wird an das Gericht weitergeleitet, das über sie entscheiden muß. Manchmal ist nach dem Besuch der Rechtsantragstelle des Arbeitsgerichts zu hören, das Arbeitsgericht habe die Klage angenommen, also könne sie nicht unbegründet sein. Das ist eine verfrühte Hoffnung. Die Geschäftsstelle des Arbeitsgerichts prüft nicht, ob Ihnen das begehrte Recht zusteht!

Welche Bedeutung hat der in der Klage gestellte Antrag?

Das Arbeitsgericht sucht nicht unter Berücksichtigung des gesamten Sachverhalts nach der besten Lösung für Sie. Es entscheidet nur über den von Ihnen gestellten Antrag. Es kann Ihnen nicht mehr und auch nicht etwas anderes zubilligen als das, was Sie beantragt haben.

Beispiel: Herr Schaude ist seit 1980 Betriebsleiter bei der Salomon-Autovermietung in Berlin. Er hat bis 1986 immer im November eine Betriebsleiterprämie in Höhe von DM 3500,– erhalten. 1987 teilt nun die Firma mit, daß die Prämie zukünftig nicht mehr gezahlt werde. Herr Schaude erhebt Klage mit dem Antrag, daß ihm die Firma DM 3500,– zahlen muß.
Kann das Gericht die Salomon-Autovermietung verurteilen, Herrn Schaude die Prämie auch in Zukunft zu zahlen?

Nein. Herr Schaude hat dies nicht beantragt. Nehmen wir an, Herr Schaude gewinnt den Prozeß. Die Firma schert sich nicht um das Urteil und verweigert Herrn Schaude auch 1988 die Prämie. Dann muß Herr Schaude erneut klagen. Eine andere Frage ist, ob in die Klage die zukünftigen Prämienzahlungen einbezogen hätten werden können. (Unter bestimmten – hier nicht weiter zu erörternden – Voraussetzungen kann auch auf »zukünftige Leistung« geklagt werden.) Jedenfalls kann das Gericht nicht über den gestellten Antrag hinausgehen.

Worauf richtet sich der Klageantrag im Kündigungsschutzverfahren?

Der Antrag richtet sich auf die Feststellung durch das Gericht, daß die Kündigung unwirksam ist oder darauf, daß die Kündigung das Arbeitsverhältnis nicht auflöst. Nicht aber auf Zahlung einer Abfindung. Wie schon gesagt, besteht normalerweise ohnehin kein Anspruch auf eine Abfindung, so daß die Stellung eines entsprechenden Antrags nicht sinnvoll ist. Besteht aber ausnahmsweise ein solcher Anspruch, so muß auch im Antrag Zahlung einer Abfindung gefordert werden. Das Gericht kann nicht von sich aus den Antrag auf Feststellung der Unwirksamkeit der Kündigung in einen Antrag auf Zahlung einer Abfindung umwandeln.

Was geschieht im Gütetermin?

Ist die Klage eingereicht, findet im arbeitsgerichtlichen Verfahren zunächst ein Gütetermin statt. Dieser läßt zumeist nicht lange auf sich warten. Sie – oder wenn Sie vertreten werden, Ihr Prozeßvertreter – erhalten hierzu eine Ladung. Auch wenn Sie vertreten werden, kann das Gericht Ihr persönliches Erscheinen anordnen. Das Gericht will sich dann durch Ihre Anwesenheit ein unmittelbares Bild von der Angelegenheit machen und Sie auch in die Vergleichsgespräche einbeziehen. Wenn Sie aus irgendeinem Grunde dieser Anordnung nicht Folge leisten können, müssen Sie dies dem Gericht mitteilen und sich ausreichend entschuldigen. Sprechen Sie die Entschuldigung mit Ihrem Prozeßvertreter ab!
Die Güteverhandlung dient – wie der Name schon sagt – den Bemühungen um eine gütliche Einigung. Weder werden Beweise erhoben, noch kann ein Urteil ergehen. Eine Ausnahme hiervon gilt nur dann, wenn eine Partei unentschuldigt nicht erscheint. Dann kann auf Antrag der erschienenen Partei das Gericht ein Urteil erlassen, ohne daß die Einwendungen des Gegners berücksichtigt werden (Versäumnisurteil).
Die Güteverhandlung kann – vielleicht für Sie überraschend – kurz sein, wenn eine Partei kategorisch erklärt, sie sei nicht zum

Abschluß eines Vergleichs bereit. Dann ist die »gütliche Einigung« gescheitert.

Was bedeutet es, wenn ich einen Vergleich abschließe?

Juristen definieren den Vergleich als ein gegenseitiges Nachgeben. In arbeitsrechtlichen Angelegenheiten sind vielfältige Vergleiche vorstellbar.

> **Beispiel 1:** Ursula König ist seit Anfang 1986 als Apothekenhelferin in der Marienapotheke in Unna beschäftigt. Ohne vertragliche Vereinbarung wurde ihr im November 1986 eine Weihnachtsgratifikation in Höhe eines Monatsgehalts bezahlt. Nachdem sie zum Jahresende 1987 selbst kündigt, ist der Apotheker nicht bereit, ihr auch für 1987 eine Weihnachtsgratifikation zu zahlen. Frau König einigt sich mit ihrem Chef auf ein halbes Monatsgehalt als Weihnachtsgratifikation für das Jahr 1987.
>
> **Beispiel 2:** Christine Kirchmeier ist seit 1. November 1979 als Sekretärin bei einer Firma Myka, einer Vertriebsfirma für technische Einrichtung zur Behandlung von Gasen und Flüssigkeiten, mit einer Wochenstundenzahl von 40 Arbeitsstunden beschäftigt. Die Firma Myka kündigt das Arbeitsverhältnis aus »betrieblichen Gründen« unter Einhaltung der Kündigungsfrist. Zur Begründung führt sie an, die Schreibarbeiten für Beteiligungsgesellschaften, die Frau Kirchmeier bisher zu erledigen hatte, seien weggefallen. Frau Kirchmeier wendet ein, daß es sich dabei nur um einen ganz kleinen Teil ihrer Arbeit handle. Zu 90% arbeite sie für die Personalabteilung.
> In der Güteverhandlung vor dem Arbeitsgericht schlägt der Richter vor, daß das Arbeitsverhältnis fortgesetzt wird, Frau Kirchmeier aber nur noch 35 Stunden arbeitet.
>
> **Beispiel 3:** Hans Hellmer ist als Arbeiter seit 20 Jahren bei der Fleischwarenfabrik Brauhoff beschäftigt. Sein Monatslohn beträgt DM 2000,–. Wegen wiederholter krankheitsbedingter Fehlzeiten kündigt die Firma fristgerecht zum 30. Juni 1988. Im Gütetermin einigen sich Herr Hellmer und die Firma Brauhoff auf folgendes: 1. Das Arbeitsverhältnis endet aufgrund betrieblicher Gründe am 30. Juni 1988. 2. Herr Hellmer erhält eine Abfindung von DM 20000,–.

Vergleiche sind natürlich nicht nur im Rahmen eines arbeitsgerichtlichen Verfahrens (sogenannte Prozeßvergleiche) möglich, sie können vor und auch während des gerichtlichen Verfahrens ohne gerichtliche Protokollierung (außergerichtliche Vergleiche) abgeschlossen werden. Auch als gerichtliche Vergleiche sind sie keinesfalls auf die Güteverhandlung beschränkt, sondern können in jedem Gerichtstermin abgeschlossen werden. Die Güteverhandlung vor dem Arbeitsgericht ist allerdings schon aufgrund ihrer Zweckbestimmung ein bevorzugter »Ort« für den Abschluß eines Vergleichs.

Welche Gesichtspunkte können für den Abschluß eines Vergleichs sprechen?

Der Ausgang eines arbeitsgerichtlichen Verfahrens kann oft nicht sicher vorausgesagt werden. Auf die Gründe haben wir in diesem Kapitel schon hingewiesen. Dies bedeutet, daß Sie auch damit rechnen müssen, den Prozeß zu verlieren. Ein Vergleich beendet das Verfahren ohne gerichtliche Entscheidung. Er beseitigt damit das Risiko des Prozeßverlustes (natürlich nimmt er Ihnen auch die Chance, den Prozeß zu gewinnen). Im Einzelfall müssen Sie zwischen dem Prozeßrisiko und dem Ergebnis des Vergleichs abwägen.

In unserem Beispiel 1 ist Frau König sicher gut beraten, sich mit dem halben Monatsgehalt als Weihnachtsgratifikation für das Jahr 1987 zufriedenzugeben. Sie hat keine schriftliche Zusage für eine Weihnachtsgratifikation. Ob sich der Apotheker mit der einmaligen Zahlung der Weihnachtsgratifikation auch für die weiteren Jahre gebunden hat, ist doch mehr als fraglich.

Mit der Beseitigung der Unsicherheit über den Prozeßausgang hängt ein weiterer Vorteil des Vergleichs zusammen. Da der Vergleich das arbeitsgerichtliche Verfahren abschließen wird, können durch dieses Verfahren auch keine weiteren Kosten entstehen. Dies vermag Sie im Fall der Prozeßvertretung durch einen Rechtsanwalt auf den ersten Blick vielleicht nicht zu überzeugen, da der Vergleich zu einer zusätzlichen Gebühr für den Rechtsanwalt führt. Aber bedenken Sie: Kommt ein Vergleich nicht zustande, muß möglicherweise eine Beweisaufnahme, z. B. die Vernehmung eines Zeugen, durchgeführt werden, die sich ebenfalls in einer zusätzlichen Gebühr für den Rechtsanwalt auswirkt, und – was stärker ins Gewicht fällt – es kommt vielleicht zu einem Berufungsverfahren mit dem oben geschilderten erheblichen Kostenrisiko.

Der Vergleich ist manchmal die einzige Möglichkeit, ein interessengerechtes Ergebnis zu erreichen. Dies gilt besonders für den Kündigungsschutzprozeß, wenn die Fortsetzung des Arbeitsverhältnisses von beiden Parteien, also auch vom Arbeitnehmer, nicht mehr gewünscht wird. Wie wir gesehen haben, kann eine Abfindungslösung mit einem Urteil normalerweise nicht erreicht werden.

Welchen Vorteil bietet der gerichtlich protokollierte Vergleich gegenüber einem Vergleich, der außerhalb des gerichtlichen Verfahrens geschlossen wird?

Der gerichtliche Vergleich kann wie ein Urteil mit den vorgesehenen Zwangsmitteln, etwa mit einer Pfändung von Gegenständen durch den Gerichtsvollzieher, durchgesetzt (vollstreckt) werden. Er hat damit die gleiche Wirkung wie ein rechtskräftiges (oder vorläufig vollstreckbares) Urteil. Aus einem außergerichtlichen Vergleich kann dagegen nicht vollstreckt werden.

Beispiel: Hilde Meuser wird zum Personalchef gerufen. Dieser erklärt ihr, man werde ihr wohl kündigen müssen. Es bestehe allerdings Bereitschaft, noch zwei Monatsgehälter zu zahlen, wenn sie mit einer Beendigung des Arbeitsverhältnisses einverstanden sei. Frau Meuser unterzeichnet ein Papier mit diesem Inhalt. Nachdem sie ausgeschieden ist, wartet sie vergeblich auf die Abfindung. Sie hört, daß die Firma in wirtschaftliche Schwierigkeiten geraten ist.
Was kann sie tun, um ihren Anspruch durchzusetzen?

Sie muß ein arbeitsgerichtliches Verfahren einleiten, um ein Urteil zu erhalten, aus dem sie vollstrecken kann.

Wie muß ich die Streitverhandlung vorbereiten?

Dem Urteil geht eine mündliche Verhandlung voraus, die im Gegensatz zur Güteverhandlung als Streitverhandlung bezeichnet wird. Im Streittermin findet sozusagen die Entscheidungsschlacht statt. Auf diesen Termin ist das ganze Verfahren ausgerichtet.
Möglicherweise schon in der Güteverhandlung wird das Gericht von den Parteien fordern, zu bestimmten Punkten Stellung zu nehmen oder allgemein den Anspruch zu begründen oder auf die Ausführungen des Gegners zu erwidern.
Oft werden hierfür auch *Fristen* gesetzt. Diese müssen Sie unbedingt beachten. Bei entsprechender Belehrung über die Folgen einer Verspätung kann das Gericht spätere Ausführungen unberücksichtigt lassen.

Sie müssen alle Tatsachen dem Gericht unterbreiten, die notwendig sind, damit das Gericht Ihren Anspruch als begründet ansehen kann. Ein Laie kann oft nicht erkennen, was hierzu alles gehört. Gerade hier sollten Sie daher das Gericht schon im Gütetermin um entsprechende Aufklärung bitten.

> **Beispiel:** Rosalinde Veigel ist nach langjähriger Beschäftigung bei der Feinwohn GmbH aufgrund eigener Kündigung wegen ständiger Überlastung ausgeschieden. Sie erhebt gegen die »Feinwohn« eine Klage auf 3 400 DM und begründet sie damit, daß sie in den letzten drei Monaten vor dem Ausscheiden insgesamt 200 Überstunden gemacht hat. In der Güteverhandlung erklärt ihr der Richter, daß ihr Klage bisher nicht ausreichend begründet sei. Als Frau Veigel nachhakt und fragt, was denn noch fehle, gibt der Richter zu Protokoll: »Der Klägerin wird aufgegeben, unter Beweisantritt darzulegen, wann die behaupteten Überstunden gemacht worden sind und woraus sich ergibt, daß sie von der Feinwohn GmbH angeordnet oder genehmigt oder geduldet worden sind.«
> Was muß nun Frau Veigel alles im Prozeß vortragen?

Wenn Frau Veigel eine Aufstellung ihrer Überstunden hat, wird es ihr leichtfallen, darzulegen, wann die Überstunden gemacht worden sind. Wenn nicht, muß sie den Anfall der Überstunden rekonstruieren. Vielleicht lassen sich die Überstunden bestimmten Ereignissen zuordnen. In jedem Fall dürften in diesem Teil der Auflage des Gerichts erhebliche Schwierigkeiten für Frau Veigel stecken.
Aber Frau Veigel soll auch Beweis anbieten für die Ableistung der Überstunden. Hat sie sich ihre Überstundenaufstellung von ihrem Vorgesetzten abzeichnen lassen, ist auch dieser Teil der Auflage nicht schwer zu erfüllen. Ist dies nicht der Fall, muß sie Arbeitskollegen oder, wenn nicht anders möglich, den Vorgesetzten als Zeugen benennen.
Oft werden Überstunden nicht ausdrücklich angeordnet oder genehmigt, sie ergeben sich einfach aus der anfallenden Arbeit. War es so, wird es für Frau Veigel noch einmal schwieriger. Sie muß dann überlegen, wie sie dem Gericht klarmachen kann, daß ihr Vorgesetzter von den Überstunden gewußt hat und ihm auch bekannt war, daß die anfallende Arbeit nicht in der normalen Arbeitszeit erledigt werden konnte. Dabei müßte sie ganz konkrete Umstände benennen und wiederum Beweise hierfür anbieten.

Auch wenn der Arbeitgeber die Darlegungs- und Beweispflicht hat, wie etwa bei Kündigungen, treffen Sie bestimmte Erklärungspflichten.

Beispiel 1: Der Arbeitgeber begründet eine Kündigung mit der zurückgegangenen Arbeit aufgrund der schlechten Auftragslage. Sie haben zu dieser Behauptung keine Information und wollen sich daher nicht dazu äußern. – Verhalten Sie sich richtig?

Nein. Sie müssen die Behauptung Ihres Arbeitgebers in Abrede stellen, juristisch ausgedrückt: »bestreiten«.

Beispiel 2: In einem Verfahren wegen einer außerordentlichen Kündigung begründet der Arbeitgeber diese damit, daß der Arbeitnehmer seinem Vorgesetzten, der ihm seine schlechte Leistung vorhielt, androhte, er wolle ihn bei nächster Gelegenheit zusammenschlagen. Der betroffene Arbeitnehmer begnügt sich im Prozeß damit, die Behauptung des Arbeitgebers als »glatt erlogen« zu bezeichnen.
Reicht dies aus, damit das Gericht die Behauptung des Arbeitgebers als bestritten ansieht?

Das Gericht wird hierin kein ausreichendes Bestreiten sehen und den Vorwurf als richtig unterstellen. Der Arbeitnehmer muß im einzelnen darstellen, wie das Gespräch mit dem Vorgesetzten aus seiner Sicht war.

8. Die Bedeutung des Urteils

Wie ist der Ablauf des Verfahrens bis zum Urteil?

Möglicherweise hält das Gericht, um zu einem Ergebnis zu kommen, die Durchführung einer Beweisaufnahme, insbesondere eine Zeugenvernehmung, für erforderlich. Nach Abschluß der Beweisaufnahme und nachdem die Parteien ihre Anträge gestellt haben, wird dann das Gericht eine Entscheidung verkünden: das Urteil.

Wann kann ich ein Urteil durchsetzen?

Das Urteil kann z. B. den Arbeitgeber zur Zahlung einer bestimmten Summe oder zur Beschäftigung verpflichten.

Beispiel: Karin Bien war als Krankenschwester in einem privaten Krankenhaus »Haus am Himmelberg« beschäftigt. Sie wurde wegen ständiger Auseinandersetzungen mit der Pflegedienstleitung ordentlich gekündigt.

Im Prozeß hat sie folgende Anträge gestellt:
1. Es wird festgestellt, daß das Arbeitsverhältnis durch die Kündigung nicht aufgelöst worden ist.
2. Die beklagte Partei wird verurteilt, die Klägerin als Krankenschwester weiterzubeschäftigen.
3. Die beklagte Partei wird verurteilt, an die Klägerin DM 12245,– an rückständigen Gehältern zu bezahlen.

Am Ende der letzten mündlichen Verhandlung verkündet das Arbeitsgericht ein Urteil, mit dem es allen Anträgen der Frau Bien stattgibt. Frau Bien ist sehr erfreut und will von ihrem Prozeßvertreter wissen, ob das Krankenhaus jetzt das Urteil befolgen muß.

Zunächst wird der Prozeßvertreter Frau Bien erklären, daß auch Urteile nicht »automatisch« wirken, sondern durchgesetzt – in der Juristensprache: »vollstreckt« – werden müssen. Er wird ihr weiter erklären, daß die Durchsetzung nicht aufgrund der Urteilsverkündung erfolgen kann, sondern abgewartet werden muß, bis die Urteilsurkunde vorliegt.

Was hat es zu bedeuten, daß aus einem Urteil vollstreckt werden kann?

Die Vollstreckung bedeutet, daß Sie die gesetzlich vorgesehenen Zwangsmittel einsetzen können, damit der Schuldner – in unserem Zusammenhang der Arbeitgeber – das Urteil befolgt. Allerdings ist nicht jedes Urteil zur Zwangsvollstreckung geeignet, und je nach der Art des Gegenstandes sind auch die Zwangsmittel unterschiedlich.

Die im Fall der Frau Bien vom Gericht getroffene Feststellung, daß das Arbeitsverhältnis nicht aufgelöst worden ist, kann nicht vollstreckt werden. Sie wirkt sich aber mittelbar dahin aus, daß der Arbeitgeber gegenüber Ansprüchen für die Zeit nach Ablauf der Kündigungsfrist nicht einwenden kann, das Arbeitsverhältnis sei wirksam beendet worden.

Die Verurteilungen des Krankenhauses zur Zahlung und zur Weiterbeschäftigung können dagegen vollstreckt werden. Ist das private Krankenhaus nicht bereit, den Betrag von DM 12245,– zu zahlen, kann die Zwangsvollstreckung in das Vermögen des Krankenhauses (z. B. Sachpfändung durch den Gerichtsvollzieher, Forderungspfändung durch Pfändungs- und Überweisungsbeschluß) betrieben werden.

Besteht keine Bereitschaft, Frau Bien weiterzubeschäftigen, erfolgt die Zwangsvollstreckung dadurch, daß das Krankenhaus Zwangsgelder zahlen muß.

Kann die Vollstreckung auch dann durchgeführt werden, wenn der Arbeitgeber Berufung eingelegt hat?

Obwohl dann das Urteil noch nicht rechtskräftig ist, kann die Vollstreckung betrieben werden. Juristisch ausgedrückt, ist das Urteil »vorläufig vollstreckbar«. Wenn allerdings Frau Bien den Betrag von DM 12245,– aufgrund eines nicht rechtskräftigen Urteils erhält, muß sie sich bewußt sein, daß sie diesen Betrag wieder an das Krankenhaus zurückzahlen muß, wenn das Landesarbeitsgericht das Urteil aufhebt.

Was muß ich beachten, wenn ich gegen ein Urteil Berufung einlegen will?

Hätte Frau Bien den Prozeß verloren (das Urteil hätte dann schlicht und einfach gelautet: Die Anträge werden abgewiesen), könnte sie in die Berufung gehen.
Die Berufung kann sie allerdings nicht selbst einlegen. Sie muß entweder einen Rechtsanwalt beauftragen oder, wenn sie Gewerkschaftsmitglied ist, einen für die Prozeßführung qualifizierten Gewerkschaftssekretär.
Für die Einlegung der Berufung gilt eine Frist von einem Monat seit Zustellung der Urteilsurkunde. Sie müssen rechtzeitig zu einem Rechtsanwalt oder Gewerkschaftssekretär gehen, damit diese Frist auch eingehalten werden kann.

Anhang:
Gesetzestexte

Bezeichnung des Gesetzes	Abkürzung	Umfang der abgedruckten Vorschriften
Gesetz über die Fristen für die Kündigung von Angestellten	AngKSchG	Auszug (§§ 1 und 2)
Arbeitsgerichtsgesetz	ArbGG	Auszug (§§ 7 bis 13)
Gesetz über den Schutz des Arbeitsplatzes bei Einberufung zum Wehrdienst (Arbeitsplatzschutzgesetz)	ArbPlSchG	Auszug (§§ 1 bis 6)
Arbeitszeitordnung	AZO	Auszug (§§ 1 bis 21; § 24)
Berufsbildungsgesetz	BBiG	Auszug (§§ 1 bis 16)
Gesetz über die Gewährung von Erziehungsgeld und Erziehungsurlaub (Bundeserziehungsgeldgesetz)	BErzGG	Auszug (§§ 17 bis 21)
Gesetz über arbeitsrechtliche Vorschriften zur Beschäftigungsförderung	BeschFG	Auszug (§ 1)
Betriebsverfassungsgesetz	BetrVG	Auszug (§§ 102 und 103)
Bürgerliches Gesetzbuch	BGB	Auszug (§§ 611 bis 630)
Bundesurlaubsgesetz	BUrlG	Auszug (§§ 1 bis 11; § 13)
Gesetz zur Regelung der Lohnzahlung an Feiertagen	FeiertLohnG	Auszug (§ 1)
Kündigungsschutzgesetz	KSchG	Auszug (§§ 1 bis 15; § 23)
Gesetz über die Fortzahlung des Arbeitsentgelts im Krankheitsfalle (Lohnfortzahlungsgesetz)	LFG	Auszug (§§ 1 bis 7)
Gesetz zum Schutze der erwerbstätigen Mutter (Mutterschutzgesetz)	MuSchG	Auszug (§ 9)
Gesetz zur Sicherung der Eingliederung Schwerbehinderter in Arbeit, Beruf und Gesellschaft (Schwerbehindertengesetz)	SchwbG	Auszug (§§ 15 bis 22)
Tarifvertragsgesetz	TVG	Auszug (§§ 1 bis 12)

Gesetz über die Fristen für die Kündigung von Angestellten (AngKSchG)

Vom 9. Juli 1926 (RGBl. I S. 399, ber. S. 412)

Geändert durch Gesetz vom 26. April 1985 (BGBl. I S. 710)

(BGBl. III 800−1)
– Auszug –

§ 1. Die Vorschriften dieses Gesetzes finden Anwendung auf Angestellte, die nach *§ 1* des Versicherungsgesetzes für Angestellte versicherungspflichtig sind *oder sein würden, wenn ihr Jahresarbeitsverdienst die Gehaltsgrenze nach § 3 des Versicherungsgesetzes für Angestellte nicht überstiege.*

§ 2. (1) Ein Arbeitgeber, der in der Regel mehr als zwei Angestellte, ausschließlich der zu ihrer Berufsbildung Beschäftigten, beschäftigt, darf einem Angestellten, den er oder, im Falle einer Rechtsnachfolge, er und seine Rechtsvorgänger mindestens fünf Jahre beschäftigt haben, nur mit mindestens drei Monaten Frist für den Schluß eines Kalendervierteljahres kündigen. Die Kündigungsfrist erhöht sich nach einer Beschäftigungsdauer von acht Jahren auf vier Monate, nach einer Beschäftigungsdauer von zehn Jahren auf fünf Monate und nach einer Beschäftigungsdauer von zwölf Jahren auf sechs Monate. Bei der Berechnung der Beschäftigungsdauer werden Dienstjahre, die vor Vollendung des fünfundzwanzigsten Lebensjahres liegen, nicht berücksichtigt. Bei der Feststellung der Zahl der beschäftigten Angestellten nach Satz 1 sind nur Angestellte zu berücksichtigen, deren regelmäßige Arbeitszeit wöchentlich 10 Stunden oder monatlich 45 Stunden übersteigt. Satz 4 berührt nicht die Rechtsstellung der Angestellten, die am 1. Mai 1985 gegenüber ihrem Arbeitgeber Rechte aus den Sätzen 1 bis 3 herleiten könnten.

(2) Die nach Abs. 1 eintretende Verlängerung der Kündigungsfrist des Arbeitgebers gegenüber dem Angestellten berührt eine vertraglich bedungene Kündigungsfrist des Angestellten gegenüber dem Arbeitgeber nicht.

(3) Unberührt bleiben die Bestimmungen über fristlose Kündigung.

Arbeitsgerichtsgesetz (ArbGG)

In der Fassung der Bekanntmachung vom 2. Juli 1979 (BGBl. I S. 853, ber. S. 1036)

Zuletzt geändert durch Gesetz vom 18. Dezember 1986 (BGBl. I S. 2496)
– Auszug –

§ 7. Geschäftsstelle, Aufbringung der Mittel. (1) Bei jedem Gericht für Arbeitssachen wird eine Geschäftsstelle eingerichtet, die mit der erforderlichen Zahl von Urkundsbeamten besetzt wird. Die Einrichtung der Geschäftsstelle bestimmt bei den Arbeitsgerichten und Landesarbeitsgerichten die oberste Arbeitsbehörde des Landes im Benehmen mit der Landesjustizverwaltung, bei dem Bundesarbeitsgericht der Bundesminister für Arbeit und Sozialordnung im Benehmen mit dem Bundesminister der Justiz.

(2) Die Kosten der Arbeitsgerichte und der Landesarbeitsgerichte trägt das Land, das sie errichtet. Die Kosten des Bundesarbeitsgerichts trägt der Bund.

§ 8. Gang des Verfahrens. (1) Im ersten Rechtszug sind die Arbeitsgerichte zuständig.

(2) Gegen die Urteile der Arbeitsgerichte findet die Berufung an die Landesarbeitsgerichte nach Maßgabe des § 64 Abs. 1 statt.

(3) Gegen die Urteile der Landesarbeitsgerichte findet die Revision an das Bundesarbeitsgericht nach Maßgabe des § 72 Abs. 1 statt.

(4) Gegen die Beschlüsse der Arbeitsgerichte und ihrer Vorsitzenden im Beschlußverfahren findet die Beschwerde an das Landesarbeitsgericht nach Maßgabe des § 87 statt.

(5) Gegen die Beschlüsse der Landesarbeitsgerichte im Beschlußverfahren findet die Rechtsbeschwerde an das Bundesarbeitsgericht nach Maßgabe des § 92 statt.

§ 9. Allgemeine Verfahrensvorschriften. (1) Das Verfahren ist in allen Rechtszügen zu beschleunigen. Die Vorschriften des Gerichtsverfassungsgesetzes über Gerichtsferien sind nicht anzuwenden.

(2) Die Vorschriften des Gerichtsverfassungsgesetzes über Zustellungs- und Vollstreckungsbeamte, über die Aufrechterhaltung der Ordnung in der Sitzung, über die Gerichtssprache, über die Wahrnehmung richterlicher Geschäfte durch Referendare und über Beratung und Abstimmung gelten in allen Rechtszügen entsprechend.

(3) Die Vorschriften über die Wahrnehmung der Geschäfte bei den ordentlichen Gerichten durch Rechtspfleger gelten in allen Rechtszügen entsprechend. Als Rechtspfleger können nur Beamte bestellt werden, die die Rechtspflegerprüfung oder die Prüfung für den gehobenen Dienst bei der Arbeitsgerichtsbarkeit bestanden haben.

(4) Zeugen und Sachverständige werden nach dem Gesetz über die Entschädigung von Zeugen und Sachverständigen entschädigt.

(5) Alle mit einem befristeten Rechtsmittel anfechtbaren Entscheidungen enthalten die Belehrung über das Rechtsmittel. Soweit ein Rechtsmittel nicht gegeben ist, ist eine entsprechende Belehrung zu erteilen. Die Frist für ein Rechtsmittel beginnt nur, wenn die Partei oder der Beteiligte über das Rechtsmittel und das Gericht, bei dem das Rechtsmittel einzulegen ist, die Anschrift des Gerichts und die einzuhaltende Frist und Form schriftlich belehrt worden ist. Ist die Belehrung unterblieben oder unrichtig erteilt, so ist die Einlegung des Rechtsmittels nur innerhalb eines Jahres seit Zustellung der Entscheidung zulässig, außer wenn die Einlegung vor Ablauf der Jahresfrist infolge höherer Gewalt unmöglich war oder eine Belehrung dahin erfolgt ist, daß ein Rechtsmittel nicht gegeben sei; § 234 Abs. 1, 2 und § 236 Abs. 2 der Zivilprozeßordnung gelten für den Fall höherer Gewalt entsprechend.

§ 10. Parteifähigkeit. Parteifähig im arbeitsgerichtlichen Verfahren sind auch Gewerkschaften und Vereinigungen von Arbeitgebern sowie Zusammenschlüsse solcher Verbände; in den Fällen des § 2 a Abs. 1 Nr. 1 und 2 sind auch die nach dem Betriebsverfassungsgesetz, dem Mitbestimmungsgesetz, dem Mitbestimmungsergänzungsgesetz, dem Betriebsverfassungsgesetz 1952 und den zu diesen Gesetzen ergangenen Rechtsverordnungen beteiligten Personen und Stellen Beteiligte, in den Fällen des § 2 a Abs. 1 Nr. 3 auch die beteiligten Vereinigungen von Arbeitnehmern oder von Arbeitgebern sowie die oberste Arbeitsbehörde des Bundes oder derjenigen Länder, auf deren Bereich sich die Tätigkeit der Vereinigung erstreckt.

§ 11. Prozeßvertretung. (1) Die Parteien können vor den Arbeitsgerichten den Rechtsstreit selbst führen oder sich vertreten lassen. Eine Vertretung durch Vertreter von Gewerkschaften oder von Vereinigungen von Arbeitgebern oder von Zusammenschlüssen solcher Verbände ist zulässig, wenn diese Personen kraft Satzung oder Vollmacht zur Vertretung befugt sind und der Zusammenschluß, der Verband oder deren Mitglieder Partei sind. Das gleiche gilt für die Prozeßvertretung durch Vertreter von selbständigen Vereinigungen von Arbeitnehmern mit sozial- oder berufspolitischer Zwecksetzung.

2) Vor den Landesarbeitsgerichten und vor dem Bundesarbeitsgericht müssen die Parteien sich durch Rechtsanwälte als Prozeßbevollmächtigte vertreten lassen; zur Vertretung berechtigt ist jeder bei einem deutschen Gericht zugelassene Rechtsanwalt. An ihre Stelle können vor den Landesarbeitsgerichten Vertreter von Gewerkschaften oder von Vereinigungen von Arbeitgebern oder von Zusammenschlüssen solcher Verbände treten, wenn sie kraft Satzung oder Vollmacht zur Vertretung befugt sind und der Zusammenschluß, der Verband oder deren Mitglieder Partei sind.

3) Mit Ausnahme der Rechtsanwälte sind Personen, die die Besorgung fremder Rechtsangelegenheiten vor Gericht geschäftsmäßig betreiben, als Bevollmächtigte und Beistände in der mündlichen Verhandlung ausgeschlossen. § 157 Abs. 1 Satz 2 und Abs. 2 der Zivilprozeßordnung ist entsprechend anzuwenden. Dies gilt nicht für die in Absatz 1 Satz 2 und 3, Absatz 2 Satz 2 genannten Personen.

§ 11 a. Beiordnung eines Rechtsanwalts, Prozeßkostenhilfe. (1) Einer Partei, die außerstande ist, ohne Beeinträchtigung des für sie und ihre Familie notwendigen Unterhalts die Kosten des Prozesses zu bestreiten, und die nicht durch ein Mitglied oder einen Angestellten einer Gewerkschaft oder einer Vereinigung von Arbeitgebern vertreten werden kann, hat der Vorsitzende des Arbeitsgerichts auf ihren Antrag einen Rechtsanwalt beizuordnen, wenn die Gegenpartei durch einen Rechtsanwalt vertreten ist. Die Partei ist auf ihr Antragsrecht hinzuweisen.

(2) Die Beiordnung kann unterbleiben, wenn sie aus besonderen Gründen nicht erforderlich ist, oder wenn die Rechtsverfolgung offensichtlich mutwillig ist.

(3) Die Vorschriften der Zivilprozeßordnung über die Prozeßkostenhilfe gelten in Verfahren vor den Gerichten in Arbeitssachen entsprechend.

(4) Der Bundesminister für Arbeit und Sozialordnung wird ermächtigt, zur Vereinfachung und Vereinheitlichung des Verfahrens durch Rechtsverordnung mit Zustimmung des Bundesrates Vordrucke für die Erklärung der Partei über ihre persönlichen und wirtschaftlichen Verhältnisse (§ 117 Abs. 2 der Zivilprozeßordnung) einzuführen.

§ 12. Kosten. (1) Im Urteilsverfahren (§ 2 Abs. 5) werden Gebühren nach dem Verzeichnis der Anlage 1 zu diesem Gesetz erhoben.

(2) Im Verfahren vor dem Arbeitsgericht wird eine einmalige Gebühr bis zu höchstens fünfhundert Deutsche Mark erhoben. Die einmalige Gebühr bestimmt sich nach der Tabelle der Anlage 2 zu diesem Gesetz. Der Mindestbetrag einer Gebühr ist drei Deutsche Mark.

(3) Im Verfahren vor dem Landesarbeitsgericht und dem Bundesarbeitsgericht vermindern sich die Gebühren der Tabelle, die dem Gerichtskostengesetz als Anlage 2 beigefügt ist, um zwei Zehntel. Im übrigen betragen die Gebühr für das Verfahren und die Gebühr für das Urteil im Verfahren vor dem Landesarbeitsgericht das Eineinhalbfache und im Verfahren vor dem Bundesarbeitsgericht das Doppelte der Gebühr.

(4) Kosten werden erst fällig, wenn das Verfahren in dem jeweiligen Rechtszug beendet ist, sechs Monate geruht hat oder sechs Monate von den Parteien nicht betrieben worden ist. Kostenvorschüsse werden nicht erhoben; dies gilt für die Zwangsvollstreckung auch dann, wenn das Amtsgericht Vollstreckungsgericht ist. Die Gerichtsvollzieher dürfen Gebührenvorschüsse nicht erheben. Soweit ein Kostenschuldner nach § 54 Nr. 1 oder 2 des Gerichtskostengesetzes haftet, ist § 49 Satz 1 des Gerichtskostengesetzes nicht anzuwenden.

(5) In Verfahren nach § 2 a Abs. 1, § 103 Abs. 3, § 108 Abs. 3 und § 109 werden Kosten nicht erhoben.

(5 a) Kosten für vom Gericht herangezogene Dolmetscher und Übersetzer werden nicht erhoben, wenn ein Ausländer Partei und die Gegenseitigkeit verbürgt oder ein Staatenloser Partei ist.

(6) Die Verordnung über Kosten im Bereich der Justizverwaltung gilt entsprechend. Bei Einziehung der Gerichts- und Verwaltungskosten leisten die Vollstreckungsbehörden der Justizverwaltung oder die sonst nach Landesrecht zuständigen Stellen den Gerichten für Arbeitssachen Amtshilfe.

(7) Für die Wertberechnung bei Rechtsstreitigkeiten über das Bestehen, das Nichtbestehen oder die Kündigung eines Arbeitsverhältnisses ist höchstens der Betrag des für die Dauer eines Vierteljahres zu leistenden Arbeitsentgelts maßgebend; eine Abfindung wird nicht hinzugerechnet. Bei Rechtsstreitigkeiten über wiederkehrende Leistungen ist der Wert des dreijährigen Bezugs und bei Rechtsstreitigkeiten über Eingruppierungen der Wert des dreijährigen Unterschiedsbetrages zur begehrten Vergütung maßgebend, sofern nicht der Gesamtbetrag der geforderten Leistungen geringer ist; bis zur Klageerhebung enstandene Rückstände werden nicht hinzugerechnet. § 24 Satz 1 des Gerichtskostengesetzes findet keine Anwendung.

§ 12 a. Kostentragungspflicht. (1) In Urteilsverfahren des ersten Rechtszugs besteht kein Anspruch der obsiegenden Partei auf Entschädigung wegen Zeitversäumnis und auf Erstattung der Kosten für die Zuziehung eines Prozeßbevollmächtigten oder Beistandes. Vor Abschluß der Vereinbarung über die Vertretung ist auf den Ausschluß der Kostenerstattung nach Satz 1 hinzuweisen. Satz 1 gilt nicht für Kosten, die dem Beklagten dadurch entstanden sind, daß der Kläger ein Gericht der ordentlichen Gerichtsbarkeit, der allgemeinen Verwaltungsgerichtsbarkeit, der Finanz- oder Sozialgerichtsbarkeit angerufen und dieses den Rechtsstreit an das Arbeitsgericht verwiesen hat.

(2) Werden im Urteilsverfahren des zweiten Rechtszugs die Kosten nach § 92 Abs. 1 der Zivilprozeßordnung verhältnismäßig geteilt und ist die eine Partei durch einen Rechtsanwalt, die andere Partei durch einen Verbandsvertreter nach § 11 Abs. 2 Satz 2 vertreten, so ist diese Partei hinsichtlich der außergerichtlichen Kosten so zu stellen, als wenn sie durch einen Rechtsanwalt vertreten worden wäre. Ansprüche auf Erstattung stehen ihr jedoch nur insoweit zu, als ihr Kosten im Einzelfall tatsächlich erwachsen sind.

§ 13. Rechtshilfe. (1) Die Arbeitsgerichte leisten den Gerichten für Arbeitssachen Rechtshilfe. Ist die Amtshandlung außerhalb des Sitzes eines Arbeitsgerichts vorzunehmen, so leistet das Amtsgericht Rechtshilfe.

(2) Die Vorschriften des Gerichtsverfassungsgesetzes über Rechtshilfe finden entsprechende Anwendung.

Gesetz über den Schutz des Arbeitsplatzes bei Einberufung zum Wehrdienst (Arbeitsplatzschutzgesetz – ArbPlSchG)

In der Fassung der Bekanntmachung vom 14. April 1980 (BGBl. I S. 425)

Zuletzt geändert durch Gesetz vom 20. Dezember 1985 (BGBl. I S. 2475)

(BGBl. III 53–2)
– Auszug –

Erster Abschnitt. Grundwehrdienst und Wehrübungen

§ 1. Ruhen des Arbeitsverhältnisses. (1) Wird ein Arbeitnehmer zum Grundwehrdienst oder zu einer Wehrübung einberufen, so ruht das Arbeitsverhältnis während des Wehrdienstes.

(2) Einem Arbeitnehmer im öffentlichen Dienst hat der Arbeitgeber während einer Wehrübung Arbeitsentgelt wie bei einem Erholungsurlaub zu zahlen. Zum Arbeitsentgelt gehören nicht besondere Zuwendungen, die mit Rücksicht auf den Erholungsurlaub gewährt werden.

(3) Der Arbeitnehmer hat den Einberufungsbescheid unverzüglich seinem Arbeitgeber vorzulegen.

(4) Ein befristetes Arbeitsverhältnis wird durch Einberufung zum Grundwehrdienst oder zu einer Wehrübung nicht verlängert; das gleiche gilt, wenn ein Arbeitsverhältnis aus anderen Gründen während des Wehrdienstes geendet hätte.

(5) Wird der Grundwehrdienst oder die Wehrübung vorzeitig beendet und muß der Arbeitgeber vorübergehend für zwei Personen am gleichen Arbeitsplatz Lohn oder Gehalt zahlen, so werden ihm die hierdurch ohne sein Verschulden entstandenen Mehraufwendungen vom Bund auf Antrag erstattet.

§ 2. Kündigungsschutz für Arbeitnehmer, Weiterbeschäftigung nach der Berufsausbildung. (1) Von der Zustellung des Einberufungsbescheides bis zur Beendigung des Grundwehrdienstes sowie während einer Wehrübung darf der Arbeitgeber das Arbeitsverhältnis nicht kündigen.

(2) Im übrigen darf der Arbeitgeber das Arbeitsverhältnis nicht aus Anlaß des Wehrdienstes kündigen. Muß er aus dringenden betrieblichen Erfordernissen (§ 1 Abs. 2 des Kündigungsschutzgesetzes) Arbeitnehmer entlassen, so darf er bei der Auswahl der zu Entlassenden den Wehrdienst eines Arbeitnehmers nicht zu dessen Ungunsten berücksichtigen. Ist streitig, ob der Arbeitgeber aus Anlaß des Wehrdienstes gekündigt oder bei der Auswahl der zu Entlassenden den Wehrdienst zuungunsten des Arbeitnehmers berücksichtigt hat, so trifft die Beweislast den Arbeitgeber.

(3) Das Recht zur Kündigung aus wichtigem Grunde bleibt unberührt. Die Einberufung des Arbeitnehmers zum Wehrdienst ist kein wichtiger Grund zur Kündigung; dies gilt im Falle des Grundwehrdienstes von mehr als sechs Monaten nicht für unverheiratete Arbeitnehmer in Betrieben mit in der Regel fünf oder weniger Arbeitnehmern ausschließlich der zu ihrer Berufsbildung Beschäftigten, wenn dem Arbeitgeber infolge Einstellung einer Ersatzkraft die Weiterbeschäftigung des Arbeitnehmers nach Entlassung aus dem Wehrdienst nicht zugemutet werden kann. Bei der Feststellung der Zahl der be-

schäftigten Arbeitnehmer nach Satz 2 sind nur Arbeitnehmer zu berücksichtigen, deren regelmäßige Arbeitszeit wöchentlich 10 Stunden oder monatlich 45 Stunden übersteigt. Satz 3 berührt nicht die Rechtsstellung der Arbeitnehmer, die am 1. Mai 1985 gegenüber ihrem Arbeitgeber Rechte aus Satz 2 herleiten könnten. Eine nach Satz 2 zweiter Halbsatz zulässige Kündigung darf jedoch nur unter Einhaltung einer Frist von zwei Monaten für den Zeitpunkt der Entlassung aus dem Wehrdienst ausgesprochen werden.

(4) Geht dem Arbeitnehmer nach der Zustellung des Einberufungsbescheides oder während des Wehrdienstes eine Kündigung zu, so beginnt die Frist des § 4 Satz 1 des Kündigungsschutzgesetzes erst zwei Wochen nach Ende des Wehrdienstes.

(5) Der Ausbildende darf die Übernahme eines Auszubildenden in ein Arbeitsverhältnis auf unbestimmte Zeit nach Beendigung des Berufsausbildungsverhältnisses nicht aus Anlaß des Wehrdienstes ablehnen. Absatz 2 Satz 3 gilt entsprechend.

§ 3. Wohnraum und Sachbezüge. (1) Das Ruhen des Arbeitsverhältnisses (§ 1 Abs. 1) läßt eine Verpflichtung zum Überlassen von Wohnraum unberührt.

(2) Für die Auflösung eines Mietverhältnisses über Wohnraum, der mit Rücksicht auf das Arbeitsverhältnis zur Unterbringung des Arbeitnehmers und seiner Familie überlassen ist, darf die durch den Grundwehrdienst oder eine Wehrübung veranlaßte Abwesenheit des Arbeitnehmers nicht zu seinem Nachteil berücksichtigt werden. Dies gilt entsprechend für alleinstehende Arbeitnehmer, die den Wohnraum während ihrer Abwesenheit aus besonderen Gründen benötigen.

(3) Bildet die Überlassung des Wohnraumes einen Teil des Arbeitsentgelts, so hat der Arbeitnehmer für die Weitergewährung an den Arbeitgeber eine Entschädigung zu zahlen, die diesem Teil des Arbeitsentgelts entspricht. Ist kein bestimmter Betrag vereinbart, so hat der Arbeitnehmer eine angemessene Entschädigung zu zahlen.

(4) Sachbezüge sind während des Grundwehrdienstes oder während einer Wehrübung auf Verlangen weiterzugewähren. Absatz 3 gilt sinngemäß.

(5) Die Absätze 3 und 4 finden keine Anwendung, wenn der Arbeitgeber nach diesem Gesetz das Arbeitsentgelt während des Wehrdienstes weiterzuzahlen hat.

§ 4. Erholungsurlaub. (1) Der Arbeitgeber kann den Erholungsurlaub, der dem Arbeitnehmer für ein Urlaubsjahr aus dem Arbeitsverhältnis zusteht, für jeden vollen Kalendermonat, den der Arbeitnehmer Grundwehrdienst leistet, um ein Zwölftel kürzen. Dem Arbeitnehmer ist der ihm zustehende Erholungsurlaub auf Verlangen vor Beginn des Grundwehrdienstes zu gewähren.

(2) Hat der Arbeitnehmer den ihm zustehenden Urlaub vor seiner Einberufung nicht oder nicht vollständig erhalten, so hat der Arbeitgeber den Resturlaub nach dem Grundwehrdienst im laufenden oder im nächsten Urlaubsjahr zu gewähren.

(3) Endet das Arbeitsverhältnis während des Grundwehrdienstes oder setzt der Arbeitnehmer im Anschluß an den Grundwehrdienst das Arbeitsverhältnis nicht fort, so hat der Arbeitgeber den noch nicht gewährten Urlaub abzugelten.

(4) Hat der Arbeitnehmer vor seiner Einberufung mehr Urlaub erhalten als ihm nach Absatz 1 zustand, so kann der Arbeitgeber den Urlaub, der dem Arbeitnehmer nach seiner Entlassung aus dem Grundwehrdienst zusteht, um die zuviel gewährten Urlaubstage kürzen.

(5) Wird ein Arbeitnehmer zu einer Wehrübung einberufen, so hat der Arbeitgeber den Erholungsurlaub voll zu gewähren. Absatz 1 Satz 2 gilt entsprechend.

(6) Für die Zeit des Grundwehrdienstes richtet sich der Urlaub nach den Urlaubsvorschriften für Soldaten.

§ 5. *(weggefallen)*

§ 6. Fortsetzung des Arbeitsverhältnisses. (1) Nimmt der Arbeitnehmer im Anschluß an den Grundwehrdienst oder im Anschluß an eine Wehrübung in seinem bisherigen Betrieb die Arbeit wieder auf, so darf ihm aus der Abwesenheit, die durch den Wehrdienst veranlaßt war, in beruflicher und betrieblicher Hinsicht kein Nachteil entstehen.

(2) Die Zeit des Grundwehrdienstes oder einer Wehrübung wird auf die Berufs- und Betriebszugehörigkeit angerechnet; bei Auszubildenden und sonstigen in Berufsausbildung Beschäftigten wird die Wehrdienstzeit auf die Berufszugehörigkeit jedoch erst nach Abschluß der Ausbildung angerechnet. Die Zeit des Grundwehrdienstes oder einer Wehrübung gilt als Dienst- und Beschäftigungszeit im Sinne der Tarifordnungen und Tarifverträge des öffentlichen Dienstes.

(3) Auf Probe- und Ausbildungszeiten wird die Zeit des Grundwehrdienstes oder einer Wehrübung nicht angerechnet.

(4) Auf Bewährungszeiten, die für die Einstufung in eine höhere Lohn- oder Vergütungsgruppe vereinbart sind, wird die Zeit des Grundwehrdienstes nicht angerechnet. Während der Zeit, um die sich die Einstufung in eine höhere Lohn- oder Vergütungsgruppe hierdurch verzögert, erhält der Arbeitnehmer von seinem Arbeitgeber zum Arbeitsentgelt eine Zulage in Höhe des Unterschiedsbetrages zwischen seinem Arbeitsentgelt und dem Arbeitsentgelt, das ihm bei der Einstufung in die höhere Lohn- oder Vergütungsgruppe zustehen würde.

Arbeitszeitordnung
(AZO)

Vom 30. April 1938 (RGBl. I S. 447)

Zuletzt geändert durch Zuständigkeitslockerungsgesetz vom 10. März 1975 (BGBl. I S. 685)

(BGBl. III 8050−1)
– Auszug –

Erster Abschnitt. Allgemeine Vorschriften

§ 1. Geltungsbereich. (1) Die Arbeitszeitordnung gilt für Arbeitnehmer über 18 Jahre in Betrieben und Verwaltungen aller Art, auch wenn sie nicht mit der Absicht der Gewinnerzielung betrieben werden. Ausgenommen sind

1. die Landwirtschaft einschließich des Gartenbaues, des Weinbaues und der Imkerei, die Forstwirtschaft, die Jagd, die Tierzucht und die land- und forstwirtschaftlichen Nebenbetriebe gewerblicher Art, letztere jedoch nur, wenn sie nur für eigenen Bedarf arbeiten,
2. die Fischerei, die Seeschiffahrt und die Luftfahrt, ausschließlich der zugehörigen Land- und Bodenbetriebe.

(2) Die Arbeitszeitordnung gilt nicht für

1. Generalbevollmächtigte und die im Handelsregister oder Genossenschaftsregister eingetragenen Vertreter eines Unternehmens,
2. sonstige Angestellte in leitender Stellung, die Vorgesetzte von mindestens zwanzig Arbeitnehmern sind *oder deren Jahresarbeitsverdienst die im Versicherungsgesetz für Angestellte für die Versicherungspflicht jeweils bestimmte Höchstgrenze übersteigt,*
3. pharmazeutisch vorgebildete Arbeitnehmer in Apotheken.

(3) Für Bäckereien und Konditoreien gilt das Gesetz über die Arbeitszeit in Bäckereien und Konditoreien vom 29. Juni 1936 (Reichsgesetzbl. I S. 521), abgeändert durch das Gesetz über Kinderarbeit und über die Arbeitszeit der Jugendlichen (Jugendschutzgesetz) vom 30. April 1938 (Reichsgesetzbl. I S. 437). Für das Pflegepersonal und die ihm gleichgestellten Arbeitnehmer in Krankenpflegeanstalten gilt die Verordnung über die Arbeitszeit in Krankenpflegeanstalten vom 13. Februar 1924 (Reichsgesetzbl. I S. 66, 154).

§ 2. Begriff der Arbeitszeit. (1) Arbeitszeit ist die Zeit vom Beginn bis zum Ende der Arbeit ohne die Ruhepausen.

(2) Im Steinkohlenbergbau gilt als Arbeitszeit die Schichtzeit; sie wird gerechnet vom Beginn der Seilfahrt bei der Einfahrt bis zum Wiederbeginn bei der Ausfahrt oder vom Eintritt des einzelnen Arbeitnehmers in das Stollenmundloch bis zu seinem Wiederaustritt.

(3) Arbeitszeit ist auch die Zeit, während der ein im übrigen im Betriebe Beschäftigter in seiner eigenen Wohnung oder Werkstätte oder sonst außerhalb des Betriebes beschäftigt wird. Werden Arbeitnehmer von mehreren Stellen beschäftigt, so dürfen die einzelnen Beschäftigungen zusammen die gesetzliche Höchstgrenze der Arbeitszeit nicht überschreiten.

Zweiter Abschnitt. Arbeitszeit im allgemeinen

§ 3. Regelmäßige Arbeitszeit. Die regelmäßige werktägliche Arbeitszeit darf die Dauer von acht Stunden nicht überschreiten.

§ 4. Andere Verteilung der Arbeitszeit. (1) Wird die Arbeitszeit an einzelnen Werktagen regelmäßig verkürzt, so kann die ausfallende Arbeitszeit auf die übrigen Werktage derselben sowie der vorhergehenden oder der folgenden Woche verteilt werden. Dieser Ausgleich ist ferner zulässig, soweit die Art des Betriebes eine ungleichmäßige Verteilung der Arbeitszeit erfordert; das Gewerbeaufsichtsamt kann bestimmen, ob diese Voraussetzung vorliegt.

(2) Die durch Betriebsfeiern, Volksfeste, öffentliche Veranstaltungen oder aus ähnlichen Anlaß an Werktagen ausfallende Arbeitszeit kann auf die Werktage von fünf zusammenhängenden, die Ausfalltage einschließenden Wochen verteilt werden. Dasselbe gilt, wenn in Verbindung mit Feiertagen die Arbeitszeit an Werktagen ausfällt, um den Arbeitnehmern eine längere zusammenhängende Freizeit zu gewähren.

(3) Die tägliche Arbeitszeit darf bei Anwendung der Vorschriften der Absätze 1 und 2 zehn Stunden täglich nicht überschreiten. Das Gewerbeaufsichtsamt kann eine Überschreitung dieser Grenze zulassen.

§ 5. Vor- und Abschlußarbeiten. (1) Die für den Betrieb oder eine Betriebsabteilung zulässige Dauer der Arbeitszeit darf um zwei Stunden täglich, jedoch höchstens bis zu zehn Stunden täglich in folgenden Fällen ausgedehnt werden:

1. bei Arbeiten zur Reinigung und Instandhaltung, soweit sich diese Arbeiten während des regelmäßigen Betriebes nicht ohne Unterbrechung oder erhebliche Störung ausführen lassen,
2. bei Arbeiten, von denen die Wiederaufnahme oder Aufrechterhaltung des vollen Betriebes arbeitstechnisch abhängt.

(2) Beim Zuendebedienen der Kundschaft einschließlich der damit zusammenhängenden notwendigen Aufräumungsarbeiten darf die Arbeitszeit um eine halbe Stunde, jedoch höchstens bis zu zehn Stunden täglich verlängert werden.

(3) Die Arbeitszeit darf in den Fällen des Absatzes 1 über zehn Stunden täglich verlängert werden, wenn eine Vertretung des Arbeitnehmers durch andere Arbeitnehmer nicht möglich ist und die Heranziehung betriebsfremder Personen dem Arbeitgeber nicht zugemutet werden kann. Als Vor- und Abschlußarbeiten gelten hierbei nur solche Arbeiten, die die Dauer von zwei Stunden täglich nicht überschreiten.

(4) Das Gewerbeaufsichtsamt kann bestimmen, welche Arbeiten als Vor- und Abschlußarbeiten gelten.

§ 6. Arbeitszeitverlängerung an dreißig Tagen. Die Arbeitnehmer eines Betriebes oder einer Betriebsabteilung dürfen an dreißig Tagen im Jahr über die regelmäßige Arbeitszeit hinaus mit Mehrarbeit bis zu zwei Stunden täglich, jedoch nicht länger als zehn Stunden täglich beschäftigt werden.

§ 7. Arbeitszeitverlängerung durch Tarifvertrag. (1) Die regelmäßige Arbeitszeit kann durch Tarifvertrag bis zu zehn Stunden täglich verlängert werden.

(2) Wenn in die Arbeitszeit regelmäßig und in erheblichem Umfange Arbeitsbereitschaft fällt, kann die Arbeitszeit auch über zehn Stunden täglich verlängert werden.

(3) *(gegenstandslos)*

§ 8. Arbeitszeitverlängerung durch das Gewerbeaufsichtsamt. (1) Das Gewerbeaufsichtsamt kann beim Nachweis eines dringenden Bedürfnisses eine von den §§ 3, 4 und 7 abweichende befristete Regelung der Arbeitszeit zulassen.

(2) Eine über zehn Stunden täglich hinausgehende Arbeitszeit kann das Gewerbeaufsichtsamt nur zulassen, wenn in die Arbeitszeit regelmäßig und in erheblichem Umfang Arbeitsbereitschaft fällt oder wenn die Arbeitszeitverlängerung aus dringenden Gründen des Gemeinwohls erforderlich ist.

§ 9. Arbeitszeit bei gefährlichen Arbeiten. (1) Für Gewerbezweige oder Gruppen von Arbeitnehmern, die unter besonderen Gefahren für Leben oder Gesundheit arbeiten, insbesondere für Arbeiter im Steinkohlenbergbau untertage sowie für Arbeiter, die in außergewöhnlichem Grade der Einwirkung von Hitze, giftigen Stoffen, Staub oder dergleichen oder der Gefährdung durch Sprengstoffe ausgesetzt sind, ist eine Überschreitung der Grenze des § 3, abgesehen von einer anderen Verteilung der Arbeitszeit nach den §§ 4 und 10, nur auf Grund eines Tarifvertrags nach § 7 oder einer Genehmigung des Gewerbeaufsichtsamts nach § 8 und nur dann zulässig, wenn die Arbeitszeitverlängerung aus Gründen des Gemeinwohls dringend erforderlich ist. Eine Überschreitung auf Grund eines Tarifvertrags oder Genehmigung des Gewerbeaufsichtsamts ist ferner zulässig, wenn sie sich in langjähriger Übung als unbedenklich erwiesen hat und eine halbe Stunde nicht übersteigt. Der *Reichsarbeitsminister* bestimmt, für welche Gewerbezweige oder Gruppen von Arbeitnehmern diese Beschränkung gilt.

(2) Der *Reichsarbeitsminister* kann für einzelne Arten von Betrieben oder Beschäftigungen, die mit besonderen Gefahren für die Gesundheit der Arbeitnehmer verbunden sind, eine über die Vorschriften der Arbeitszeitordnung hinausgehende Begrenzung der Arbeitszeit anordnen.

(3) Im Bergbau untertage ist für Betriebspunkte mit einer Wärme über 28 Grad Celsius durch die zuständige Bergbehörde eine Verkürzung der Arbeitszeit der Arbeitnehmer anzuordnen. Weitergehende bergpolizeiliche Bestimmungen bleiben unberührt.

§ 10. Ununterbrochene Arbeit. Bei Arbeiten, die werktags und sonntags einen ununterbrochenen Fortgang erfordern, dürfen zur Herbeiführung eines regelmäßigen wöchentlichen Schichtwechsels männliche Arbeitnehmer innerhalb eines Zeitraumes von drei Wochen einmal zu einer Schicht von höchstens sechzehnstündiger Dauer einschließlich der Ruhepausen herangezogen werden, sofern ihnen in diesen drei Wochen zweimal eine ununterbrochene Ruhezeit von je vierundzwanzig Stunden gewährt wird. Das Gewerbeaufsichtsamt kann eine abweichende Regelung zulassen.

§ 11. Höchstgrenze für Arbeitszeitverlängerungen. Die Arbeitszeit darf, abgesehen von den Vorschriften des § 4 Abs. 3 Satz 2, § 5 Abs. 3, § 7 Abs. 2, § 8 Abs. 2, § 10 und § 14, auch beim Zusammentreffen mehrerer Ausnahmen zehn Stunden täglich nicht überschreiten.

§ 12. Arbeitsfreie Zeiten und Ruhepausen. (1) Den Arbeitnehmern ist nach Beendigung der täglichen Arbeitszeit eine ununterbrochene Ruhezeit von mindestens elf Stunden zu gewähren. In Gast- und Schankwirtschaften, im übrigen Beherbergungswesen und im Verkehrswesen darf die ununterbrochene Ruhezeit auf zehn Stunden verkürzt werden. Das Gewerbeaufsichtsamt kann beim Nachweis eines dringenden Bedürfnisses weitergehende Ausnahmen zulassen.

(2) Den männlichen Arbeitnehmern sind bei einer Arbeitszeit von mehr als sechs Stunden mindestens eine halbstündige Ruhepause oder zwei viertelstündige Ruhepausen zu gewähren, in denen eine Beschäftigung im Betrieb nicht gestattet ist. Für den Aufenthalt während der Pausen sind nach Möglichkeit besondere Aufenthaltsräume oder freie Plätze bereitzustellen. Bei Arbeiten, die einen ununterbrochenen Fortgang erfordern, sind die in Wechselschichten beschäftigten Arbeitnehmer ausgenommen; jedoch müssen ihnen Kurzpausen von angemessener Dauer gewährt werden. Die Vorschriften des § 20 Abs. 3 über eine andere Regelung durch das Gewerbeaufsichtsamt finden entsprechende Anwendung.

§ 13. Sonderregelung für öffentliche Betriebe und Verwaltungen. (1) Für die Betriebe und Verwaltungen *des Reichs, des »Unternehmens Reichsautobahnen«, der Reichsbank* und der *Länder* und für die Verwaltungen der Gemeinden und Gemeindeverbände können die vorgesetzten Dienstbehörden die für Beamte gültigen Dienstvorschriften über die Arbeitszeit auf die Arbeitnehmer übertragen.

(2) Für Angestellte, die von Körperschaften des öffentlichen Rechts gemeinsam mit Beamten beschäftigt werden, gelten mangels abweichender Einzelabrede, Dienstord-

nung oder Tarifvertrag, die für Beamte gültigen Dienstvorschriften über die Arbeitszeit auch ohne ausdrückliche Übertragung nach Absatz 1.

§ 14. Außergewöhnliche Fälle. (1) Die Vorschriften der §§ 3 bis 13 über die Dauer der Arbeitszeit, arbeitsfreie Zeiten und Ruhepausen finden keine Anwendung auf vorübergehende Arbeiten in Notfällen und in außergewöhnlichen Fällen, die unabhängig vom Willen der Betroffenen eintreten und deren Folgen nicht auf andere Weise zu beseitigen sind, besonders wenn Rohstoffe oder Lebensmittel zu verderben oder Arbeitserzeugnisse zu mißlingen drohen.

(2) Dasselbe gilt, wenn eine verhältnismäßige geringe Zahl von Arbeitnehmern an einzelnen Tagen mit Arbeiten beschäftigt wird, deren Nichterledigung das Ergebnis der Arbeit gefährden oder einen unverhältnismäßigen wirtschaftlichen Schaden zur Folge haben würde und wenn dem Arbeitgeber andere Vorkehrungen nicht zugemutet werden können.

§ 14 a. [Mehrarbeit in der Bundeswehr]. Die Arbeitnehmer in der Bundeswehr sind verpflichtet, auf Weisung ihres Arbeitgebers über die in den §§ 3 bis 13 festgelegten Arbeitszeitgrenzen hinaus Mehrarbeit zu leisten, soweit solche Weisungen aus zwingenden Gründen der Verteidigung durch Rechtsverordnung, die der Bundesminister für Verteidigung im Einvernehmen mit dem Bundesminister für Arbeit und Sozialordnung erläßt, für zulässig erklärt werden. Hinsichtlich der Vergütung für Mehrarbeit gilt § 15 Abs. 1 und 2 sinngemäß.

§ 15. Mehrarbeitsvergütung. (1) Wird auf Grund des § 6 über Arbeitszeitverlängerung an dreißig Tagen, des § 7 über Arbeitszeitverlängerung durch Tarifvertrag, des § 8 über Arbeitszeitverlängerung durch das Gewerbeaufsichtsamt und des § 14 über außergewöhnliche Fälle Mehrarbeit geleistet, so haben die Arbeitnehmer mit Ausnahme der Lehrlinge für die über die Grenzen der §§ 3 und 4 hinausgehende Arbeitszeit Anspruch auf eine angemessene Vergütung über den Lohn für die regelmäßige Arbeitszeit hinaus. Dies gilt nicht, soweit die Mehrarbeit auch nach den Vorschriften des § 5 über Vor- und Abschlußarbeiten zulässig wäre oder lediglich infolge von Notfällen, Naturereignissen, Unglücksfällen oder anderen unvermeidlichen Störungen erforderlich ist. Bei Arbeitszeitverlängerungen durch Tarifvertrag oder behördliche Genehmigung entfällt der Anspruch auf Mehrarbeitsvergütung, wenn in die Arbeitszeit regelmäßig und in erheblichem Umfange Arbeitsbereitschaft fällt.

(2) Als angemessene Vergütung gilt, wenn nicht die Beteiligten eine andere Regelung vereinbaren *oder ein Reichsminister durch gemeinsame Dienstordnung, der Reichsarbeitsminister oder der Reichstreuhänder (Sondertreuhänder) der Arbeit eine abweichende Regelung trifft,* ein Zuschlag von 25 vom Hundert.

(3) Wird in Gewerben, die ihrer Art nach in gewissen Zeiten des Jahres regelmäßig zu erheblich verstärkter Tätigkeit genötigt sind, in diesen Zeiten über die Grenze des § 3 hinaus gearbeitet, so kann der *Reichsarbeitsminister* bestimmen, daß die Vorschriften der Absätze 1 und 2 keine Anwendung finden, soweit die Mehrarbeit durch Verkürzung der Arbeitszeit in den übrigen Zeiten des Jahres ausgeglichen wird.

Dritter Abschnitt. Erhöhter Schutz für Frauen

§ 16. Beschäftigungsverbote. (1) Weibliche Arbeitnehmer dürfen in Bergwerken, Salinen, Aufbereitungsanstalten und unterirdisch betriebenen Brüchen und Gruben nicht untertage, ferner bei der Förderung, mit Ausnahme der Aufbereitung (Separation, Wäsche), bei dem Transport und der Verladung auch nicht übertage beschäftigt werden.

(2) Weibliche Arbeitnehmer dürfen ferner nicht in Kokereien und nicht mit der Beförderung von Roh- und Werkstoffen bei Bauten aller Art beschäftigt werden.

(3) Der *Reichsarbeitsminister* kann die Beschäftigung von weiblichen Arbeitnehmern für einzelne Arten von Betrieben oder Arbeiten, die mit besonderen Gefahren für Gesundheit und Sittlichkeit verbunden sind, gänzlich untersagen oder von Bedingungen abhängig machen.

§ 17. Höchstarbeitszeit. (1) Mit den in § 5 Abs. 1 genannten Vor- und Abschlußarbeiten dürfen weibliche Arbeitnehmer höchstens eine Stunde über die für den Betrieb oder die Betriebsabteilung zulässige Dauer der Arbeitszeit hinaus beschäftigt werden.

(2) Bei Anwendung der Ausnahmen des Zweiten Abschnitts dürfen weibliche Arbeitnehmer nicht länger als zehn Stunden täglich beschäftigt werden. An den Tagen vor Sonn- und Feiertagen darf die Arbeitszeit acht Stunden nicht überschreiten.

(3) Die Vorschrift des Absatzes 2 Satz 2 gilt nicht für das Verkehrswesen, für Gast- und Schankwirtschaften, für das übrige Beherbergungswesen, für das Friseurhandwerk, für Badeanstalten, für Krankenpflegeanstalten, für Musikaufführungen, Theatervorstellungen, andere Schaustellungen, Darbietungen oder Lustbarkeiten, für Filmaufnahmen, für Gärtnereien, für Apotheken, für offene Verkaufsstellen und für die mit ihnen verbundenen Änderungswerkstätten sowie für den Marktverkehr.

§ 18. Ruhepausen. (1) Den weiblichen Arbeitnehmern müssen bei einer Arbeitszeit von mehr als viereinhalb Stunden eine oder mehrere im voraus feststehende Ruhepausen von angemessener Dauer innerhalb der Arbeitszeit gewährt werden. Die Ruhepausen müssen mindestens betragen bei mehr als viereinhalb bis zu sechs Stunden Arbeitszeit zwanzig Minuten, bei mehr als sechs bis zu acht Stunden eine halbe Stunde, bei mehr als acht bis zu neun Stunden dreiviertel Stunden und bei mehr als neun Stunden eine Stunde. Bei mehr als acht bis zu achteinhalb Stunden Arbeitszeit dürfen die Ruhepausen auf eine halbe Stunde verkürzt werden, wenn die Verlängerung der Arbeitszeit über acht Stunden dazu dient, durch andere Verteilung der Arbeitszeit einen Frühschluß vor Sonn- und Feiertagen herbeizuführen. Länger als viereinhalb Stunden hintereinander dürfen weibliche Arbeitnehmer nicht ohne Ruhepause beschäftigt werden.

(2) Als Ruhepausen gelten nur Arbeitsunterbrechungen von mindestens einer Viertelstunde.

(3) Während der Ruhepausen darf den weiblichen Arbeitnehmern eine Beschäftigung im Betriebe nicht gestattet werden. Für den Aufenthalt während der Pausen sind nach Möglichkeit besondere Aufenthaltsräume oder freie Plätze bereitzustellen. Der Aufenthalt in den Arbeitsräumen darf nur gestattet werden, wenn die Arbeit in den Teilen des Betriebes, in denen die weiblichen Arbeitnehmer sich aufhalten, während der Pausen völlig eingestellt und auch sonst die notwendige Erholung nicht beeinträchtigt wird.

§ 19. Nachtruhe und Frühschluß vor Sonn- und Feiertagen. (1) Arbeiterinnen dürfen nicht in der Nachtzeit von zwanzig bis sechs Uhr und an den Tagen vor Sonn- und Feiertagen nicht nach siebzehn Uhr beschäftigt werden.

(2) In mehrschichtigen Betrieben dürfen Arbeiterinnen bis dreiundzwanzig Uhr beschäftigt werden. Nach vorheriger Anzeige an das Gewerbeaufsichtsamt kann die Früh-

schicht regelmäßig frühestens um fünf Uhr beginnen, wenn die Spätschicht entsprechend früher endet. Das Gewerbeaufsichtsamt kann zulassen, daß die Spätschicht regelmäßig spätestens um vierundzwanzig Uhr endet, wenn die Frühschicht entsprechend später beginnt.

(3) Die Vorschriften der Absätze 1 und 2 gelten nicht für die im § 17 Abs. 3 genannten Betriebe.

§ 20. Behördliche Genehmigung von Ausnahmen. (1) Der *Reichsarbeitsminister* kann aus betriebstechnischen oder allgemein wirtschaftlichen Gründen Ausnahmen von den Vorschriften des § 17 über Höchstarbeitszeit und des § 19 über Nachtruhe und Frühschluß vor Sonn- und Feiertagen zulassen.

(2) Das Gewerbeaufsichtsamt kann beim Nachweis eines dringenden Bedürfnisses Ausnahmen von den im Absatz 1 genannten Vorschriften auf die Dauer von zwei Wochen, jedoch für nicht mehr als vierzig Tage innerhalb eines Kalenderjahres unter der Voraussetzung zulassen, daß die zu gewährende ununterbrochene Ruhezeit nicht weniger als zehn Stunden beträgt.

(3) Das Gewerbeaufsichtsamt kann aus wichtigen Gründen eine vom § 18 abweichende Regelung der Ruhepausen zulassen. Es kann für Betriebe oder Betriebsteile oder für bestimmte Arbeiten, soweit die Schwere der Arbeit oder der sonstige Einfluß der Beschäftigung auf die Gesundheit der weiblichen Arbeitnehmer es dringend erwünscht erscheinen läßt, über die Vorschriften des § 18 Abs. 1 und 2 hinausgehende Pausen anordnen.

(4) Das Gewerbeaufsichtsamt kann abweichend vom § 19 Abs. 1 in Betrieben, in denen die Arbeiter in außergewöhnlichem Grade der Einwirkung von Hitze ausgesetzt sind, in der warmen Jahreszeit die Beschäftigung von Arbeiterinnen vor sechs Uhr zulassen.

§ 21. Ausnahmen in Notfällen. Die Vorschriften der §§ 17 bis 19 über Höchstarbeitszeit, Ruhepausen, Nachtruhe und Frühschluß vor Sonn- und Feiertagen finden keine Anwendung auf vorübergehende Arbeiten, die in Notfällen sofort vorgenommen werden müssen. Der Arbeitgeber hat die Vornahme solcher Arbeiten dem Gewerbeaufsichtsamt unverzüglich anzuzeigen.

Fünfter Abschnitt. Durchführungsvorschriften

§ 24. Aushänge und Verzeichnisse. (1) Der Arbeitgeber ist verpflichtet:

1. einen Abdruck der Arbeitszeitordnung an geeigneter Stelle im Betriebe zur Einsichtnahme auszulegen;
2. einen Aushang über Beginn und Ende der regelmäßigen täglichen Arbeitszeit und der Ruhepausen an sichtbarer Stelle im Betriebe anzubringen;
3. einen Nachweis über die andere Verteilung der Arbeitszeit nach § 4, über die Vor- und Abschlußarbeiten nch § 5, über die Arbeitszeitverlängerung an dreißig Tagen nach § 6 und über die Arbeiten in außergewöhnlichen Fällen nach § 14 zu führen und darin Lage und Dauer der Arbeitszeit und ihre Verteilung auf die Arbeitnehmer unverzüglich anzugeben; den beteiligten Arbeitnehmern ist auf Verlangen Einsicht in den Nachweis zu gewähren.

(2) Der im Abs. 1 Nr. 3 vorgeschriebene Nachweis ist dem Gewerbeaufsichtsamt auf Verlangen vorzulegen oder zur Einsicht einzusenden.

Berufsbildungsgesetz
(BBiG)

Vom 14. August 1969 (BGBl. I S. 1112)

Zuletzt geändert durch Entsch. BVerfG vom 14.5.1986 (BGBl. I S. 1161)

(BGBl. III 806-21)
– Auszug –

Erster Teil. Allgemeine Vorschriften

§ 1. Berufsbildung. (1) Berufsbildung im Sinne dieses Gesetzes sind die Berufsausbildung, die berufliche Fortbildung und die berufliche Umschulung.

(2) Die Berufsausbildung hat eine breit angelegte berufliche Grundbildung und die für die Ausübung einer qualifizierten beruflichen Tätigkeit notwendigen fachlichen Fertigkeiten und Kenntnisse in einem geordneten Ausbildungsgang zu vermitteln. Sie hat ferner den Erwerb der erforderlichen Berufserfahrungen zu ermöglichen.

(3) Die berufliche Fortbildung soll es ermöglichen, die beruflichen Kenntnisse und Fertigkeiten zu erhalten, zu erweitern, der technischen Entwicklung anzupassen oder beruflich aufzusteigen.

(4) Die berufliche Umschulung soll zu einer anderen beruflichen Tätigkeit befähigen.

(5) Berufsbildung wird durchgeführt in Betrieben der Wirtschaft, in vergleichbaren Einrichtungen außerhalb der Wirtschaft, insbesondere des öffentlichen Dienstes, der Angehörigen freier Berufe und in Haushalten (betriebliche Berufsbildung) sowie in berufsbildenden Schulen und sonstigen Berufsbildungseinrichtungen außerhalb der schulischen und betrieblichen Berufsbildung.

§ 2. Geltungsbereich. (1) Dieses Gesetz gilt für die Berufsbildung, soweit sie nicht in berufsbildenden Schulen durchgeführt wird, die den Schulgesetzen der Länder unterstehen.

(2) Dieses Gesetz gilt nicht für

1. die Berufsbildung in einem öffentlich-rechtlichen Dienstverhältnis,
2. die Berufsbildung auf Kauffahrteischiffen, die nach dem Flaggenrechtsgesetz vom 8. Februar 1951 (Bundesgesetzbl. I S. 79) die Bundesflagge führen, soweit es sich nicht um Schiffe der kleinen Hochseefischerei oder der Küstenfischerei handelt.

Zweiter Teil. Berufsausbildungsverhältnis

Erster Abschnitt. Begründung des Berufsausbildungsverhältnisses

§ 3. Vertrag. (1) Wer einen anderen zur Berufsausbildung einstellt (Ausbildender), hat mit dem Auszubildenden einen Berufsausbildungsvertrag zu schließen.

(2) Auf den Berufsausbildungsvertrag sind, soweit sich aus seinem Wesen und Zweck und aus diesem Gesetz nichts anderes ergibt, die für den Arbeitsvertrag geltenden Rechtsvorschriften und Rechtsgrundsätze anzuwenden.

(3) Schließen Eltern mit ihrem Kind einen Berufsausbildungsvertrag, so sind sie von dem Verbot des § 181 des Bürgerlichen Gesetzbuches befreit.

(4) Ein Mangel in der Berechtigung, Auszubildende einzustellen oder auszubilden, berührt die Wirksamkeit des Berufsausbildungsvertrages nicht.

§ 4. Vertragsniederschrift. (1) Der Ausbildende hat unverzüglich nach Abschluß des Berufsausbildungsvertrages, spätestens vor Beginn der Berufsausbildung, den wesentlichen Inhalt des Vertrages schriftlich niederzulegen. Die Niederschrift muß mindestens Angaben enthalten über

1. Art, sachliche und zeitliche Gliederung sowie Ziel der Berufsausbildung, insbesondere die Berufstätigkeit, für die ausgebildet werden soll,
2. Beginn und Dauer der Berufsausbildung,
3. Ausbildungsmaßnahmen außerhalb der Ausbildungsstätte,
4. Dauer der regelmäßigen täglichen Ausbildungszeit,
5. Dauer der Probezeit,
6. Zahlung und Höhe der Vergütung,
7. Dauer des Urlaubs,
8. Voraussetzungen, unter denen der Berufsausbildungsvertrag gekündigt werden kann.

(2) Die Niederschrift ist von dem Ausbildenden, dem Auszubildenden und dessen gesetzlichem Vertreter zu unterzeichnen.

(3) Der Ausbildende hat dem Auszubildenden und dessen gesetzlichem Vertreter eine Ausfertigung der unterzeichneten Niederschrift unverzüglich auszuhändigen.

(4) Bei Änderungen des Berufsausbildungsvertrages gelten die Absätze 1 bis 3 entsprechend.

§ 5. Nichtige Vereinbarungen. (1) Eine Vereinbarung, die den Auszubildenden für die Zeit nach Beendigung des Berufsausbildungsverhältnisses in der Ausübung seiner beruflichen Tätigkeit beschränkt, ist nichtig. Dies gilt nicht, wenn sich der Auszubildende innerhalb der letzten drei Monate des Berufsausbildungsverhältnisses dazu verpflichtet, nach dessen Beendigung mit dem Ausbildenden

1. ein Arbeitsverhältnis auf unbestimmte Zeit einzugehen,
2. ein Arbeitsverhältnis auf Zeit für die Dauer von höchstens fünf Jahren einzugehen, sofern der Ausbildende Kosten für eine weitere Berufsbildung des Auszubildenden außerhalb des Berufsausbildungsverhältnisses übernimmt und diese Kosten in einem angemessenen Verhältnis zur Dauer der Verpflichtung stehen.

(2) Nichtig ist eine Vereinbarung über

1. die Verpflichtung des Auszubildenden, für die Berufsausbildung eine Entschädigung zu zahlen,
2. Vertragsstrafen,
3. den Ausschluß oder die Beschränkung von Schadensersatzansprüchen,
4. die Festsetzung der Höhe eines Schadensersatzes in Pauschbeträgen.

Zweiter Abschnitt. Inhalt des Berufsausbildungsverhältnisses

Erster Unterabschnitt. Pflichten des Ausbildenden

§ 6. Berufsausbildung. (1) Der Ausbildende hat

1. dafür zu sorgen, daß dem Auszubildenden die Fertigkeiten und Kenntnisse vermittelt werden, die zum Erreichen des Ausbildungszieles erforderlich sind, und die Berufsausbildung in einer durch ihren Zweck gebotenen Form planmäßig, zeitlich und sachlich gegliedert so durchzuführen, daß das Ausbildungsziel in der vorgesehenen Ausbildungszeit erreicht werden kann.
2. selbst auszubilden oder einen Ausbilder ausdrücklich damit zu beauftragen,
3. dem Auszubildenden kostenlos die Ausbildungsmittel, insbesondere Werkzeuge und Werkstoffe zur Verfügung zu stellen, die zur Berufsausbildung und zum Ablegen von Zwischen- und Abschlußprüfungen, auch soweit solche nach Beendigung des Berufsausbildungsverhältnisses stattfinden, erforderlich sind,
4. den Auszubildenden zum Besuch der Berufsschule sowie zum Führen von Berichtsheften anzuhalten, soweit solche im Rahmen der Berufsausbildung verlangt werden, und diese durchzusehen,
5. dafür zu sorgen, daß der Auszubildende charakterlich gefördert sowie sittlich und körperlich nicht gefährdet wird.

(2) Dem Auszubildenden dürfen nur Verrichtungen übertragen werden, die dem Ausbildungszweck dienen und seinen körperlichen Kräften angemessen sind.

§ 7. Freistellung. Der Ausbildende hat den Auszubildenden für die Teilnahme am Berufsschulunterricht und an Prüfungen freizustellen. Das gleiche gilt, wenn Ausbildungsmaßnahmen außerhalb der Ausbildungsstätte durchzuführen sind.

§ 8. Zeugnis. (1) Der Ausbildende hat dem Auszubildenden bei Beendigung des Berufsausbildungsverhältnisses ein Zeugnis auszustellen. Hat der Ausbildende die Berufsausbildung nicht selbst durchgeführt, so soll auch der Ausbilder das Zeugnis unterschreiben.

(2) Das Zeugnis muß Angaben enthalten über Art, Dauer und Ziel der Berufsausbildung sowie über die erworbenen Fähigkeiten und Kenntnisse des Auszubildenden. Auf Verlangen des Auszubildenden sind auch Angaben über Führung, Leistung und besondere fachliche Fähigkeiten aufzunehmen.

Zweiter Unterabschnitt. Pflichten des Auszubildenden

§ 9. Verhalten während der Berufsausbildung. Der Auszubildende hat sich zu bemühen, die Fertigkeiten und Kenntnisse zu erwerben, die erforderlich sind, um das Ausbildungsziel zu erreichen. Er ist insbesondere verpflichtet,

1. die ihm im Rahmen seiner Berufsausbildung aufgetragenen Verrichtungen sorgfältig auszuführen,
2. an Ausbildungsmaßnahmen teilzunehmen, für die er nach § 7 freigestellt wird,
3. den Weisungen zu folgen, die ihm im Rahmen der Berufsausbildung vom Ausbildenden, vom Ausbilder oder von anderen weisungsberechtigten Personen erteilt werden,
4. die für die Ausbildungsstätte geltende Ordnung zu beachten,

5. Werkzeug, Maschinen und sonstige Einrichtungen pfleglich zu behandeln,
6. über Betriebs- und Geschäftsgeheimnisse Stillschweigen zu wahren.

Dritter Unterabschnitt. Vergütung

§ 10. Vergütungsanspruch. (1) Der Ausbildende hat dem Auszubildenden eine angemessene Vergütung zu gewähren. Sie ist nach dem Lebensalter des Auszubildenden so zu bemessen, daß sie mit fortschreitender Berufsausbildung, mindestens jährlich, ansteigt.

(2) Sachleistungen können in Höhe der nach *§ 160 Abs. 2 der Reichsversicherungsordnung* festgesetzten Sachbezugswerte angerechnet werden, jedoch nicht über fünfundsiebzig vom Hundert der Bruttovergütung hinaus.

(3) Eine über die vereinbarte regelmäßige tägliche Ausbildungszeit hinausgehende Beschäftigung ist besonders zu vergüten.

§ 11. Bemessung und Fälligkeit der Vergütung. (1) Die Vergütung bemißt sich nach Monaten. Bei Berechnung der Vergütung für einzelne Tage wird der Monat zu dreißig Tagen gerechnet.

(2) Die Vergütung für den laufenden Kalendermonat ist spätestens am letzten Arbeitstag des Monats zu zahlen.

§ 12. Fortzahlung der Vergütung. (1) Dem Auszubildenden ist die Vergütung auch zu zahlen

1. für die Zeit der Freistellung (§ 7),
2. bis zur Dauer von sechs Wochen, wenn er
 a) sich für die Berufsausbildung bereit hält, diese aber ausfällt,
 b) infolge unverschuldeter Krankheit, infolge einer Sterilisation oder eines Abbruchs der Schwangerschaft durch einen Arzt nicht an der Berufsausbildung teilnehmen kann oder
 c) aus einem sonstigen, in seiner Person liegenden Grund unverschuldet verhindert ist, seine Pflichten aus dem Berufsausbildungsverhältnis zu erfüllen.

Im Falle des Satzes 1 Nr. 2 Buchstabe b gelten eine nicht rechtswidrige Steriliation und ein nicht rechtswidriger Abbruch der Schwangerschaft durch einen Arzt als unverschuldet.

(2) Kann der Auszubildende während der Zeit, für welche die Vergütung fortzuzahlen ist, aus berechtigtem Grund Sachleistungen nicht abnehmen, so sind diese nach den Sachbezugswerten (§ 10 Abs. 2) abzugelten.

Dritter Abschnitt. Beginn und Beendigung des Berufsausbildungsverhältnisses

§ 13. Probezeit. Das Berufsausbildungsverhältnis beginnt mit der Probezeit. Sie muß mindestens einen Monat und darf höchstens drei Monate betragen.

§ 14. Beendigung. (1) Das Berufsausbildungsverhältnis endet mit dem Ablauf der Ausbildungszeit.

(2) Besteht der Auszubildende vor Ablauf der Ausbildungszeit die Abschlußprüfung, so endet das Berufsausbildungsverhältnis mit Bestehen der Abschlußprüfung.

(3) Besteht der Auszubildende die Abschlußprüfung nicht, so verlängert sich das Berufsausbildungsverhältnis auf sein Verlangen bis zur nächstmöglichen Wiederholungsprüfung, höchstens um ein Jahr.

§ 15. Kündigung. (1) Während der Probezeit kann das Berufsausbildungsverhältnis jederzeit ohne Einhalten einer Kündigungsfrist gekündigt werden.

(2) Nach der Probezeit kann das Berufsausbildungsverhältnis nur gekündigt werden

1. aus einem wichtigen Grund ohne Einhalten einer Kündigungsfrist,
2. vom Auszubildenden mit einer Kündigungsfrist von vier Wochen, wenn er die Berufsausbildung aufgeben oder sich für eine andere Berufstätigkeit ausbilden lassen will.

(3) Die Kündigung muß schriftlich und in den Fällen des Absatzes 2 unter Angabe der Kündigungsgründe erfolgen.

(4) Eine Kündigung aus einem wichtigen Grund ist unwirksam, wenn die ihr zugrunde liegenden Tatsachen dem zur Kündigung Berechtigten länger als zwei Wochen bekannt sind. Ist ein vorgesehenes Güteverfahren vor einer außergerichtlichen Stelle eingeleitet, so wird bis zu dessen Beendigung der Lauf dieser Frist gehemmt.

§ 16. Schadensersatz bei vorzeitiger Beendigung. (1) Wird das Berufsausbildungsverhältnis nach der Probezeit vorzeitig gelöst, so kann der Ausbildende oder der Auszubildende Ersatz des Schadens verlangen, wenn der andere den Grund für die Auflösung zu vertreten hat. Dies gilt nicht im Falle des § 15 Abs. 2 Nr. 2.

(2) Der Anspruch erlischt, wenn er nicht innerhalb von drei Monaten nach Beendigung des Berufsausbildungsverhältnisses geltend gemacht wird.

Gesetz über die Gewährung von Erziehungsgeld und Erziehungsurlaub (Bundeserziehungsgeldgesetz - BErzGG)

Vom 6. Dezember 1985 (BGBl. I S. 2154)

Zuletzt geändert durch Gesetz vom 14. Dezember 1987 (BGBl. I S. 2602)

(BGBl. III 85−3)
– Auszug –

§ 17. Erholungsurlaub. (1) Der Arbeitgeber kann den Erholungsurlaub, der dem Arbeitnehmer für das Urlaubsjahr aus dem Arbeitsverhältnis zusteht, für jeden vollen Kalendermonat, für den der Arbeitnehmer Erziehungsurlaub nimmt, um ein Zwölftel kürzen. Satz 1 gilt nicht, wenn der Arbeitnehmer während des Erziehungsurlaubs bei seinem Arbeitgeber Teilzeitarbeit leistet.

(2) Hat der Arbeitnehmer den ihm zustehenden Urlaub vor dem Beginn des Erziehungsurlaubs nicht oder nicht vollständig erhalten, so hat der Arbeitgeber den Resturlaub nach dem Erziehungsurlaub im laufenden oder im nächsten Urlaubsjahr zu gewähren.

(3) Endet das Arbeitsverhältnis während des Erziehungsurlaubs oder setzt der Arbeitnehmer im Anschluß an den Erziehungsurlaub das Arbeitsverhältnis nicht fort, so hat der Arbeitgeber den noch nicht gewährten Urlaub abzugelten.

(4) Hat der Arbeitnehmer vor dem Beginn des Erziehungsurlaubs mehr Urlaub erhalten, als ihm nach Absatz 1 zusteht, so kann der Arbeitgeber den Urlaub, der dem Arbeitnehmer nach dem Ende des Erziehungsurlaubs zusteht, um die zuviel gewährten Urlaubstage kürzen.

§ 18. Kündigungsschutz. (1) Der Arbeitgeber darf das Arbeitsverhältnis während des Erziehungsurlaubs nicht kündigen. Die für den Arbeitsschutz zuständige oberste Landesbehörde oder die von ihr bestimmte Stelle kann in besonderen Fällen ausnahmsweise die Kündigung für zulässig erklären. Der Bundesminister für Arbeit und Sozialordnung wird ermächtigt, mit Zustimmung des Bundesrates allgemeine Verwaltungsvorschriften zur Durchführung des Satzes 2 zu erlassen.

(2) Absatz 2 gilt entsprechend, wenn der Arbeitnehmer

1. während des Erziehungsurlaubs bei seinem Arbeitgeber Teilzeitarbeit leistet oder
2. ohne Erziehungsurlaub in Anspruch zu nehmen, bei seinem Arbeitgeber Teilzeitarbeit leistet und Anspruch auf Erziehungsgeld hat oder nur deshalb nicht hat, weil das Einkommen (§ 6) die Einkommensgrenze (§ 5 Abs. 2) übersteigt. Der Kündigungsschutz nach Nummer 2 besteht nicht, solange kein Anspruch auf Erziehungsurlaub nach § 15 besteht.

§ 19. Kündigung durch den Erziehungsurlaubsberechtigten. Der Erziehungsurlaubsberechtigte kann das Arbeitsverhältnis unter Einhaltung einer Kündigungsfrist von einem Monat zum Ende des Erziehungsurlaubs kündigen, soweit nicht eine kürzere gesetzliche oder vereinbarte Kündigungsfrist gilt.

§ 20. Zur Berufsbildung Beschäftigte; in Heimarbeit Beschäftigte. (1) Die zu ihrer Berufsbildung Beschäftigten gelten als Arbeitnehmer im Sinne dieses Gesetzes. Die Zeit des Erziehungsurlaubs wird auf Berufsbildungszeiten nicht angerechnet.

(2) Anspruch auf Erziehungsurlaub haben auch die in Heimarbeit beschäftigten und die ihnen Gleichgestellten (§ 1 Abs. 1 und 2 des Heimarbeitsgesetzes), soweit sie am Stück mitarbeiten. Für sie tritt an die Stelle des Arbeitgebers der Auftraggeber oder Zwischenmeister und an die Stelle des Arbeitsverhältnisses das Beschäftigungsverhältnis.

§ 21. Befristete Arbeitsverträge. (1) Ein sachlicher Grund, der die Befristung eines Arbeitsvertrages rechtfertigt, liegt vor, wenn ein Arbeitgeber einen Arbeitnehmer zur Vertretung eines Arbeitnehmers für die Dauer der Beschäftigungsverbote nach dem Mutterschutzgesetz oder für die Dauer eines zu Recht verlangten Erziehungsurlaubs oder für beide Zeiten zusammen oder für Teile davon einstellt.

(2) Über die Dauer der Vertretung nach Absatz 1 hinaus ist die Befristung für notwendige Zeiten einer Einarbeitung zulässig.

(3) Die Dauer der Befristung des Arbeitsvertrages muß kalendermäßig bestimmt oder bestimmbar sein.

(4) Das befristete Arbeitsverhältnis kann unter Einhaltung einer Frist von drei Wochen gekündigt werden, wenn der Erziehungsurlaub ohne Zustimmung des Arbeitgebers nach § 16 Abs. 3 Satz 3 und 4 vorzeitig beendet werden kann und der Arbeitnehmer dem Arbeitgeber die vorzeitige Beendigung seines Erziehungsurlaubs mitgeteilt hat; die Kündigung ist frühestens zu dem Zeitpunkt zulässig, zu dem der Erziehungsurlaub endet.

(5) Das Kündigungsschutzgesetz ist im Falle des Absatzes 4 nicht anzuwenden.

(6) Absatz 4 gilt nicht, soweit seine Anwendung vertraglich ausgeschlossen ist.

(7) Hängt die Anwendung arbeitsrechtlicher Gesetze oder Verordnungen von der Zahl der beschäftigten Arbeitnehmer ab, ist bei der Ermittlung dieser Zahl der Arbeitnehmer, der Erziehungsurlaub zu Recht verlangt hat, für die Zeit bis zur Beendigung des Erziehungsurlaubs nicht mitzuzählen, solange für ihn auf Grund von Absatz 1 ein Vertreter eingestellt ist. Dies gilt nicht, wenn nach diesen Vorschriften der Vertreter nicht mitzuzählen ist. Die Sätze 1 und 2 gelten entsprechend, wenn die Anwendung arbeitsrechtlicher Gesetze oder Verordnungen von der Zahl der Arbeitsplätze abhängt.

Gesetz
über arbeitsrechtliche Vorschriften
zur Beschäftigungsförderung
(BeschFG)

Vom 26. April 1985 (BGBl. I S. 710)

(BGBl. III 800−23)
– Auszug –

Erster Abschnitt. Erleichterte Zulassung befristeter Arbeitsverträge

§ **1.** (1) Vom 1. Mai 1985 bis zum 1. Januar 1990 ist es zulässig, die einmalige Befristung des Arbeitsvertrages bis zur Dauer von achtzehn Monaten zu vereinbaren, wenn

1. der Arbeitnehmer neu eingestellt wird oder
2. der Arbeitnehmer im unmittelbaren Anschluß an die Berufsausbildung nur vorübergehend weiterbeschäftigt werden kann, weil kein Arbeitsplatz für einen unbefristet einzustellenden Arbeitnehmer zur Verfügung steht.

Eine Neueinstellung nach Satz 1 Nr. 1 liegt nicht vor, wenn zu einem vorhergehenden befristeten oder unbefristeten Arbeitsvertrag mit demselben Arbeitgeber ein enger sachlicher Zusammenhang besteht. Ein solcher enger sachlicher Zusammenhang ist insbesondere anzunehmen, wenn zwischen den Arbeitsverträgen ein Zeitraum von weniger als vier Monaten liegt.

(2) Die Dauer, bis zu der unter den Voraussetzungen des Absatzes 1 ein befristeter Arbeitsvertrag abgeschlossen werden kann, verlängert sich auf zwei Jahre, wenn

1. der Arbeitgeber seit höchstens sechs Monaten eine Erwerbstätigkeit aufgenommen hat, die nach § 138 der Abgabenordnung dem Finanzamt mitzuteilen ist und
2. bei dem Arbeitgeber zwanzig oder weniger Arbeitnehmer ausschließlich der zu ihrer Berufsbildung Beschäftigten tätig sind.

Betriebsverfassungsgesetz (BetrVG)

Vom 15. Januar 1972 (BGBl. I S. 13)

Zuletzt geändert durch Gesetz vom 24. Juli 1986 (BGBl. I S. 1110)

(BGBl. III 801-7)
– Auszug –

§ 102. Mitbestimmung bei Kündigungen. (1) Der Betriebsrat ist vor jeder Kündigung zu hören. Der Arbeitgeber hat ihm die Gründe für die Kündigung mitzuteilen. Eine ohne Anhörung des Betriebsrats ausgesprochene Kündigung ist unwirksam.

(2) Hat der Betriebsrat gegen eine ordentliche Kündigung Bedenken, so hat er diese unter Angabe der Gründe dem Arbeitgeber spätestens innerhalb einer Woche schriftlich mitzuteilen. Äußert er sich innerhalb dieser Frist nicht, gilt seine Zustimmung zur Kündigung als erteilt. Hat der Betriebsrat gegen eine außerordentliche Kündigung Bedenken, so hat er diese unter Angabe der Gründe dem Arbeitgeber unverzüglich, spätestens jedoch innerhalb von drei Tagen, schriftlich mitzuteilen. Der Betriebsrat soll, soweit dies erforderlich erscheint, vor seiner Stellungnahme den betroffenen Arbeitnehmer hören. § 99 Abs. 1 Satz 3 gilt entsprechend.

(3) Der Betriebsrat kann innerhalb der Frist des Absatzes 2 Satz 1 der ordentlichen Kündigung widersprechen, wenn

1. der Arbeitgeber bei der Auswahl des zu kündigenden Arbeitnehmers soziale Gesichtspunkte nicht oder nicht ausreichend berücksichtigt hat,
2. die Kündigung gegen eine Richtlinie nach § 95 verstößt,
3. der zu kündigende Arbeitnehmer an einem anderen Arbeitsplatz im selben Betrieb oder in einem anderen Betrieb des Unternehmens weiterbeschäftigt werden kann,
4. die Weiterbeschäftigung des Arbeitnehmers nach zumutbaren Umschulungs- oder Fortbildungsmaßnahmen möglich ist oder
5. eine Weiterbeschäftigung des Arbeitnehmers unter geänderten Vertragsbedingungen möglich ist und der Arbeitnehmer sein Einverständnis hiermit erklärt hat.

(4) Kündigt der Arbeitgeber, obwohl der Betriebsrat nach Absatz 3 der Kündigung widersprochen hat, so hat er dem Arbeitnehmer mit der Kündigung eine Abschrift der Stellungnahme des Betriebsrats zuzuleiten.

(5) Hat der Betriebsrat einer ordentlichen Kündigung frist- und ordnungsgemäß widersprochen, und hat der Arbeitnehmer nach dem Kündigungsschutzgesetz Klage auf Feststellung erhoben, daß das Arbeitsverhältnis durch die Kündigung nicht aufgelöst ist, so muß der Arbeitgeber auf Verlangen des Arbeitnehmers diesen nach Ablauf der Kündigungsfrist bis zum rechtskräftigen Abschluß des Rechtsstreits bei unveränderten Arbeitsbedingungen weiterbeschäftigen. Auf Antrag des Arbeitgebers kann das Gericht ihn durch einstweilige Verfügung von der Verpflichtung zur Weiterbeschäftigung nach Satz 1 entbinden, wenn

1. die Klage des Arbeitnehmers keine hinreichende Aussicht auf Erfolg bietet oder mutwillig erscheint oder
2. die Weiterbeschäftigung des Arbeitnehmers zu einer unzumutbaren wirtschaftlichen Belastung des Arbeitgebers führen würde oder
3. der Widerspruch des Betriebsrats offensichtlich unbegründet war.

(6) Arbeitgeber und Betriebsrat können vereinbaren, daß Kündigungen der Zustimmung des Betriebsrats bedürfen und daß bei Meinungsverschiedenheiten über die Berechtigung der Nichterteilung der Zustimmung die Einigungsstelle entscheidet.

(7) Die Vorschriften über die Beteiligung des Betriebsrats nach dem Kündigungsschutzgesetz und nach § 8 Abs. 1 des Arbeitsförderungsgesetzes bleiben unberührt.

§ 103. Außerordentliche Kündigung in besonderen Fällen. (1) Die außerordentliche Kündigung von Mitgliedern des Betriebsrats, der Jugendvertretung, der Bordvertretung und des Seebetriebsrats, des Wahlvorstands sowie von Wahlbewerbern bedarf der Zustimmung des Betriebsrats.

(2) Verweigert der Betriebsrat seine Zustimmung, so kann das Arbeitsgericht sie auf Antrag des Arbeitgebers ersetzen, wenn die außerordentliche Kündigung unter Berücksichtigung aller Umstände gerechtfertigt ist. In dem Verfahren vor dem Arbeitsgericht ist der betroffene Arbeitnehmer Beteiligter.

Bürgerliches Gesetzbuch
(BGB)

Vom 18. August 1896 (RGBl. I S. 195)

Zuletzt geändert durch Gesetz vom 8. Dezember 1986 (BGBl. I S. 2317)

(BGBl. III 400−2)
– Auszug –

Sechster Titel. Dienstvertrag

§ 611. [Wesen des Dienstvertrags.] (1) Durch den Dienstvertrag wird derjenige, welcher Dienste zusagt, zur Leistung der versprochenen Dienste, der andere Teil zur Gewährung der vereinbarten Vergütung verpflichtet.

(2) Gegenstand des Dienstvertrags können Dienste jeder Art sein.

§ 611 a. [Gleichbehandlung von Männern und Frauen] (1) Der Arbeitgeber darf einen Arbeitnehmer bei einer Vereinbarung oder einer Maßnahme, insbesondere bei der Begründung des Arbeitsverhältnisses, beim beruflichen Aufstieg, bei einer Weisung oder einer Kündigung, nicht wegen seines Geschlechts benachteiligen. Eine unterschiedliche Behandlung wegen des Geschlechts ist jedoch zulässig, soweit eine Vereinbarung oder eine Maßnahme die Art der vom Arbeitnehmer auszuübenden Tätigkeit zum Gegenstand hat und ein bestimmtes Geschlecht unverzichtbare Voraussetzung für diese Tätigkeit ist. Wenn im Streitfall der Arbeitnehmer Tatsachen glaubhaft macht, die eine Benachteiligung wegen des Geschlechts vermuten lassen, trägt der Arbeitgeber die Beweislast dafür, daß nicht auf das Geschlecht bezogene, sachliche Gründe eine unterschiedliche Behandlung rechtfertigen oder das Geschlecht unverzichtbare Voraussetzung für die auszuübende Tätigkeit ist.

(2) Ist ein Arbeitsverhältnis wegen eines von dem Arbeitgeber zu vertretenden Verstoßes gegen das Benachteiligungsverbot des Absatzes 1 nicht begründet worden, so ist er zum Ersatz des Schadens verpflichtet, den der Arbeitnehmer dadurch erleidet, daß er darauf vertraut, die Begründung des Arbeitsverhältnisses werde nicht wegen eines solchen Verstoßes unterbleiben. Satz 1 gilt beim beruflichen Aufstieg entsprechend, wenn auf den Aufstieg kein Anspruch besteht.

(3) Der Anspruch auf Schadensersatz wegen eines Verstoßes gegen das Benachteiligungsverbot verjährt in zwei Jahren. § 201 ist entsprechend anzuwenden.

§ 611 b. [Ausschreibung eines Arbeitsplatzes] Der Arbeitgeber soll einen Arbeitsplatz weder öffentlich noch innerhalb des Betriebs nur für Männer oder nur für Frauen ausschreiben, es sei denn, daß ein Fall des § 611 a Abs. 1 Satz 2 vorliegt.

§ 612. [Vergütung] (1) Eine Vergütung gilt als stillschweigend vereinbart, wenn die Dienstleistung den Umständen nach nur gegen eine Vergütung zu erwarten ist.

(2) Ist die Höhe der Vergütung nicht bestimmt, so ist bei dem Bestehen einer Taxe die taxmäßige Vergütung, in Ermangelung einer Taxe die übliche Vergütung als vereinbart anzusehen.

(3) Bei einem Arbeitsverhältnis darf für gleiche oder für gleichwertige Arbeit nicht wegen des Geschlechts des Arbeitnehmers eine geringere Vergütung vereinbart werden als bei einem Arbeitnehmer des anderen Geschlechts. Die Vereinbarung einer geringeren Vergütung wird nicht dadurch gerechtfertigt, daß wegen des Geschlechts des Arbeitnehmers besondere Schutzvorschriften gelten. § 611 a Abs. 1 Satz 3 ist entsprechend anzuwenden.

§ 612 a. [Maßregelungsverbot] Der Arbeitgeber darf einen Arbeitnehmer bei einer Vereinbarung oder einer Maßnahme nicht benachteiligen, weil der Arbeitnehmer in zulässiger Weise seine Rechte ausübt.

§ 613. [Höchstpersönliche Verpflichtung und Berechtigung] Der zur Dienstleistung Verpflichtete hat die Dienste im Zweifel in Person zu leisten. Der Anspruch auf die Dienste ist im Zweifel nicht übertragbar.

§ 613 a. [Rechte und Pflichten bei Betriebsübergang] (1) Geht ein Betrieb oder Betriebsteil durch Rechtsgeschäft auf einen anderen Inhaber über, so tritt dieser in die Rechte und Pflichten aus den im Zeitpunkt des Übergangs bestehenden Arbeitsverhältnissen ein. Sind diese Rechte und Pflichten durch Rechtsnormen eines Tarifvertrags oder durch eine Betriebsvereinbarung geregelt, so werden sie Inhalt des Arbeitsverhältnisses zwischen dem neuen Inhaber und dem Arbeitnehmer und dürfen nicht vor Ablauf eines Jahres nach dem Zeitpunkt des Übergangs zum Nachteil des Arbeitnehmers geändert werden. Satz 2 gilt nicht, wenn die Rechte und Pflichten bei dem neuen Inhaber durch Rechtsnormen eines anderen Tarifvertrags oder durch eine andere Betriebsvereinbarung geregelt werden. Vor Ablauf der Frist nach Satz 2 können die Rechte und Pflichten geändert werden, wenn der Tarifvertrag oder die Betriebsvereinbarung nicht mehr gilt oder bei fehlender beiderseitiger Tarifgebundenheit im Geltungsbereich eines anderen Tarifvertrags dessen Anwendung zwischen dem neuen Inhaber und dem Arbeitnehmer vereinbart wird.

(2) Der bisherige Arbeitgeber haftet neben dem neuen Inhaber für Verpflichtungen nach Absatz 1, soweit sie vor dem Zeitpunkt des Übergangs entstanden sind und vor Ablauf von einem Jahr nach diesem Zeitpunkt fällig werden, als Gesamtschuldner. Werden solche Verpflichtungen nach dem Zeitpunkt des Übergangs fällig, so haftet der bisherige Arbeitgeber für sie jedoch nur in dem Umfang, der dem im Zeitpunkt des Übergangs abgelaufenen Teil ihres Bemessungszeitraums entspricht.

(3) Absatz 2 gilt nicht, wenn eine juristische Person durch Verschmelzung oder Umwandlung erlischt; § 8 des Umwandlungsgesetzes in der Fassung der Bekanntmachung vom 6. November 1969 (Bundesgesetzbl. I S. 2081) bleibt unberührt.

(4) Die Kündigung des Arbeitsverhältnisses eines Arbeitnehmers durch den bisherigen Arbeitgeber oder durch den neuen Inhaber wegen des Übergangs eines Betriebs oder eines Betriebsteils ist unwirksam. Das Recht zur Kündigung des Arbeitsverhältnisses aus anderen Gründen bleibt unberührt.

§ 614. [Fälligkeit der Vergütung] Die Vergütung ist nach der Leistung der Dienste zu entrichten. Ist die Vergütung nach Zeitabschnitten bemessen, so ist sie nach dem Ablaufe der einzelnen Zeitabschnitte zu entrichten.

§ 615. [Vergütung bei Annahmeverzug] Kommt der Dienstberechtigte mit der Annahme der Dienste in Verzug, so kann der Verpflichtete für die infolge des Verzugs nicht geleisteten Dienste die vereinbarte Vergütung verlangen, ohne zur Nachleistung verpflichtet zu sein. Er muß sich jedoch den Wert desjenigen anrechnen lassen, was er infolge des Unterbleibens der Dienstleistung erspart oder durch anderweitige Verwendung seiner Dienste erwirbt oder zu erwerben böswillig unterläßt.

§ 616. [Vorübergehende Verhinderung] (1) Der zur Dienstleistung Verpflichtete wird des Anspruchs auf die Vergütung nicht dadurch verlustig, daß er für eine verhältnismäßig nicht erhebliche Zeit durch einen in seiner Person liegenden Grund ohne sein Verschulden an der Dienstleistung verhindert wird. Er muß sich jedoch den Betrag anrechnen lassen, welcher ihm für die Zeit der Verhinderung aus einer auf Grund gesetzlicher Verpflichtung bestehenden Kranken- oder Unfallversicherung zukommt.

(2) Der Anspruch eines Angestellten (§§ 2 und 3 des Angestelltenversicherungsgesetzes) auf Vergütung kann für den Krankheitsfall sowie für die Fälle der Sterilisation und des Abbruchs der Schwangerschaft durch einen Arzt nicht durch Vertrag ausgeschlossen oder beschränkt werden. Hierbei gilt als verhältnismäßig nicht erheblich eine Zeit von sechs Wochen, wenn nicht durch Tarifvertrag eine andere Zeit bestimmt ist. Eine nicht rechtswidrige Sterilisation und ein nicht rechtswidriger Abbruch der Schwangerschaft durch einen Arzt gelten als unverschuldete Verhinderung an der Dienstleistung. Der Angestellte behält diesen Anspruch auch dann, wenn der Arbeitgeber das Arbeitsverhältnis aus Anlaß des Krankheitsfalls kündigt. Das gleiche gilt, wenn der Angestellte das Arbeitsverhältnis aus einem vom Arbeitgeber zu vertretenden Grunde kündigt, der den Angestellten zur Kündigung aus wichtigem Grund ohne Einhaltung einer Kündigungsfrist berechtigt.

(3) Ist der zur Dienstleistung Verpflichtete Arbeiter im Sinne des Lohnfortzahlungsgesetzes, so bestimmen sich seine Ansprüche nur nach dem Lohnfortzahlungsgesetz, wenn er durch Arbeitsunfähigkeit infolge Krankheit, infolge Sterilisation oder Abbruchs der Schwangerschaft durch einen Arzt oder durch eine Kur im Sinne des § 7 des Lohnfortzahlungsgesetzes an der Dienstleistung verhindert ist.

§ 617. [Erkrankung des Dienstverpflichteten] (1) Ist bei einem dauernden Dienstverhältnisse, welches die Erwerbstätigkeit des Verpflichteten vollständig oder hauptsächlich in Anspruch nimmt, der Verpflichtete in die häusliche Gemeinschaft aufgenommen, so hat der Dienstberechtigte ihm im Falle der Erkrankung die erforderliche Verpflegung und ärztliche Behandlung bis zur Dauer von sechs Wochen, jedoch nicht über die Beendigung des Dienstverhältnisses hinaus, zu gewähren, sofern nicht die Erkrankung von dem Verpflichteten vorsätzlich oder durch grobe Fahrlässigkeit herbeigeführt worden ist. Die Verpflegung und ärztliche Behandlung kann durch Aufnahme des Verpflichteten in eine Krankenanstalt gewährt werden. Die Kosten können auf die für die Zeit der Erkrankung geschuldete Vergütung angerechnet werden. Wird das Dienstverhältnis wegen der Erkrankung von dem Dienstberechtigten nach § 626 gekündigt, so bleibt die dadurch herbeigeführte Beendigung des Dienstverhältnisses außer Betracht.

(2) Die Verpflichtung des Dienstberechtigten tritt nicht ein, wenn für die Verpflegung und ärztliche Behandlung durch eine Versicherung oder durch eine Einrichtung der öffentlichen Krankenpflege Vorsorge getroffen ist.

§ 618. [Pflicht zu Schutzmaßnahmen] (1) Der Dienstberechtigte hat Räume, Vorrichtungen oder Gerätschaften, die er zur Verrichtung der Dienste zu beschaffen hat, so einzurichten und zu unterhalten und Dienstleistungen, die unter seiner Anordnung oder seiner Leitung vorzunehmen sind, so zu regeln, daß der Verpflichtete gegen Gefahr für Leben und Gesundheit soweit geschützt ist, als die Natur der Dienstleistung es gestattet.

(2) Ist der Verpflichtete in die häusliche Gemeinschaft aufgenommen, so hat der Dienstberechtigte in Ansehung des Wohn- und Schlafraums, der Verpflegung sowie der Arbeits- und Erholungszeit diejenigen Einrichtungen und Anordnungen zu treffen, welche mit Rücksicht auf die Gesundheit, die Sittlichkeit und die Religion des Verpflichteten erforderlich sind.

(3) Erfüllt der Dienstberechtigte die ihm in Ansehung des Lebens und der Gesundheit des Verpflichteten obliegenden Verpflichtungen nicht, so finden auf seine Verpflichtung zum Schadensersatze die für unerlaubte Handlungen geltenden Vorschriften der §§ 842 bis 846 entsprechende Anwendung.

§ 619. [Unabdingbarkeit der Fürsorgepflichten] Die dem Dienstberechtigten nach den §§ 617, 618 obliegenden Verpflichtungen können nicht im voraus durch Vertrag aufgehoben oder beschränkt werden.

§ 620. [Ende des Dienstverhältnisses] (1) Das Dienstverhältnis endigt mit dem Ablaufe der Zeit, für die es eingegangen ist.

(2) Ist die Dauer des Dienstverhältnisses weder bestimmt noch aus der Beschaffenheit oder dem Zwecke der Dienste zu entnehmen, so kann jeder Teil das Dienstverhältnis nach Maßgabe der §§ 621, 622 kündigen.

§ 621. [Kündigungsfristen] Bei einem Dienstsverhältnis, das kein Arbeitsverhältnis im Sinne des § 622 ist, ist die Kündigung zulässig,

1. wenn die Vergütung nach Tagen bemessen ist, an jedem Tag für den Ablauf des folgenden Tages;
2. wenn die Vergütung nach Wochen bemessen ist, spätestens am ersten Werktag einer Woche für den Ablauf des folgenden Sonnabends;
3. wenn die Vergütung nach Monaten bemessen ist, spätestens am fünfzehnten eines Monats für den Schluß des Kalendermonats;
4. wenn die Vergütung nach Vierteljahren oder längeren Zeitabschnitten bemessen ist, unter Einhaltung einer Kündigungsfrist von sechs Wochen für den Schluß eines Kalendervierteljahres;
5. wenn die Vergütung nicht nach Zeitabschnitten bemessen ist, jederzeit; bei einem die Erwerbstätigkeit des Verpflichteten vollständig oder hauptsächlich in Anspruch nehmenden Dienstverhältnis ist jedoch eine Kündigungsfrist von zwei Wochen einzuhalten.

§ 622. [Kündigungsfrist bei Arbeitsverhältnissen] (1) Das Arbeitsverhältnis eines Angestellten kann unter Einhaltung einer Kündigungsfrist von sechs Wochen zum Schluß eines Kalendervierteljahres gekündigt werden. Eine kürzere Kündigungsfrist kann einzelvertraglich nur vereinbart werden, wenn sie einen Monat nicht unterschreitet und die Kündigung nur für den Schluß eines Kalendermonats zugelassen wird.

(2) Das Arbeitsverhältnis eines Arbeiters kann unter Einhaltung einer Kündigungsfrist von zwei Wochen gekündigt werden. Hat das Arbeitsverhältnis in demselben Betrieb oder Unternehmen fünf Jahre bestanden, so erhöht sich die Kündigungsfrist auf einen Monat zum Monatsende, hat es zehn Jahre bestanden, so erhöht sich die Kündigungsfrist auf zwei Monate zum Monatsende, hat es zwanzig Jahre bestanden, so erhöht sich die Kündigungsfrist auf drei Monate zum Ende eines Kalendervierteljahres; bei der Berechnung der Beschäftigungsdauer werden Zeiten, die vor der Vollendung des *fünfunddreißigsten* Lebensjahres liegen, nicht berücksichtigt.

(3) Kürzere als in den Absätzen 1 und 2 genannten Kündigungsfristen können durch Tarifvertrag vereinbart werden. Im Geltungsbereich eines solchen Tarifvertrages gelten die abweichenden tarifvertraglichen Bestimmungen zwischen nicht tarifgebundenen Arbeitgebern und Arbeitnehmern, wenn ihre Anwendung zwischen ihnen vereinbart ist.

(4) Ist ein Arbeitnehmer zur vorübergehenden Aushilfe eingestellt, so können kürzere als die in Absatz 1 und Absatz 2 Satz 1 genannten Kündigungsfristen auch einzelvertraglich vereinbart werden; dies gilt nicht, wenn das Arbeitsverhältnis über die Zeit von drei Monaten hinaus fortgesetzt wird.

(5) Für die Kündigung des Arbeitsverhältnisses durch den Arbeitnehmer darf einzelvertraglich keine längere Frist vereinbart werden als für die Kündigung durch den Arbeitgeber.

§ 623. *(aufgehoben)*

§ 624. [Kündigungsfrist bei Verträgen über mehr als 5 Jahre] Ist das Dienstverhältnis für die Lebenszeit einer Person oder für längere Zeit als fünf Jahre eingegangen, so kann es von dem Verpflichteten nach dem Ablaufe von fünf Jahren gekündigt werden. Die Kündigungsfrist beträgt sechs Monate.

§ 625. [Stillschweigende Verlängerung] Wird das Dienstverhältnis nach dem Ablaufe der Dienstzeit von dem Verpflichteten mit Wissen des anderen Teiles fortgesetzt, so gilt es als auf unbestimmte Zeit verlängert, sofern nicht der andere Teil unverzüglich widerspricht.

§ 626. [Fristlose Kündigung] (1) Das Dienstverhältnis kann von jedem Vertragsteil aus wichtigem Grund ohne Einhaltung einer Kündigungsfrist gekündigt werden, wenn Tatsachen vorliegen, auf Grund deren dem Kündigenden unter Berücksichtigung aller Umstände des Einzelfalles und unter Abwägung der Interessen beider Vertragsteile die Fortsetzung des Dienstverhältnisses bis zum Ablauf der Kündigungsfrist oder bis zu der vereinbarten Beendigung des Dienstverhältnisses nicht zugemutet werden kann.

(2) Die Kündigung kann nur innerhalb von zwei Wochen erfolgen. Die Frist beginnt mit dem Zeitpunkt, in dem der Kündigungsberechtigte von den für die Kündigung maßgebenden Tatsachen Kenntnis erlangt. Der Kündigende muß dem anderen Teil auf Verlangen den Kündigungsgrund unverzüglich schriftlich mitteilen.

§ 627. [Fristlose Kündigung bei Vertrauensstellung] (1) Bei einem Dienstverhältnis, das kein Arbeitsverhältnis im Sinne des § 622 ist, ist die Kündigung auch ohne die im § 626 bezeichnete Voraussetzung zulässig, wenn der zur Dienstleistung Verpflichtete, ohne in einem dauernden Dienstverhältnis mit festen Bezügen zu stehen, Dienste höherer Art zu leisten hat, die auf Grund besonderen Vertrauens übertragen zu werden pflegen.

(2) Der Verpflichtete darf nur in der Art kündigen, daß sich der Dienstberechtigte die Dienste anderweit beschaffen kann, es sei denn, daß ein wichtiger Grund für die unzeitige Kündigung vorliegt. Kündigt er ohne solchen Grund zur Unzeit, so hat er dem Dienstberechtigten den daraus entstehenden Schaden zu ersetzen.

§ 628. [Vergütung; Schadensersatz bei fristloser Kündigung] (1) Wird nach dem Beginne der Dienstleistung das Dienstverhältnis auf Grund des § 626 oder des § 627 gekündigt, so kann der Verpflichtete einen seinen bisherigen Leistungen entsprechenden Teil der Vergütung verlangen. Kündigt er, ohne durch vertragswidriges Verhalten des anderen Teiles dazu veranlaßt zu sein, oder veranlaßt er durch sein vertragswidriges Verhalten die Kündigung des anderen Teiles, so steht ihm ein Anspruch auf die Vergütung insoweit nicht zu, als seine bisherigen Leistungen infolge der Kündigung für den anderen Teil kein Interesse haben. Ist die Vergütung für eine spätere Zeit im voraus entrichtet, so hat der Verpflichtete sie nach Maßgabe des § 347 oder, wenn die Kündigung wegen eines Umstandes erfolgt, den er nicht zu vertreten hat, nach den Vorschriften über die Herausgabe einer ungerechtfertigten Bereicherung zurückzuerstatten.

(2) Wird die Kündigung durch vertragswidriges Verhalten des anderen Teiles veranlaßt, so ist dieser zum Ersatze des durch die Aufhebung des Dienstverhältnisses entstehenden Schadens verpflichtet.

§ 629. [Freizeit zur Stellungssuche] Nach der Kündigung eines dauernden Dienstverhältnisses hat der Dienstberechtigte dem Verpflichteten auf Verlangen angemessene Zeit zum Aufsuchen eines anderen Dienstverhältnisses zu gewähren.

§ 630. [Pflicht zur Zeugniserteilung] Bei der Beendigung eines dauernden Dienstverhältnisses kann der Verpflichtete von dem anderen Teile ein schriftliches Zeugnis über das Dienstverhältnis und dessen Dauer fordern. Das Zeugnis ist auf Verlangen auf die Leistungen und die Führung im Dienste zu erstrecken.

Bundesurlaubsgesetz (BUrlG)

Vom 8. Januar 1963 (BGBl. I S. 2)

Geändert durch die Gesetze vom 27. Juli 1969 (BGBl. I S. 946) und vom 29. Oktober 1974 (BGBl. I S. 2879)

(BGBl. III 800−4)
– Auszug –

§ 1. Urlaubsanspruch. Jeder Arbeitnehmer hat in jedem Kalenderjahr Anspruch auf bezahlten Erholungsurlaub.

§ 2. Geltungsbereich. Arbeitnehmer im Sinne des Gesetzes sind Arbeiter und Angestellte sowie die zu ihrer Berufsausbildung Beschäftigten. Als Arbeitnehmer gelten auch Personen, die wegen ihrer wirtschaftlichen Unselbständigkeit als arbeitnehmerähnliche Personen anzusehen sind; für den Bereich der Heimarbeit gilt § 12.

§ 3. Dauer des Urlaubs. (1) Der Urlaub beträgt jährlich mindestens 18 Werktage.

(2) Als Werktage gelten alle Kalendertage, die nicht Sonn- oder gesetzliche Feiertage sind.

§ 4. Wartezeit. Der volle Urlaubsanspruch wird erstmalig nach sechsmonatigem Bestehen des Arbeitsverhältnisses erworben.

§ 5. Teilurlaub. (1) Anspruch auf ein Zwölftel des Jahresurlaubs für jeden vollen Monat des Bestehens des Arbeitsverhältnisses hat der Arbeitnehmer

a) für Zeiten eines Kalenderjahres, für die er wegen Nichterfüllung der Wartezeit in diesem Kalenderjahr keinen vollen Urlaubsanspruch erwirbt;
b) wenn er vor erfüllter Wartezeit aus dem Arbeitsverhältnis ausscheidet;
c) wenn er nach erfüllter Wartezeit in der ersten Hälfte eines Kalenderjahres aus dem Arbeitsverhältnis ausscheidet.

(2) Bruchteile von Urlaubstagen, die mindestens einen halben Tag ergeben, sind auf volle Urlaubstage aufzurunden.

(3) Hat der Arbeitnehmer im Falle des Absatzes 1 Buchstabe c bereits Urlaub über den ihm zustehenden Umfang hinaus erhalten, so kann das dafür gezahlte Urlaubsentgelt nicht zurückgefordert werden.

§ 6. Ausschluß von Doppelansprüchen. (1) Der Anspruch auf Urlaub besteht nicht, soweit dem Arbeitnehmer für das laufende Kalenderjahr bereits von einem früheren Arbeitgeber Urlaub gewährt worden ist.

(2) Der Arbeitgeber ist verpflichtet, bei Beendigung des Arbeitsverhältnisses dem Arbeitnehmer eine Bescheinigung über den im laufenden Kalenderjahr gewährten oder abgegoltenen Urlaub auszuhändigen.

§ 7. Zeitpunkt, Übertragbarkeit und Abgeltung des Urlaubs. (1) Bei der zeitlichen Festlegung des Urlaubs sind die Urlaubswünsche des Arbeitnehmers zu berücksichtigen, es sei denn, daß ihrer Berücksichtigung dringende betriebliche Belange oder Urlaubswünsche anderer Arbeitnehmer, die unter sozialen Gesichtspunkten den Vorrang verdienen, entgegenstehen.

(2) Der Urlaub ist zusammenhängend zu gewähren, es sei denn, daß dringende betriebliche oder in der Person des Arbeitnehmers liegende Gründe eine Teilung des Urlaubs erforderlich machen. Kann der Urlaub aus diesen Gründen nicht zusammenhängend gewährt werden, und hat der Arbeitnehmer Anspruch auf Urlaub von mehr als zwölf Werktagen, so muß einer der Urlaubsteile mindestens zwölf aufeinanderfolgende Werktage umfassen.

(3) Der Urlaub muß im laufenden Kalenderjahr gewährt und genommen werden. Eine Übertragung des Urlaubs auf das nächste Kalenderjahr ist nur statthaft, wenn dringende betriebliche oder in der Person des Arbeitnehmers liegende Gründe dies rechtfertigen. Im Fall der Übertragung muß der Urlaub in den ersten drei Monaten des folgenden Kalenderjahres gewährt und genommen werden. Auf Verlangen des Arbeitnehmers ist ein nach § 5 Abs. 1 Buchstabe a entstehender Teilurlaub jedoch auf das nächste Kalenderjahr zu übertragen.

(4) Kann der Urlaub wegen Beendigung des Arbeitsverhältnisses ganz oder teilweise nicht mehr gewährt werden, so ist er abzugelten.

§ 8. Erwerbstätigkeit während des Urlaubs. Während des Urlaubs darf der Arbeitnehmer keine dem Urlaubszweck widersprechende Erwerbstätigkeit leisten.

§ 9. Erkrankung während des Urlaubs. Erkrankt ein Arbeitnehmer während des Urlaubs, so werden die durch ärztliches Zeugnis nachgewiesenen Tage der Arbeitsunfähigkeit auf den Jahresurlaub nicht angerechnet.

§ 10. Kur- und Heilverfahren. Kuren und Schonungszeiten dürfen nicht auf den Urlaub angerechnet werden, soweit ein Anspruch auf Fortzahlung des Arbeitsentgelts nach den gesetzlichen Vorschriften über die Entgeltfortzahlung im Krankheitsfalle besteht.

§ 11. Urlaubsentgelt. (1) Das Urlaubsentgelt bemißt sich nach dem durchschnittlichen Arbeitsverdienst, das der Arbeitnehmer in den letzten dreizehn Wochen vor dem Beginn des Urlaubs erhalten hat. Bei Verdiensterhöhungen nicht nur vorübergehender Natur, die während des Berechnungszeitraums oder des Urlaubs eintreten, ist von dem erhöhten Verdienst auszugehen. Verdienstkürzungen, die im Berechnungszeitraum infolge von Kurzarbeit, Arbeitsausfällen oder unverschuldeter Arbeitsversäumnis eintreten, bleiben für die Berechnung des Urlaubsentgelts außer Betracht. Zum Arbeitsentgelt gehörende Sachbezüge, die während des Urlaubs nicht weitergewährt werden, sind für die Dauer des Urlaubs angemessen in bar abzugelten.

(2) Das Urlaubsentgelt ist vor Antritt des Urlaubs auszuzahlen.

§ 13. Unabdingbarkeit. (1) Von den vorstehenden Vorschriften mit Ausnahme der §§ 1, 2 und 3 Abs. 1 kann in Tarifverträgen abgewichen werden. Die abweichenden Bestimmungen haben zwischen nichttarifgebundenen Arbeitgebern und Arbeitnehmern Geltung, wenn zwischen diesen die Anwendung der einschlägigen tariflichen Urlaubsregelung vereinbart ist. Im übrigen kann, abgesehen von § 7 Abs. 2 Satz 2, von den Bestimmungen dieses Gesetzes nicht zuungunsten des Arbeitnehmers abgewichen werden.

(2) Für das Baugewerbe oder sonstige Wirtschaftszweige, in denen als Folge häufigen Ortswechsels der von den Betrieben zu leistenden Arbeit Arbeitsverhältnisse von kürzerer Dauer als einem Jahr in erheblichem Umfange üblich sind, kann durch Tarifvertrag von den vorstehenden Vorschriften über die in Absatz 1 Satz 1 vorgesehene Grenze hinaus abgewichen werden, soweit dies zur Sicherung eines zusammenhängenden Jahresurlaubs für alle Arbeitnehmer erforderlich ist. Absatz 1 Satz 2 findet entsprechende Anwendung.

(3) Für den Bereich der Deutschen Bundesbahn und der Deutschen Bundespost kann von der Vorschrift über das Kalenderjahr als Urlaubsjahr (§ 1) in Tarifverträgen abgewichen werden.

Gesetz zur Regelung der Lohnzahlung an Feiertagen (FeiertLohnG)

Vom 2. August 1951 (BGBl. I S. 479)

Geändert durch Gesetz vom 18. Dezember 1975 (BGBl. I S. 3091)

(BGBl. III 800−5)
– Auszug –

§ 1. [Zahlung von Arbeitsentgelt] (1) Für die Arbeitszeit, die infolge eines gesetzlichen Feiertags ausfällt, ist vom Arbeitgeber den Arbeitnehmern der Arbeitsverdienst zu zahlen, den sie ohne den Arbeitsausfall erhalten hätten. Die Arbeitszeit, die an einem gesetzlichen Feiertag gleichzeitig infolge von Kurzarbeit ausfällt und für die an anderen Tagen als an gesetzlichen Feiertagen Kurzarbeitergeld geleistet wird, gilt als infolge eines gesetzlichen Feiertags nach Satz 1 ausgefallen.

(2) Ist der Arbeitgeber zur Fortzahlung des Arbeitsentgelts für einen gesetzlichen Feiertag nach den gesetzlichen Vorschriften über die Entgeltfortzahlung im Krankheitsfalle verpflichtet, so bemißt sich die Höhe des fortzuzahlenden Arbeitsentgelts für diesen Feiertag nach Absatz 1.

(3) Arbeitnehmer, die am letzten Arbeitstag vor oder am ersten Arbeitstag nach Feiertagen unentschuldigt der Arbeit fernbleiben, haben keinen Anspruch auf Bezahlung für diese Feiertage.

Kündigungsschutzgesetz (KSchG)

In der Fassung der Bekanntmachung vom 25. August 1969
(BGBl. I S. 1317)

Zuletzt geändert durch Gesetz vom 26. April 1985 (BGBl. I S. 710)

(BGBl. III 800−2)
– Auszug –

Erster Abschnitt. Allgemeiner Kündigungsschutz

§ 1. Sozial ungerechtfertigte Kündigungen. (1) Die Kündigung des Arbeitsverhältnisses gegenüber einem Arbeitnehmer, dessen Arbeitsverhältnis in demselben Betrieb oder Unternehmen ohne Unterbrechung länger als sechs Monate bestanden hat, ist rechtsunwirksam, wenn sie sozial ungerechtfertigt ist.

(2) Sozial ungerechtfertigt ist die Kündigung, wenn sie nicht durch Gründe, die in der Person oder in dem Verhalten des Arbeitnehmers liegen, oder durch dringende betriebliche Erfordernisse, die einer Weiterbeschäftigung des Arbeitnehmers in diesem Betrieb entgegenstehen, bedingt ist. Die Kündigung ist auch sozial ungerechtfertigt, wenn in Betrieben des privaten Rechts

1. a) die Kündigung gegen eine Richtlinie nach § 95 des Betriebsverfassungsgesetzes verstößt,
   b) der Arbeitnehmer an einem anderen Arbeitsplatz in demselben Betrieb oder in einem anderen Betrieb des Unternehmens weiterbeschäftigt werden kann und der Betriebsrat oder eine andere nach dem Betriebsverfassungsgesetz insoweit zuständige Vertretung der Arbeitnehmer aus einem dieser Gründe der Kündigung innerhalb der Frist des § 102 Abs. 2 Satz 1 des Betriebsverfassungsgesetzes schriftlich widersprochen hat,

2. in Betrieben und Verwaltungen des öffentlichen Rechts
   a) die Kündigung gegen eine Richtlinie über die personelle Auswahl bei Kündigungen verstößt,
   b) der Arbeitnehmer an einem anderen Arbeitsplatz in derselben Dienststelle oder in einer anderen Dienststelle desselben Verwaltungszweiges an demselben Dienstort einschließlich seines Einzugsgebietes weiterbeschäftigt werden kann und die zuständige Personalvertretung aus einem dieser Gründe fristgerecht

gegen die Kündigung Einwendungen erhoben hat, es sei denn, daß die Stufenvertretung in der Verhandlung mit der übergeordneten Dienststelle die Einwendungen nicht aufrechterhalten hat.
Satz 2 gilt entsprechend, wenn die Weiterbeschäftigung des Arbeitnehmers nach zumutbaren Umschulungs- oder Fortbildungsmaßnahmen oder eine Weiterbeschäftigung des Arbeitnehmers unter geänderten Arbeitsbedingungen möglich ist und der Arbeitnehmer sein Einverständnis hiermit erklärt hat. Der Arbeitgeber hat die Tatsachen zu beweisen, die die Kündigung bedingen.

(3) Ist einem Arbeitnehmer aus dringenden betrieblichen Erfordernissen im Sinne des Absatzes 2 gekündigt worden, so ist die Kündigung trotzdem sozial ungerechtfertigt, wenn der Arbeitgeber bei der Auswahl des Arbeitnehmers soziale Gesichtspunkte nicht oder nicht ausreichend berücksichtigt hat; auf Verlangen des Arbeitnehmers hat der Arbeitgeber dem Arbeitnehmer die Gründe anzugeben, die zu der getroffenen sozialen Auswahl geführt haben. Satz 1 gilt nicht, wenn betriebstechnische, wirtschaftliche oder sonstige berechtigte betriebliche Bedürfnisse die Weiterbeschäftigung eines oder mehrerer bestimmter Arbeitnehmer bedingen und damit der Auswahl nach sozialen Gesichtspunkten entgegenstehen. Der Arbeitnehmer hat die Tatsachen zu beweisen, die die Kündigung als sozial ungerechtfertigt im Sinne des Satzes 1 erscheinen lassen.

§ 2. Änderungskündigung. Kündigt der Arbeitgeber das Arbeitsverhältnis und bietet er dem Arbeitnehmer im Zusammenhang mit der Kündigung die Fortsetzung des Arbeitsverhältnisses zu geänderten Arbeitsbedingungen an, so kann der Arbeitnehmer dieses Angebot unter dem Vorbehalt annehmen, daß die Änderung der Arbeitsbedingungen nicht sozial ungerechtfertigt ist (§ 1 Abs. 2 Satz 1 bis 3, Abs. 3 Satz 1 und 2). Diesen Vorbehalt muß der Arbeitnehmer dem Arbeitgeber innerhalb der Kündigungsfrist, spätestens jedoch innerhalb von drei Wochen nach Zugang der Kündigung erklären.

§ 3. Kündigungseinspruch. Hält der Arbeitnehmer eine Kündigung für sozial ungerechtfertigt, so kann er binnen einer Woche nach der Kündigung Einspruch beim Betriebsrat einlegen. Erachtet der Betriebsrat den Einspruch für begründet, so hat er zu versuchen, eine Verständigung mit dem Arbeitgeber herbeizuführen. Er hat seine Stellungnahme zu dem Einspruch dem Arbeitnehmer und dem Arbeitgeber auf Verlangen schriftlich mitzuteilen.

§ 4. Anrufung des Arbeitsgerichts. Will ein Arbeitnehmer geltend machen, daß eine Kündigung sozial ungerechtfertigt ist, so muß er innerhalb von drei Wochen nach Zugang der Kündigung Klage beim Arbeitsgericht auf Feststellung erheben, daß das Arbeitsverhältnis durch die Kündigung nicht aufgelöst ist. Im Falle des § 2 ist die Klage auf Feststellung zu erheben, daß die Änderung der Arbeitsbedingungen sozial ungerechtfertigt ist. Hat der Arbeitnehmer Einspruch beim Betriebsrat eingelegt (§ 3), so soll er der Klage die Stellungnahme des Betriebsrats beifügen. Soweit die Kündigung der Zustimmung einer Behörde bedarf, läuft die Frist zur Anrufung des Arbeitsgerichtes erst von der Bekanntgabe der Entscheidung der Behörde an den Arbeitnehmer ab.

§ 5. Zulassung verspäteter Klagen. (1) War ein Arbeitnehmer nach erfolgter Kündigung trotz Anwendung aller ihm nach Lage der Umstände zuzumutenden Sorgfalt verhindert, die Klage innerhalb von drei Wochen nach Zugang der Kündigung zu erheben, so ist auf seinen Antrag die Klage nachträglich zuzulassen.

(2) Mit dem Antrag ist die Klageerhebung zu verbinden; ist die Klage bereits eingereicht, so ist auf sie im Antrag Bezug zu nehmen. Der Antrag muß ferner die Angabe der

die nachträgliche Zulassung begründenden Tatsachen und der Mittel für deren Glaubhaftmachung enthalten.

(3) Der Antrag ist nur innerhalb von zwei Wochen nach Behebung des Hindernisses zulässig. Nach Ablauf von sechs Monaten, vom Ende der versäumten Frist an gerechnet, kann der Antrag nicht mehr gestellt werden.

(4) Über den Antrag entscheidet das Arbeitsgericht durch Beschluß. Gegen diesen ist die sofortige Beschwerde zulässig.

§ 6. Verlängerte Anrufungsfrist. Hat ein Arbeitnehmer innerhalb von drei Wochen nach Zugang der Kündigung aus anderen als den in § 1 Abs. 2 und 3 bezeichneten Gründen im Klagewege geltend gemacht, daß eine rechtswirksame Kündigung nicht vorliege, so kann er in diesem Verfahren bis zum Schluß der mündlichen Verhandlung erster Instanz auch die Unwirksamkeit der Kündigung gemäß § 1 Abs. 2 und 3 geltend machen. Das Arbeitsgericht soll ihn hierauf hinweisen.

§ 7. Wirksamwerden der Kündigung. Wird die Rechtsunwirksamkeit einer sozial ungerechtfertigten Kündigung nicht rechtzeitig geltend gemacht (§ 4 Satz 1, §§ 5 und 6), so gilt die Kündigung, wenn sie nicht aus anderem Grunde rechtsunwirksam ist, als von Anfang an rechtswirksam; ein vom Arbeitnehmer nach § 2 erklärter Vorbehalt erlischt.

§ 8. Wiederherstellung der früheren Arbeitsbedingungen. Stellt das Gericht im Falle des § 2 fest, daß die Änderung der Arbeitsbedingungen sozial ungerechtfertigt ist, so gilt die Änderungskündigung als von Anfang an rechtsunwirksam.

§ 9. Auflösung des Arbeitsverhältnisses durch Urteil des Gerichts; Abfindung des Arbeitnehmers. (1) Stellt das Gericht fest, daß das Arbeitsverhältnis durch die Kündigung nicht aufgelöst ist, ist jedoch dem Arbeitnehmer die Fortsetzung des Arbeitsverhältnisses nicht zuzumuten, so hat das Gericht auf Antrag des Arbeitnehmers das Arbeitsverhältnis aufzulösen und den Arbeitgeber zur Zahlung einer angemessenen Abfindung zu verurteilen. Die gleiche Entscheidung hat das Gericht auf Antrag des Arbeitgebers zu treffen, wenn Gründe vorliegen, die eine den Betriebszwecken dienliche weitere Zusammenarbeit zwischen Arbeitgeber und Arbeitnehmer nicht erwarten lassen. Arbeitnehmer und Arbeitgeber können den Antrag auf Auflösung des Arbeitsverhältnisses bis zum Schluß der letzten mündlichen Verhandlung in der Berufungsinstanz stellen.

(2) Das Gericht hat für die Auflösung des Arbeitsverhältnisses den Zeitpunkt festzusetzen, an dem es bei sozial gerechtfertigter Kündigung geendet hätte.

§ 10. Höhe der Abfindung. (1) Als Abfindung ist ein Betrag bis zu zwölf Monatsverdiensten festzusetzen.

(2) Hat der Arbeitnehmer das fünfzigste Lebensjahr vollendet und hat das Arbeitsverhältnis mindestens fünfzehn Jahre bestanden, so ist ein Betrag bis zu fünfzehn Monatsverdiensten, hat der Arbeitnehmer das fünfundfünfzigste Lebensjahr vollendet und hat das Arbeitsverhältnis mindestens zwanzig Jahre bestanden, so ist ein Betrag bis zu achtzehn Monatsverdiensten festzusetzen. Dies gilt nicht, wenn der Arbeitnehmer in dem Zeitpunkt, den das Gericht nach § 9 Abs. 2 für die Auflösung des Arbeitsverhältnisses festsetzt, das in § 1248 Abs. 5 der Reichsversicherungsordnung, § 25 Abs. 5 des Angestelltenversicherungsgesetzes oder § 48 Abs. 5 des Reichsknappschaftsgesetzes bezeichnete Lebensalter erreicht hat.

(3) Als Monatsverdienst gilt, was dem Arbeitnehmer bei der für ihn maßgebenden regelmäßigen Arbeitszeit in dem Monat, in dem das Arbeitsverhältnis endet (§ 9 Abs. 2), an Geld und Sachbezügen zusteht.

§ 11. Anrechnung auf entgangenen Zwischenverdienst. Besteht nach der Entscheidung des Gerichts das Arbeitsverhältnis fort, so muß sich der Arbeitnehmer auf das Arbeitsentgelt, das ihm der Arbeitgeber für die Zeit nach der Entlassung schuldet, anrechnen lassen,

1. was er durch anderweitige Arbeit verdient hat,
2. was er hätte verdienen können, wenn er es nicht böswillig unterlassen hätte, eine ihm zumutbare Arbeit anzunehmen,
3. was ihm an öffentlich-rechtlichen Leistungen infolge Arbeitslosigkeit aus der Sozialversicherung, der Arbeitslosenversicherung, der Arbeitslosenhilfe oder der Sozialhilfe für die Zwischenzeit gezahlt worden ist. Diese Beträge hat der Arbeitgeber der Stelle zu erstatten, die sie geleistet hat.

§ 12. Neues Arbeitsverhältnis des Arbeitnehmers; Auflösung des alten Arbeitsverhältnisses. Besteht nach der Entscheidung des Gerichts das Arbeitsverhältnis fort, ist jedoch der Arbeitnehmer inzwischen ein neues Arbeitsverhältnis eingegangen, so kann er binnen einer Woche nach der Rechtskraft des Urteils durch Erklärung gegenüber dem alten Arbeitgeber die Fortsetzung des Arbeitsverhältnisses bei diesem verweigern. Die Frist wird auch durch eine vor ihrem Ablauf zur Post gegebene schriftliche Erklärung gewahrt. Mit dem Zugang der Erklärung erlischt das Arbeitsverhältnis. Macht der Arbeitnehmer von seinem Verweigerungsrecht Gebrauch, so ist ihm entgangener Verdienst nur für die Zeit zwischen der Entlassung und dem Tage des Eintritts in das neue Arbeitsverhältnis zu gewähren. § 11 findet entsprechende Anwendung.

§ 13. Verhältnis zu sonstigen Kündigungen. (1) Die Vorschriften über das Recht zur außerordentlichen Kündigung eines Arbeitsverhältnisses werden durch das vorliegende Gesetz nicht berührt. Die Rechtsunwirksamkeit einer außerordentlichen Kündigung kann jedoch nur nach Maßgabe des § 4 Satz 1 und der §§ 5 bis 7 geltend gemacht werden. Stellt das Gericht fest, daß die außerordentliche Kündigung unbegründet ist, ist jedoch dem Arbeitnehmer die Fortsetzung des Arbeitsverhältnisses nicht zuzumuten, so hat auf seinen Antrag das Gericht das Arbeitsverhältnis aufzulösen und den Arbeitgeber zur Zahlung einer angemessenen Abfindung zu verurteilen; die Vorschriften des § 9 Abs. 2 und der §§ 10 bis 12 gelten entsprechend.

(2) Verstößt eine Kündigung gegen die guten Sitten, so kann der Arbeitnehmer ihre Nichtigkeit unabhängig von den Vorschriften dieses Gesetzes geltend machen. Erhebt er innerhalb von drei Wochen nach Zugang der Kündigung Klage auf Feststellung, daß das Arbeitsverhältnis durch die Kündigung nicht aufgelöst ist, so finden die Vorschriften des § 9 Abs. 1 Satz 1 und Abs. 2 und der §§ 10 bis 12 entsprechende Anwendung; die Vorschriften des § 5 über Zulassung verspäteter Klagen und des § 6 über verlängerte Anrufungsfrist gelten gleichfalls entsprechend.

(3) Im übrigen finden die Vorschriften dieses Abschnitts auf eine Kündigung, die bereits aus anderen als den in § 1 Abs. 2 und 3 bezeichneten Gründen rechtsunwirksam ist, keine Anwendung.

§ 14. Angestellte in leitender Stellung. (1) Die Vorschriften dieses Abschnitts gelten nicht

1. in Betrieben einer juristischen Person für die Mitglieder des Organs, das zur gesetzlichen Vertretung der juristischen Person berufen ist,

2. in Betrieben einer Personengesamtheit für die durch Gesetz, Satzung oder Gesellschaftsvertrag zur Vertretung der Personengesamtheit berufenen Personen.

(2) Auf Geschäftsführer, Betriebsleiter und ähnliche leitende Angestellte, soweit diese zur selbständigen Einstellung oder Entlassung von Arbeitnehmern berechtigt sind, finden die Vorschriften dieses Abschnitts mit Ausnahme des § 3 Anwendung. § 9 Abs. 1 Satz 2 findet mit der Maßgabe Anwendung, daß der Antrag des Arbeitgebers auf Auflösung des Arbeitsverhältnisses keiner Begründung bedarf.

Zweiter Abschnitt. Kündigungsschutz
im Rahmen der Betriebsverfassung und Personalvertretung

§ 15. Unzulässigkeit der Kündigung. (1) Die Kündigung eines Mitglieds eines Betriebsrats, einer Jugendvertretung, einer Bordvertretung oder eines Seebetriebsrats ist unzulässig, es sei denn, daß Tatsachen vorliegen, die den Arbeitgeber zur Kündigung aus wichtigem Grund ohne Einhaltung einer Kündigungsfrist berechtigen, und daß die nach § 103 des Betriebsverfassungsgesetzes erforderliche Zustimmung vorliegt oder durch gerichtliche Entscheidung ersetzt ist. Nach Beendigung der Amtszeit ist die Kündigung eines Mitglieds eines Betriebsrats, einer Jugendvertretung oder eines Seebetriebsrats innerhalb eines Jahres, die Kündigung eines Mitglieds einer Bordvertretung innerhalb von sechs Monaten, jeweils vom Zeitpunkt der Beendigung der Amtszeit an gerechnet, unzulässig, es sei denn, daß Tatsachen vorliegen, die den Arbeitgeber zur Kündigung aus wichtigem Grund ohne Einhaltung einer Kündigungsfrist berechtigen; dies gilt nicht, wenn die Beendigung der Mitgliedschaft auf einer gerichtlichen Entscheidung beruht.

(2) Die Kündigung eines Mitglieds einer Personalvertretung oder einer Jugendvertretung ist unzulässig, es sei denn, daß Tatsachen vorliegen, die den Arbeitgeber zur Kündigung aus wichtigem Grund ohne Einhaltung einer Kündigungsfrist berechtigen, und daß die nach dem Personalvertretungsrecht erforderliche Zustimmung vorliegt oder durch gerichtliche Entscheidung ersetzt ist. Nach Beendigung der Amtszeit der in Satz 1 genannten Personen ist ihre Kündigung innerhalb eines Jahres, vom Zeitpunkt der Beendigung der Amtszeit an gerechnet, unzulässig, es sei denn, daß Tatsachen vorliegen, die den Arbeitgeber zur Kündigung aus wichtigem Grund ohne Einhaltung einer Kündigungsfrist berechtigen; dies gilt nicht, wenn die Beendigung der Mitgliedschaft auf einer gerichtlichen Entscheidung beruht.

(3) Die Kündigung eines Mitglieds eines Wahlvorstands ist vom Zeitpunkt seiner Bestellung an, die Kündigung eines Wahlbewerbers vom Zeitpunkt der Aufstellung des Wahlvorschlags an, jeweils bis zur Bekanntgabe des Wahlergebnisses unzulässig, es sei denn, daß Tatsachen vorliegen, die den Arbeitgeber zur Kündigung aus wichtigem Grund ohne Einhaltung einer Kündigungsfrist berechtigen, und daß die nach § 103 des Betriebsverfassungsgesetzes oder nach dem Personalvertretungsrecht erforderliche Zustimmung vorliegt oder durch eine gerichtliche Entscheidung ersetzt ist. Innerhalb von sechs Monaten nach Bekanntgabe des Wahlergebnisses ist die Kündigung unzulässig, es sei denn, daß Tatsachen vorliegen, die den Arbeitgeber zur Kündigung aus wichtigem Grund ohne Einhaltung einer Kündigungsfrist berechtigen; dies gilt nicht für Mitglieder des Wahlvorstands, wenn dieser durch gerichtliche Entscheidung durch einen anderen Wahlvorstand ersetzt worden ist.

(4) Wird der Betrieb stillgelegt, so ist die Kündigung der in den Absätzen 1 bis 3 genannten Personen frühestens zum Zeitpunkt der Stillegung zulässig, es sei denn, daß

ihre Kündigung zu einem früheren Zeitpunkt durch zwingende betriebliche Erfordernisse bedingt ist.

(5) Wird eine der in den Absätzen 1 bis 3 genannten Personen in einer Betriebsabteilung beschäftigt, die stillgelegt wird, so ist sie in eine andere Betriebsabteilung zu übernehmen. Ist dies aus betrieblichen Gründen nicht möglich, so findet auf ihre Kündigung die Vorschrift des Absatzes 4 über die Kündigung bei Stillegung des Betriebs sinngemäß Anwendung.

§ 23. Geltungsbereich. (1) Die Vorschriften des Ersten und Zweiten Abschnitts gelten für Betriebe und Verwaltungen des privaten und des öffentlichen Rechts, vorbehaltlich der Vorschriften des § 24 für die Seeschiffahrts-, Binnenschiffahrts- und Luftverkehrsbetriebe. Die Vorschriften des ersten Abschnitts gelten nicht für Betriebe und Verwaltungen, in denen in der Regel fünf oder weniger Arbeitnehmer ausschließlich der zu ihrer Berufsbildung Beschäftigten beschäftigt werden. Bei der Feststellung der Zahl der beschäftigten Arbeitnehmer nach Satz 2 sind nur Arbeitnehmer zu berücksichtigen, deren regelmäßige Arbeitszeit wöchentlich 10 Stunden oder monatlich 45 Stunden übersteigt. Satz 3 berührt nicht die Rechtsstellung der Arbeitnehmer, die am 1. Mai 1985 gegenüber ihrem Arbeitgeber Rechte aus Satz 2 in Verbindung mit dem Ersten Abschnitt dieses Gesetzes herleiten könnten.

(2) Die Vorschriften des Dritten Abschnitts gelten für Betriebe und Verwaltungen des privaten Rechts sowie für Betriebe, die von einer öffentlichen Verwaltung geführt werden, soweit sie wirtschaftliche Zwecke verfolgen. Sie gelten nicht für Seeschiffe und ihre Besatzung.

Gesetz über die Fortzahlung des Arbeitsentgelts im Krankheitsfalle (Lohnfortzahlungsgesetz – LFG)

Vom 27. Juli 1969 (BGBl. I S. 946)

Zuletzt geändert durch Gesetz vom 26. April 1985 (BGBl. I S. 710)

(BGBl. III 800–19–2)
– Auszug –

Erster Abschnitt. Entgeltfortzahlung im Krankheitsfalle

§ 1. Grundsatz der Entgeltfortzahlung. (1) Wird ein Arbeiter nach Beginn der Beschäftigung durch Arbeitsunfähigkeit infolge Krankheit an seiner Arbeitsleistung verhindert, ohne daß ihn ein Verschulden trifft, so verliert er dadurch nicht den Anspruch auf Arbeitsentgelt für die Zeit der Arbeitsunfähigkeit bis zur Dauer von sechs Wochen. Wird der Arbeiter innerhalb von zwölf Monaten infolge derselben Krankheit wiederholt arbeitsunfähig, so verliert er den Anspruch auf Arbeitsentgelt nur für die Dauer von insgesamt sechs Wochen nicht; war der Arbeiter vor der erneuten Arbeitsunfähigkeit jedoch mindestens sechs Monate nicht infolge derselben Krankheit arbeitsunfähig, so verliert er wegen der erneuten Arbeitsunfähigkeit den Anspruch nach Satz 1 für einen weiteren Zeitraum von höchstens sechs Wochen nicht.

(2) Absatz 1 gilt entsprechend, wenn die Arbeitsunfähigkeit infolge Sterilisation oder infolge Abbruchs der Schwangerschaft durch einen Arzt eintritt. Eine nicht rechtswidrige Sterilisation und ein nicht rechtswidriger Abbruch der Schwangerschaft durch einen Arzt gelten als unverschuldete Verhinderung an der Arbeitsleistung.

(3) Absatz 1 und 2 gelten nicht

1. für Arbeiter, deren Arbeitsverhältnis, ohne ein Probearbeitsverhältnis zu sein, für eine bestimmte Zeit, höchstens für vier Wochen, begründet ist. Wird das Arbeitsverhältnis über vier Wochen hinaus fortgesetzt, so gilt Absatz 1 vom Tage der Vereinbarung der Fortsetzung an; vor diesem Zeitpunkt liegende Zeiten der Arbeitsunfähigkeit sind auf die Anspruchsdauer von sechs Wochen anzurechnen;
2. für Arbeiter in einem Arbeitsverhältnis, in dem die regelmäßige Arbeitszeit wöchentlich zehn Stunden oder monatlich fünfundvierzig Stunden nicht übersteigt;
3. für den Zeitraum, für den eine Arbeiterin Anspruch auf Mutterschaftsgeld nach § 200 der Reichsversicherungsordnung oder nach § 13 Abs. 2 des Mutterschutzgesetzes in der Fassung vom 18. April 1968 (Bundesgesetzbl. I S. 315), geändert durch das Einführungsgesetz zum Gesetz über Ordnungswidrigkeiten vom 24. Mai 1968 (Bundesgesetzbl. I S. 503), hat.

(4) Arbeiter im Sinne dieses Gesetzes sind auch die zu ihrer Berufsausbildung Beschäftigten, soweit sie nicht für den Beruf eines Angestellten (§§ 2 und 3 des Angestelltenversicherungsgesetzes) ausgebildet werden.

(5) Der Erste Abschnitt dieses Gesetzes findet keine Anwendung auf die zu ihrer Berufsausbildung Beschäftigten, denen ein Anspruch auf Fortzahlung ihrer Vergütung im Krankheitsfalle nach dem Berufsbildungsgesetz zusteht.

§ 2. Höhe des fortzuzahlenden Arbeitsentgelts. (1) Für den in § 1 Abs. 1 bezeichneten Zeitraum ist dem Arbeiter das ihm bei der für ihn maßgebenden regelmäßigen Arbeitszeit zustehende Arbeitsentgelt fortzuzahlen. Ausgenommen sind Auslösungen, Schmutzzulagen und ähnliche Leistungen, soweit der Anspruch auf sie im Falle der Arbeitsfähigkeit davon abhängig ist, ob und in welchem Umfang dem Arbeiter Aufwendungen, die durch diese Leistungen abgegolten werden sollen, tatsächlich entstanden sind, und dem Arbeiter solche Aufwendungen während der Arbeitsunfähigkeit nicht entstehen. Erhält der Arbeiter Akkordlohn oder eine sonstige auf das Ergebnis der Arbeit abgestellte Vergütung, so ist der von dem Arbeiter in der für ihn maßgebenden regelmäßigen Arbeitszeit erzielbare Durchschnittsverdienst fortzuzahlen.

(2) Wird in dem Betrieb verkürzt gearbeitet und würde deshalb das Arbeitsentgelt des Arbeiters im Falle seiner Arbeitsfähigkeit gemindert, so ist die verkürzte Arbeitszeit für ihre Dauer als die für den Arbeiter maßgebende regelmäßige Arbeitszeit im Sinne des Absatzes 1 anzusehen. Dies gilt nicht im Falle des § 1 Abs. 2 des Gesetzes zur Regelung der Lohnzahlung an Feiertagen.

(3) Von den Absätzen 1 und 2 kann durch Tarifvertrag abgewichen werden. Im Geltungsbereich eines solchen Tarifvertrages kann zwischen nicht tarifgebundenen Arbeitgebern und Arbeitern die Anwendung der tarifvertraglichen Regelung über die Fortzahlung des Arbeitsentgelts im Krankheitsfalle vereinbart werden.

§ 3. Anzeige- und Nachweispflichten. (1) Der Arbeiter ist verpflichtet, dem Arbeitgeber die Arbeitsunfähigkeit und deren voraussichtliche Dauer unverzüglich anzuzeigen und vor Ablauf des dritten Kalendertages nach Beginn der Arbeitsunfähigkeit eine ärztliche Bescheinigung über die Arbeitsunfähigkeit sowie deren voraussichtliche Dauer nachzureichen. Dauert die Arbeitsunfähigkeit länger als in der Bescheinigung angegeben, so ist der Arbeiter verpflichtet, eine neue ärztliche Bescheinigung vorzulegen. Die Bescheinigungen müssen einen Vermerk des behandelnden Arztes darüber enthalten, daß dem

Träger der gesetzlichen Krankenversicherung unverzüglich eine Bescheinigung über die Arbeitsunfähigkeit mit Angaben über den Befund und die voraussichtliche Dauer der Arbeitsunfähigkeit übersandt wird.

(2) Hält sich der Arbeiter bei Beginn der Arbeitsunfähigkeit außerhalb des Geltungsbereichs dieses Gesetzes auf, so ist er verpflichtet, auch dem Träger der gesetzlichen Krankenversicherung, bei dem er versichert ist, die Arbeitsunfähigkeit und deren voraussichtliche Dauer unverzüglich anzuzeigen. Dauert die Arbeitsunfähigkeit länger als angezeigt, so ist der Arbeiter verpflichtet, dem Träger der gesetzlichen Krankenversicherung die voraussichtliche Fortdauer der Arbeitsunfähigkeit mitzuteilen. Absatz 1 Satz 3 ist nicht anzuwenden. Kehrt ein arbeitsunfähig erkrankter Arbeiter in den Geltungsbereich dieses Gesetzes zurück, so ist er verpflichtet, dem Träger der gesetzlichen Krankenversicherung seine Rückkehr unverzüglich anzuzeigen.

§ 4. Forderungsübergang bei Dritthaftung. (1) Kann der Arbeiter auf Grund gesetzlicher Vorschriften von einem Dritten Schadenersatz wegen des Verdienstausfalles beanspruchen, der ihm durch die Arbeitsunfähigkeit entstanden ist, so geht dieser Anspruch insoweit auf den Arbeitgeber über, als dieser dem Arbeiter nach diesem Gesetz Arbeitsentgelt fortgezahlt und darauf entfallende von den Arbeitgebern zu tragende Beiträge zur Bundesanstalt für Arbeit, Arbeitgeberanteile an Beiträgen zur Sozialversicherung sowie zu Einrichtungen der zusätzlichen Alters- und Hinterbliebenenversorgung abgeführt hat.

(2) Der Arbeiter hat dem Arbeitgeber unverzüglich die zur Geltendmachung des Schadenersatzanspruchs erforderlichen Angaben zu machen.

(3) Der Forderungsübergang nach Absatz 1 kann nicht zum Nachteil des Arbeiters geltend gemacht werden.

§ 5. Leistungsverweigerungsrecht des Arbeitgebers. Der Arbeitgeber ist berechtigt, die Fortzahlung des Arbeitsentgelts zu verweigern,

1. solange der Arbeiter die von ihm nach § 3 Abs. 1 vorzulegende ärztliche Bescheinigung über die Arbeitsunfähigkeit nicht vorlegt oder den ihm nach § 3 Abs. 2 oder § 4 Abs. 2 obliegenden Verpflichtungen nicht nachkommt;
2. wenn der Arbeiter den Übergang eines Schadenersatzanspruchs gegen einen Dritten auf den Arbeitgeber (§ 4) verhindert.

Dies gilt nicht, wenn der Arbeiter die Verletzung dieser ihm obliegenden Verpflichtungen nicht zu vertreten hat.

§ 6. Beendigung des Arbeitsverhältnisses. (1) Der Anspruch auf Fortzahlung des Arbeitsentgelts wird nicht dadurch berührt, daß der Arbeitgeber das Arbeitsverhältnis aus Anlaß der Arbeitsunfähigkeit kündigt. Das gleiche gilt, wenn der Arbeiter das Arbeitsverhältnis aus einem vom Arbeitgeber zu vertretenden Grunde kündigt, der den Arbeiter zur Kündigung aus wichtigem Grund ohne Einhaltung einer Kündigungsfrist berechtigt.

(2) Endet das Arbeitsverhältnis vor Ablauf der in § 1 Abs. 1 bezeichneten Zeit nach dem Beginn der Arbeitsunfähigkeit, ohne daß es einer Kündigung bedarf, oder infolge einer Kündigung aus anderen als den in Absatz 1 bezeichneten Gründen, so endet der Anspruch mit dem Ende des Arbeitsverhältnisses.

§ 7. Kuren. (1) Hat ein Träger der Sozialversicherung, eine Verwaltungsbehörde der Kriegsopferversorgung oder ein sonstiger Sozialleistungsträger eine Vorbeugungs-,

Heil- oder Genesungskur bewilligt, so gelten die Vorschriften der §§ 1, 2 und 4 bis 6 entsprechend für den Zeitraum, für den der Träger oder die Verwaltungsbehörde die vollen Kosten einer solchen Kur übernimmt, höchstens jedoch bis zur Dauer von sechs Wochen. Eine solche Kur steht im Sinne des § 1 Abs. 1 Satz 2 einer Arbeitsunfähigkeit gleich.

(2) Der Arbeiter ist verpflichtet, dem Arbeitgeber unverzüglich eine Bescheinigung über die Bewilligung der Kur vorzulegen und den Zeitpunkt des Kurantritts mitzuteilen. Die Bescheinigung über die Bewilligung muß Angaben über die voraussichtliche Dauer der Kur sowie darüber enthalten, ob die Kosten der Kur voll übernommen werden. Dauert die Kur länger als in der Bescheinigung angegeben, so ist der Arbeiter verpflichtet, dem Arbeitgeber unverzüglich eine weitere entsprechende Bescheinigung vorzulegen.

(3) Im übrigen besteht ein Anspruch auf Fortzahlung des Arbeitsentgelts während der Dauer einer Kur nicht.

(4) Für den Zeitraum einer an eine Kur anschließenden ärztlich verordneten Schonungszeit besteht ein Anspruch auf Fortzahlung des Arbeitsentgelts nur, soweit der Arbeiter während dieses Zeitraums arbeitsunfähig ist. Der Arbeiter ist in jedem Falle verpflichtet, dem Arbeitgeber die Verordnung einer Schonungszeit und deren Dauer unverzüglich anzuzeigen; § 3 gilt sinngemäß.

Gesetz zum Schutze der erwerbstätigen Mutter (Mutterschutzgesetz – MuSchG)

In der Fassung der Bekanntmachung vom 18. April 1968
(BGBl. I S. 315)

Zuletzt geändert durch Gesetz vom 7. Oktober 1987 (BGBl. I S. 2265)

(BGBl. III 8052–1)
– Auszug –

Dritter Abschnitt. Kündigung

§ 9. Kündigungsverbot. (1) Die Kündigung gegenüber einer Frau während der Schwangerschaft und bis zum Ablauf von vier Monaten nach der Entbindung ist unzulässig, wenn dem Arbeitgeber zur Zeit der Kündigung die Schwangerschaft oder Entbindung bekannt war oder innerhalb zweier Wochen nach Zugang der Kündigung mitgeteilt wird. Die Vorschrift des Satzes 1 gilt nicht für Frauen, die von demselben Arbeitgeber im Familienhaushalt mit hauswirtschaftlichen, erzieherischen oder pflegerischen Arbeiten in einer ihre Arbeitskraft voll in Anspruch nehmenden Weise beschäftigt werden, nach Ablauf des fünften Monats der Schwangerschaft; sie gilt für Frauen, die den in Heimarbeit Beschäftigten gleichgestellt sind, nur, wenn sich die Gleichstellung auch auf den Neunten Abschnitt – Kündigung – des Heimarbeitsgesetzes vom 14. März 1951 (Bundesgesetzbl. I S. 191) erstreckt.

(2) Kündigt eine schwangere Frau, gilt § 5 Abs. 1 Satz 3 entsprechend.

(3) Die für den Arbeitsschutz zuständige oberste Landesbehörde oder die von ihr bestimmte Stelle kann in besonderen Fällen ausnahmsweise die Kündigung für zulässig erklären. Der Bundesminister für Arbeit und Sozialordnung wird ermächtigt, mit Zustimmung des Bundesrates allgemeine Verwaltungsvorschriften zur Durchführung des Satzes 1 zu erlassen.

(4) In Heimarbeit Beschäftigte und ihnen Gleichgestellte dürfen während der Schwangerschaft und bis zum Ablauf von vier Monaten nach der Entbindung nicht gegen ihren Willen bei der Ausgabe von Heimarbeit ausgeschlossen werden; die Vorschriften der §§ 3, 4, 6 und 8 Abs. 5 bleiben unberührt.

Gesetz zur Sicherung der Eingliederung Schwerbehinderter in Arbeit, Beruf und Gesellschaft (Schwerbehindertengesetz – SchwBG)

In der Fassung der Bekanntmachung vom 26. August 1968
(BGBl. I S. 1421, ber. S. 1550)

Geändert durch Gesetz vom 14. Dezember 1987 (BGBl. I S. 2602)

(BGBl. III 871–1)
– Auszug –

Vierter Abschnitt. Kündigungsschutz

§ 15. Erfordernis der Zustimmung
Die Kündigung des Arbeitsverhältnisses bedarf der vorherigen Zustimmung der Hauptfürsorgestelle.

§ 16. Kündigungsfrist
Die Kündigungsfrist beträgt mindestens 4 Wochen.

§ 17. Antragsverfahren
(1) Die Zustimmung zur Kündigung hat der Arbeitgeber bei der für den Sitz des Betriebs oder der Dienststelle zuständigen Hauptfürsorgestelle schriftlich, und zwar in doppelter Ausfertigung zu beantragen. Der Begriff des Betriebes und der Begriff der Dienststelle im Sinne dieses Gesetzes bestimmen sich nach dem Betriebsverfassungsgesetz und dem Personalvertretungsrecht.

(2) Die Hauptfürsorgestelle holt eine Stellungnahme des zuständigen Arbeitsamtes, des Betriebsrates oder Personalrates und der Schwerbehindertenvertretung ein. Sie hat ferner den Schwerbehinderten zu hören.

(3) Die Hauptfürsorgestelle hat in jeder Lage des Verfahrens auf eine gütliche Einigung hinzuwirken.

§ 18. Entscheidung der Hauptfürsorgestelle
(1) Die Hauptfürsorgestelle soll die Entscheidung, falls erforderlich auf Grund mündlicher Verhandlung, innerhalb eines Monats vom Tage des Eingangs des Antrages an treffen.

(2) Die Entscheidung ist dem Arbeitgeber und dem Schwerbehinderten zuzustellen. Dem Arbeitsamt ist eine Abschrift der Entscheidung zu übersenden.

(3) Erteilt die Hauptfürsorgestelle die Zustimmung zur Kündigung, kann der Arbeitgeber die Kündigung nur innerhalb eines Monats nach Zustellung erklären.

(4) Widerspruch und Anfechtungsklage gegen die Zustimmung der Hauptfürsorgestelle zur Kündigung haben keine aufschiebende Wirkung.

§ 19. Einschränkungen der Ermessensentscheidung

(1) Die Hauptfürsorgestelle hat die Zustimmung zu erteilen bei Kündigungen in Betrieben und Dienststellen, die nicht nur vorübergehend eingestellt oder aufgelöst werden, wenn zwischen dem Tage der Kündigung und dem Tage, bis zu dem Gehalt oder Lohn gezahlt wird, mindestens 3 Monate liegen. Unter der gleichen Voraussetzung soll sie die Zustimmung auch bei Kündigungen in Betrieben und Dienststellen erteilen, die nicht nur vorübergehend wesentlich eingeschränkt werden, wenn die Gesamtzahl der verbleibenden Schwerbehinderten zur Erfüllung der Verpflichtung nach § 5 ausreicht. Die Sätze 1 und 2 gelten nicht, wenn eine Weiterbeschäftigung auf einem anderen Arbeitsplatz desselben Betriebes oder derselben Dienststelle oder auf einem freien Arbeitsplatz in einem anderen Betrieb oder einer anderen Dienststelle desselben Arbeitgebers mit Einverständnis des Schwerbehinderten möglich und für den Arbeitgeber zumutbar ist.

(2) Die Hauptfürsorgestelle soll die Zustimmung erteilen, wenn dem Schwerbehinderten ein anderer angemessener und zumutbarer Arbeitsplatz gesichert ist.

§ 20. Ausnahmen

(1) Die Vorschriften dieses Abschnitts gelten nicht für Schwerbehinderte,

1. deren Arbeitsverhältnis im Zeitpunkt des Zugangs der Kündigungserklärung ohne Unterbrechung noch nicht länger als 6 Monate besteht oder
2. die auf Stellen im Sinne des § 7 Abs. 2 Nr. 2 bis 5 beschäftigt werden oder
3. deren Arbeitsverhältnis durch Kündigung beendet wird, sofern sie
    a) das 58. Lebensjahr vollendet haben und Anspruch auf eine Abfindung, Entschädigung oder ähnliche Leistung auf Grund eines Sozialplanes haben oder
    b) Anspruch auf Knappschaftsausgleichsleistung nach § 98 a des Reichsknappschaftsgesetzes oder auf Anpassungsgeld für entlassene Arbeitnehmer des Bergbaus haben,

wenn der Arbeitgeber ihnen die Kündigungsabsicht rechtzeitig mitgeteilt hat und sie der beabsichtigten Kündigung bis zu deren Ausspruch nicht widersprechen.

(2) Die Vorschriften dieses Abschnitts finden ferner bei Entlassungen, die aus Witterungsgründen vorgenommen werden, keine Anwendung, sofern die Wiedereinstellung der Schwerbehinderten bei Wiederaufnahme der Arbeit gewährleistet ist.

(3) Der Arbeitgeber hat Einstellungen auf Probe und die Beendigung von Arbeitsverhältnissen Schwerbehinderter in den Fällen des Absatzes 1 Nr. 1 unabhängig von der Anzeigepflicht nach anderen Gesetzen der Hauptfürsorgestelle innerhalb von 4 Tagen anzuzeigen.

§ 21. Außerordentliche Kündigung

(1) Die Vorschriften dieses Abschnitts gelten mit Ausnahme von § 16 auch bei außerordentlicher Kündigung, soweit sich aus den folgenden Bestimmungen nichts Abweichendes ergibt.

(2) Die Zustimmung zur Kündigung kann nur innerhalb von 2 Wochen beantragt werden; maßgebend ist der Eingang des Antrages bei der Hauptfürsorgestelle. Die Frist beginnt mit dem Zeitpunkt, in dem der Arbeitgeber von den für die Kündigung maßgebenden Tatsachen Kenntnis erlangt.

(3) Die Hauptfürsorgestelle hat die Entscheidung innerhalb von 2 Wochen vom Tage des Eingangs des Antrages an zu treffen. Wird innerhalb dieser Frist eine Entscheidung nicht getroffen, gilt die Zustimmung als erteilt.

(4) Die Hauptfürsorgestelle soll die Zustimmung erteilen, wenn die Kündigung aus einem Grunde erfolgt, der nicht im Zusammenhang mit der Behinderung steht.

(5) Die Kündigung kann auch nach Ablauf der Frist des § 626 Abs. 2 Satz 1 des Bürgerlichen Gesetzbuches erfolgen, wenn sie unverzüglich nach Erteilung der Zustimmung erklärt wird.

(6) Schwerbehinderte, denen lediglich aus Anlaß eines Streiks oder einer Aussperrung fristlos gekündigt worden ist, sind nach Beendigung des Streiks oder der Aussperrung wieder einzustellen.

§ 22. Erweiterter Beendigungsschutz

Die Beendigung des Arbeitsverhältnisses eines Schwerbehinderten bedarf auch dann der vorherigen Zustimmung der Hauptfürsorgestelle, wenn sie im Falle des Eintritts der Berufsunfähigkeit oder der Erwerbsunfähigkeit auf Zeit ohne Kündigung erfolgt. Die Vorschriften dieses Abschnitts über die Zustimmung zur ordentlichen Kündigung gelten entsprechend.

Tarifvertragsgesetz (TVG)

In der Fassung vom 25. August 1969
(BGBl. I S. 1323)

Geändert durch Heimarbeitsänderungsgesetz vom 29. Oktober 1974 (BGBl. I S. 2879)

(BGBl. III 802−1)
– Auszug –

§ 1. Inhalt und Form des Tarifvertrages.
(1) Der Tarifvertrag regelt die Rechte und Pflichten der Tarifvertragsparteien und enthält Rechtsnormen, die den Inhalt, den Abschluß und die Beendigung von Arbeitsverhältnissen sowie betriebliche und betriebsverfassungsrechtliche Fragen ordnen können.

(2) Tarifverträge bedürfen der Schriftform.

§ 2. Tarifvertragsparteien.
(1) Tarifvertragsparteien sind Gewerkschaften, einzelne Arbeitgeber sowie Vereinigungen von Arbeitgebern.

(2) Zusammenschlüsse von Gewerkschaften und von Vereinigungen von Arbeitgebern (Spitzenorganisationen) können im Namen der ihnen angeschlossenen Verbände Tarifverträge abschließen, wenn sie eine entsprechende Vollmacht haben.

(3) Spitzenorganisationen können selbst Parteien eines Tarifvertrages sein, wenn der Abschluß von Tarifverträgen zu ihren satzungsgemäßen Aufgaben gehört.

(4) In den Fällen der Absätze 2 und 3 haften sowohl die Spitzenorganisationen wie die ihnen angeschlossenen Verbände für die Erfüllung der gegenseitigen Verpflichtungen der Tarifvertragsparteien.

§ 3. Tarifgebundenheit.
(1) Tarifgebunden sind die Mitglieder der Tarifvertragsparteien und der Arbeitgeber, der selbst Partei des Tarifvertrages ist.

(2) Rechtsnormen des Tarifvertrages über betriebliche und betriebsverfassungsrechtliche Fragen gelten für alle Betriebe, deren Arbeitgeber tarifgebunden ist.

(3) Die Tarifgebundenheit bleibt bestehen, bis der Tarifvertrag endet.

§ 4. Wirkung der Rechtsnormen. (1) Die Rechtsnormen des Tarifvertrages, die den Inhalt, den Abschluß oder die Beendigung von Arbeitsverhältnissen ordnen, gelten unmittelbar und zwingend zwischen den beiderseits Tarifgebundenen, die unter den Geltungsbereich des Tarifvertrages fallen. Diese Vorschrift gilt entsprechend für Rechtsnormen des Tarifvertrages über betriebliche und betriebsverfassungsrechtliche Fragen.

(2) Sind im Tarifvertrag gemeinsame Einrichtungen der Tarifvertragsparteien vorgesehen und geregelt (Lohnausgleichskassen, Urlaubskassen usw.), so gelten diese Regelungen auch unmittelbar und zwingend für die Satzung dieser Einrichtung und das Verhältnis der Einrichtung zu den tarifgebundenen Arbeitgebern und Arbeitnehmern.

(3) Abweichende Abmachungen sind nur zulässig, soweit sie durch den Tarifvertrag gestattet sind oder eine Änderung der Regelungen zugunsten des Arbeitnehmers enthalten.

(4) Ein Verzicht auf entstandene tarifliche Rechte ist nur in einem von den Tarifvertragsparteien gebilligten Vergleich zulässig. Die Verwirkung von tariflichen Rechten ist ausgeschlossen. Ausschlußfristen für die Geltendmachung tariflicher Rechte können nur im Tarifvertrag vereinbart werden.

(5) Nach Ablauf des Tarifvertrages gelten seine Rechtsnormen weiter, bis sie durch eine andere Abmachung ersetzt werden.

§ 5. Allgemeinverbindlichkeit. (1) Der Bundesminister für Arbeit und Sozialordnung kann einen Tarifvertrag im Einvernehmen mit einem aus je drei Vertretern der Spitzenorganisationen der Arbeitgeber und der Arbeitnehmer bestehenden Ausschuß auf Antrag einer Tarifvertragspartei für allgemeinverbindlich erklären, wenn

1. die tarifgebundenen Arbeitgeber nicht weniger als 50 vom Hundert der unter den Geltungsbereich des Tarifvertrages fallenden Arbeitnehmer beschäftigen und
2. die Allgemeinverbindlicherklärung im öffentlichen Interesse geboten erscheint.

Von den Voraussetzungen der Nummern 1 und 2 kann abgesehen werden, wenn die Allgemeinverbindlicherklärung zur Behebung eines sozialen Notstandes erforderlich erscheint.

(2) Vor der Entscheidung über den Antrag ist Arbeitgebern und Arbeitnehmern, die von der Allgemeinverbindlicherklärung betroffen werden würden, den am Ausgang des Verfahrens interessierten Gewerkschaften und Vereinigungen der Arbeitgeber sowie den obersten Arbeitsbehörden der Länder, auf deren Bereich sich der Tarifvertrag erstreckt, Gelegenheit zur schriftlichen Stellungnahme sowie zur Äußerung in einer mündlichen und öffentlichen Verhandlung zu geben.

(3) Erhebt die oberste Arbeitsbehörde eines beteiligten Landes Einspruch gegen die beantragte Allgemeinverbindlicherklärung, so kann der Bundesminister für Arbeit und Sozialordnung dem Antrag nur mit Zustimmung der Bundesregierung stattgeben.

(4) Mit der Allgemeinverbindlicherklärung erfassen die Rechtsnormen des Tarifvertrages in seinem Geltungsbereich auch die bisher nicht tarifgebundenen Arbeitgeber und Arbeitnehmer.

(5) Der Bundesminister für Arbeit und Sozialordnung kann die Allgemeinverbindlicherklärung eines Tarifvertrages im Einvernehmen mit dem in Abs. 1 genannten Ausschuß aufheben, wenn die Aufhebung im öffentlichen Interesse geboten erscheint. Die Absätze 2 und 3 gelten entsprechend. Im übrigen endet die Allgemeinverbindlichkeit eines Tarifvertrages mit dessen Ablauf.

(6) Der Bundesminister für Arbeit und Sozialordnung kann der obersten Arbeitsbehörde eines Landes für einzelne Fälle das Recht zur Allgemeinverbindlicherklärung sowie zur Aufhebung der Allgemeinverbindlichkeit übertragen.

(7) Die Allgemeinverbindlicherklärung wie die Aufhebung der Allgemeinverbindlichkeit bedürfen der öffentlichen Bekanntmachung.

§ 6. Tarifregister. Bei dem Bundesminister für Arbeit und Sozialordnung wird ein Tarifregister geführt, in das der Abschluß, die Änderung und die Aufhebung der Tarifverträge sowie der Beginn und die Beendigung der Allgemeinverbindlichkeit eingetragen werden.

§ 7. Übersendungs- und Mitteilungspflicht. (1) Die Tarifvertragsparteien sind verpflichtet, dem Bundesminister für Arbeit und Sozialordnung innerhalb eines Monats nach Abschluß kostenfrei die Urschrift oder eine beglaubigte Abschrift sowie zwei weitere Abschriften eines jeden Tarifvertrages und seiner Änderungen zu übersenden; sie haben ihm das Außerkrafttreten eines jeden Tarifvertrages innerhalb eines Monats mitzuteilen. Sie sind ferner verpflichtet, den obersten Arbeitsbehörden der Länder, auf deren Bereich sich der Tarifvertrag erstreckt, innerhalb eines Monats nach Abschluß kostenfrei je drei Abschriften des Tarifvertrages und seiner Änderungen zu übersenden und auch das Außerkrafttreten des Tarifvertrages innerhalb eines Monats mitzuteilen. Erfüllt eine Tarifvertragspartei die Verpflichtungen, so werden die übrigen Tarifvertragsparteien davon befreit.

(2) Ordnungswidrig handelt, wer vorsätzlich oder fahrlässig entgegen Absatz 1 einer Übersendungs- oder Mitteilungspflicht nicht, unrichtig, nicht vollständig oder nicht rechtzeitig genügt. Die Ordnungswidrigkeit kann mit einer Geldbuße geahndet werden.

(3) Verwaltungsbehörde im Sinne des § 36 Abs. 1 Nr. 1 des Gesetzes über Ordnungswidrigkeiten ist die Behörde, der gegenüber die Pflicht nach Absatz 1 zu erfüllen ist.

§ 8. Bekanntgabe des Tarifvertrages. Die Arbeitgeber sind verpflichtet, die für ihren Betrieb maßgebenden Tarifverträge an geeigneter Stelle im Betrieb auszulegen.

§ 9. Feststellung der Rechtswirksamkeit. Rechtskräftige Entscheidungen der Gerichte für Arbeitssachen, die in Rechtsstreitigkeiten zwischen Tarifvertragsparteien aus dem Tarifvertrag oder über das Bestehen oder Nichtbestehen des Tarifvertrages ergangen sind, sind in Rechtsstreitigkeiten zwischen tarifgebundenen Parteien sowie zwischen diesen und Dritten für die Gerichte und Schiedsgerichte bindend.

§ 10. Tarifvertrag und Tarifordnungen. (1) Mit dem Inkrafttreten eines Tarifvertrages treten Tarifordnungen und Anordnungen auf Grund der Verordnung über die Lohngestaltung vom 25. Juni 1938 (RGBl. I S. 691) und ihrer Durchführungsverordnung vom 23. April 1941 (RGBl. I S. 222), die für den Geltungsbereich des Tarifvertrages oder Teile desselben erlassen worden sind, außer Kraft, mit Ausnahme solcher Bestimmungen, die durch den Tarifvertrag nicht geregelt worden sind.

(2) Der Bundesminister für Arbeit und Sozialordnung kann Tarifordnungen und die in Abs. 1 bezeichneten Anordnungen aufheben; die Aufhebung bedarf der öffentlichen Bekanntmachung.

§ 11. Durchführungsbestimmungen. Der Bundesminister für Arbeit und Sozialordnung kann unter Mitwirkung der Spitzenorganisationen der Arbeitgeber und der Arbeitnehmer die zur Durchführung des Gesetzes erforderlichen Verordnungen erlassen, insbesondere über

1. die Errichtung und die Führung des Tarifregisters und des Tarifarchivs;
2. das Verfahren bei der Allgemeinverbindlicherklärung von Tarifverträgen und der Aufhebung von Tarifordnungen und Anordnungen, die öffentlichen Bekanntmachungen bei der Antragsstellung, der Erklärung und Beendigung der Allgemeinverbindlichkeit und der Aufhebung von Tarifordnungen und Anordnungen sowie die hierdurch entstehenden Kosten;
3. den in § 5 genannten Ausschuß.

§ 12. Spitzenorganisationen. Spitzenorganisationen im Sinne dieses Gesetzes sind – unbeschadet der Regelung in § 2 – diejenigen Zusammenschlüsse von Gewerkschaften oder von Arbeitgebervereinigungen, die für die Vertretung der Arbeitnehmer- oder der Arbeitgeberinteressen im Arbeitsleben des Bundesgebietes wesentliche Bedeutung haben. Ihnen stehen gleich Gewerkschaften und Arbeitgebervereinigungen, die keinem solchen Zusammenschluß angehören, wenn sie die Voraussetzungen des letzten Halbsatzes in Satz 1 erfüllen.

Register

A

Abfindung 273, 326
-, Abzüge von 274
-, Höhe der 274
-, Klage auf 326, 348
-, Vereinbarung einer 327
Abfindungsanspruch, gesetzlicher 326
Abfindungsurteil 273
Abfindungsvergleich, außergerichtlicher 275
Abhängigkeit, persönliche 85
Abmahnung 105, 240, 259
-, Entfernung der 241
Abschlußarbeiten 123
absolut unpfändbare Bezüge 153
Abtretungsverbot 152, 158
AGB-Gesetz (Gesetz zur Regelung des Rechts der Allgemeinen Geschäftsbedingungen) 51
AIDS 42
AIDS-Erkrankung 257
AIDS-Infektion 257
Akkordlohn 134 f
Akkordlohnsystem 136
Akkordrichtsatz 136
Alkohol 190
Alkoholgenuß 240
Alkoholmißbrauch 146
Alkoholverbot 191
Allgemeinverbindlichkeit von Tarifverträgen 57
Altersgrenze 79, 165
Altersruhegeld 167
Altersversorgung 165
-, betriebliche 165
Änderungskündigung 84, 91, 97, 99, 107, 138, 247, 268
-, Klage gegen (Muster) 269
Anfechtung 61
Angebot der Arbeitskraft 321
Angebot der Dienste nach Krankheit 322
Angestellte 86
Angestelltenversicherung 165
Anhörung des Betriebsrats 248
Annahmeverzug 105 f, 150
Annahmeverzug des Arbeitgebers 321
Anspruchswahrendes Verhalten 318
Anträge der Parteien 107
Antragstelle beim Arbeitsgericht, Rechtsberatung 324
Anwartschaft auf betriebliche Altersversorgung 167
Anwesenheitsprämie 134
Arbeit, gefahrgeneigte 227
-, gefährliche 171
-, Nichtantritt der 236
Arbeiter 86
-, angelernte 133
-, ungelernte 133
Arbeiterrentenversicherung 165
Arbeitgeber, Gespräch mit A. unter Zuziehung eines Betriebsratsmitgliedes 223
-, wirtschaftliches Gewicht des 53
Arbeitgeberkündigung 79
Arbeitgeberverband 55
Arbeitnehmer 84
-, Fehlverhalten des 240
-, Sachschäden des 170
-, Schutz des einzelnen 215
-, Stellungname des A. zu Maßnahmen des Arbeitgebers 221

Arbeitnehmereigenschaft 85
Arbeitnehmerkündigung 79
–, fristlose 282
Arbeitsbereitschaft 121
Arbeitsbescheinigung, Berichtigung 314
–, Inhalt 310
–, Ruhen des Arbeitslosengeldes 312 f
–, Sperrfrist 311 f
–, Verpflichtung des Arbeitgebers gegenüber dem Arbeitsamt 313
Arbeitsentgelt, Erläuterung durch Arbeitgeber 220
Arbeitsgesetz 55
Arbeitsgesetzbuch 54
Arbeitskleidung 169
Arbeitskraft, Wiederherstellung der 160
Arbeitslosengeld 151
Arbeitsniederlegung 236
–, fristlose 74
Arbeitspapiere 296
Arbeitsplatz mit geringer Entlohnung 94
Arbeitsstättenverordnung 183
Arbeitsunfähigkeit 145, 162
–, eigenverschuldete 145
–, unverschuldete 145
Arbeitsunfähigkeitsbescheinigung 147
Arbeitsunterbrechung 125
Arbeitsverhältnis, Antrag auf Auflösung des 274
Arbeitsverhältnis, entgeltliches 74
–, Regeln für das 51
Arbeitsvertrag 51, 71 f
– durch schlüssiges Verhalten 75
–, Änderung des 91
–, befristeter 78
–, schriftlicher 76
Arbeitsverweigerung 105 f, 176
–, Beweissicherung 180

–, Hinweis auf naheliegende Alternative 180
–, Risiko einer unberechtigten 179
–, unverhältnismäßige Reaktion 180
–, zweifelhafte Rechtslage 180
Arbeitsverweigerungsrecht bei gesundheitswidrigen Arbeitsbedingungen 183
Arbeitszeit 89, 115
–, ausgefallene 150
–, Beginn und Ende 60
Arbeitszeitordnung 62
Arbeitszeitverlängerung 126
Arztbesuch 149
Aufbewahrungsverbot 50
Aufhebungsvereinbarung 294
Aufhebungsvertrag 33, 79, 293
–, Widerrruf des 295
Aufräumungsarbeiten 123
Aufrechnung 153, 157, 225
Aufrechnungsverbot 152 f, 157
Aufwandersatz 168
Aufwandersatzanspruch 76
Aufwendung 168
Auschlußfristen 319
Äußere eines Arbeitnehmers 187
Ausgleichsabgabe 72
Ausgleichszahlung 238
Auslagen 38
– für den Arbeitgeber 168
– zur Beschaffung von Handwerkszeug 169
–, erstattungsfähige 169
–, notwendige 37
Auslösung 140
Auslösungsgeld 153
Ausscheiden, vorzeitiges 135, 139
Auswahlrichtlinien 205
Auswahlverfahren 47
Autofahren 228
AZO (Arbeitszeitordnung) 115

B

Banken 152
Bargeld 158
BAT (Bundesangestelltentarifvertrag) 133
Beendigungskündigung 110
Befristung 290
–, Gründe für 290
Begräbnis in der Familie 149
Behinderung, Grad der 72, 163
Beratung 323
Beratung durch Gewerkschaft 323
Beratung durch Rechtsanwalt 323
Bereich, privater 46
Bereitschaftsdienst 121
berufliche Entwicklung, Erörterung der 220
Beruflicher Werdegang 41
Berufsgenossenschaft 170
Berufsunfähigkeit 165
Berufsunfall 170
Berufung 355
–, Monatsfrist 355
Beschäftigungsförderungsgesetz 79, 292
Bestreiten 353
Betrag, pfändungsfrei 153, 225
betriebliche Aufgabe, Information über 218
betriebliche Zuständigkeit, Information über 218
Betriebsarzt 201
Betriebsfrieden 191
Betriebsrat 62, 67, 136, 161
–, Beschwerde beim 217
–, Mitbestimmungsrecht des 215
–, Mitbestimmungsrecht des B. bei zeitlicher Lage des Urlaubs 217
–, Rechtsberatung 324
–, Zustimmungsverweigerung des B. bei benachteiligender Versetzung 216

Betriebsrente 165
Betriebstreue 137, 140
Betriebsurlaub 60
Betriebsvereinbarung 59, 67, 120
Betriebsverfassungsgesetz 59, 67
Beweisgebühr 334
Beweislage 329
Beweislast für Kündigungsgründe 330
–, Überstunden 352
Beweisnot 77
Bewerbung 49
Bewerbungsunterlagen 49
BGB (Bürgerliches Gesetzbuch) 54
Bildschirmarbeit 69
Bildschirmarbeitsplatz 69
Bruttoentgelt 140
Bruttolohn 143
Bundesarbeitsgericht 61
Bundesdatenschutzgesetz 50, 207
–, Auskunftsrechte nach 211
–, Mitteilungsrechte nach 211
Bundesurlaubsgesetz 160

C

Charakterstudie 45
Chefsekretärin 88

D

Datei 208
Daten, Löschen von 211 ff
–, Sperren von 212 f
Datenauswertung 198
Datenspeicherung 49
–, elektronische 50
Datenverarbeitung 208
Dauerarbeitsverhältnis 33
Dauerarbeitsvertrag 78
Detektiveinsatz 196
Diebstahl durch Dritte 231
Dienstfahrt 172, 174

Dienstfahrt mit eigenem PKW 171
Dienstkleidung 169, 188
Dienstmütze 169
Dienstvertrag 84
Direktionsrecht 84, 88, 242
Direktversicherung 165
Direktzusage 165
Drachenfliegen 146
Dreiwochenfrist 80, 109
Durchsetzung von Rechten im Betrieb 214
–, außergerichtlicher Vergleich 351
–, gerichtlicher Vergleich 351

E

Ehegatte, Erkrankung des 150
Eheschließung 150
Ehrenamt, öffentliches 150
Eigenverschulden 145
Eignungsprofil 205
Eignungstest, psychologischer 45
Einfühlungsverhältnis 74, 81
Einstellung, Anspruch auf 72
Einstellungsfragebogen 40
Einstellungsgespräch 40, 77
Einstellungstermin 40
Einstellungsuntersuchung 45
Einstellungsverfahren 40
Einstellungsverhandlung, Abbruch der 47
–, Scheitern der 47
Einstellungsvoraussetzung 71
Einstweilige Verfügung 36
Einwegscheiben 194
Entbindung der Ehefrau 150
Entbindung, Beschäftigungsverbot nach der 163
Entgelt 132
Entgelttarifvertrag 132
Entschädigung wegen Zeitversäumnis 332

Entscheidungen, unternehmerische 110
Erholungsurlaub 160, 162
Ermessen, billiges 94, 177
Erörterungsgebühr 334
Erprobungszweck 82
Ersatzkraft 48
Erschwerniszulage 94, 140, 153
Ersparnisprämie 134
Erwerbsfähigkeit 148
Erwerbsunfähigkeit 165
Erziehungsgeld 164
Erziehungsurlaub 163
Existenzminimum 226

F

Fachanwalt für Arbeitsrecht 324
Facharbeiter 133
Fahrlässigkeit 173
Fahrt zur Arbeitsstelle 121
Fahrtkosten 38f, 169
Fahrtkosten für Dienstfahrten 169
Fahrtkosten zu auswärtigen Baustellen 169
Fahrtkostenerstattung 174
Fahrtzeit 121
Fehlbestand 231
Fehlbestand, buchmäßiger 235
–, tatsächlicher 235
Fehlbetrag, effektiver 232
Fehlbeträge 231
Fehler 227
–, alltägliche 226
Fehlverhalten 243
Fehlzeiten, krankheitsbedingte 199
Feiertagszuschlag 140
Finanzierungsinstitut 152
Fingerhakeln 146
Firmentarifvertrag 56
Flüchtigkeitsfehler 225
Flugreise 38

Formfreiheit 75
Formular 51
Formularverträge 51
Fragebogen 60
–, biographischer 46
Fragen, unerlaubte 41
Fragerecht des Arbeitgebers 41
Freistellung, Zeitpunkt der 34
Freizeit zur Stellensuche 33
–, bezahlte 160
Freizeitanspruch 37
Freizeitgesuch 35
Freizeitnahme, eigenmächtige 36

G

Geburt 149
Gefahrenlage, konkrete 228
Gefahrenzuschlag 140, 153
Gegendarstellung 222, 241
Gehalt 132
Gehaltsabzug 150
Gehaltsgruppe 133
Gehaltshöhe 41
Gehaltstarifvertrag 55, 73, 132
Geldakkord 135
Geldfaktor 135
Gerichtliche Auslagen 332
Gerichtsgebühr 336
Gerichtskosten 332, 336
Gerichtsruteil 152
Geschäftslage, Verschlechterung der 138
Gesellenprüfung 149
Gesetz zur Verbesserung der betrieblichen Altersversorgung 166
Gesetze 53
–, abdingbare 63
–, tarifdispositive 64
–, zwingende 62
Gesundheitsschutz 183
Gesundheitszustand 201
Gewerbeaufsichtsamt 118, 124

Gewerbeordnung 89, 117
Gewerkschaft 55, 58, 67
Gewerkschaftszugehörigkeit 42
Gewissensfreiheit, Grundrecht auf 242
Gewohnheitsrecht 96
Glatteis 149
Gleichbehandlungsgrundsatz 137
Gleichberechtigung der Frau 166
Graphologisches Gutachten 45
Gratifikation 137
–, Rückzahlung der 138
–, Wegfall der 138
Gründe, persönliche 149
Grundvergütung 141
Günstigkeitsprinzip 67f, 70
Gutachten, graphologisches 45
Gütetermin 348
Güteverhandlung 348

H

Haartracht 187
Haftung 171
Haftung des Arbeitnehmers 225
Haftung, gesamtschuldnerische 232
Haftungsausschluß 231
Haftungserleichterung im Arbeitsverhältnis 226
Haftungsmilderung 231
Handarbeit 86
Hauptfürsorgestelle, Zustimmung der 285
Hauptleistungspflicht, arbeitsvertragliche 91
Heilungsverlauf 147
Heilverfahren, Lohnzahlung bei 148
Heirat 42
Hinterbliebenenversorgung 165

Höchstarbeitszeit 122, 238
Hochzeit 149

I

Informationstätigkeit, unentgeltliche 74
Inseratskosten 48
Insolvenzsicherung 167
Intimsphäre 45
Inventur 231
Inventurergebnis 234

J

Jahresgewinn 134
Jahresurlaub 161
Jugendarbeitsschutzgesetz 117
Jugendliche, Urlaubsanspruch der 163

K

Kantinendaten 198
Kassenbuch 234
Kassenverwalter 232
Kettenarbeitsvertrag 291
Kfz-Unfall 228
Kilometergeld 172
Kind, erkranktes 149
Kinderzulage 140
Klage 102
– auf Abfindung 348
– beim Arbeitsgericht 324
– gegen eine Weisung 106
–, Bezeichnung des Arbeitgebers 345
Klageantrag 347
Klageerhebung bei der Antragstelle des Arbeitsgerichts 344
–, Bedeutung 347
Klagefrist 281
Kleidung 188
Kleinstgratifikation 139

Konkurrenztätigkeit, Verbot einer 236
Konkurs 158, 167
Konkurs des Arbeitgebers 152
Konkursantrag 159
Konkursausfallgeld 159
–, Antrag auf 159
–, Höhe des 159
Konkurseröffnung 159
Konkursverfahren 159
Kontrolle, unzulässige 200
Kopfarbeit 86
Kosten des Verfahrens vor dem Arbeitsgericht 332
Kostenrisiko, zweite Instanz 336
Kostenübernahme, Gewerkschaft 337
–, Rechtsschutzversicherung 337
Kraftfahrzeug, privates 172
Krankheit 44, 144
Krankheiten, chronische 42
Krankheitsdaten 199
Krawattenzwang 188
Kündigung 244
– wegen häufiger Fehlzeiten 258
– wegen Krankheit 257
–, Anhörung des Betriebsrats 248
–, außerordentliche 245, 275, 276
–, betriebsbedingte 260
–, fristgerechte 245
–, fristlose 245, 275 ff, 281
–, fristlose, Abmahnung 277
–, fristlose, Gründe für 278
–, fristlose, Zweiwochenfrist 277
–, Klage gegen (Muster) 268
– ohne Kündigungsschutz 280
–, ordentliche 245
–, Probezeit 253
–, Rücknahme der 246
–, sozial ungerechtfertigte 256

Kündigung, soziale Auswahl 262
–, soziale Rechtfertigung 256
–, Unwirksamkeit der 256
–, verhaltensbedingte 259
–, Weiterbeschäftigung auf anderem Arbeitsplatz 262
–, Widerspruch des Betriebsrates 249, 262–265
–, Zugang der 245
Kündigungserklärung 247
Kündigungsfrist 63, 89, 237, 250
Kündigungsfristen, Angestellte 251
–, Arbeiter 252
Kündigungsgrund 276
Kündigungsschutz, allgemeiner 255
–, besonderer 282
– für Auszubildende 286
– für Betriebsräte 288
– für Personalräte 288
– für Wehrdienstleistende 288
– für Zivildienstleistende 288
– während des Mutterschutzes 282
Kündigungsschutzgesetz 98, 112, 266
–, Einspruch beim Betriebsrat 266
Kündigungsschutzklage, Dreiwochenfrist 266, 267, 318
–, Inhalt der 267, 268
–, nachträgliche Zulassung 267
–, Weiterbeschäftigung 328
Kündigungsschutzverfahren 266
–, Abfindung 272
–, Lohnnachzahlung 271f
–, Weiterbeschäftigung während des 270
–, Weiterbeschäftigungsantrag 271
Kündigungsverbot während des Erziehungsurlaubs 284
Kur, Lohnzahlung bei 148
Kurzarbeit 89

L

Ladendiebstahl 232
Ladenschlußgesetz 117
Lärm, Schutz vor 184
Lebensbereich, persönlicher 174
Lebenslauf 45
Lebensrisiko, persönliches 174
Lebensversicherung 165
Leibesvisitation 195
Leistungsdaten, Auswertung von 197
Leistungslohn 135
Leistungszulage 140
Lohn 132
–, Zurückhaltungsrecht am 158
Lohnanspruch bei unberechtigter Kündigung 151
Lohnfortzahlungsanspruch 145
Lohnfortzahlungsgesetz 144
Lohngruppe 55, 133
Lohnhöhe 55, 132
Lohnpfändung 153
Lohnpfändungstabelle 154
Lohnsteuer 143
Lohnsteuerbescheinigung 315
Lohnsteuerkarte 75, 314
Lohntarifvertrag 55, 73, 132
Lüftung 183

M

Manko 231
Mankoabrede 233
Mankovereinbarung 233
Manteltarifvertrag (MTV) 55
Mehrarbeit 62, 125 f
Meinungsäußerung 101
–, gewerkschaftliche 193
–, Grundrecht auf 101, 192, 242
Meinungsfreiheit 101
Mengenprämie 134
Mindestbedingung 117
Mindestkündigungsfrist 81
Mindestpausenzeiten 125

Mindesturlaub 63, 66
Mitarbeiter, freie 84
Mitverschulden 226, 230
Monatseinkommen, 13.57
Monatsgehalt, 13.57, 139
Musterung 149
Mutterschaftsurlaub 163
Mutterschutz, Kündigung während des 282
Mutterschutzgesetz 82, 117

N

Nachtzuschlag 140
Nettoeinkommen 153
Nettolohn 143, 154
Nettolohnvereinbarung 143
Nichtraucher 189
Nichtraucherschutz 185, 189
Normalleistung 135

O

Offenbarungspflicht 44
Öffentliche Verkehrsmittel, Zusammenbruch der 149
Öffnungsklausel 68

P

Parteizugehörigkeit 43
Pauschalabgeltung 142
Pauschallohn 141
Pausen 60, 69, 124
Pension 165
Pensions-Sicherungsverein 167
Pensionskasse 165
Personalakte 202, 241 f
–, EDV 210
Personaldaten 201
–, belastende 203
–, nicht benötigte 203
–, unrichtige 201

–, Weitergabe von 206
Persönliches Erscheinen 348
Persönlichkeit, freie Entfaltung der 100
Persönlichkeitsentfaltung 160
Persönlichkeitsprofil 205
Persönlichkeitsrecht 46, 100, 194, 196
–, allgemeines 41
Pfändung 43, 152
Pfändungsbeschluß 152
Pfändungsgläubiger 153
Pfändungsgrenzen 153
Pfändungsschutz 152
Pflichtquote 72
Pflichtverletzung des Arbeitnehmers 235
Plakette 193
Prämie 134
Privatkleidung 170
Privatleben 99
Probearbeitsverhältnis 80
–, befristetes 82
Produktivitätsfortschritt 136
Provision 134
Prozeßaussichten 329
Prozeßgebühr 334
Prozeßkostenhilfe 337 ff, 341
–, Antragstellung 341
–, Erklärung über die persönlichen und wirtschaftlichen Verhältnisse 342
–, freie Anwaltswahl 338
–, Nettoeinkommen 340
–, Prozeßchancen 340
–, Tabelle 339
Prozeßkostenhilfe, Vermögen 340
–, Voraussetzungen 338
–, wirtschaftliche Bedürftigkeit 338 f
Prozeßvergleich 349
Prozeßziel 324
Pünktlichkeitsprämie 134

Q

Qualifikationsprofil 205
Qualitätsprämie 134

R

Rangliste 65
Rauchen 188
Rauchverbot 89
Rauferei 146
Raumtemperatur 184
Raumtemperatur, zuträgliche 185
Rechtfertigung, soziale 109
Rechtsantragsstelle 102
Rechtsanwaltskosten 333, 334
Rechtslage 329
Rechtsquellen 62
–, Rangordnung der 65
Rechtsschutzversicherung 337
Regelarbeitszeit 128
Regelkündigungsfrist 81
Reisespesen 153, 169
Religionszugehörigkeit 43
Rente 165
–, gesetzliche 165
Richterrecht 60, 231
Rückgriff 229
Rücksendung von Unterlagen 49
Rückzahlung einer Gratifikation 138
Rückzahlungsklausel 139
Rufbereitschaft 121
Ruhegehalt 165
Ruhegeld 165
Ruhegeldanspruch 166
Ruhepause 120, 124
Ruhestand 165
Ruhezeit 124
Ruhezeitraum zwischen zwei Arbeitstagen 124

S

Schadensaufteilung 229
Schadensersatz 47, 157
Schadensersatzanspruch 171
Schadensersatzpflicht des Arbeitnehmers 225
Schadensrisiko, Übernahme des 172
Schlechtleistung 240
Schlichtungsausschuß 287
Schmerzensgeldanspruch 46
Schmutzzuschlag 140, 153
Schnee 149
Schonzeit, Lohnzahlung bei 148
Schriftform 75
Schutz gegen unzuträgliche Einwirkungen 184
Schutzanzug 169
Schutzbrille 170
Schutzkleidung 89, 169
Schwagerschaftsattest 60
Schwangerschaft 43f, 61
Schwarzfahrt 230
Schweigepflicht, ärztliche 45
Schwerbehinderte 71
–, Kündigungsschutz für 284f
–, Urlaubsanspruch von 163
Schwerbehinderteneigenschaft 43f
Schwerbehindertengesetz 117
Schwund 231
Selbstbeteiligungsquote 227
Sicherheitsgurt 146
–, Nichttragen des 146
Sicherheitshelm 170
Sicherheitsschuhe 170
Sicherheitsvorkehrung 171
Sicherung des Lohns 152
Smog, Fahrverbot wegen 149
Soll-Ist-Vergleich 232
Sonderurlaub 34, 150
Sondervergütung 137
Sonntagszuschlag 140
Soziale Auswahl 262
Sozialeinrichtung 60
Sozialversicherung 165

411

Sozialversicherungs-Nachweisheft 315 f
Sozialversicherungsbeitrag 143
Sphäre, persönliche 41
Sportarten, gefährliche 146
Stellenanzeige 47 f
Stellensuche, Freizeit zur 35
Stempelkarte 142
Sterbefall 149
Steuerschuldner 143
Stichtag 140
Strafregister 43
Strafverfahren 45
Streitverhandlung 351
Streitwert 333 f
Stückakkord 135

T

Tantieme 134
Tarifbindung 57, 62, 133
Tarifdispositiv 64
Tarifvertrag 55, 119, 319 f
–, Allgemeinverbindlichkeit 132
–, Geltung 58
–, Kraft 58
–, Sperre des T. gegenüber Betriebsvereinbarungen 68
–, Sperrwirkung des 67
–, Vereinbarung 58
Tarifvertragsgesetz 55
Tarifvertragsparteien 64
Täuschung, arglistige 60
Teilzahlungskauf 152
Teilzeitbeschäftigung 166
Telefongespräch, dienstliches 195
–, privates 195
Test 46
Titel, vollstreckbarer 152
Torkontrolle 60, 195
Totalerfassung 198
Totalüberwachung 194
Trennungsentschädigung 140

Ü

Überarbeit 126
Übernachtung 169
Übernachtungskosten 38
Überschwemmung 149
Überstunden 89, 126
Überstundenforderung 130
Überstundenvergütung 128, 141
Überstundenzuschlag 126, 140
Überweisungsbeschluß 152

U

Umsatzbeteiligung 142
Umziehen (Kleidungswechsel) 120
Umzugskosten 169
Unentgeltlichkeit 74
Unfall 174
–, Verschulden eines 173
Unfallrisiko 172
Unfallverhütungsvorschrift 145, 168, 170
Unpünktlichkeit 240
Unterhaltspflicht 154
Unternehmerrisiko 227
Unterstützungskasse 166
Untersuchung, ärztliche 45
–, vertrauensärztliche 45
–, werksärztliche 45
Unverfallbarkeit von Versorgungsanwartschaften 167
Urlaub 54, 83, 160
–, Abgeltung des 162
–, Übertragung des 161
Urlaubsantritt 162
Urlaubsbescheinigung 316f
Urlaubsentgelt 162
Urlaubserteilung 161
Urlaubsgeld, zusätzliches 153, 162
Urlaubsgrundsatz 60
Urlaubswünsche 161
Urlaubszeitpunkt 161
Urteil 353

V

Verarbeitung von personenbezogenen Daten 209
Verfallfristen 319 ff
–, gerichtliche Geltendmachung 320
–, mündliche Geltendmachung 320
–, schriftliche Geltendmachung 320
Verfassungsschutzauskunft 203
Verfolgung der Rechte 318
Vergleich, außergerichtlicher 349
–, gerichtlicher 349, 351
–, Kostenrisiko 350
–, Prozeßrisiko 350
Vergleichsgebühr 334
Vergütung 52, 132
–, Auszahlung der 60
Vergütungsarten 134
Vergütungsfortzahlung 36, 148
Vergütungsgruppe 133
Vergütungshöhe 133
Vergütungstarifvertrag 133
Verhalten im Betrieb 187
–, Mitbestimmung des Betriebsrates 191
Verhalten, außerdienstliches 99
Verhaltensdaten, Auswertung von 197
Verhältnismäßigkeit, Grundsatz der 240, 277
Verhandlungsgebühr 334
Verhinderung, persönliche 149
Verjährung 319
Verkehrsdelikte 43
Verkehrsverhältnis 149
Vermögensverhältnis 43
Verpflegungskosten 38, 169
Verrechnung 157
Versandunternehmen 152

Versetzung 83, 89, 107, 177f
Versetzungsanordnung 89
Versicherungsnachweise 316
Versorgungsanwartschaft 166
Versorgungszusage 165, 167
Vertragsentwurf 53
Vertragsform, mündliche 52
Vertragsfreiheit 68
Vertragsstrafe 235
Vertragsstrafenabrede, unbestimmte 238
Vertragsstrafenregelung 236
Vertrauensschutz 96
Verwirkung 321
Videokamera 194
Vollkaskoversicherung 173 f, 227
Vollstreckung 354
Vorarbeiten 123
Vorläufige Vollstreckbarkeit 355
Vorsorgeuntersuchung 150
Vorstellungsgespräch 37, 39, 47
Vorstellungskosten 37
–, Zuschuß zu den 39
Vorstellungstermin 34, 37
Vorstrafen 43, 45

W

Wallfahrt, Teilnahme an 147
Wartezeit 160
Waschen 120
Wegezeit 122
Weihnachtsgratifikation 134
Weisung 88
–, unrechtmäßige 104
Weisungen des Arbeitgebers, Mitbestimmungsrecht des Betriebsrates 182
Weisungsrecht 84, 88, 103, 107
–, Abwägung der beiderseitigen Interessen 178
–, Grenzen des 90
Weiterbeschäftigung 327

–, Einstweilige Verfügung 320
–, Widerspruch des Betriebsrats 329
Wettbewerbsverbot 44
Willkür 96
Witterungseinfluß 231
Witterungsverhältnis 149

Z

Zeitakkord 135
Zeiterfassungsgeräte 197
Zeitfaktor 135
Zeitlohn 134
Zeitvertrag 290
Zeugenaussage 331
– durch Vorgesetzte 331
Zeugnis 296
–, Berichtigung 309
–, Beurteilung von Leistung und Führung 296f
–, Codes 306
–, einfaches 296
–, Formalien 297
–, Formulierung 300
–, gescheiterte Bewerbung 310
–, Hervorhebung von Eigenschaften und Fähigkeiten 305
–, Hinweis auf Ehrlichkeit 302, 305
–, Hinweis auf einzelne Vorkommnisse 303
–, Notenskala 300
–, persönliche Eigenschaften 304
–, private Vorgänge 304
–, qualifiziertes 296
–, Schadenersatz 309 f
–, Tätigkeitsbeschreibung 297 ff
–, Wahrheit 302, 305
–, Wohlwollen 302, 305
–, Zeitpunkt der Ausstellung 297
Zivilgericht 84
Zivilprozeßordnung 107
Zivilrecht 68
Zusatzleistung 140
Zuschläge 125
Zuspätkommen 241 f
Zwangsvollstreckung 355
Zwischendienst 151
Zwischenzeugnis 298
Zwölftelung 160

KOMPAKTWISSEN

Die Taschenbuch-Reihe von heute, für die Erfolgreichen von morgen

22/175 – DM 12,80

22/165 – DM 9,80

22/171 – DM 9,80

22/167 – DM 9,80

22/170 – DM 9,80

22/168 – DM 7,80

22/178 – DM 9,80

22/173 – DM 9,80

KOMPAKTWISSEN

*Die Heyne-
Taschenbuch-Reihe
für alle,
die im Beruf
Erfolg haben wollen.*

22/111 - DM 9,80   22/174 - DM 12,80

22/177 - DM 7,80   22/157 - DM 9,80   22/158 - DM 9,80

22/155 - DM 8,80   22/161 - DM 8,80   22/125 - DM 6,80